安徽师范大学中国诗学研究中心资助项目

安徽诗人研究文存

嵇康研究文存

丛书主编　刘运好

本书主编　童　强　陈晓旭

黄山书社

图书在版编目(CIP)数据

安徽诗人研究文存．嵇康研究文存 / 刘运好丛书主编；童强，陈晓旭本书主编．—合肥：黄山书社，2024.4
ISBN 978-7-5737-0934-9

Ⅰ．①安… Ⅱ．①刘… ②童… ③陈… Ⅲ．①嵇康（224—263）—诗歌研究 Ⅳ．①I207.22

中国国家版本馆 CIP 数据核字（2023）第 192070 号

安徽诗人研究文存· 嵇康研究文存
ANHUI SHIREN YANJIU WENCUN JI KANG YANJIU WENCUN

丛书主编 刘运好
本书主编 童 强 陈晓旭

出品人 葛永波
策划 胡传志 汤吟菲
责任编辑 周振华
装帧设计 观止堂_未 氓
责任印制 李 磊
出版发行 黄山书社
地址 安徽省合肥市蜀山区翡翠路 1118 号出版传媒广场 7 层 邮编:230071
印刷 安徽新华印刷股份有限公司
版次 2024 年 4 月第 1 版
印次 2024 年 4 月第 1 次印刷
开本 700 mm × 1000 mm 1/16
字数 400 千字
印张 28
书号 ISBN 978-7-5737-0934-9
定价 108.00 元

服务热线 0551-63533706
销售热线 0551-63533761
官方直营书店（https://hsss.tmall.com）

目　录

总 序

一

安徽地处江淮腹地，江淮文化是安徽历史文化的灵魂。穿越历史的隧道，我们可以发现安徽的历史文化何其辉煌！这里有著名的繁昌人字洞，通过已经发掘的石器，确认了200万年至250万年前早期的人类遗存，将人类在亚洲出现的历史至少提前了30万年，推翻了20世纪初古生物学家马修《气候和演化》所鼓噪的中亚高原是人类摇篮的结论；也有著名的蒙城尉迟寺遗址，是国内目前保存完整、规模宏大、以大汶口文化晚期为主的原始社会聚落，从发掘的实物看，当时养殖、制陶、酿酒等技术都相当发达，这证明安徽农耕文明至迟在公元前5000年左右就已经高度成熟，这在农耕文明史上意义何其重大！当人类蹒跚地走进“轴心时代”，安徽又诞生了老子、庄子，与齐鲁的孔子及西方的苏格拉底、柏拉图，古天竺的释迦牟尼，共同创造了人类文明的高光时刻。

江淮文化在空间分布上主要集中于皖北与皖南。皖北文化以春秋战国的道家为核心。以老庄为代表的皖北道家文化圈与以孔孟为代表的齐鲁儒家文化圈，遥相呼应，双峰并峙，成为耸立于世界文化之林的独特文化景观。儒道思想互补、圆融，不仅有效地化解了人与自然、人与秩序的存在悖论，而且科学地构筑了主体存在与群体聚合、生命自由与社会秩序的互相联结的辩证理论体系。儒道既深刻影响了中华民族的文化心理、自然观念、伦理秩序、政治结构的和谐共生的关系，也对整个人类处理人和自然之间、不同国家之间、强权种族之间，如何和谐相处、规避丛林法则、构建人类命运共同体，贡献了独特的理论架构。

皖南文化以宋代之后的“徽学”为核心，形成了以朱熹为翘楚的新安理学和以戴震为领袖的徽州朴学。朱子不仅将“涵养”“致知”“力行”作为行为准则，凸显修身养性的重要意义，而且以“正心”“诚意”作为修身、齐家、治国、平天下的必要条件，推崇“一心兴邦”的黜私为公的家国情怀。实际上，张载提出的“为天地立心，为生民立命，为往圣继绝学，为万世开太平”，是整个新安理学最为激荡人心的至理名言，也成为中国知识分子历史担当的宏伟理想。在理学笼罩朝野、难与争锋之时，“朴学”也悄然兴起，至清代而蔚为大观。理学谈义理，朴学重考据。从宋代的程大昌到明清之际的黄生、姚际恒，再到乾隆时期的江永、汪绂，徽州朴学成就斐然，戴震则集其大成。朴学从考据学立场出发，重新阐释了儒家“理”“天道”“性”“才”“道”“诚”“权”等一系列哲学范畴，弥合了“灭人欲，存天理”的人为对立，建构了一个情理和谐的宇宙境界和人生境界。无论从学术文化还是从人生境界上说，理学与朴学都构成互补而非对立的关系。皖北的道家和皖南的徽学是支撑“皖学”的两大核心。

二

江淮是吴楚和中原的联结点。兼有中原的理性和吴楚的浪漫，是江淮文化的基本品格。因此不唯学术理性造就了“皖学”的辉煌，浪漫情调也催生了江淮文学的繁荣。只是因为“天下文章莫大乎桐城”——“桐城派”响亮的名头，既给江淮文学戴上令人景仰的桂冠，极大地提升了江淮文学的地位，也部分转移了人们对江淮文学全面审视的视线。以安徽为核心的江淮文学岂是一个桐城派所能代表的！

遥远的历史且不说吧。在汉代，汉代淮南王刘安组织文人撰写《淮南子》，融贯诸子，漫然包容，汪洋博洽，绚丽多彩；梁孝王刘武修建梁园（菟园），孕育了枚乘、邹阳、庄忌和司马相如等一流的汉代辞赋家。如果说辞赋由梁园而鼎盛，尔后辐射京师，造就一代之文学——汉赋，大约也不算言过其实。至魏晋时期，最为辉煌的建安文学也是扎根于江淮沃野的。“三曹”是那个时代文学的标志。鲁迅在《魏晋风度及文章与药及酒之关系》一文中推崇曹操文章清峻、通脱，是“改造文章的祖师”；说曹丕的时代是一个“文学自觉”的时代，因为他以“气”为主，所以华丽、壮大；也称赞曹植“文章做得好”。建安文学不仅是“汉魏风骨”的代表，也是中国文学史发展的转关。此后的正始文学，“嵇志清峻，阮旨遥深”（《文心雕龙·明诗》）。我们常识性的误解是，正始文学以竹林七贤为代表。其实，“阮旨遥深”是曹植后期文学的直接延伸，“嵇志清峻”才是正始文学的独特风格。这一风格恰恰形成于围绕在嵇康周围的嵇喜、刘伶、郭遐叔、郭遐周及以《思旧赋》垂名的向秀等人组成的文学群体。皖籍作家是构成这一文学群体的核心。

唐宋以降，虽然没有出现李白、杜甫那样的双子星座，苏轼、辛弃疾那样的巅峰对决，但是不仅李白、辛弃疾流寓江淮，创作大量诗词，构成安徽诗路的绚丽彩虹，而且也出现了后世诗名不彰、当时声誉极隆的“五言长城”刘长卿，元白新乐府运动的积极倡导者、参与者李绅、张籍，及晚唐“诗旨未能忘救物”（杜荀鹤《自叙》）的现实主义诗人杜荀鹤。宋代则有其诗被陆游称之与欧阳修文、蔡襄书“三者鼎立，各自名家”（《梅圣俞别集》序）的梅尧臣，“文章如大海之起涛澜，泰山之腾云气，倏散倏聚，倏明倏暗”（《张于湖先生集》序）的张孝祥，以及因编撰《江西宗派图》而在文学批评史上声名鹊起的吕本中等。如果以籍贯论，宋代还出现了一位与李清照齐名的歙州词人朱淑真，其《断肠集》至今读来也令人肠断。元、明两代皖籍诗人创作呈现下降趋势，至清代而复振。除了享誉中外的桐城派，其中元代方回虽以《瀛奎律髓》闻名于世，然其诗也“格力苍坚，在江湖诸集之上”（《四库全书简明目录》卷十七），成就显然超越了宋末江湖诗派。明末清初被称为“江左三大家”之一的龚鼎孳、王夫之推崇曰“诗体整健”的钱澄之，以及清代被誉为“南施北宋”的施闰章等，都是有口皆碑的名家。有清一代无论是学术还是文学，几乎集中于江南地区，成为“徽学”的重要研究对象之一。这种现象至现代而大放异彩，仅就新文化运动的旗手陈独秀、学术成就卓著而以《尝试集》开拓新诗天地的胡适而言，就足以振聋发聩了。

面对如此辉煌的安徽文化，如何从学术原典及其学术研究的视角，进一步加以发掘、研究，就非常必要了。《安徽诗人研究文存》也由此而产生。

三

为了落实中共中央办公厅、国务院办公厅《关于实施中华优秀传统文化传承发展工程的意见》以及《安徽新时代古籍工作实施意见》，深入发掘安徽文化底蕴，深化安徽诗人研究，强化安徽文化的认同感与归属感，安徽师范大学中国诗学研究中心由胡传志教授策划，刘运好教授任总主编，约请全国知名专家、学者，组织编写了《安徽诗人研究文存》。

《安徽诗人研究文存》以皖籍诗人研究为收录对象，共收录关于曹操、曹植、嵇康、刘长卿、张籍、梅尧臣、吕本中、张孝祥、方回、钱澄之、胡适等十余人的研究论文。论文收录范围，始于1921年，迄于2021年，以中国学者研究论文为主体，也酌情收录中国学者发表于海外期刊、海外学者发表于中国期刊的论文。所选学术论文必须以问题为核心，“研究综论”“会议纪要”“文坛掌故”之类，一律不予收录；重要学术著作中具有学术论文性质的相关章节也酌情收录。收录文章必须兼顾思想性与学术性两个方面：第一，有明显意识形态问题，或背离社会主义核心价值观的论文、专著章节，一律不予收录；有特定时代标记，但并无政治倾向问题的论文、专著章节，可酌情收录。第二，收录的论文、专著章节注重以下三点：（1）创新性。所选文章必须具有学术创新的特点，观点新、材料新、视角新，或三者皆备，或必具其一。（2）示范性。所选文章必须具有学术示范意义，蕴涵丰富的学术信息以及新的学术生长点。（3）时段性。所选文章在充分注重创新性、示范性的前提下，必须从学术史的角度，兼顾论文发表时段。对于不同诗人的不同研究现状，由分册主编斟酌处理，保留编选者的学术个性。

每一诗人的研究文存独立成册，有前言、正文、主要论文（论著）索引三个部分。（1）前言，由分册主编撰写，虽各有特点，却也要斟酌以下三点：其一，从文学史视角，对所研究的诗人作简要评价；其二，从学术史视角，对历代研究成果略加评说；其三，从前瞻性视角，对所研究的诗人提出若干有学术意义的理论话题。（2）正文，即所选论文、专著章节。体例上遵循以下四点：其一，论文尊重原著，原则上不作修改、删节；论著节选必须是构成独立论文的形式。对于原文表达的语病、引文谬误、错别字等则径改。其二，论文标题一仍原著，论著节选若原文没有标题，可由分册主编增设标题；为了保持全书格式相对统一，所选论文一律不设“内容提要”“关键词”，只录全文。其三，论文注释，早期论文保留原来注释形式，但相对统一，若引古籍须标明作者、著作名称及卷数、篇名，如“《淮南子》卷一《原道训》”；若引期刊须标明期刊名、出版日期或期别，如“《燕京学报》第19期”，一律采用脚注形式。新时期以后论文，无论发表于何种期刊，注释一律采用《文学遗产》论文规范格式。其四，注明文章来源，期刊注明刊名，著作节录注明节录之章节（名称）、出版社及出版年份。（3）主要论文（论著）索引，突出“主要”，不必求全。此外，为了协调丛书各分册规模，便于读者阅读，所选篇幅控制在30万字左右。

相对于辉煌的安徽文化及其深厚的学术研究而言，《安徽诗人研究文存》仅仅是尝鼎一脔。这是一个需要不断努力、不断深化的理论命题。

出于各种原因，截至出版时，我们未能与本套丛书的全部著作权人取得联系。敬请作品的著作权人或与著作权有关的权利人与安徽师范大学中国诗学研究中心联系，以便奉上稿酬和样书。

刘运好

2023年5月

前　言

◎童　强

嵇康的现代研究肇始于20世纪初，发展至今已有一百多年的历史，积累了丰硕的成果。纵观嵇康研究的历史，成果主要体现在如下几个方面：

一是嵇康的生平事迹以及著作文本整理取得进展。《嵇康集》的整理、研究取得非常重要的成就，这为所有的嵇康研究者提供了一个颇为可靠的文本。有关嵇康生平事迹，大体已经清楚。虽然仍有拜中散大夫、为何被害、妻子是曹操几代孙女等问题存在争议，但魏晋材料收罗殆尽，近来有关争论似乎减少，研究者大多不再把精力放在那些很可能没有最终结论的问题上了。

二是对嵇康思想的认识提高。对于嵇康的养生、声无哀乐、释私、名教自然、心不违乎道等学说学界都有非常充分的解读，对嵇康与阮籍、嵇康与向秀、竹林七贤等也有细致的探讨，特别是把嵇康的思想放到玄学以及魏晋思想史的脉络中来理解，形成了不少有说服力的观点。

三是对嵇康文学的研究不断深入。嵇康的论难文章，析理绵密，“文如剥茧，无不尽之意”（刘师培语），具有卓越的思维能力，实为三国后期文章大家。诗风峻切，四言诗成就很高，上承《诗经》，下开陶潜，其闲逸游仙题材等，论者都有细致的阐发。

四是近40年来嵇康研究更是得到极大的拓展。论思想，有嵇康与尼采、海德格尔、萨特的比较性研究。论深度，嵇康诗文不再局限于传统的文学概念的理解，还有“生命实践诠释学”以及“互文性”等新的理论术语的介入，开辟出嵇康的形象、嵇康的接受史等新的领域，整个探索在不断地深入。

为简明起见，我们将整个历程划分为三个阶段：第一个阶段是嵇康研究的创立阶段，从20世纪初到1949年；第二阶段是嵇康研究的调整阶段，从1949年到1979年；第三阶段是嵇康研究进一步发展阶段，20世纪80年代至今。

一、创立阶段（1900—1949）

20世纪上半叶是嵇康现代研究创立发展的阶段。这一时期，不仅确立了《嵇康集》的文本，更重要的是通过对玄学、清谈概念的建构，给嵇康思想研究提供了一个基础性的哲学框架。这一时期的研究从方法上来看，既有实证性研究，又有思辨性的成果，呈现出多样化、多元化的特征。

嵇康的现代研究与传统研究存在着很大的差异。此前的传统学术研究虽也涉及玄学、清谈，但大多是零星的批评，点滴的心得，片言只语，一鳞半爪，虽然时有灼见，但各个论点之间学理上的关系不甚明确，不成系统，很多具体问题没有得到体系化的研究。现代学术是以现代的立场、观点、方法展开的研究，它注重整体性、概念化以及体系的特点，玄学与清谈核心概念的确立，使嵇康在思想史上的地位与意义能够得到进一步说明。

嵇康当时是作为朝廷的罪人被杀的，在传统时代无法斥言朝廷有错的环境下，嵇康的无辜很难得到公开认可。尽管两晋南北朝名士非常仰慕嵇康，惊叹他的天才与人格，仿效他的风度，但时间久远，他的思想逐渐不为人所重视，他高洁的形象越来越模糊。北齐颜之推已经不懂嵇康，他在自己后世声名远扬的《颜氏家训》中称“嵇叔夜排俗取祸”“凌物凶终”，又曰：“嵇康著

《养生》之论，而以傲物受刑。”这样的观点在唐以后流行逆来顺受、明哲保身的环境下自然占据主流，嵇康傲世取祸成为世人刻板的印象。而嵇康的音乐理论、社会理论、论证事物的方法、逻辑观念等鲜有人问津。进入20世纪，随着现代主体性的发展，自我意识的上升，人们终于发现嵇康独立人格的魅力，开始重视从思想的独特性、人格的高洁等方面来认识嵇康。自此，嵇康在思想史上的地位提高了。

（一）玄学、清谈概念的建构

20世纪早期对玄学、清谈概念的建构尤为重要。“玄学”与“清谈”这两个词古已有之，把玄学、清谈作为一种哲学运动，作为一种思潮，作为一种特殊的风尚与生活方式，却是鲁迅、汤用彤、侯外庐、冯友兰、贺昌群等一批学者努力的结果。

鲁迅（1881—1936）在1927年作了《魏晋风度及文章与药及酒之关系》的演讲。此文虽非典型的论文样式，却以一种崭新的理解与叙事方式向我们呈现了一个历史时代，一种我们全然不熟悉的生活方式，因药、宽袍大袖、诗酒文章等诸多细节呈现出如在眼前的历史情境。什么是活的历史，鲁迅做了一个示范。如果说鲁迅着力呈现魏晋风度、名士的生活方式，那么汤用彤、贺昌群、容肇祖等人努力的方向则是思想史的学理线索。究竟用什么核心概念来描述魏晋时代，这是一个问题。容肇祖《魏晋的自然主义》（1935）一书用了“自然主义”来概括何王、嵇阮、向郭等人的思想，并注意到嵇康论辩中名学（逻辑）的运用。1936年《儒效月刊》上发表宋景昌《嵇康阮籍之比较研究》的论文，也是运用“魏晋自然主义”，可见这一概念在当时很有影响。到1989年刘金山的论文《阮籍嵇康的自然主义》（《中国社会科学院研究生院学报》1989年第2期）仍延续着这一概念。

容肇祖写作《嵇康的思想》时，还是北京大学的学生，论述相对简单，而汤用彤1938—1947年间完成的《魏晋玄学论稿》则带来了深远的影响。汤用彤对玄学运动的描述也不是一下子完成的。在《言意之辩》中，他试图通过言意之辩的核心建立“玄学统系”，并且把王弼、嵇康的学说贯通起来。《魏晋玄学流别略论》中说：“道家老庄与佛家般若均为汉晋间谈玄者之依据。其中心问题，在辩本末有无之理。”故又对照玄佛之义设为框架。则是：一是王弼之说，对应的是佛教本无义；二是向秀、郭象之学，对应的是色义；三是为心无义；四是为不真空义。《魏晋思想的发展》中又以圣人观念或自然与名教之辩为核心，划分魏晋思想发展为四个阶段：一是正始时期，温和派以何晏、王弼为代表，激烈派以阮籍、嵇康为代表；二是元康时期；三是永嘉时期，以向秀、郭象为代表；四是东晋时期，可称为佛学时期。在讲授魏晋玄学时，汤用彤又以“贵无之学”为线索，梳理出王弼之学、阮籍与嵇康之学、道安和张湛之学的脉络，又以“崇有”概括向秀、郭象之学。不难看出，汤用彤一直试图确定魏晋思想发展的框架，虽不同时期描述有所差异，但主要的线索是清楚的。四期划分后来成为魏晋玄学史分期的主要模式，正如汤一介所说，汤用彤的分期“允为定论，至今突破这一体系框架者仍不多见”①。在汤用彤前后有范寿康（1896—1983）《魏晋之清谈》（1935）、刘大杰（1904—1977）《魏晋思想论》（1939）、王瑶《玄学与清谈》〔见《中古文学史论》（1942—1948）〕等诸论。

玄学、清谈有时也称之为玄风，这一历史现象也吸引了史学家的注意。吕思勉《蒿庐论学丛稿》中《魏晋玄谈》（1925）一文、陈登原《国史旧闻》为1938年以后作，其中有“清谈之

① 汤一介《〈魏晋玄学论稿〉导读》，汤用彤《魏晋玄学论稿》，上海古籍出版社2001年版，第11页。

目”“清谈来自”“清谈家之生活”“玄学”数条，均与玄风相关。又陈寅恪《陶渊明之思想与清谈之关系》（1945）、缪钺《清谈与魏晋政治》（1948）、唐长孺《清谈与清议》《魏晋玄学之形成及其发展》（1953）等对清谈与玄学都有进一步的梳理[①]。余嘉锡《余嘉锡论学杂著》中又专有《寒食散考》[②]，对玄风所涉及之药有详细的考证。贺昌群（1903—1973）《魏晋清谈思想初论》本是其在中央大学教学时的讲稿，1946年重庆商务印书馆出版。此书对嵇康的阐述不多，但对清谈思想有非常细致的探讨，认为嵇康声无哀乐论与当时圣人无情、茂于情之说密切相关。随着对玄学运动的描述不断清晰深入，嵇康研究也相应有了框架，展开了更丰富的阐释。

实际上，对清谈的探讨一直在持续。1949年以后仍有不少相关的论文。台湾学者唐翼明的《魏晋清谈》（台湾东大图书公司1992年版；人民文学出版社2002年版）是他在美国哥伦比亚大学东亚语言文化系的博士论文。此书上篇讨论清谈的定义、形式及内容，下篇讨论清谈的起源、发展与演变，颇可参考。

（二）对嵇康的认识

学界对于嵇康有一个不断认识的过程。在汤用彤不断构思的框架中，嵇康若隐若现，有的框架中，并没有包括嵇康。嵇康在整个玄学体系中很不好安排，我们甚至不能确定这种不确定性是因为嵇康的独特性，还是他本来在玄学体系中就不处于核心地位。汤用彤对嵇康的评价是非常犀利的，他说：

---

① 吕思勉（1884—1957）文见《吕思勉遗文集》，华东师范大学出版社1997年版，又《吕思勉读史札记》收录“清谈”五条，上海古籍出版社2005年版；陈寅恪文见其《金明馆丛稿初编》，上海古籍出版社1980年版；唐长孺（1911—1994）文见其《魏晋南北朝史论丛》，三联书店1955年版，又，河北教育出版社2000年版。

② 余嘉锡（1884—1955）《余嘉锡论学杂著》，中华书局1963年初版，2007年第二版。

> 嵇叔夜则宅心旷达，风格奔放。……盖王氏（弼）谨饬注重者本体之宗统，嵇氏奔放欣赏者天地之和美。嵇叔夜深有契于音乐，其宇宙观察颇具艺术之眼光。虽思想浮杂难求其统系，然概括言之，其要义有二，首则由名理进而论音声，再则由音声之新解而推求宇宙之特性。[①]

嵇康似乎没有达到如王弼那样的本体的层面，思想的深度似有不及。汤用彤在另一处说：

> 王何较严肃，有精密之思想系统；而嵇阮则表现了玄学的浪漫方面，其思想并不精密，却将玄学用文章与行为表达出来……嵇康、阮籍把汉人之思想与其浪漫之趣味混成一片，并无作形上学精密之思考，而只是把元气说给以浪漫之外装。他们所讲的宇宙偏重于物理的地方多，而尚未达到本体论之地步。二人以阮籍的思想较好。他有《通老》《通易》《达庄》等论。[②]

嵇康的思想不及阮籍，不止一位学者有类似的看法。更早的顾实（1878—1956）在《中国文学史大纲》（1928年再版）中也说："嵇康辞章，颇见成就，至其思想，殊多散漫。"嵇康的论文很难读，不仅文辞繁富，立意也出人意料，持论多与时人相反，细致说理，论证缜密，都不是人们熟悉的路数，阅读起来非常艰难。又《嵇康集》经数百年传抄，校者妄改，正文中颇有难点。非反复研究体会，很难得其要领，不免留下"散漫"的印象。冯友兰《中国哲学史》上下卷（1933）虽然也有"阮籍、嵇

① 《魏晋玄学论稿》，第 28 页。

② 《魏晋玄学论稿》，第 146 页、147 页。

康、刘伶”一节，但其中论述嵇康，仅引《晋书》本传一段，又引《释私论》一段，后缀仅仅26个字的评论。非谓冯友兰仓促，而是嵇康哲学因其独特性让人很难短时间把握。到20世纪80年代，冯友兰《中国哲学史新编》第四册（1986）中对嵇康的研究就非常深入了。任继愈、余敦康也认为“阮籍、嵇康的自然论在玄学思潮的这个发展序列中占有特别重要的地位”①。嵇康显现出在中国玄学思想史上的独特意义。

鲁迅非常理解嵇康。他不仅花费巨大的精力校订《嵇康集》，高度评价嵇康，赞赏“嵇康的论文，比阮籍更好，思想新颖，往往与古时旧说反对”，又说嵇康没能做到“口不臧否人物”的地步，“刚肠疾恶，轻肆直言”的个性丝毫没有因外界的压力而改变。正是在嵇康身上，鲁迅看到了自己高傲正直、激进反抗、不肯随俗的身影，他也特别洞察到嵇康“越名教而任自然”“非汤武而薄周孔”的本质，那些亵渎礼教的行为使嵇阮成为“不谈礼教，不信礼教，甚至反对礼教”的人，而事实上他们是“承认礼教，太相信礼教”②。这一阐发无疑改变了人们对嵇阮的传统理解。

刘师培的《中国中古文学史讲义》（1917）可能是20世纪第一部对嵇康进行现代研究的著作③，其中对嵇康的文章给予了非常中肯的评价。虽然是文学研究，但刘师培清楚意识到嵇康文章的思想性。《三国志·魏书·王粲传》中说“谯郡嵇康，文辞壮丽”。又《文心雕龙·体性》曰：“叔夜隽侠，故兴高而采烈。”刘师培说：

---

① 任继愈主编《中国哲学发展史（魏晋南北朝）》之《阮籍、嵇康的自然论》，人民出版社1988年版，第180页。

② 鲁迅《魏晋风度及文章与药及酒之关系》，《鲁迅全集》第三卷，人民文学出版社1982年版，第513页。

③ 钱玄同《左盦著述系年》系此《讲义》于民国六年即1917年。见刘师培《刘申叔遗书》，江苏古籍出版社1997年版，第13页。

以“兴高采烈”评康文，亦与《魏志》“文辞壮丽”说合；盖嵇文之丽，丽而壮者也。均与徒事藻采之文不同。

又说：

稽、阮之文，艳逸壮丽，大抵相同。若施以区别，则嵇文近汉孔融，析理绵密，阮所不逮；阮文近汉祢衡，托体高健，嵇所不及。[①]

肯定了嵇康文“析理绵密”的特点。释吾《嵇康与陶潜》（《金陵光》第14卷第2期，1925年11月）可能是第一篇把嵇康与陶渊明联系在一起的文章。陆侃如、冯沅君《中国诗史》（1931）也认为，陶渊明“复得返自然”中的“自然”就是嵇康诗中的“自然”，嵇康实为陶渊明诗之先驱[②]。谭丕模《中国文学史纲》（1958）、葛晓音《八代诗史》（1985）中《嵇康和四言体》一节都谈到了嵇康与陶渊明之间的关系。

钱基博《中国文学史》一书撰于1939年春至1942年秋[③]，他说：“《三国志》本传谓康文辞壮丽，好言老庄，而尚奇任侠。好言老庄，则有之矣；壮丽尚奇，窃未见然。”不同意嵇文“壮丽尚奇”，但他认为嵇文长于说理，则与刘师培同。钱基博说：“康正名辩物，颇核持论，而气不奇，采不遒，意思安闲，只是以质率妙造自然。”这是相当确切的分析。

林庚《中国文学简史》成书于1949年之前，1954年上海文艺联合出版社出版。林庚论嵇康时说：“屈原所主张的‘举贤授能’的民主政治，在建安时代的基础上，就初步地被争取

① 陈引驰编校《刘师培中古文学论集》，中国社会科学出版社1997年版，第39页。
② 参吴云编著《20世纪中古文学研究》，天津古籍出版社2004年版，第147页。
③ 参钱基博《中国文学史》钱钟霞“后记”，中华书局1993年版，第1144页。

到。……嵇康临刑时有三千太学生请愿营救他，并且要求以他为师，这就是民主的力量。”俨然把嵇康视为传统时代士人为实行民主政治而斗争的代表。万绳楠也认为：“嵇康在猛烈地反对儒教、反对‘割天下以自私’的斗争中，形成了他自己的带有民主性的政治思想——‘以天下为公’。”[①]这一带有理想色彩的观点无疑受到当时时代的影响。

（三）《嵇康集》整理

这一时期，鲁迅整理的《嵇康集》是非常重要的成果。他从1913年开始以吴宽丛书堂抄本为底本，搜罗各本，校勘《嵇康集》。到1924年完成校勘工作，前后校阅十数过，在《嵇康集跋》中自谓：“中散佚文，世间已无更善于此者矣。”其后1931年又以宋本《六臣注文选》校《嵇康集》一过，1935年又收到台静农所寄旧校本《嵇中散集》一册。此后就没有这方面的工作了。若从1913年算起，到1935年前后历时二十多年，可见鲁迅倾注心力之大，而《嵇康集》也终于有了非常精善的本子。事实上正是如此。冯友兰用到《嵇康集》时，就说：“《嵇康集》有许多本子，异文很多。（书中）下面引嵇康的著作，不专靠哪一个本子，只看哪一个本子的异文‘于义为长’，不另作说明。如果要知道这些本子的异同，可以看鲁迅先生的《嵇康集》的校本。”[②]

嵇康是曹魏时期的名士，但陈寿写作《三国志》因形格势禁，没有为嵇康立传。唐修《晋书》已去曹魏500年，虽为之传记，但颇为空泛，致使嵇康生平等许多细节不清楚。侯外庐等在1949年之前写成《嵇康在文献学上的身世消息及其著述考辨》一文，后收入《中国思想通史》第三卷，对其生平、著述等细节

① 万绳楠《魏晋南北朝史论稿》，安徽教育出版社 1984 年版，第 108 页。

② 冯友兰《中国哲学史新编》第四册，人民出版社 1986 年版，第 77 页。

详加考证，体现重视文献的研究传统。他又提出“文献学上的嵇康”，反映出我们对于嵇康的认识与理解只能建立在文献基础之上这一意识，这与传统史学又有区别。

刘汝霖《汉晋学术编年》（1932）、陆侃如《中古文学系年》（1937—1947）这两部著作都包括了嵇康生平文章的编年。嵇康的生平、事迹、交游、作品等按照编年一一排列，有出处，有考证，非常有利于查考。后来的曹道衡、沈玉成、周振甫等仍有关于嵇康的考证成果。

1949年之前的嵇康研究，开创了现代模式。视野开阔，对嵇康的生平、性格、著作、文学创作、思想所达到的高度、与玄学清谈之间的关系、在玄学中的地位与意义等都有涉及。特别是鲁迅、汤用彤、侯外庐、冯友兰、贺昌群以及许多历史学家对玄学清谈的探讨，为嵇康研究提供了重要的思想框架与社会生活的情境，这使得整个研究摆脱了传统的模式，走上了现代学术的发展路径。《嵇康集》校勘注释的完成，使整个嵇康研究有了一个重要的文本基础。

二、调整阶段（1949—1979）

1949年到1979年，这30年时间是嵇康研究的调整时期。变化主要体现在几个方面：

（一）嵇康哲学的探讨以及对玄学或清谈研究框架的调整

1930年冯友兰在清华大学讲授中国哲学史，随后出版《中国哲学史》上下卷（1933）。1947年在美国宾夕法尼亚大学讲授中国哲学史，讲稿整理后于1848年由麦克米伦公司出版。1949年以后，他希望的是能够“用马克思主义的立场、观点和方法重写一部《中国哲学史》”，这就是《中国哲学史新编》。其中第四册专有一节论嵇康。魏晋推崇名教，并非名教不对，而是崇尚之下，好名之徒难免以伪善行世，以虚假掩饰自己的劣行，是非善恶难分，社会失去正义。所以嵇康推崇“任自然”，就是率直任性，这个“性”是没有被外在因素扭曲的正当的本性，人自在自得就在于任这个性，任这个自然。《新编》中冯友兰的分析抓住了嵇康思想中的重要环节。他指出嵇康精神境界的第一层次，即“越名教而任自然”，这是对人与社会之间的关系说的。嵇康强调人应该“值心而言”“触情而行”，即显情，而不是匿情。第二层次——“心不违乎道”，这是对人与宇宙即人与物之间的关系说的。这需要“审贵贱而通物情”“情不系于所欲”。即理解生命的真正意义，而不为欲望所牵引。这一分析使我们对嵇康的理解更进了一步。

侯外庐等《中国思想通史》第一、二、三、五卷，于1949年前后完成并出版，各卷又加修订于1957年由人民出版社出版，第四卷于1959年完成并出版。第三卷专论魏晋南北朝思想史。侯外庐等作者特别注意嵇康的认识论，这是论者很少阐发的方面。又特别点明了嵇康在逻辑学上的贡献：“在其（嵇康）体系上是一系列的诡辩，但是，在形式问题上面，却闪出些光彩，对中国的逻辑学的发展，是有贡献的。”[①]此书最大特色在于整个思想史的阐述始终围绕唯物主义与唯心主义的线索。如向秀是唯心主义的庄学，而范缜神灭论则体现了唯物主义体系，嵇康则是心声二元论。一方面是虚幻的概念，一方面是具体的实在，从概念（心）怎么到达具体的实在（声），这是嵇康无法解答的。但学者对嵇康哲学的认识存在争议，丁冠之则认为他属唯物主义，“嵇康的唯物主义思想是两汉唯心主义神学世界观和魏晋玄学唯心主义‘贵无’思想的对立物，应

① 侯外庐等《中国思想通史》第三卷，人民出版社 1957 年版，第 179 页。

该给予应有的重视”[①]。到1979年时，万绳楠《嵇康新论》仍强调说，嵇康在反对唯心论的斗争中，变成了一个唯物论者[②]。此外，张志岳《略论嵇康及其作品》（《哈尔滨学院学报》1960年第1期）、汤一介《嵇康和阮籍的哲学思想》（《新建设》1962年9月号）均可见出当时的学术动向。

台湾学者有自己的研究轨迹。牟宗三《才性与玄理》（1962）中专有一章“嵇康之名理”，讨论养生、释私、声无哀乐三个专题，意在名理，而魏晋名理的意义相当于今日的哲学。又有黄振民《嵇康研究》，载《中国哲学思想论集》第三册（台北水牛出版社1978年版）。学术风尚与大陆学者颇有差别。

（二）对嵇康政治态度的分析

政治态度包括嵇康与权力集团的关系等问题，一向受到关注，但调整时期，政治倾向、政治立场往往成为决定性的因素，即使是文学研究也要首先讨论诗人的政治倾向，然后再来看他的文学。北京大学中文系文学专门化1955级集体编写的《中国文学史》认为：“（嵇康）对现实的态度比起阮籍来又要冷漠得多。这样消极的人生观，反映在他的诗歌创作上便是大量的玄言诗和游仙诗。……作为一个诗人，嵇康不仅没什么成就，他这些消极的、反现实的作品还是必须给以批判的。”[③]由此可见，抽象化的政治立场的定性往往左右对诗人的诗歌成就的评判。

有学者不同意这样的分析。高海夫说：“北大《中国文学史》说嵇康对现实的态度很冷漠，说他没有什么成就，马圣贵、姚国华二同志说他是一个忠于腐朽的曹魏统治的人物（《也

① 丁冠之《论嵇康的哲学思想》，《哲学研究》1980年第4期。
② 万绳楠《嵇康新论》，《江淮论坛》1979年第1期。
③ 北京大学中文系文学专门化1955级集体编著《中国文学史》，人民文学出版社1958年版，第144页。

谈如何评价嵇康》，1959年4月17日《文汇报》），从而大大地贬低了嵇康。我觉得这也是不符合实际的。”[①]嵇康当时处在曹魏与司马氏之间，而20世纪50年代的学者认为，必须从诸多历史细节中找到嵇康政治选边的依据，确定其政治立场。显然嵇康是站在曹魏一边，同情曹魏，对司马氏不满，毌丘俭反抗司马氏，嵇康欲起兵响应，属于“忠心耿耿地维护曹魏统治的人物、是一个曹魏政权的鹰犬”。高海夫认为：“对代表豪门世族利益的司马氏政权，嵇康固然坚决反对，但已被新兴贵族所把持、逐渐腐朽了的曹魏政权，对嵇康来说，也并非很理想的。嵇阮二人一样，他们既不拥护旧的世族，也未依附新兴的权贵，他们乃是地主阶级中比较正直、头脑比较清醒、具有较高理想的分子。”霍松林认为嵇康的思想是当时政治斗争与社会矛盾的产物，不是传统思想简单的翻版[②]。

（三）有关年谱等基础材料的工作

戴明扬（1902—1953）据黄省曾刻本等撰《嵇康集校注》，1962年人民文学出版社出版；2014年中华书局再版。台湾学者何启民《竹林七贤研究》中包括有《竹林七贤年谱》，初版于1966年，又有学生书局1984年版。台湾学者庄万寿有《嵇康研究及年谱》，台湾学生书局1990年版。童强《嵇康年谱汇考》，收入范子烨编《中古作家年谱汇考辑要》卷一，世界图书出版社2014年版。

调整时期包含了差不多均等两个时段，后段的研究工作非常滞缓，前段主要是对1949年以前的诸多观念以及研究的调整，对历史现象或历史人物的研究采取了新的哲学的眼光，即辩证唯物主义与历史唯物主义的观点，以唯物主义与唯心主义的对立来加

① 高海夫《关于嵇康的评价》，《人文杂志》1959年第3期。
② 霍松林《论嵇康》，《人文杂志》1959年第3期。

以衡量，嵇康的研究也不例外，学者争论的焦点在于他是属于唯物论者，还是唯心论者。政治成为突出的衡量因素，通过嵇康与政权以及权力集团的关系来分析嵇康的政治立场，进而来说明他是什么人，他有什么样的文学成就。

三、发展阶段（1980年至今）

改革开放以来，我们的学术文化得到繁荣发展，嵇康研究呈现出焕然一新的面貌。

（一）是嵇康研究受到关注，成果丰硕

1980年至今40多年，据我们不完全统计，大陆与港澳台发表嵇康研究的论文约有400篇，数量之多，前所未有。此外还有相当数量的嵇康研究专著。

丁冠之《嵇康》（1980）长文（收入方立天、于首奎编《中国古代著名哲学家评传》第二卷，齐鲁书社1980年版）、许抗生《嵇康思想略论》（《齐鲁学刊》1980年第3期）、刘康德《试论嵇康的哲学思想》（《复旦学报》1981年第6期）、陈战国《嵇康与玄学三理》〔《中国哲学》（11），人民出版社1984年版〕均是对嵇康哲学较为系统的评述，但学术框架、理论倾向仍然受到上个时期的影响，如刘作就是从“神秘主义世界观”“不可知的认识论”以及“自得无为的辩证法”等三个角度来论述嵇康的思想的。

新的变化从20世纪八九十年代中逐步体现出来，学者的论述带有更多自我的认知与独特的视角。罗宗强《玄学与魏晋士人心态》（1994）在当时魏晋玄学的研究中影响很大。此前的人文研究，都偏向从社会经济政治等非常宏观的角度阐释，此书却提出一个当时学界非常新颖的关键词：心态。这为其研究带来了一个

个体、群体的心理、精神状态的视角。作者认为：嵇康追求一种超尘绝俗的理想人生，他是“第一位把庄子的返归自然的精神境界变为人间境界的人”，但这种境界“并不具备实践的品格，在生活中是很难实现的”，这样崇尚的追求，又伴随着嵇康“过于执着、过于切直的性格”，造成了嵇康的悲剧①。孔繁《魏晋玄谈》（1991）与此观点相关，他认为：“嵇康和阮籍从理论上解决了自然和名教之矛盾，强调道儒之不可调和，从而将老庄之自然无为思想发挥到了极致，开魏晋名士旷达任放、不拘礼法之风气。……正始以后，士族之不拘礼法，受嵇、阮影响很大。”②

钱志熙《唐前生命观和文学生命主题》（1997）是从生命观的角度来审视嵇阮诸人。嵇康的《释私论》认为道德本质存在于自然的人性之中，君子体验到这种本性就能够做到“越名任心”，这是玄学的生命观③。自然本性扩展到万事万物中，就构成了本体论的基础。王晓毅《嵇康哲学新论》（《中国哲学史》2004年第1期）一文认为，通过现象（形），辨析事物性质（名实）和规律（理）的形名学，“不仅是嵇康最重要的学术方法，而且反映了其哲学以事物‘自然之性’为本的理论特点，这也是魏晋玄学本体论的基本特征”。徐公持《魏晋文学史》（人民文学出版社1999年版）虽是文学断代史研究，但第九章专论嵇康的诗与文，作者特别强调嵇康的人格魅力，并且说明人格与文学之间的关系，新颖而独特。

童强《嵇康评传》（2006）一书对嵇康的生平、诗文、哲学思想均有系统深入的探讨，学者评价“有一定的开创性”④。此

① 罗宗强《玄学与魏晋士人心态》，南开大学出版社2003年版，第91页、93页、105页。

② 孔繁《魏晋玄谈》，辽宁教育出版社1991年版，第103页。

③ 钱志熙《唐前生命观和文学生命主题》，北京大学出版社1997年版，第252页。

④ 高勇、张永青《二十世纪以来嵇康研究简述》，《西北成人教育学院学报》2021年第2期。

书最重要的贡献在于揭示嵇康对归纳法的质疑。牛顿万有引力定律被认为是根据大量观测数据归纳出来的，但西方18世纪休谟第一个对归纳法的逻辑合法性提出质疑。与休谟类似，嵇康在3世纪就对归纳法提出逻辑上的质疑，尽管他的证明非常朴素。他认为，人们在日常生活中看到的都是人寿百年，然而“仰观俯察，莫不皆然”的明证只是“以多（同类的证据多）自证，以同（证据本质上相同）自慰”，并不能逻辑地证明“一切之寿”，更不能证明天地之间，关于人寿之理，仅此而已。嵇康的质疑早于西方的休谟1500年。此书还分析了《太师箴》的主旨。长期以来，人们认为《太师箴》是嵇康谴责司马氏的作品。本书通过箴辞文体史的证据，证明《太师箴》是嵇康拟以太师的身份对君主提出的告诫。

这一时期还有张节末《嵇康美学》（1994）、台湾学者曾春海《竹林玄学的典范——嵇康》（1994）、台湾学者张蕙慧《嵇康音乐美学思想探究》（1999）等著作。曾春海的专著对嵇康的自然观、人性观、生死观、社会政治思想等都有细致的分析。受到侯外庐著作的影响，他也特别注意嵇康的认识论以及论辩方法上的特点，并且提到嵇康“以多自证，以同自慰”与归纳法有关。书末附录《嵇康研究论著目录》载大陆与台湾1994年以前相关论著的目录，颇可参考。

（二）是嵇康研究的模式在变化、范围在扩展

嵇康研究涉及四种模式：一是思想研究，把嵇康放在整个思想史、哲学史的脉络中来进行考察，所以玄学、清谈的梳理相当重要。二是外部研究包括传记性研究等，主要探讨嵇康所处时代与社会，他与权力集团、与政治之间的关系，探讨嵇康的生平事迹以及个性特征等因素。三是内部研究，但通常很少有纯粹的作品研究，作品研究总是结合着生平、思想以及外部研究一道展开的。四

是材料考证。上述三个阶段中这类考证一直在持续。陆侃如、刘汝霖、曹道衡、沈玉成等均有中古文献材料考证方面的成果。

这一阶段仍有一些考证文章，刘康德《嵇康锻铁、服药及其关系》（《复旦学报》1987年第2期）试图证明嵇康锻铁与养生治病有关，他需要打铁产生的铁屑来治病。又有姚汉荣、姚益心《嵇康之死考辨》（《中州学刊》1988年第3期）。嵇康是否曾官中散大夫这一问题，引起了沈元林（《文学遗产》1992年第6期）、穆克宏（《文学遗产》1993年第2期）的讨论，10年之后，仍有学者关注这一问题，见牛贵琥《〈嵇康曾官中散大夫吗〉辩正》（《山西大学学报》2002年第4期）等。总体上，考证的论文减少了。

这一时期出现了比较的研究模式。学术领域中，比较是基本的方法，始终都存在，如嵇阮比较等。但此时的比较，视野更为开阔，出现了跨文化的嵇康与尼采、海德格尔、萨特的比较研究，还有竹林七贤与韩国海左七贤诗歌的比较研究等①。虽然中西比较难度很大，一时可能尚未完全成熟，但无疑是有益的探索。

值得注意的是这一时期"嵇康形象"研究。如袁济喜《〈文选〉编选与嵇康形象》（《复旦学报》2014年第6期）、刘小兵《历史记忆与文学想象——论唐人诗文中的嵇康形象》（《中南民族大学学报》2017年第4期）、孙梦依《顾日影而弹琴：嵇康临终奏琴形象与魏晋风度》（《理论界》2018年第4期）、熊明《琴与嵇康文学形象的生成》（《贵州社会科学》2021年第7期）等都属于形象研究。"形象"已是新的理论术语，嵇康固然是历史人

① 李天鸽《尼采酒神精神与以嵇康为代表的魏晋酒文化的比较》（《吉林省教育学院学报》2019 年第 9 期），贾占新《越名任心与向死存在——嵇康与海德格尔生存可能性的终极视域》（《河北大学学报》2007 年第 1 期），裴云、范涛《嵇康和萨特的美学比较》（《兰州学刊》2006 年第 3 期），金晶，崔玲愿《竹林七贤与海左七贤诗歌内容比较研究——以嵇康与李仁老作品为中心》（《韩国研究论丛》2019 年第 1 期）。

物，但另一方面嵇康又是我们不断认知的结果，因此嵇康形象总是与我们对这个形象的建构、形象的创造有关，这种建构难免会存在认知偏好。尽管我们是严格依据历史材料，但材料的解读是在偏好的引导下进行的。形象研究将促进我们对形象建构背后话语系统的反思。徐公持《理极滞其必宣——论两晋人士的嵇康情结》（《文学遗产》1998年第4期）、山东大学2009年郑伟的硕士学位论文《唐前嵇康现象研究》都与“形象”有关，尽管论文没有使用“形象”这个概念。

嵇康研究中还出现了唯美主义、“生命实践诠释学”以及“互文性”等术语[①]，从某种意义上来说，它们都试图寻找嵇康研究新的可能性。还有一些新的研究都是前人很少涉及的领域，如嵇康的法律观念，徐永康《嵇康法律观探析》（《法学》1990年第7期）；如教育思想，李军《嵇康教育思想探微》（《浙江社会科学》1995年第2期）；还有生态哲学，王丽慧《嵇康的生态哲学思想》（《江西社会科学》2014年第10期）等，这是以往研究从没有过的视角。

嵇康研究中有关《声无哀乐论》、乐论、音乐美学的论文最多，在我们收集到的400篇论文中约有150篇都与此有关。蔡仲德、张节末、刘承华等都有这方面的论文。为什么嵇康研究中讨论音乐的论文特别多，这是个有趣的现象。嵇康《声无哀乐论》的主旨很清楚，音乐就其本身而言无所谓哀乐，这涉及音乐自律的问题，因此又可与西方汉斯立克的观点比较，曹利群《试论嵇康与汉斯立克的音乐美学思想》（《音乐研究》1986年第2期）、杜卫《嵇康与汉斯立克音乐美学思想比较》（《学术月

① 见刘金山《论嵇康的“唯美主义”美学思想》（《哲学研究》1989 年第 2 期）、綦庆刚《竹林玄学的“生命实践诠释学”——以阮籍、嵇康为例》（《社会科学辑刊》2012 年第 2 期）、叶当前《屈原〈卜居〉与嵇康〈卜疑〉的互文性解读》（《武陵学刊》2015 年第 4 期）。

刊》1990年第9期）、陈新坤《嵇康和汉斯立克对音乐与感情关系论述的比较》（《艺术百家》2001年第2期）、余冰《嵇康与汉斯立克的美学相似性》（《史学月刊》2007年第7期）等都有相关论述。《声无哀乐论》可以引发许多方面的讨论，如最近的论文陈莉《嵇康〈声无哀乐论〉对艺术感应论的解构》（《山西大学学报》2022年第1期）、张诗扬《再论“声无哀乐”——嵇康笔下的声音与受众》（《乐府新声》2021年第1期）等，“声音与受众”“艺术感应”都是非常新颖的理论模式，令人耳目一新。

20世纪以来，嵇康的现代研究获得了重要的发展。首先，研究模式已经从传统转向现代，学者对嵇康的探讨不再是笔记、心得、零星感悟式的表述，而是强调具有一定观点、结构、论证形式的研究。其次，玄学、清谈作为大的历史和理论背景为嵇康哲学观点的研究提供了框架。第三，顺应各个历史时期的思潮，嵇康研究不断地深化发展，呈现不同的兴趣焦点和研究样式。1980年以来的研究显得更加多元，成果也更加丰富。

在此汇编关于嵇康研究的论文集一册，旨在体现20世纪以来嵇康研究的重要成果。选定的24篇论文分为五组。第一组侧重开创阶段的突出成果，特别是玄学框架的描述。第二组侧重嵇康思想的分析与阐释。第三组主要是嵇康文学，特别是具体诗文分析的论文。第四组是美学与音乐方面的研究论文。第五组是几篇不太好分类但可见出嵇康研究边界特征的文章汇集。我们固然是出于某种选编原则选录了这些论文，但这跨度超过100年的诸多论文在不经意之间又体现出学术史的轨迹：最初文本的确定，有关玄学、清谈或玄风的描述——实际上是基本话语的建构，具体分析模式的出现；随后是对嵇康哲学的兴趣，他与政治权力集团之间的关系；直到最近40年，研究趋于多元化，成果日益丰硕，但对嵇康的哲学、对他的傲然挺立、刚强任性、率真直言的人格形象以及他的现实层面的兴趣似乎在减弱，对嵇康（连接着鲁迅）所形成的理论启发、现实批判力的开掘在减弱。限于篇幅以及选编限制，显然有许多重要的内容并没收录，我们希望现有的内容能够对未来的嵇康研究提供学术史方向性的启发。

中国中古文学史讲义·嵇阮之文

◎刘师培

《三国志·魏·王粲传》：（阮）瑀子籍，才藻艳逸，而倜傥放荡，行己寡欲，以庄周为模。（裴注：“籍字嗣宗。”）

案：《魏志》以“才藻艳逸”评籍，最为知言。籍为元瑜之子，瑜之所作，如《为曹公作书与孙权》诸篇，均尚才藻，多优渥之言，此即籍文所自出也。

嵇叔良《魏散骑常侍阮嗣宗碑》曰：先生承命世之美，希达节之度。得意忘言，寻妙于万物之始；穷理尽性，研几于幽明之极。（《广文选》、杨慎《丹铅总录》以此文为东平太守嵇叔良撰，是也。或作叔夜撰，非是。）

臧荣绪《晋书》曰：籍善属文论，初不苦思，率尔便成。（《文选·五君咏》李注引）

案：籍才思敏捷，盖亦得自元瑜。《世说·文学篇》谓魏封晋王为公，备礼九锡，就籍求文，籍时宿醉，书札为之，无所点定，足与臧书之说互明。（刘注引顾恺之《晋文章记》曰：“阮籍劝进，落落有弘致。”）

《三国志·魏·王粲传》：时又有谯郡嵇康，文辞壮丽，好言老庄，而尚奇任侠。（裴注："康字叔夜。"）

案：《魏志》以"文辞壮丽"评康，亦至当之论。

《三国志》注引嵇喜所撰《康传》曰：家世儒学，少有隽才，旷迈不群，高亮任性，学不师授，博洽多闻。长而好老、庄之业，恬静无欲。善属文、弹琴、咏诗，自足于怀抱之中。著《养生篇》。撰录上古以来圣贤隐逸、遁心遗名者，集为传赞。（摘录）

《三国志》注引《魏氏春秋》曰：康所著文论六七万言，皆为世所玩咏。

案：《世说注》诸书所引，有《嵇康集目录》，《太平御览》引作《嵇康集序》。

《御览》引李充《翰林论》曰：研求名理而论生焉。论贵于允理，不求支离。若嵇康之论，成文矣。

案：李氏以论推嵇，明论体之能成文者，魏、晋之间，实以嵇氏为最。

《文心雕龙·体性篇》：嗣宗俶傥，故响逸而调远；叔夜隽侠，故兴高而采烈。

案：彦和以"响逸调远"评籍文，与《魏志》"才藻艳逸"说合。盖阮文之丽，丽而清者也。以"兴高采烈"评康文，亦与《魏志》"文辞壮丽"说合。盖嵇文之丽，丽而壮者也。均与徒事藻采之文不同。

> 《文心雕龙·时序篇》：正始余风，篇体轻澹，而嵇、阮、应、缪，并驰文路。

案：彦和此论，盖兼王、何诸家之文言，故言篇体轻澹。其兼及嵇、阮者，以嵇、阮同为当时文士，非以轻澹目嵇、阮之文也。即以诗言，嵇诗可以轻澹相目，岂可移以目阮诗哉？

> 《文心雕龙·才略篇》：嵇康师心以遣论，阮籍使气以命诗，殊声而合响，异翮而同飞。

案：此节以论推嵇，以诗推阮。实则嵇亦工诗，阮亦工论，彦和特互言见意耳。

> 《文心雕龙·明诗篇》：正始明道，诗杂仙心，何晏之徒，率多浮浅。惟嵇志清峻，阮旨遥深，故能标焉。（《明诗篇》又谓"叔夜含其润"。）

案：嵇、阮之文，艳逸壮丽，大抵相同。若施以区别，则嵇文近汉孔融，析理绵密，阮所不逮；阮文近汉祢衡，托体高健，嵇所不及，此其相异之点也。至其为诗，则为体迥异，大抵嵇诗清峻，而阮诗高浑。彦和所谓遥深，即阮诗之旨言，非谓阮诗之体也。

又案：钟氏《诗品》谓阮籍《咏怀》之诗，可以陶性灵，发幽思，言在耳目之内，情寄八荒之外，会于风雅，厥旨渊放，归趣难求。又谓康诗露才，颇伤渊雅之志，然托喻清远，良有鉴裁，亦未失高流。与彦和所评相近，亦嵇、阮诗体不同之证也。要之，魏初诗歌，渐趋轻靡，嵇、阮矫以雄秀，多为晋人所取法，故彦和评论魏诗，亦惟推重二子也。

又案：阮氏之文传于今者，有《东平赋》《首阳山赋》《鸠赋》《猕猴赋》《清思赋》《元父赋》，大抵语重意奇，颇事华采。其意旨所寄，所为《大人先生传》，其体亦出于汉人设论（如《解嘲》之属），然杂以骚赋各体，为汉人所未有。若《文选》所录《为郑冲劝晋王笺》《诣蒋公奏记辞辟命》文虽雅健，非阮氏文章之本色也。其论文传于今者，若《通老论》诸文，今均弗完，惟见《御览》诸书所引。其见于明人所刻《阮集》者，（《阮集》，《隋志》十三卷，今其存者仅矣。）有《通易论》《达庄论》《乐论》三篇。《通易》综贯全经之义，以推论世变之由，其文体奇偶相成，间用韵语；《达庄论》亦多韵语，然词必对偶，以气骋词；《乐论》文尤繁富，辅以壮丽之词。（如首段云："夫乐者，天地之体，万物之性也。合其体，得其性，则和；离其体，失其性，则乖。昔者圣人之作乐也，将以顺天地之体，作万物之性也。故定天地八方之音，以迎阴阳八风之声；均黄钟中和之律，开群生万物之情。故律吕协则阴阳和，音声适而万物类；男女不易其所，君臣不犯其位；四海同其观，九州一其节。奏之圜丘，而天神下降；奏之方岳，而地祇上应。天地合其德，则万物和其生，刑赏不用，而民自安矣。乾坤易简，故雅乐不烦；道德平淡，故五声无味。不烦，则阴阳自通；无味，则百物自乐。日迁善成化而不自知，风俗移易而同于是乐，此自然之道，乐之所始也。"）阮氏之文，盖以此数篇为至美。别有《答伏义书》一书，亦足窥阮氏文体之概略。其词曰："承音览旨，有心翰迹。夫九苍之高，迅羽不能寻其巅；四溟之深，幽鳞不能测其底。矧无毛分所能论哉！且玄云无定体，应龙不常仪。或朝济夕卷，翕忽代兴；或泥潜天飞，晨降宵升。舒体则八维不足以畅迹，促节则无间足以从容。是又瞽夫所不能瞻，瓘虫所不能解也。然则，弘修渊邈者，非近力所能究矣；灵变神化者，非局器所能察矣。何吾子之区区，而吾真之务求乎？人力势不能齐，好尚舛异。鸾凤凌云汉以舞翼，鸠鹩悦蓬林以翱翔；螭浮八滨以濯鳞，鳖娱行潦而群逝。斯用情各从其好，以取乐焉。据此非彼，胡可齐乎？夫人之立节也，将舒网以笼世，岂樽樽以入罔？方开模以范俗，何暇毁质以通（或作适）检？若良运未协，神机无准，则腾精抗志，邈世高超。荡精举于玄区之表，摅妙节于九垓之外。而翔翱之乘景，跃踸踔，陵忽荒，从容与道化同逌，逍遥与日月并流。交名虚以齐变，及英祇以等化。上乎无上，下乎无下，居乎无室，出乎无门。齐万物之去留，随六气之虚盈。总玄网于太极，抚天一于寥廓。飘埃不能扬其波，飞尘不能垢其洁，徒寄形躯于斯域，何精神之可察？虽业无不闻，略无不称，而明有所逮，未可怪也。观君子之趋，欲衒倾城之金，求百钱之售，制造天之礼，拟肤寸之检。劳玉躬以役物，守臊秽以自毕；沉牛迹之浥薄，愠河汉之无根。其陋可愧，其事可悲。亮规略之悬逾，信大道之弘幽，且局步于常衢，无为思远以自愁。比连瘆愦，力喻不多。”此文亦阮氏意旨所寄，观其文体，余可类推。

又案：嵇氏之文传于今者。以《琴赋》《太师箴》为最著，别有《卜疑》（文仿《卜居》）、《家诫》《与山巨源绝交书》《与吕长悌绝交书》，其文体均变汉人之旧。论文自《养生论》外，有《答向子期难养生论》《无私论》《管蔡论》《明胆论》《难宅无吉凶摄生论》《答某氏难宅无吉凶摄生论》（本集作《答张辽叔》），析理绵密，亦为汉人所未有。（嵇文长于辨难，文如剥茧，无不尽之意，亦阮氏所不及也。）其所著《声无哀乐论》，文词尤为繁富，今摘录其首节，其词曰：“夫天地合德，万物贵生，寒暑代往，五行以成。故章为五色，发为五音。音声之作，其犹臭味在于天地之间。其善与不善，虽遭遇浊乱，其体自若而不变也，岂以爱憎易操，哀乐改度哉！及宫商集化，声音克谐，此人心至愿，情欲之所钟。古人知情不可恣，欲不可极，因其所用，每为之节，使哀不至伤，乐不至淫，斯其大较也。然乐云乐云，钟鼓云乎哉？哀云哀云，哭泣云乎哉？因兹而言，玉帛非礼敬之宝，歌舞非悲哀之主也。何以明之？夫殊方异俗，歌哭不同，使错而用之，或闻哭而欢，或听歌而戚，然而哀乐之情均也。今用均同之情，而发万殊之声，斯非音声之无常哉？然声音和比，感人最深者也。劳者歌其事，乐者舞其功。夫内有悲痛之心，则激切哀言，言比成诗，声比成音，杂而咏之，聚而听之，心动于和声，情感于苦言，嗟叹未绝，而泣涕流涟矣。夫哀心藏于苦心内，遇和声而后发，和声无象，而哀心有主。夫以有主之哀心，因乎无象之和声，其所觉悟，唯哀而已。岂复知吹万不同，而使其自已哉？风俗之流，遂成其政。是故国史明政教之得失，审国风之盛衰，吟咏情性，以讽其上，故曰亡国之音哀以思也。夫喜怒哀乐爱憎惭惧，凡此八者，生民所以接物传情，区别有属，而不可溢者也。夫味以甘苦为称，今以甲贤而心爱，以乙愚而情憎，则爱憎宜属我，而贤愚宜属彼也。可以我爱而谓之‘爱人’，我憎而谓之‘憎人’，所喜则谓之‘喜味’，所怒则谓之‘怒味’哉？由此言之，则外内殊用，彼我异名。声音自当以善恶为主，则无关于哀乐；哀乐自当以情感为主，则无系于声音。名实俱去，则尽然可见矣。”又，《难张辽叔自然好学论》曰：“夫民之性，好安而恶危，好逸而恶劳。故不扰，则其愿得；不逼，则其志从。洪荒之世，大朴未亏，君无文于上，民无竞于下；物全理顺，莫不自得；饱则安寝。饥则求食；怡然鼓腹，不知为至德之世也。若此，则安知仁义之端，礼律之文？及至人不存，大道陵迟，乃始作文墨，以传其意；区别群物，使有类族；造立仁义，以婴其心；制其名分，以检其外；勤学讲文，以神其教。故‘六经’纷错，百家繁炽，开荣利之途，故奔骛而不觉。是以贪生之禽，食园池之粱菽；求安之士，乃诡志以从俗。操笔执觚，足容苏息；积学明经，以代稼穑。是以困而后学，学以致荣，计而后习，好而习成，有似自然，故令吾之谓之自然耳。推其原也，‘六经’以抑引为主，人性以从欲为欢。抑引则违其愿，从欲则得自然。然则自然之得，不由抑引之‘六经’；全性之本，不须犯情之礼律。故仁义务于理伪，非养真之要术；廉让生于争夺，非自然之所出也。由是言之，则鸟不毁以术驯，兽不群而求畜，则人之真性无为，正当自然，耽此礼学矣。论又云：‘嘉肴珍膳，虽所未尝，尝必美之，适于口也。处在暗室，睹烝烛之光，不教而悦得于心。况以长夜之冥，得照太阳，情变郁陶，而发其蒙。虽事以未来，情以本应，则无损于自然好学。’难曰：夫口之于甘苦，身之于痛痒，感物而动，应事而作，不须学而后能，不待借而后有，此必然之理，吾所不易也。今子以必然之理，喻未必然之好学，则恐似是而非之议，学如一粟之论，于是乎在也。今子立‘六经’以为准，仰仁义以为主，以规矩为轩驾，以讲诲为哺乳，由其途则通，乖其路则滞。游心极视，不睹其外，终年驰骋，思不出位，聚族献议，唯学为贵，执书摘句，俯仰咨嗟，使服膺其言，以为荣华。故吾子谓‘六经’为太阳，不学为长夜耳。今若以讲堂为丙舍，以诵讽为鬼语，以‘六经’为芜秽，以仁义为臭腐；睹文籍则目瞧，修揖让则变伛，袭章服则转筋，谭礼典则齿龋，于是兼而弃之，与万物为更始。则吾子虽好学不倦，犹将阙焉，则向之不学，未必为长夜，‘六经’未必为太阳也。俗语曰：‘乞儿不辱马医。’若遇上有无文之治，可不学而获安，不勤而得志，则何求于‘六经’，何欲于仁义哉？以此言之，则今之学者。岂不先计而后学？苟计而后动，则非自然之应也。子之云云，恐故得菖蒲菹耳。”观此二文，足审嵇氏论文之体矣。

又案：魏晋文章，其文体与阮氏相近者，为伏义《答阮籍书》（见明刊本《阮嗣宗集》。义字公表）、张辽叔《自然好学论》（见明刊本《嵇中散集》。辽叔此文与阮为近）、刘伶《酒德颂》（见《晋书》。伶文惟传此篇，《世说·文学篇》以为意气所寄）、嵇叔良《阮嗣宗碑》（此文盖仿阮文为之），其与嵇氏相近者，厥惟向秀一人。向氏论文，其传于今者，虽仅《难嵇氏养生论》一篇（见《中散集》），然其析理绵密，不减嵇氏诸难。（《隋志》有《向秀集》十二卷，知向氏之文，六朝之时传者甚众，然其所工，盖尤在析理一体。据《世说·言语篇》注引《向秀别传》谓："弱冠著《儒道论》。"《世说·文学篇》又谓："向秀于《庄子》旧注外为《解义》，妙析奇致，大畅玄风，郭象窃为己注。"是今所传《庄子注》，多属向氏之书也。）自是以外，若李康《运命论》、曹元首《六代论》，虽较汉人论体为恢，然与嵇、阮所作异也。

又案：嵇、阮学术文章，其影响及于当时及后世者，实与王、何诸人异派。据《世说·文学篇》谓袁彦伯作《名士传》，刘氏注云："宏以夏侯太初、何平叔、王辅嗣为正始名士；阮嗣宗、嵇叔夜、山巨源、向子期、刘伯伦、阮仲容、王濬冲为竹林名士；裴楷则、乐彦辅、王夷甫、庾子嵩、王安期、阮千里、卫叔宝、谢幼舆为中朝名士。"此即嵇、阮诸人与王、何异之确证也。迄于西晋。一时文士，盖均承王、何之风，以辨析名理为主，即干宝《晋纪·总论》所谓"学者以庄老为宗，谈者以虚薄为辨"者也。故史册所载当时人士，或云通《老》《易》，《老》《庄》。如王衍"妙善玄言"，惟说《老》《庄》为事（《晋书·王衍本传》）；裴楷特精《易》义（《世说·德行篇》注引《晋诸公赞》）；阮修好《老》《易》，能言理（《世说·文学篇》注引《名士传》）；谢鲲性通简，好《老》《易》（《文学篇》注引《晋阳秋》）；郭象能言《庄》《老》（《世说·赏誉篇》注引《名士传》）；庾敳自谓老、庄之徒（《世说·文学篇》注引《晋阳秋》）是也。或以理识相高，如满奋清平有识（《世说·言语篇》注引荀绰《冀州记》），闾丘冲清平有鉴识（《世说·品藻篇》注引荀绰《兖州记》），乐广冲旷有理识（《世说·言语篇》注引虞预《晋书》），刘漠以清识为名（《世说·赏誉篇》注引《晋后略》），杨髦清平有贵识（《世说·品藻篇》注引《冀州记》）是也。或以善言名理相标，如裴颀善谈名理（《世说·言语篇》引王衍语，注引《冀州记》），王济能清言（《世说·言语篇》注引《晋诸公赞》），裴遐少有理称（《世说·文学篇》注引《晋诸公赞》），以辩论为业（《文学篇》注引邓粲《晋记》），王承言理辨物，但明旨要（《世说·品藻篇》注引《江左名士传》），王敦少有名理（《文学篇》注引《敦别传》），蔡洪有才辩（《世说·言语篇》注引《洪集录》）是也。又据《世说·文学篇》注引《晋诸公赞》云："自魏太常夏侯玄、步兵校尉阮籍等，皆著《道德论》，于时侍中乐广、吏部郎刘汉亦体道而言约，尚书令王夷甫讲理而才虚，散骑常侍戴奥以学道为业，后进庾敳之徒皆希慕简旷。裴颀疾世俗尚虚无之理，故著《崇有》二论以折之，才博喻广，学者不能究。"（《崇有论》见《晋书》。又《世说·文学篇》注引《惠帝起居注》云："颀著二论以规虚诞之弊。文词精富，为世名论。"）又据《言语篇》注引《晋诸公赞》谓："夷甫好尚清谈，为时人物所宗。"盖清谈之风成于王衍诸人，而溯其远源，则均王、何之余绪，迄于裴颀、（《世说·文学篇》注引《晋诸公赞》谓："裴颀谈理与王夷甫不相上下。"）乐广、卫玠（《世说·赏誉篇》注引《玠别传》云："玠少有名理，善通《老》《庄》。"《文学篇》注引《玠别传》云："玠少有名理，善《易》《老》。"）而其风大成。即王敦所谓"不悟永嘉之中，复开正始之音”者也（《世说·赏誉篇》注引《玠别传》）。故范宁之徒，即以王、何为罪人。孙盛《晋阳秋》亦曰：“正始中，王弼、何晏好《庄》《老》之谈，而俗遂贵玄。”（《文选》注引）其他晋人所论，并与相同，均其证也。然王、何虽工谈论，及著为文章，亦为后世所取法。迄于西晋，则王衍、乐广之流，文藻鲜传于世，用是言语、文章，分为二途。（《世说·文学篇》谓：“乐令善于清言，而不长于手笔。将让河南尹，请潘岳为表，述己所以为让，二百许语，潘直取错综，便成名笔。”又谓：“太叔广甚辩给，而挚仲洽长于翰墨。每至公坐，广谈，仲洽不能对，退著笔难广，广又不能答。”又谓：“江左殷太常父子并能言理，亦有辩讷之异。扬州口谈至剧，太常辄云：‘汝更思吾论。’”是当时言语、文学分为二事。）惟出口成章，便成文采（具见《晋书》及《世说》各书）。迄于宋、齐，其风未替，亦足窥当时之风尚矣。至当时之文，其确能祖述王、何文体者，惟石崇《巢许论》（其词曰：“盖闻圣人在位，则群材必举，官才任能，轻重允宜。大任已备，则不抑大才使居小位；小才已极其分，则不以积久而令处过才之位。然则稷播嘉谷，契敷五教，皋陶、夔、龙，各已授职，其联属之官，必得其才，则必不重载兼置，斯可知也。巢、许则元、凯之俦。大位已充，则宜敦廉让以厉俗，崇无为以化世，然后动静之效备，隐显之功著。故能成巍巍之化，民莫能名，将何疑焉？”此文见《艺文类聚》引）以及郭象《庄子注序》（《世说·文学篇》注引《文士传》：“郭象作《庄子注》，最有清词遒旨。”所评至尽，其序文尤佳。今录如下。其词曰：“夫庄子者，可谓知本矣。故未始藏其狂言，言虽无会而独应者也。夫应而非会，则虽当无用；言非物事，则虽高不行。与夫寂然不动，不得已而后起者，固有间矣。斯可谓知无心者也。夫心无为则随感而应，应随其时，言唯谨尔。故与化为体，流万代而冥物，岂曾设对独遘，而游谈乎方外哉？此其所以不经而为百家之冠也。然庄生虽未体之，言则至矣。通天地之统，序万物之性，达死生之变，而明内圣外王之道，上知造物无物，下知有物之自造也。其言宏绰，其旨玄妙，至至之道，融微旨雅，泰然遣放，放而不敖，故曰不知义之所适，猖狂妄行，而蹈其大方，含哺而熙乎澹泊，鼓腹而游乎混芒，至人极乎无亲，孝慈终于兼忘，礼乐复乎已能，忠信发乎天光，用其光则其朴自成，是以神器独化于玄冥之境，而源流深长也。故其长波之所荡，高风之所扇，畅乎物宜，适乎民愿，弘其鄙，解其悬，洒落之功未加，而矜夸所以散。故观其书，超然自以为已，当经昆仑，涉太虚，而游恍惚之庭矣。虽复贪婪之人，躁进之士，而揽其余芳，味其溢流，仿佛其音影，犹足旷然有忘形自得之怀，况探其远情而玩永年者乎？遂绵邈清遐，去离尘埃，而返冥极者也。”）欧阳建《言尽意论》（其词曰：“有雷同君子问于违众先生曰：‘世之论者，以为言不尽意，由来尚矣。至乎通才达识，咸以为然。若夫蒋公之论眸子，钟、傅之言才性，莫不引此为谈证，而先生以为不然，何哉？’先生曰：‘夫天不言而四时成焉，圣人不言而鉴识存焉，形不待名而方圆已著，色不俟称而黑白以彰。然则名之于物无施者也，言之于理无为者也。而古今务于正名，圣贤不能去言，其故何也？诚以理得于心，非言不畅；物定于彼，非名不辩。言不畅心，则无以相接；名不辩物，则鉴识不显。鉴识显而名品殊，言称接而情志畅。原其所以，本其所由，非物有自然之名，理有必定之称也。欲辩其实，则殊其名；欲宣其志，则立其称。名逐物而迁，言因理而变。此犹声发响应，形存影附，不得相与为二。苟其不二，则无不尽，吾故以为尽矣。’”此文亦见《艺文类聚》所引）诸篇而已。

又案：西晋之士，其以嗣宗为法者，非法其文，惟法其行。用是清谈而外，别为放达。据《世说·德行篇》注引王隐

《晋书》谓："魏末，阮籍嗜酒荒放，露头散发，裸袒箕踞。其后贵游子弟阮瞻、王澄、谢鲲、胡毋辅之之徒，皆祖述于籍，谓得大道之本。"据《晋书》所载，则山简、张翰、毕卓、庾敳、光逸、阮孚之流，皆属此派，即傅玄所谓"魏氏虚无放诞之论，盈于朝野"（《文选·晋纪总论》注引干氏《晋纪》载玄上书），应詹所谓"以容放为夷达"（《文选·晋纪总论》注引刘谦《晋纪》所载詹表）是也，然山简以下，其文采亦少概见。其以文学著名者，首推张翰，（翰诗尤长于文。《文选》张季鹰《杂诗》注引王俭《七志》云："翰字季鹰，文藻新丽。"）次则谢鲲、阮孚而已。即其推论名理，亦出乐广诸人之下。

（原载陈引驰编校《刘师培中古文学论集》，中国社会科学出版社1997年版）

魏晋风度及文章与药及酒之关系[①]

——九月间在广州夏期学术演讲会[②]讲

◎鲁　迅

我今天所讲的，就是黑板上写着的这样一个题目。

中国文学史，研究起来，可真不容易，研究古的，恨材料太少，研究今的，材料又太多，所以到现在，中国较完全的文学史尚未出现。今天讲的题目是文学史上的一部分，也是材料太少，研究起来有很困难的地方。因为我们想研究某一时代的文学，至少要知道作者的环境，经历和著作。

汉末魏初这个时代是很重要的时代，在文学方面起一个重大

---

① 本篇记录稿最初发表于1927年8月11日、12日、13日、15日、16日、17日广州《民国日报》副刊《现代青年》第一七三至一七八期；改定稿发表于1927年11月16日《北新》半月刊第二卷第二号。

② 广州夏期学术演讲会系国民党政府广州市教育局主办，1927年7月18日在广州市立师范学校礼堂举行开幕式。当时的广州市市长林云陔、教育局局长刘懋初等均在会上作反共演说。他们打着“学术”的旗号，也“邀请”学者演讲。作者这篇演讲是在7月23日、26日的会上所作的（题下注“九月间”有误）。作者后来说过：“在广州之谈魏晋事，盖实有慨而言。”（1928年12月30日致陈濬信）他在这次关于中国古典文学的演讲里，曲折地对国民党当局进行了揭露和讽刺。

的变化，因当时正在黄巾[①]和董卓[②]大乱之后，而且又是党锢[③]的纠纷之后，这时曹操[④]出来了。——不过我们讲到曹操，很容易就联想起《三国志演义》[⑤]，更而想起戏台上那一位花面的奸臣，但这不是观察曹操的真正方法。现在我们再看历史，在历史上的记载和论断有时也是极靠不住的，不能相信的地方很多，因为通常我们晓得，某朝的年代长一点，其中必定好人多；某朝的年代短一点，其中差不多没有好人。为什么呢？因为年代长了，做史的是本朝人，当然恭维本朝的人物，年代短了，做史的是别朝人，便很自由地贬斥其异朝的人物，所以在秦朝，差不多在史的记载上半个好人也没有。曹操在史上的年代也是颇短的，自然也逃不了被后一朝

① 黄巾指东汉末年巨鹿人张角领导的农民起义军，于汉灵帝中平元年（184）起义。参加的人都以黄巾缠头为标志，称为“黄巾军”。他们提出“苍天已死，黄天当立”的口号，攻占城邑，焚烧官府，旬日之间，全国响应，给东汉政权以沉重的打击。后来在官军和地主武装的镇压下失败。

② 董卓（？—192），字仲颖，陇西临洮（今甘肃岷县）人。东汉末灵帝时为并州牧，灵帝死后，外戚首领大将军何进为了对抗宦官，召他率兵入朝相助，他到洛阳后，即废少帝（刘辩），立献帝（刘协），自任丞相，专断朝政。献帝初平元年（190），山东、河北等地军阀袁绍、韩馥等为了和董卓争权，联合起兵讨卓，董卓劫持献帝迁都长安，自为太师。后为王允、吕布所杀。他在离洛阳时，焚烧宫殿、府库、民房，二百里内尽成墟土；又驱数百万人口入关，积尸盈途。在他被杀以后，他的部将李傕、郭汜等又攻破长安，焚掠屠杀，人民受害甚烈。

③ 党锢发生在东汉末年，宦官擅权，政治黑暗，民生痛苦。一部分比较正直的官员与太学生互通声气，议论朝政，揭露宦官集团的罪恶。汉桓帝延熹九年（166），宦官诬告司隶校尉李膺、太仆杜密和太学生领袖郭泰、贾彪等人结党为乱，桓帝便捕李膺、范滂等下狱，株连二百余人。以后又于灵帝建宁二年（169）、熹平元年（172）、熹平五年（176）三次捕杀党人，更诏各州郡凡党人的门生、故吏、父子、兄弟有做官的，都免官禁锢。直到灵帝中平元年（184）黄巾起义，才下诏将他们赦免。这件事，史称“党锢之祸”。

④ 曹操（155—220），字孟德，沛国谯（今安徽亳州）人。二十岁举孝廉，汉献帝时官至丞相，封魏王。曹丕篡汉后追尊为武帝。他是政治家、军事家，又是诗人。他和其子曹丕、曹植，都喜欢延揽文士，奖励文学，为当时文坛的领袖人物。后人把他的诗文编为《魏武帝集》。

⑤ 《三国志演义》即长篇小说《三国演义》，元末明初罗贯中著。书中将曹操描写为“奸雄”。

人说坏话的公例。其实，曹操是一个很有本事的人，至少是一个英雄，我虽不是曹操一党，但无论如何，总是非常佩服他。

研究那时的文学，现在较为容易了，因为已经有人做过工作：在文集一方面有清严可均辑的《全上古三代秦汉三国晋南北朝文》①。其中于此有用的，是《全汉文》《全三国文》《全晋文》。

在诗一方面有丁福保辑的《全汉三国晋南北朝诗》②。——丁福保是做医生的，现在还在。

辑录关于这时代的文学评论有刘师培编的《中国中古文学史》③。这本书是北大的讲义，刘先生已死，此书由北大出版。

上面三种书对于我们的研究有很大的帮助。能使我们看出这时代的文学的确有些异彩。

我今天所讲，倘若刘先生的书里已详的，我就略一点；反之，刘先生所略的，我就较详一点。

董卓之后，曹操专权。在他的统治之下，第一个特色便是尚刑名。他的立法是很严的，因为当大乱之后，大家都想做皇帝，大家都想叛乱，故曹操不能不如此。曹操曾自己说过："倘

① 严可均（1762—1843），字景文，号铁桥，浙江乌程（今湖州）人。清嘉庆举人，曾任建德教谕。他自嘉庆十三年（1808）起，开始搜集唐以前的文章，历二十余年，成《全上古三代秦汉三国六朝文》，内收作者三千四百多人，分代编辑为十五集，总计七百四十六卷。稍后，他的同乡蒋壑为作编目一百零三卷，并以为原书题名不能概括全书，故将书名改为《全上古三代秦汉三国晋南北朝文》。原书于1894年（光绪二十年）由黄冈王毓藻刊于广州。

② 丁福保（1874—1952），字仲祜，江苏无锡人。清末肄业于江阴南菁书院，曾任京师大学堂和译学馆教习。后习医，曾至日本考察医学，归国后在上海创办医学书局。他所辑的《全汉三国晋南北朝诗》，收作者七百余人，依时代分为十一集，总计五十四卷。上海医学书局1916年出版。

③ 刘师培（1884—1919），字申叔，江苏仪征人。1907年在日本加入同盟会，后成为清朝两江总督端方的幕僚。民国后与杨度、孙毓筠等人组织筹安会，助袁世凯实行帝制。他的著作很多，《中国中古文学史》是他在民国初年任北京大学教授时所编的讲义，后收入《刘申叔先生遗书》中。

无我，不知有多少人称王称帝！”[①]这句话他倒并没有说谎。因此之故，影响到文章方面，成了清峻的风格。——就是文章要简约严明的意思。

此外还有一个特点，就是尚通脱。他为什么要尚通脱呢？自然也与当时的风气有莫大的关系。因为在党锢之祸以前，凡党中人都自命清流，不过讲“清”讲得太过，便成固执，所以在汉末，清流的举动有时便非常可笑了。

比方有一个有名的人，普通的人去拜访他，先要说几句话，倘这几句话说得不对，往往会遭倨傲的待遇，叫他坐到屋外去，甚而至于拒绝不见。

又如有一个人，他和他的姊夫是不对的，有一回他到姊姊那里去吃饭之后，便要将饭钱算回给姊姊。她不肯要，他就于出门之后，把那些钱扔在街上，算是付过了[②]。

个人这样闹闹脾气还不要紧，若治国平天下也这样闹起执拗的脾气来，那还成甚么话？所以深知此弊的曹操要起来反对这种习气，力倡通脱。通脱即随便之意。此种提倡影响到文坛，便产生多量想说甚么便说甚么的文章。

更因思想通脱之后，废除固执，遂能充分容纳异端和外来的思想，故孔教以外的思想源源引入。

总括起来，我们可以说汉末魏初的文章是清峻，通脱。在曹操本身，也是一个改造文章的祖师，可惜他的文章传的很少。他

① 《三国志·魏书·武帝纪》裴松之注引《魏武故事》，曹操于汉献帝建安十五年（210）下令“自明本志”，表白自己并无篡汉的意图，内有“设使国家无有孤，不知当几人称帝，几人称王”的话。

② 《太平御览》卷四百二十五引谢承《后汉书》：“范丹姊病，往看之。姊设食，丹以姊婿不德，出门，留二百钱，姊使人追索还之，丹不得已受之。闻里中刍藁童仆更相怒曰：‘言汝清高，岂范史云辈，而云不盗我菜乎？’丹闻之，曰：‘吾之微志，乃在童竖之口，不可不勉。’遂投钱去。”按，范丹（112—185），一作范冉，字史云，后汉陈留外黄（今河南杞县东北）人。

胆子很大，文章从通脱得力不少，做文章时又没有顾忌，想写的便写出来。

所以曹操征求人才时也是这样说，不忠不孝不要紧，只要有才便可以[1]。这又是别人所不敢说的。曹操做诗，竟说是“郑康成行酒伏地气绝”[2]，他引出离当时不久的事实，这也是别人所不敢用的。还有一样，比方人死时，常常写点遗令，这是名人的一件极时髦的事。当时的遗令本有一定的格式，且多言身后当葬于何处何处，或葬于某某名人的墓旁；操独不然，他的遗令不但没有依着格式，内容竟讲到遗下的衣服和伎女怎样处置等问题[3]。

陆机虽然评曰“贻尘谤于后王”[4]，然而我想他无论如何是一个精明人，他自己能做文章，又有手段，把天下的方士文士统统搜罗起来，省得他们跑在外面给他捣乱。所以他帏幄里面，方士文士就特别的多。

---

① 曹操曾于建安十五年（210）、二十二年（217）下求贤令，又于建安十九年（214）令有司取士毋废“偏短”，均强调以才能为用人的标准。《魏书·武帝纪》载建安十五年令说：“今天下尚未定，此特求贤之急时也。……若必廉士而后可用，则齐桓其何以霸世！今天下得无有被褐怀玉而钓于渭滨者乎？又得无盗嫂受金而未遇无知者乎？二三子其佐我明扬仄陋，唯才是举，吾得而用之。”又裴注引王沈《魏书》所载二十二年令说：“今天下得无有至德之人，放在民间，及果勇不顾，临敌力战；若文俗之吏，高才异质，或堪为将守；负污辱之名，见笑之行，或不仁不孝而有治国用兵之术：其各举所知，勿有所遗。”

② “郑康成行酒伏地气绝”语出《三国志·魏书·袁绍传》裴注引《英雄记》载曹操《董卓歌》：“德行不亏缺，变故自难常。郑康成行酒伏地气绝，郭景图命尽于园桑。”按郑康成（127—200），名玄，字康成，北海高密（今山东高密）人，东汉经学家。曾聚徒讲学，建安中官拜大司农，寻卒。其生活时代较曹操早二十余年。

③ 曹操的遗令，散见于《三国志·魏书·武帝纪》及其他古书中，严可均缀合为一篇，收入《全三国文》卷三，其中有这样的话：“吾婢妾与伎人皆勤苦，使着铜雀台，善待之。……余香可分与诸夫人……诸舍中（按指诸妾）无所为，可学作履组卖也。吾历官所得绶（印绶），皆着藏中，吾余衣裘，可别为一藏，不能者兄弟可共分之。”

④ 陆机（261—303），字士衡，吴郡华亭（今上海松江）人，晋代诗人。陆逊之孙，在吴为牙门将，入晋后曾任相国参军、平原内史等职，后为成都王司马颖所杀。他评曹操的话，见萧统《文选》卷六十《吊魏武帝文》：“彼裘绂于何有，贻尘谤于后王。”唐代李善注：“言裘绂轻微何所有，而空贻尘谤而及后王。”

孝文帝曹丕[①]，以长子而承父业，篡汉而即帝位。他也是喜欢文章的。其弟曹植[②]，还有明帝曹叡[③]，都是喜欢文章的。不过到那个时候，于通脱之外，更加上华丽。丕著有《典论》，现已失散无全本，那里面说："诗赋欲丽"，"文以气为主"。《典论》的零零碎碎，在唐宋类书中；一篇整的《论文》，在《文选》[④]中可以看见。

后来有一般人很不以他的见解为然。他说诗赋不必寓教训，反对当时那些寓训勉于诗赋的见解，用近代的文学眼光来看，曹丕的一个时代可说是"文学的自觉时代"，或如近代所说是为艺术而艺术[⑤]（Art for Art's Sake）的一派。所以曹丕做的诗赋很好，更因他以"气"为主，故于华丽以外，加上壮大。归纳起来，汉末，魏初的文章，可说是："清峻，通脱，华丽，壮大。"在文学的意见上，曹丕和曹植表面上似乎是不同的。曹

① 曹丕（187—226），字子桓，曹操的次子（按：操长子名昂字子修，随操征张绣阵亡，故一般都以曹丕为操的长子）。建安二十五年（220）废汉献帝自立为帝，即魏文帝。他爱好文学，创作之外，兼擅批评，所著《典论》，《隋书·经籍志》著录五卷，已佚，严可均《全三国文》内有辑佚一卷。其中《论文》篇论及各种文体的特征说："奏议宜雅，书论宜理，铭诔尚实，诗赋欲丽。"又论文气说："文以气为主，气之清浊有体，不可力强而致。"

② 曹植（192—232），字子建，曹操的第三子。曾封东阿王，后封陈王，死谥思，后世称陈思王。他是建安时代重要诗人之一，流传下来的著作，以清代丁晏所编的《曹集诠评》搜罗较为完备。

③ 曹叡（204—239），字元仲，曹丕的儿子，即魏明帝。

④ 《文选》，南朝梁昭明太子萧统编选。内选秦汉至齐梁间的诗文，共三十卷，是我国最早的一部诗文总集。唐代李善为之作注，分为六十卷。曹丕《典论·论文》，见该书第五十二卷。

⑤ "为艺术而艺术"是19世纪法国诗人戈蒂叶（T.Gautier）提出的一种文艺观点（见小说《莫班小姐》序）。他认为艺术可以超越一切功利而存在，创作的目的就在于艺术作品的本身，与社会政治无关。

丕说文章事可以留名声于千载[①]；但子建说文章小道[②]，不足论的。据我的意见，子建大概是违心之论。这里有两个原因，第一，子建的文章做得好，一个人大概总是不满意自己所做而羡慕他人所为的，他的文章已经做得好，于是他便敢说文章是小道；第二，子建活动的目标在于政治方面，政治方面不甚得志[③]，遂说文章是无用了。

曹操、曹丕以外，还有下面的七个人：孔融，陈琳，王粲，徐幹，阮瑀，应玚，刘桢，都很能做文章，后来称为“建安七子”[④]。七人的文章很少流传，现在我们很难判断；但，大概都不外是“慷慨”“华丽”罢。华丽即曹丕所主张，慷慨就因当天下大乱之际，亲戚朋友死于乱者特多，于是为文就不免带着悲

---

① 文章事可以留名声于千载，曹丕《典论·论文》：“盖文章经国之大业，不朽之盛事。年寿有时而尽，荣乐止乎其身，二者必至之常期，未若文章之无穷。是以古之作者，寄身于翰墨，见意于篇籍，不假良史之辞，不托飞驰之势，而声名自传于后。”

② 文章小道，曹植《与杨德祖（修）书》：“辞赋小道，固未足以揄扬大义，彰示来世也。昔扬子云，先朝执戟之臣耳，犹称‘壮夫不为’也；吾虽德薄，位为藩侯。犹庶几勠力上国，流惠下民，建永世之业，流金石之功，岂徒以翰墨为勋绩，辞颂为君子哉！”

③ 曹植早年以文才为曹操所爱，屡次想立他为太子；他也结纳杨修、丁仪、丁廙等为羽翼，在曹操面前和曹丕争宠。但他后来因为任性骄纵，失去了曹操的欢心，终于未得嗣立。到了曹丕即位以后，他常被猜忌，更觉雄才无所施展。明帝时又一再上表求“自试”，希望能够用他带兵去征吴伐蜀，建功立业，但他的要求也未实现。

④ “建安七子”这个名称始于曹丕的《典论·论文》：“今之文人，鲁国孔融文举，广陵陈琳孔璋，山阳王粲仲宣，北海徐幹伟长，陈留阮瑀元瑜，汝南应玚德琏，东平刘桢公幹：斯七子者，于学无所遗，于辞无所假，咸以自骋骥騄于千里，仰齐足而并驰。”后人据此便称孔融等为“建安七子”。按：孔融（153—208），鲁国（今山东曲阜）人，汉献帝时为北海相，太中大夫。陈琳（？—217），广陵（今江苏江都）人，曾任司空（曹操）军谋祭酒。王粲（177—217），山阳高平（今山东邹县）人，曾任丞相（曹操）军谋祭酒，侍中。徐幹（171—217），北海（今山东潍坊西南）人，曾任司空军谋祭酒、五官将（曹丕）文学。阮瑀（？—212），陈留尉氏（今河南尉氏）人，曾任司空军谋祭酒。应玚（？—217），汝南（今河南汝南）人，曾任丞相掾属、五官将文学。刘桢（？—217），东平（今山东东平）人，曾任丞相掾属。

凉，激昂和“慷慨”了。

七子之中，特别的是孔融，他专喜和曹操捣乱。曹丕《典论》里有论孔融的，因此他也被拉进“建安七子”一块儿去。其实不对，很两样的。不过在当时，他的名声可非常之大。孔融作文，喜用讥嘲的笔调，曹丕很不满意他。孔融的文章现在传的也很少，就他所有的看起来，我们可以瞧出他并不大对别人讥讽，只对曹操。比方操破袁氏兄弟，曹丕把袁熙的妻甄氏拿来，归了自己，孔融就写信给曹操，说当初武王伐纣，将妲己给了周公了。操问他的出典，他说，以今例古，大概那时也是这样的。又比方曹操要禁酒，说酒可以亡国，非禁不可，孔融又反对他，说也有以女人亡国的，何以不禁婚姻①？

其实曹操也是喝酒的。我们看他的“何以解忧？惟有杜康”②的诗句，就可以知道。为什么他的行为会和议论矛盾呢？此无他，因曹操是个办事人，所以不得不这样做；孔融是旁观的人，所以容易说些自由话。曹操见他屡屡反对自己，后来借故把他杀

① 曹丕在《典论·论文》中评论孔融的文章说：“孔融体气高妙，有过人者。然不能持论，理不胜词，以至乎杂以嘲戏；及其所善，扬、班俦也。”按“建安七子”中，陈琳等都是曹操门下的属官，只有孔融例外；在年龄上，他比其余六人长十余岁而又最先逝世，年辈也不相同。他没有应酬和颂扬曹氏父子的作品，而且还常常讽刺曹操。《后汉书·孔融传》载：“曹操攻屠邺城，袁氏妇子多见侵略，而操子丕私纳袁熙（按，为袁绍子）妻甄氏。融乃与操书，称‘武王伐纣，以妲己赐周公’。操不悟，后问出何经典。对曰：‘以今度之，想当然耳。’……时年饥兵兴，操表制酒禁，融频书争之，多侮慢之辞。”唐代章怀太子（李贤）注引孔融与曹操论酒禁书，其中有“夏商亦以妇人失天下，今令不断婚姻。而将酒独急者，疑但惜谷耳”等语。

② “何以解忧？唯有杜康”见曹操的《短歌行》。杜康，相传为周代人，善造酒。

了[①]。他杀孔融的罪状大概是不孝。因为孔融有下列的两个主张：

第一，孔融主张母亲和儿子的关系是如瓶之盛物一样，只要在瓶内把东西倒了出来，母亲和儿子的关系便算完了。第二，假使有天下饥荒的一个时候，有点食物，给父亲不给呢？孔融的答案是：倘若父亲是不好的，宁可给别人。——曹操想杀他，便不惜以这种主张为他不忠不孝的根据，把他杀了。倘若曹操在世，我们可以问他，当初求才时就说不忠不孝也不要紧，为何又以不孝之名杀人呢？然而事实上纵使曹操再生，也没人敢问他，我们倘若去问他，恐怕他把我们也杀了！

与孔融一同反对曹操的尚有一个祢衡[②]，后来给黄祖杀掉的。祢衡的文章也不错，而且他和孔融早是“以气为主”来写文章的了。故在此我们又可知道，汉文慢慢壮大起来，是时代使然，非专靠曹操父子之功的。但华丽好看，却是曹丕提倡的功劳。

这样下去一直到明帝的时候，文章上起了个重大的变化，因为出了一个何晏[③]。

何晏的名声很大，位置也很高，他喜欢研究《老子》和《易经》。至于他是怎样的一个人呢？那真相现在可很难知道，很难

---

① 关于曹操杀孔融的经过，《后汉书·孔融传》说：“曹操既积嫌忌，而郗虑复构成其罪，遂令丞相军谋祭酒路粹枉状奏融曰：‘……（融）前与白衣祢衡跌荡放言，云：“父之于子，当有何亲？论其本意，实为情欲发耳。子之于母，亦复奚为？譬如寄物瓶中，出则离矣。”……大逆不道，宜极重诛。’书奏，下狱弃市。”又《三国志·魏书·崔琰传》注引孙盛《魏氏春秋》，内载曹操宣布孔融罪状的令文说：“平原祢衡受传融论，以为父母与人无亲，譬如瓶器，寄盛其中。又言若遭饿馑，而父不肖，宁赡活余人。融违天反道，败伦乱理，虽肆市朝，犹恨其晚。”

② 祢衡（173—198），字正平，平原般（今山东临邑）人，汉末文学家。他恃才不仕，性刚傲慢，与孔融、杨修友善，曾屡次羞辱曹操；因为他文名很大，曹操虽想杀他而又有所顾忌，便将他送与刘表。后因侮慢刘表，又被送给江夏太守黄祖，终为黄祖所杀，死时年仅二十六岁。

③ 何晏（？—249），字平叔，南阳宛（今河南南阳）人。曹操的女婿。齐王曹芳时，曹爽执政，用他为吏部尚书，后与曹爽同时被司马懿所杀。《三国志·魏书·曹爽传》说他“少以才秀知名，好老庄言，作《道德论》及诸文赋著述凡数十篇”。

调查。因为他是曹氏一派的人，司马氏很讨厌他，所以他们的记载对何晏大不满。因此产生许多传说，有人说何晏的脸上是搽粉的，又有人说他本来生得白，不是搽粉的①。但究竟何晏搽粉不搽粉呢？我也不知道。

但何晏有两件事我们是知道的。第一，他喜欢空谈，是空谈的祖师；第二，他喜欢吃药，是吃药的祖师②。

此外，他也喜欢谈名理。他身子不好，因此不能不服药。他吃的不是寻常的药，是一种名叫“五石散”的药。

“五石散”是一种毒药，是何晏吃开头的。汉时，大家还不敢吃，何晏或者将药方略加改变，便吃开头了。五石散的基本，大概是五样药：石钟乳，石硫黄，白石英，紫石英，赤石脂；另外怕还配点别样的药。但现在也不必细细研究它，我想各位都是不想吃它的。

从书上看起来，这种药是很好的，人吃了能转弱为强。因此之故，何晏有钱，他吃起来了；大家也跟着吃。那时五石散的流毒就同清末的鸦片的流毒差不多，看吃药与否以分阔气与否的。现在由隋巢元方做的《诸病源候论》③的里面可以看到一些。据此书，可知吃这药是非常麻烦的，穷人不能吃，假使吃了之后，一不

① 关于何晏搽粉的事，《三国志·魏书·曹爽传》注引鱼豢《魏略》说：“晏性自喜，动静粉白不去手，行步顾影。”但晋代人裴启所著《语林》则说：“（晏）美姿仪，面绝白，魏文帝疑其着粉；后正夏月，唤来，与热汤饼，既啖，大汗出，随以朱衣自拭，色转皎洁，帝始信之。”

② 关于何晏服药的事，《世说新语·言语》载：“何平叔云：服五石散，非唯治病，亦觉神明开朗。”刘孝标注引秦丞相（按当作秦承祖）《寒食散论》说：“寒食散之方，虽出汉代，而用之者寡，靡有传焉。魏尚书何晏首获神效，由是大行于世，服者相寻。”又隋代巢元方《诸病源候论》卷六《寒食散发候》篇说：“皇甫（谧）云：寒食药者，世莫知焉，或言华佗，或曰仲景（张机）。……近世尚书何晏，耽声好色，始服此药。心加开朗，体力转强。京师翕然，传以相授。……晏死之后，服者弥繁，于时不辍。”

③ 巢元方，隋代人，炀帝时任太医博士，大业六年奉诏撰《诸病源候论》五十卷。关于寒食散的服法与解法，详见该书卷六《寒食散发候》篇。

小心，就会毒死。先吃下去的时候，倒不怎样的，后来药的效验既显，名曰“散发”。倘若没有“散发”，就有弊而无利。因此吃了之后不能休息，非走路不可，因走路才能“散发”，所以走路名曰“行散”。比方我们看六朝人的诗，有云“至城东行散”，就是此意。后来做诗的人不知其故，以为“行散”即步行之意，所以不服药也以“行散”二字入诗，这是很笑话的。

走了之后，全身发烧，发烧之后又发冷。普通发冷宜多穿衣，吃热的东西。但吃药后的发冷刚刚要相反：衣少，冷食，以冷水浇身。倘穿衣多而食热物，那就非死不可。因此五石散一名寒食散。只有一样不必冷吃的，就是酒。

吃了散之后，衣服要脱掉，用冷水浇身；吃冷东西；饮热酒。这样看起来，五石散吃的人多，穿厚衣的人就少；比方在广东提倡，一年以后，穿西装的人就没有了。因为皮肉发烧之故，不能穿窄衣。为预防皮肤被衣服擦伤，就非穿宽大的衣服不可。现在有许多人以为晋人轻裘缓带，宽衣，在当时是人们高逸的表现，其实不知他们是吃药的缘故。一班名人都吃药，穿的衣都宽大，于是不吃药的也跟着名人，把衣服宽大起来了！

还有，吃药之后，因皮肤易于磨破，穿鞋也不方便，故不穿鞋袜而穿屐。所以我们看晋人的画像和那时的文章，见他衣服宽大，不鞋而屐，以为他一定是很舒服，很飘逸的了，其实他心里都是很苦的。

更因皮肤易破，不能穿新的而宜于穿旧的，衣服便不能常洗。因不洗，便多虱。所以在文章上，虱子的地位很高，“扪虱而谈”[①]，当时竟传为美事。比方我今天在这里演讲的时候，扪起虱来，那是不大好的。但在那时不要紧，因为习惯不同之故。这

① “扪虱而谈”是关于王猛的故事。王猛（325—375），字景略，北海剧（今山东寿光）人，隐居华山。《晋书·王猛传》说：“桓温入关，猛被褐而诣之，一面谈当世之事，扪虱而言，旁若无人。”

正如清朝是提倡抽大烟的，我们看见两肩高耸的人，不觉得奇怪。现在不行了，倘若多数学生，他的肩成为一字样，我们就觉得很奇怪了。

此外可见服散的情形及其他种种的书，还有葛洪的《抱朴子》[①]。

到东晋以后，作假的人就很多，在街旁睡倒，说是“散发”以示阔气[②]。就像清时尊读书，就有人以墨涂唇，表示他是刚才写了许多字的样子。故我想，衣大，穿屐，散发，等等，后来效之，不吃也学起来，与理论的提倡实在是无关的。

又因“散发”之时，不能肚饿，所以吃冷物，而且要赶快吃，不论时候，一日数次也不可定。因此影响到晋时“居丧无礼”。——本来魏晋时，对于父母之礼是很繁多的。比方想去访一个人，那么，在未访之前，必先打听他父母及其祖父母的名字，以便避讳。否则，嘴上一说出这个字音，假如他的父母是死了的，主人便会大哭起来[③]——他记得父母了——给你一个大大的没趣。晋礼居丧之时，也要瘦，不多吃饭，不准喝酒。但在吃药之后，为生命计，不能管得许多，只好大嚼，所以就变成“居丧

① 葛洪（约283—363），字稚川，号抱朴子，句容（今江苏句容）人。晋惠帝时拜伏波将军，赐关内侯。《晋书·葛洪传》说他“为人木讷，不好荣利……究览典籍，尤好神仙导养之法”。所著《抱朴子》，共八卷，分内、外二篇，内篇论神仙方药，外篇论时政人事。关于服散的记载，见该书内篇。

② 关于服散作假的事，《太平广记》卷二百四十七引侯白《启颜录》载：“后魏孝文帝时，诸王及贵臣多服石药，皆称石发。乃有热者，非富贵者，亦云服石发热，时人多嫌其诈作富贵体。有一人于市门前卧，宛转称热，因众人竞看，同伴怪之，报曰：‘我石发。’同伴人曰：‘君何时服石，今得石发？’曰：‘我昨在市得米，米中有石，食之乃今发。’众人大笑。自后少有人称患石发者。”

③ 关于闻讳而哭的事，《世说新语·任诞》载：“桓南郡（桓玄）被召作太子洗马，船泊荻渚。王大（王忱）服散后已小醉，往看桓，桓为设酒，不能冷饮，频语左右，令温酒来。桓乃流涕呜咽，王便欲去。桓以手巾掩泪，因谓王曰：‘犯我家讳，何预卿事？’王叹曰：‘灵宝（桓玄小名）故自达。’”按：桓玄的父亲名温，所以他听见王忱叫人温酒便哭泣起来。

无礼”了。

居丧之际，饮酒食肉，由阔人名流倡之，万民皆从之，因为这个缘故，社会上遂尊称这样的人叫作名士派。

吃散发源于何晏，和他同志的，有王弼和夏侯玄[①]两个人，与晏同为服药的祖师。有他三人提倡，有多人跟着走。他们三个人多是会做文章，除夏侯玄的作品流传不多外，王、何二人现在我们尚能看到他们的文章。他们都是生于正始的，所以又名曰“正始名士”[②]。但这种习惯的末流，是只会吃药，或竟假装吃药，而不会做文章。

东晋以后，不做文章而流为清谈，由《世说新语》[③]一书里可以看到。此中空论多而文章少，比较他们三个差得远了。三人中王弼二十余岁便死了，夏侯、何二人皆为司马懿[④]所杀。因为他二人同曹操有关系，非死不可，犹曹操之杀孔融，也是借不孝做罪名的。

① 王弼（226—249），字辅嗣，魏国山阳（今河南焦作）人。王粲的族孙。《三国志·魏书·钟会传》说：“弼好论儒道，辞才逸辩，注《易》及《老子》，为尚书郎。”夏侯玄（209—254），字太初，沛国谯（今安徽亳州）人。《三国志·魏书·夏侯玄传》说：“（玄）少知名，弱冠为散骑黄门侍郎……正始初，曹爽辅政。玄，爽之姑子也。累迁散骑常侍、中护军。……顷之，为征西将军，假节都督雍、凉州诸军事。”曹爽被司马懿所杀后，他也为司马师所杀。

② “正始名士”，《世说新语·文学》“袁彦伯作《名士传》成”条下梁刘孝标注：“宏（彦伯名）以夏侯太初、何平叔、王辅嗣为正始名士，阮嗣宗、嵇叔夜、山巨源、向子期、刘伯伦、阮仲容、王濬冲为竹林名士。”按正始（240—249），魏废帝齐王曹芳的年号。

③ 《世说新语》，南朝宋刘义庆撰。内容是记述东汉至东晋间一般文士、学士的言谈风貌逸事等。有南朝梁刘孝标所作注释。今传本共三卷，三十六篇。按刘义庆（403—444），彭城（今江苏徐州）人，宋武帝刘裕的侄子，袭爵为临川王，曾任南兖州刺史。

④ 司马懿（179—251），字仲达，河内温县（今河南温县）人。初为曹操主簿，魏明帝时迁大将军。齐王曹芳即位后，他专断国政；死后其子司马昭继为大将军，日谋篡位。咸熙二年（265），昭子司马炎代魏称帝，建立晋朝。按夏侯玄是被司马师所杀，作者误记为司马懿。

二人死后，论者多因其与魏有关而骂他，其实何晏值得骂的就是因为他是吃药的发起人。这种服散的风气，魏、晋，直到隋、唐还存在着，因为唐时还有“解散方”[①]，即解五石散的药方，可以证明还有人吃，不过少点罢了。唐以后就没有人吃，其原因尚未详，大概因其弊多利少，和鸦片一样罢？

晋名人皇甫谧[②]作一书曰《高士传》，我们以为他很高超。但他是服散的，曾有一篇文章，自说吃散之苦。因为药性一发，稍不留心，即会丧命，至少也会受非常的苦痛，或要发狂；本来聪明的人，因此也会变成痴呆。所以非深知药性，会解救，而且家里的人多深知药性不可。晋朝人多是脾气很坏，高傲，发狂，性暴如火的，大约便是服药的缘故。比方有苍蝇扰他，竟至拔剑追赶[③]；就是说话，也要胡胡涂涂地才好，有时简直是近于发疯。但在晋朝更有以痴为好的，这大概也是服药的缘故。

魏末，何晏他们之外，又有一个团体新起，叫做“竹林名

---

① “解散方”，《唐书·经籍志》著录《解寒食散方》十三卷，徐叔和撰；《新唐书·艺文志》著录《解寒食方》十五卷，徐叔向撰。

② 皇甫谧（215—282），字士安，安定朝那（今甘肃平凉）人。晋朝初年屡征不出，著有《高士传》《逸士传》《玄晏春秋》等。《晋书·皇甫谧传》载有他一篇上司马炎的疏，其中自述因吃散而得到的种种苦痛说：“臣以尪弊，迷于道趣。……又服寒食药，违错节度，辛苦荼毒，于今七年。隆冬裸袒食冰，当暑烦闷，加以咳逆，或若温疟，或类伤寒，浮气流肿，四肢酸重。于今困劣，救命呼噏，父兄见出，妻息长诀。”

③ 关于拔剑逐蝇的故事，《三国志·魏书·梁习传》注引《魏略》：“（王）思又性急，尝执笔作书，蝇集笔端，驱去复来，如是再三。思恚怒，自起逐蝇不能得，还取笔掷地，蹋坏之。”按清代张英等所编《渊鉴类函》卷三百一十五《褊急》门载王思事，有“思自起拔剑逐蝇”的话，但未注明引用书名。按：王思，济阴（今山东定陶）人，正始中为大司农。

士”，也是七个，所以又称“竹林七贤”[①]。正始名士服药，竹林名士饮酒。竹林的代表是嵇康[②]和阮籍[③]。但究竟竹林名士不纯粹是喝酒的，嵇康也兼服药，而阮籍则是专喝酒的代表。但嵇康也饮酒，刘伶[④]也是这里面的一个。他们七人中差不多都反抗旧礼教的。

这七人中，脾气各有不同。嵇、阮二人的脾气都很大；阮籍老年时改得很好，嵇康就始终都是极坏的。

阮年轻时，对于访他的人有加以青眼和白眼的分别[⑤]。白眼大概是全然看不见眸子的，恐怕要练习很久才能够。青眼我会装，白眼我却装不好。

后来阮籍竟做到“口不臧否人物”[⑥]的地步，嵇康却全不改

---

① “竹林七贤”，《三国志·魏书·王粲传》内附述嵇康事略，裴注引《魏氏春秋》说：“康寓居河内之山阳县……与陈留阮籍、河内山涛、河南向秀、籍兄子咸、琅琊王戎、沛人刘伶相与友善，游于竹林，号为‘七贤’。”《世说新语·任诞》亦有一则，说七人“常集于竹林之下，肆意酣畅，故世谓‘竹林七贤’”。参看本篇注“正始名士”。

② 嵇康（223—262），字叔夜，谯国铚（今安徽濉溪县临涣镇）人，诗人。《晋书·嵇康传》说：“康早孤，有奇才，远迈不群。……学不师受，博览无不该通，长好《老》《庄》。与魏宗室婚，拜中散大夫。常修养性服食（服药）之事，弹琴咏诗，自足于怀。……康善谈理，又能属文，其高情远趣，率然玄远。”他的著作，现存《嵇康集》十卷，有鲁迅校本。

③ 阮籍（210—263），字嗣宗，陈留尉氏（今河南尉氏）人，阮瑀之子，诗人，与嵇康齐名。仕魏为从事中郎、步兵校尉。《晋书·阮籍传》说他“博览群籍，尤好庄老。嗜酒能啸，善弹琴”。又说：“籍本有济世志，属魏晋之际，天下多故，名士少有全者，籍由是不与世事，遂酣饮为常。”他的著作，现存《阮籍集》十卷。

④ 刘伶，字伯伦，沛国（今安徽濉溪）人。仕魏为建威参军。性放纵嗜酒，著有《酒德颂》，托言有大人先生，“止则操卮执觚，动则挈榼提壶，唯酒是务，焉知其余”。有“贵介公子，搢绅处士”在他面前“陈说礼法”，而他“方捧罂承槽，衔杯漱醪，奋髯箕踞，枕曲藉糟，无思无虑，其乐陶陶”。

⑤ 关于阮籍能为青白眼，见《晋书·阮籍传》：“籍又能为青白眼，见礼俗之士，以白眼对之。”他的母亲死了，“嵇喜来吊，籍作白眼，喜不怿而退。喜弟康闻之，乃赍酒挟琴造焉，籍大悦，乃见青眼。由是礼法之士疾之若仇”。

⑥ “口不臧否人物”，语出《晋书·阮籍传》：“籍虽不拘礼教，然发言玄远，口不臧否人物。”

变。结果阮得终其天年，而嵇竟丧于司马氏之手，与孔融、何晏等一样，遭了不幸的杀害。这大概是因为吃药和吃酒之分的缘故：吃药可以成仙，仙是可以骄视俗人的；饮酒不会成仙，所以敷衍了事。

他们的态度，大抵是饮酒时衣服不穿，帽也不带。若在平时，有这种状态，我们就说无礼，但他们就不同。居丧时不一定按例哭泣；子之于父，是不能提父的名，但在竹林名士一流人中，子都会叫父的名号[①]。旧传下来的礼教，竹林名士是不承认的。即如刘伶——他曾做过一篇《酒德颂》，谁都知道——他是不承认世界上从前规定的道理的，曾经有这样的事，有一次有客见他，他不穿衣服。人责问他；他答人说，天地是我的房屋，房屋就是我的衣服，你们为什么进我的裤子中来[②]？至于阮籍，就更甚了，他连上下古今也不承认，在《大人先生传》[③]里有说："天地解兮六合开，星辰陨兮日月颓，我腾而上将何怀？"他的意思是天地神仙，都是无意义，一切都不要，所以他觉得世上的道理不必争，神仙也不足信，既然一切都是虚无，所以他便沉湎于酒了。然而他还有一个原因，就是他的饮酒不独由于他的思想，大半倒在环境。其时司马氏已想篡位，而阮籍的名声很大，所以他讲话就极难，只好多饮酒，少讲话，而且即使讲话讲错了，也可以借醉得到人的原谅。只要看有一次司马懿求和阮籍结亲，而阮

① 晋代常有子呼父名的例子，如《晋书·胡毋之传》："辅之正酣饮，谦之（辅之的儿子）窥而厉声曰：'彦国（辅之的号）年老，不得为尔！将令我尻背东壁。'辅之欢笑，呼入与共饮。"又《王蒙传》："王蒙，字仲祖……美姿容，尝览镜自照，称其父字曰：'王文开生如此儿邪！'"

② 关于刘伶裸形见客的事，《世说新语·任诞》载："刘伶恒纵酒放达，或脱衣裸形在屋中，人见讥之。伶曰：'我以天地为栋宇，屋室为裈衣，诸君何为入我裈中？'"刘孝标注引邓粲《晋纪》所记略同。

③ 《大人先生传》，阮籍借"大人先生"之口来抒写自己胸怀的一篇文章。这里所引的三句是"大人先生"所作的歌。

籍一醉就是两个月，没有提出的机会[①]，就可以知道了。

阮籍作文章和诗都很好，他的诗文虽然也慷慨激昂，但许多意思都是隐而不显的。宋的颜延之[②]已经说不大能懂，我们现在自然更很难看得懂他的诗了。他诗里也说神仙，但他其实是不相信的。嵇康的论文，比阮籍更好，思想新颖，往往与古时旧说反对。孔子说："学而时习之，不亦说乎？"嵇康做的《难自然好学论》[③]，却道，人是并不好学的，假如一个人可以不做事而又有饭吃，就随便闲游不喜欢读书了，所以现在人之好学，是由于习惯和不得已。还有管叔、蔡叔[④]，是疑心周公，率殷民叛，因而被诛，一向公认为坏人的。而嵇康做的《管蔡论》，就也反对历代传下来的意思，说这两个人是忠臣，他们的怀疑周公，是因为地方相距太远，消息不灵通。

但最引起许多人的注意，而且于生命有危险的，是《与山巨源绝交书》中的"非汤武而薄周孔"。司马懿因这篇文章，就

① 关于阮籍借醉辞婚的故事，《晋书·阮籍传》载："文帝（司马昭，鲁迅误记为司马懿）初欲为武帝（司马炎）求婚于籍，籍醉六十日，不得言而止。"

② 颜延之（384—456），字延年，琅琊临沂（今山东临沂）人，南朝宋诗人。官至金紫光禄大夫。《文选》卷二十三阮籍《咏怀》诗下，李善注引颜延之的话："嗣宗身仕乱朝，常恐罹谤遇祸，因兹发咏，故每有忧生之嗟；虽志在刺讥，而文多隐避，百代之下，难以情测，故粗明大意，略其幽旨也。"

③ 《难自然好学论》，嵇康为反驳张邈（字辽叔）的《自然好学论》而作的一篇论文。

④ 管叔、蔡叔是周武王的两个兄弟。《史记·管蔡世家》说："武王已克殷纣，平天下，封功臣昆弟。于是封叔鲜于管，封叔度于蔡，二人相纣子武庚禄父（按禄父为武庚之名），治殷遗民。封叔旦于鲁而相周，为周公。……武王既崩，成王少，周公旦专王室。管叔、蔡叔疑周公之为不利于成王，乃挟武庚以作乱。周公旦承成王命伐诛武庚，杀管叔，而放蔡叔，迁之。"嵇康的《管蔡论》为管、蔡辩解，说："管、蔡管服教殉义，忠诚自然。……周公践政，率朝诸侯。……而管、蔡服教，不达圣权，卒遇大变，不能自通。忠于乃心，思在王室。遂乃抗言率众，欲除国患。"

将嵇康杀了[①]。非薄了汤武周孔，在现时代是不要紧的，但在当时却关系非小。汤武是以武定天下的；周公是辅成王的；孔子是祖述尧舜，而尧舜是禅让天下的。嵇康都说不好，那么，教司马懿篡位的时候，怎么办才是好呢？没有办法。在这一点上，嵇康于司马氏的办事上有了直接的影响，因此就非死不可了。嵇康的见杀，是因为他的朋友吕安不孝，连及嵇康，罪案和曹操的杀孔融差不多。魏晋，是以孝治天下的，不孝，故不能不杀。为什么要以孝治天下呢？因为天位从禅让，即巧取豪夺而来，若主张以忠治天下，他们的立脚点便不稳，办事便棘手，立论也难了，所以一定要以孝治天下。但倘只是实行不孝，其实那时倒不很要紧的，嵇康的害处是在发议论；阮籍不同，不大说关于伦理上的话，所以结局也不同。

但魏晋也不全是这样的情形，宽袍大袖，大家饮酒。反对的也很多。在文章上我们还可以看见裴頠的《崇有论》[②]，孙盛的

---

① 《与山巨源绝交书》，山巨源，即“竹林七贤”之一的山涛（205—283），河内怀（今河南武陟）人。他在魏元帝（曹奂）景元年间投靠司马昭，曾任选曹郎，后将去职，欲举嵇康代任，康作书拒绝，并表示和他绝交，书中自说不堪受礼法的束缚，“又每非汤武而薄周孔，在人间不止，此事会显，世教所不容”。后来嵇康受朋友吕安案的牵连，钟会便乘机劝司马昭把他杀了。《三国志·魏书·王粲传》注引《魏氏春秋》叙述他被杀的经过说：“大将军（司马昭）尝欲辟（征召）康。康既有绝世之言，又从子不善，避之河东，或云避世。及山涛为选曹郎，举康自代，康答书拒绝，因自说不堪流俗而非薄汤武。大将军闻而怒焉。初，康与东平吕昭子巽及巽弟安亲善。会巽淫安妻徐氏，而诬安不孝，囚之。安引康为证，康义不负心，保明其事。安亦至烈，有济世志力。钟会劝大将军因此除之，遂杀安及康。康临刑自若，援琴而鼓，既而叹曰：‘雅音于是绝矣！’时人莫不哀之。”按：杀嵇康的是司马昭，鲁迅误记为司马懿。

② 裴頠（267—300），字逸民，河东闻喜（今山西闻喜）人。晋惠帝时为国子祭酒，兼右军将军，迁尚书左仆射，后为司马伦（赵王）所杀。《晋书·裴頠传》说：“頠深患时俗放荡，不尊儒术，何晏、阮籍素有高名于世，口谈浮虚，不遵礼法，尸禄耽宠，仕不事事；至王衍之徒，声誉太盛，位高势重，不以物务自婴，遂相放效，风教陵迟，乃著崇有之论以释其蔽。”

《老聃非大贤论》[①]，这些都是反对王、何们的。在史实上，则何曾劝司马懿杀阮籍有好几回[②]，司马懿不听他的话，这是因为阮籍的饮酒，与时局的关系少些的缘故。

然而后人就将嵇康、阮籍骂起来，人云亦云，一直到现在，一千六百多年。季札说："中国之君子，明于礼义而陋于知人心。"[③]这是确的，大凡明于礼义，就一定要陋于知人心的，所以古代有许多人受了很大的冤枉。例如嵇、阮的罪名，一向说他们毁坏礼教。但据我个人的意见，这判断是错的。魏晋时代，崇奉礼教的看来似乎很不错，而实在是毁坏礼教，不信礼教的。表面上毁坏礼教者，实则倒是承认礼教，太相信礼教。因为魏晋时所谓崇奉礼教，是用以自利，那崇奉也不过偶然崇奉，如曹操杀孔融，司马懿杀嵇康，都是因为他们和不孝有关，但实在曹操、司马懿何尝是著名的孝子，不过将这个名义，加罪于反对自己的人罢了。于是老实人以为如此利用，亵渎了礼教，不平之极，无计可施，激而变成不谈礼教，不信礼教，甚至于反对礼教。——但其实不过是态度，至于他们的本心，恐怕倒是相信礼教，当作宝贝，比曹操、司马懿们要迂执得多。现在说一个容

① 孙盛（约 306—378），字安国，太原中都（今山西平遥）人。曾任桓温参军，官至给事中。著有《魏氏春秋》《晋阳秋》等。他的《老聃非大贤论》，批评当时清谈家奉为宗主的老聃，用老聃自己的话证明他的学说的自相矛盾，不切实际，从而断定老聃并非大贤。

② 何曾（197—278），字颖考，陈国阳夏（今河南太康）人。司马炎篡魏，他因劝进有功，拜太尉，封公爵。《晋书·何曾传》说："时（按：当为魏高贵乡公即位初年）步兵校尉阮籍负才放诞，居丧无礼。曾面质籍于文帝（鲁迅误记为司马懿）座曰：'卿纵情背礼，败俗之人，今忠贤执政，综核名实，若卿之曹，不可长也。'因言于帝曰：'公方以孝治天下，而听阮籍以重哀（母丧）饮酒食肉于公座。宜摈四裔，无令污染华夏。'帝曰：'此子羸病若此，君不能为吾忍邪！'曾重引据，辞理甚切。帝虽不从，时人敬惮之。"

③ "明于礼义而陋于知人心"二句，见《庄子·田子方》："温伯雪子适齐，舍于鲁，鲁人有请见之者，温伯雪子曰：'不可，吾闻中国之君子，明乎礼义陋于知人心，吾不欲见也。'"据唐代成玄英注：温伯，字雪子，春秋时楚国人。鲁迅误记为季札。

易明白的比喻罢，譬如有一个军阀，在北方——在广东的人所谓北方和我常说的北方的界限有些不同，我常称山东、山西、直隶、河南之类为北方——那军阀从前是压迫民党的，后来北伐军势力一大，他便挂起了青天白日旗，说自己已经信仰三民主义了，是总理的信徒。这样还不够，他还要做总理的纪念周。这时候，真的三民主义的信徒，去呢，不去呢？不去，他那里就可以说你反对三民主义，定罪，杀人。但既然在他的势力之下，没有别法，真的总理的信徒，倒会不谈三民主义，或者听人假惺惺的谈起来就皱眉，好像反对三民主义模样。所以我想，魏晋时所谓反对礼教的人，有许多大约也如此。他们倒是迂夫子，将礼教当作宝贝看待的。

还有一个实证，凡人们的言论，思想，行为，倘若自己以为不错的，就愿意天下的别人，自己的朋友都这样做。但嵇康、阮籍不这样，不愿意别人来模仿他。竹林七贤中有阮咸，是阮籍的侄子，一样的饮酒。阮籍的儿子阮浑也愿加入时，阮籍却道不必加入，吾家已有阿咸在，够了[①]。假若阮籍自以为行为是对的，就不当拒绝他的儿子，而阮籍却拒绝自己的儿子，可知阮籍并不以他自己的办法为然。至于嵇康，一看他的《绝交书》，就知道他的态度很骄傲的；有一次，他在家打铁——他的性情是很喜欢打铁的——钟会来看他了，他只打铁，不理钟会[②]。钟会没

① 阮籍不愿儿子效法自己的事，见《晋书·阮籍传》："（籍）子浑，字长成，有父风。少慕通达，不饰小节。籍谓曰：'仲容已豫吾此流，汝不得复尔！'"又《世说新语·任诞》也载有此事。按：阮咸，字仲容，阮籍兄阮熙之子。

② 嵇康怠慢钟会，见《晋书·嵇康传》："（康）性绝巧而好锻（打铁）。宅中有一柳树甚茂，乃激水圜之，每夏月，居其下以锻。"又说："初，康居贫，尝与向秀共锻于大树之下，以自赡给。颍川钟会，贵公子也，精练有才辩，故往造焉。康不为之礼，而锻不辍。良久会去，康谓曰：'何所闻而来？何所见而去？'会曰：'闻所闻而来，见所见而去。'会以此憾之。"按，钟会（225—264），字士季，颍川长社（今河南长葛）人。司马昭的重要谋士，官至左徒。魏常道乡公景元三年（262）拜镇西将军，次年统兵伐蜀，蜀平后谋反，被杀。

有意味，只得走了。其时嵇康就问他："何所闻而来，何所见而去？"钟会答道："闻所闻而来，见所见而去。"这也是嵇康杀身的一条祸根。但我看他做给他的儿子看的《家诫》[①]——当嵇康被杀时，其子方十岁，算来当他做这篇文章的时候，他的儿子是未满十岁的——就觉得宛然是两个人。他在《家诫》中教他的儿子做人要小心，还有一条一条的教训。有一条是说长官处不可常去，亦不可住宿；官长送人们出来时，你不要在后面，因为恐怕将来官长惩办坏人时，你有暗中密告的嫌疑。又有一条是说宴饮时候有人争论，你可立刻走开，免得在旁批评，因为两者之间必有对与不对，不批评则不像样，一批评就总要是甲非乙，不免受一方见怪。还有人要你饮酒，即使不愿饮也不要坚决地推辞，必须和和气气地拿着杯子。我们就此看来，实在觉得很稀奇：嵇康是那样高傲的人，而他教子就要他这样庸碌。因此我们知道，嵇康自己对于他自己的举动也是不满足的。所以批评一个人的言行实在难，社会上对于儿子不像父亲，称为"不肖"，以为是坏事，殊不知世上正有不愿意他的儿子像自己的父亲哩。试看阮籍、嵇康，就是如此。这是，因为他们生于乱世，不得已，才有这样的行为，并非他们的本态。但又于此可见魏晋的破坏礼教者，实在是相信礼教到固执之极的。

不过何晏、王弼、阮籍、嵇康之流，因为他们的名位大，一般的人们就学起来，而所学的无非是表面，他们实在的内心，却

① 《家诫》见《嵇康集》卷十。鲁迅所举的这几条的原文是："君子用心，所欲准行，自当量其善者，必拟议而后动。……所居长吏，但宜敬之而已矣。不当极亲密，不宜数往，往当有时。其有众人，又不当独在后，又不当宿。所以然者，长吏喜问外事，或时发举，则恐为人所说，无以自免也。……若会酒坐，见人争语，其形势似欲转盛，便当无何舍去之。此将斗之兆也。坐视必见曲直，傥不能不有言，有言必是在一人；其不是者方自谓为直，则谓曲我者有私于彼，便怨恶之情生矣。或便获悖辱之言……又慎不须离楼，强劝人酒，不饮自已；若人来劝己，辄当为持之，勿稍逆也。"（据鲁迅校本）按：嵇康的儿子名绍，字延祖，《晋书·嵇绍传》说他"十岁而孤"。

不知道。因为只学他们的皮毛，于是社会上便很多了些没意思的空谈和饮酒。许多人只会无端的空谈和饮酒，无力办事，也就影响到政治上，弄得玩“空城计”，毫无实际了。在文学上也这样，嵇康、阮籍的纵酒，是也能做文章的，后来到东晋，空谈和饮酒的遗风还在，而万言的大文如嵇、阮之作，却没有了。刘勰[①]说：“嵇康师心以遣论，阮籍使气以命诗。”这“师心”和“使气”，便是魏末晋初的文章的特色。正始名士和竹林名士的精神灭后，敢于师心使气的作家也没有了。

到东晋，风气变了。社会思想平静得多，各处都夹入了佛教的思想。再至晋末，乱也看惯了，篡也看惯了，文章便更和平。代表平和的文章的人有陶潜[②]。他的态度是随便饮酒，乞食，高兴的时候就谈论和作文章，无尤无怨。所以现在有人称他为“田园诗人”，是个非常和平的田园诗人。他的态度是不容易学的，他非常之穷，而心里很平静。家常无米，就去向人家门口求乞。他穷到有客来见，连鞋也没有，那客人从家丁脚上取鞋给他，他便伸了足穿上了。虽然如此，他却毫不为意，还是“采菊东篱下，悠然见南山”。这样的自然状态，实在不易模仿。他穷到衣服也破烂不堪，而还在东篱下采菊，偶然抬起头来，悠然的见了南山，这是何等自然。现在有钱的人住在租界，雇花匠种数十盆花，便做诗，叫作“秋日赏菊效陶彭泽体”，自以为合于渊

① 刘勰（约465—约532），字彦和，南东莞（今江苏镇江）人，南朝梁文艺理论家。曾任步兵校尉，晚年出家。著有《文心雕龙》。这里所引的两句，见于该书《才略》篇。

② 陶潜（约372—427），又名渊明，字元亮，浔阳柴桑（今江西九江）人，晋代诗人。曾任彭泽令，因不满当时政治的黑暗和官场的虚伪，辞官归隐。著作有《陶渊明集》。梁代钟嵘在《诗品》中称他为“古今隐逸诗人之宗”，五四以后又常被人称为“田园诗人”。他在《乞食》一诗中说：“饥来驱我去，不知竟何之。行行至斯里，叩门拙言辞。主人解余意，遗赠岂虚来。谈谐终日夕，觞至辄倾杯。……衔戢知何谢，冥报以相贻。”又南朝宋檀道鸾《续晋阳秋》说：“江州刺史王弘造渊明，无履，弘从人脱履以给之。弘语左右为彭泽作履，左右请履度，渊明于众坐伸脚，及履至，著而不疑。”“采菊东篱下”句见他所作的《饮酒》诗第五首。

明的高致，我觉得不大像。

陶潜之在晋末，是和孔融于汉末与嵇康于魏末略同，又是将近易代的时候。但他没有什么慷慨激昂的表示，于是便博得“田园诗人”的名称。但《陶集》里有《述酒》一篇，是说当时政治的[①]。这样看来，可见他于世事也并没有遗忘和冷淡，不过他的态度比嵇康、阮籍自然得多，不至于招人注意罢了。还有一个原因，先已说过，是习惯。因为当时饮酒的风气相沿下来，人见了也不觉得奇怪，而且汉魏晋相沿，时代不远，变迁极多，既经见惯，就没有大感触，陶潜之比孔融、嵇康和平，是当然的。例如看北朝的墓志，官位升进，往往详细写着，再仔细一看，他已经经历过两三个朝代了，但当时似乎并不为奇。

据我的意思，即使是从前的人，那诗文完全超于政治的所谓“田园诗人”“山林诗人”，是没有的。完全超出于人间世的，也是没有的。既然是超出于世，则当然连诗文也没有。诗文也是人事，既有诗，就可以知道于世事未能忘情。譬如墨子兼爱，杨子为我[②]。墨子当然要著书；杨子就一定不著，这才是“为我”。因为若做出书来给别人看，便变成“为人”了。

由此可知陶潜总不能超于尘世，而且，于朝政还是留心，也

① 陶潜的《述酒》诗，据南宋汤汉的注语，以为它是为当时最重大的政治事变——晋宋易代而作，注语中说：“晋元熙二年（420）六月，刘裕废恭帝（司马德文）为零陵王，明年，以毒酒一罂授张伟，使酖王，伟自饮而卒；继又令兵人逾垣进药，王不肯饮，遂掩杀之。此诗所为作，故以《述酒》名篇也。诗辞尽隐语，故观者弗省。……予反复详考，而后知为零陵哀诗也。”（见《陶靖节诗注》卷三）

② 墨子（约前468—前376），名翟，鲁国人，春秋战国时代思想家，墨家创始人。他认为“天下兼相爱则治，交相恶则乱”，提倡“兼爱”的学说。现存《墨子》书中有《兼爱》上中下三篇。杨子，即杨朱，战国时代思想家。他的学说的中心是“为我”，《孟子·尽心（上）》说：“杨子取为我，拔一毛而利天下，不为也。”他没有著作流传下来，后人仅能从先秦书中略知他的学说的大概。

不能忘掉“死”，这是他诗文中时时提起的[①]。用别一种看法研究起来，恐怕也会成一个和旧说不同的人物罢。

自汉末至晋末文章的一部分的变化与药及酒之关系，据我所知的大概是这样。但我学识太少，没有详细的研究，在这样的热天和雨天费去了诸位这许多时光，是很抱歉的。现在这个题目总算是讲完了。

（原载《鲁迅全集》第三卷《而已集》，人民文学出版社2005年版）

① 陶潜诗文中提到“死”的地方很多，如《己酉岁九月九日》中说：“万化相寻绎，人生岂不劳。从古皆有没，念之中心焦。”又《与子俨等疏》中说：“天地赋命，生必有死；自古圣贤，谁独能免。”等等。

嵇康的思想

◎容肇祖

一、嵇康略传

嵇康，字叔夜，谯国铚人。生魏文帝黄初四年（223），死在魏元帝景元三年（262）。他曾和魏宗室长乐亭主结婚。作官至郎中，拜中散大夫。景元二年，因为答山涛书有“每非汤武而薄周孔”的话，司马昭以为他是含有讥讽的意义，借吕安的事，把他罗织文状杀死了，有集十五卷。今存本《嵇中散集》凡十卷。（《晋书》卷四十九有传）

二、嵇康思想的背景

魏末司马氏专政。曹爽既被杀，司马氏的党羽更专横。嵇康既然和曹氏宗室结婚，不愿作司马氏的臣仆。但是那时曹氏权已下移，无可为救。嵇康在这时候，进退实难，因此造成他的一种消极的厌世的人生观。又那时俗好虚伪，所谓士大夫者，务为矫饰，以合礼节。阮籍因为居丧，饮酒食肉，何曾即诉说他“背礼败俗，宜摈四裔”。康既处季世，鄙礼的伪，故放情自纵，而成一种适性的堕落的行为。他给山涛的信自列有七必不堪，二甚不可。又说“每非汤武而薄周孔，在人间不止此事”。他有《与阮德如》诗，说道：

泽雉穷野草，灵龟乐泥蟠。荣名秽人身，高位多灾患。未若捐外累，肆志养浩然。

可以看见他的志尚了。

三、嵇康的人生观

嵇康曾作《释私论》（《嵇中散集》卷六），以为“夫称君子者，心无措乎是非，而行不违乎道者也。何以言之？夫气静神虚者，心不存于矜尚；体亮心达者，情不系于所欲。矜尚不存乎心，故能越名教而任自然；情不系于所欲，故能审贵贱而通物情。物情顺通，故大道无违；越名任心，故是非无措也”。这是他的理想的人格。更分析说，他的人生观约分二方面：一是积极的，就是他的坚忍不移的精神；一是消极的，就是他的绝欲主义，和颓丧的或堕落的人生观。分述如下：

（一）积极方面：嵇康的思想，本来不是消极的，只因为时代及环境的关系深自贬抑，遂成一种消极的人生观。《晋书》本传说他“有奇才，远迈不群”。又述王烈的话道：“叔夜趣非常，而辄不遇。命也。”山涛善知人，他临去选官的职位，举康自代，可见嵇康的能力自是不差。不是处魏晋禅代之交，他断不会有消极的人生观。阮籍和嵇康的人生观，大略有相似的地方。他们消极的态度是相似的。至于教训儿子，他们都不愿儿子学他们一样的态度。阮籍子浑，少慕通达，不饰小节，籍谓曰：“仲容（咸）已豫吾此流。汝不得复尔。”（见《晋书·阮籍传》）嵇康亦有《家诫》一篇，教儿辈以立志为先，他说：

人无志，非人也。但君子用心，所欲准行，自当量其善者，必拟议而后动。若志之所之，则口与心誓，守死无二，耻躬不逮，期于必济。若心疲体解，或牵于外物，或累于内欲，不堪近患，不忍小情，则议于去就；议于去就，则二心交争；二心交争，则向所以见役之情胜矣。或有中道而废，或有不成一篑而败之，以之守则不固，以之攻则怯弱，与之誓则多违，与之谋则善泄，临乐则肆情，处逸则极意，故虽繁华熠耀，无结秀之勋，终年之勤，无一旦之功，斯君子所以叹息也。若夫申胥之长吟，夷齐之全洁，展季之执信，苏武之守节，可谓固矣。故以无心守之，安而体之，若自然也，乃是守志之盛者耳！

可见嵇康的人生观，盖以坚忍不移为志的。他的有心于魏室，不愿臣服司马氏，也都为此。后来他的儿子嵇绍做晋侍中，在荡阴的一次战争，守死而不去，可说能继康的志了。顾炎武骂他“忘其父而事其非君”（见《日知录》卷十三），又说山涛劝他出仕的话“天地四时，犹有消息，而况人乎”，是“败义伤教，率天下而为无父”，这是另一回事。

嵇康的《家诫》又说:

不须作小小卑恭，当大谦裕；不须作小小廉耻，当全大让。若临朝让官，临义让生，若孔文举求代兄死，此忠臣烈士之节。

嵇康的不修饰小节，大概都是如此。他的意思就是要注意在大的方面。《晋书》卷八十九《嵇绍传》说：

绍诞于行己，不饰小节，旷而有检，通而不杂。

绍是秉承康的家教可知，而康的人生观又可以见出来了。

（二）消极方面：嵇康的消极方面人生观，因为当时的环境逼迫着他使他不能有为，因此很是抱着厌世的观念。很表示他的消极的个人主义的态度，如下：

> 奉法循理，不絓世网。以无罪自尊，以不仕为逸。游心乎道义，偃息乎卑室。恬愉无遌，而神气条达。岂须荣华然后乃贵哉？耕而为食，蚕而为衣。衣食周身，则余天下之财。犹渴者饮河，快然以足，不羡洪流，岂待积敛然后乃富哉？君子之用心若此，盖将以名位为赘瘤，资财为尘垢也。（《答难养生论》）

他的消极的个人主义，既鄙弃外求，故所求者为“意足”。他说：

> 故世之难得者，非财也，非荣也，患意之不足耳。意足者，虽耦耕圳亩，被褐啜菽，莫（各本“莫”作“岂”，依吴匏庵丛书堂抄本）不自得。不足者，虽养以天下，委以万物，犹未惬。然则足者不须外，不足者无外之不须也。无不须，故无往而不乏；无所须，故无适而不足。不以荣华肆志，不以隐约趋俗，混乎与万物并行，不可宠辱，此真有富贵也。……故《老子》曰“乐莫大于无忧，富莫大于知足”，此之谓也。（同上）

嵇康的人生观，既只向内心上要求，成立一种“意足”的见解，他又主张废“智用”。以为无智，便是“不见可欲，使心不乱”。他说：

> 夫不虑而欲，性之动也；识而后感，智之用也。性

动者，遇物而当，足则无余。智用者，从感而求，倦而不已。故世之所患，祸之所由，常在于智用，不在于性动。今使瞽者遇室，则西施与嫫母同情。愦者忘味，则糟糠与精粺等甘。岂识贤愚好丑，以爱憎乱心哉？君子识智以无恒伤生，欲以逐物害性，故智用则收之以恬，性动则纠之以和。使智止于恬，性足于和，然后神以默醇，体以和成，去累除害，与彼更生，所谓“不见可欲使心不乱”者也。（同上）

他主张废智用，而求意足，就是屏绝一切对于外界的要求，故他又说：

以大和为至乐，则荣华不足顾也；以恬淡为至味，则酒色不足钦也。苟得意有地，俗之所乐，皆粪土耳，何足恋哉？（同上）

如果嵇康的见解，只是制欲主义，鄙薄世间的荣华酒色，以求有主于中，如他所说的“有主于中，以内乐外，虽无钟鼓，乐已具矣”（见同上），尚未大悖。然而这种意足论的人生观，鄙薄一切的智用，要求无虑无营的恬淡生活，即向秀已责难他是“顾影尸居，与木石为邻，所谓不病而自灸，无忧而自默，无丧而疏食，无罪而自幽，追虚侥幸，功不答劳”（向秀《难养生论》）。盖人类进化，应得使用人们的智慧，利用自然，制服自然，而这种人生观，则主张顺从自然，废弃智慧，违反进化的原则。但是康遭遇非时，自拚废弃，他的出于不得已的苦衷，我们对他，也可不必过于责备了！

嵇康说话不是空谈的，看他的涵养至深可证。《世说新语》刘孝标《注》引《康别传》曰：

> 康性含垢藏瑕，爱恶不争于怀，喜怒不寄于颜。所知王濬冲在襄城，面数百，未尝见其疾声朱颜，此亦方中之美范，人伦之胜业也。

这可以见他涵养之深了。

康既然是消极的个人主义，故喜欢说个人的养生的道理。又以“少私寡欲”为养生的根本。他的《养生论》说道：

> 君子知形恃神以立，神须形以存，悟生理之易失，知一过之害生。故修性以保神，安心以全身，爱憎不栖于情，忧喜不留于意，泊然无感而体气和平。又呼吸吐纳，服食养身，使形神相亲，表里俱济也。

又说：

> 清虚静泰，少私寡欲。知名位之伤德，故忽而不营，非欲而强禁也。识厚味之害性，故弃而弗顾，非贪而后抑也。外物以累心不存，神气以醇白独著。旷然无忧患，寂然无思虑。又守之以一，养之以和，和理日济，同乎大顺。然后蒸以灵芝，润以醴泉，晞以朝阳，绥以五弦，无为自得，体妙心玄，忘欢而后乐足，遗生而后身存。若此以往，庶可与羡门比寿，王乔争年。（同上）

他的思想，既为消极的及个人的，故只求“意足”。而他的恬静淡泊的生活，亦与他的求长生的见解有关系。他曾从道士孙登游，故不免带有道士派求长生的见解。他不信命定，而信宅的吉凶及摄生，曾与张邈相论难，又以为神仙是可有的事情，俱是受道士及世俗的迷信的影响，这里亦不赘说了。

四、嵇康的名学

嵇康的见解，不免受道士的学说的影响，故根本或不免差谬。但是他的辩论的方法，每每能够找出对方的弱点而自立其说。如《难自然好学论》，说道：

> “六经”以抑引为主，人性以从欲为欢。抑引则违其愿，从欲则得自然。然则自然之得，不由抑引之“六经”；全性之本，不须犯情之礼律。故仁义务于理伪，非养真之要术；廉让生于争夺，非自然之所出也。……今之学者岂不先计而后学邪？苟计而后动，则非自然之应也。

又《声无哀乐论》，分别主观客体的殊异，说道：

> 外内殊用，彼我异名。声音自当以善恶为主，则无关于哀乐；哀乐自当以情感而后发，则无系于声音。名实俱去，则尽然可见矣。
>
> 声音以平和为体，而感物无常；心志以所俟为主，应感而发。然则声之与心，殊途异轨，不相经纬，焉得染太和于欢戚，缀虚名于哀乐哉？

看上，可见嵇康的辨别名实，分析主观及客体，甚为明了。《难张辽叔宅无吉凶摄生论》，更足以表现他的名学的见解，如下：

（一）应用矛盾律的，如说：

> 既曰寿夭不可求，甚于贵贱，而复曰善求寿强者，必先知灾疾之所自来，然后可防也。然则寿夭果可求耶？不可求也？

既曰彭祖七百，殇子之夭，皆性命自然，而复曰不知防疾，致寿去夭，求实于虚，故性命不遂。此为寿夭之来，生于用身。性命之遂，得于善求。然则夭短者，何得不谓之愚？寿延者，何得不谓之智？苟寿夭成于愚智，则自然之命，不可求之论，奚所措之？

凡此数者，亦雅论之矛盾矣。

（二）应用不容中律的，如《答释难宅无吉凶摄生论》说道：

案如所论，甚有则愚，甚无则诞。今使小有，便得不愚耶？了无乃得离之也？若小有则不愚，吾未知小有其限所止也。若了无乃得离之，则甚无者无为谓之诞也。

又曰：私神立则公神废。然则唯（吴匏庵本有这一字）恶夫私之害公，邪之伤正，不为无神也。向墨子立公神之城（刻本作“情”，依吴抄本），状不甚有之说，使董生托正忌之途，执不甚无之言。二贤雅趣，可得合而一，两无不失耶？今之所辨，欲求实有实无，以明自然，不诡持论有工拙，议教有精粗也。寻雅论之指，谓河洛不神，借助鬼神。故为之宗庙以神其本。不答子贡以救其末（“救”字，各本作“求”，无“末”字，依吴抄本改。案难中云“子贡称性与天道不可得闻，仲由问神而夫子不答，其饬末有如彼者”云云，则“救”意同“饬”，其下当有“末”字），然则足下得不为托心无神鬼，齐契于董生耶？而复顾古人之言，惧无鬼之弊，貌与情乖，立从公废私之论，欲弥缝两端，使不愚不诞，两讥董墨，谓其中央可得而居。恐辞辨虽巧，难可俱通，又非所望于核论也。（《四部丛刊》本，依吴匏庵藏本校）

张邈（即辽叔）信命定，信相，信卜筮，而说宅无吉凶及不信摄生。嵇康反之，以为命定是不可信，而摄生及宅之吉凶则可凭。嵇康的辩难，颇能知对方的弊病而自申其说。他的论据，征引往古传说，不详加考察而遽崇信，故不能无失，但是他对于这样的弊病，未尝不知。他说：

> 夫推类辨物，当先求之自然之理。理已定，然后借义以明之耳。今未得之于心，而多恃前言以为谈证，自此以往，恐巧历不能纪。（《声无哀乐论》）

这种见解，固然不差。可惜嵇康受风俗、习惯、传说的影响太深，不免自己也犯这种毛病。如《养生论》说神仙的必有，很武断地说：

> 神仙虽不目见，然记籍所载，前史所传，较而论之，其有必矣。似特受异气，禀之自然，非积学所能致也。

嵇康对于风俗上、历史上的传说，未能为根本的怀疑可见，又那时科学的医学尚未萌芽，摄生延年，借助于导养与服食，虽属道士之见，似为可通。故嵇康说：

> 导养得理，以尽性命，上获千余岁，下可数百年，可有之耳。而世皆不精，故莫能得之。（《养生论》）

又说“神仙似特受异气，禀之自然，非积学所致”。虽不免带有道士的见解，较之后来的葛洪，传述神秘的说话，无稽的迷信以立说的，真是识见相差得远呵！

嵇康因为钟会的谮说，惨受诛杀，将刑东市，太学生三千人请以为师。又袁宏妻李氏《吊嵇中散文》称他作“命世之杰”。可见康的学问人品，真是能够倾倒一世的。钟会说他“欲助毌丘俭，赖山涛不听”。康常有心于魏室，这话也许是实情。后来晋代的祸乱，许多人以为嵇康及阮籍倡导一种消极的堕落的人生观。我们看清他们的时代，认识他们不得已的苦衷，应不必太责难他们呵！

（原载《中山大学语言历史研究所周刊》1917年第29期）

贵无之学（中）

——阮籍和嵇康

◎汤用彤

一、嵇康、阮籍在玄学中之地位

嵇康、阮籍与何晏、王弼不同。王、何较严肃，有精密之思想系统；而嵇、阮则表现了玄学的浪漫方面，其思想并不精密，却将玄学用文章与行为表达出来，故在社会上之影响，嵇、阮反出王、何之上，而常被认为是名士之楷模。嵇、阮之为名士，与以前之名士不同。汉之名士讲名教，其精神为儒家的；嵇、阮等反名教，其精神为道家的。此种转变之故，有四点可述：（一）汉学之穷，老庄乃兴；（二）魏武、魏文出身贫贱，故反对世家大族之名教；（三）曹家压迫汉末名士，荀彧抑郁而死，魏讽之诛，遭难之名士达数百，王粲、宋衷之子皆不免，因此名士乃趋消沉；（四）名士之倾向故主与目睹新朝廷之腐败，乃如嵇康所说“不须作小小卑恭”也。

阮籍为人至慎，口不言人过，但玄远放达，此皆因以故臣立足新廷，怕遭杀身之祸，故饮酒佯狂，终得免于难。嵇康为人，锋芒较显，其《家诫》中以忠义勉子弟，谓“不须作小小卑恭，当大谦裕；不须作小小廉耻，当全人让。若临朝让官，临义让生，若孔文举求代兄死，此忠臣烈士之节”，而终遭钟会之忌，不免于难。嵇、阮之放荡，皆有所为而为，或惧患祸，或为愤世嫉俗。其放达并非为放达而放达，亦不想得放达之高名；晋之名士，则全异其趣，而流弊多矣。

放达之士，其精神近庄子，嵇、阮开其端，至西晋而达极盛。讲《老》《易》者如王、何，较严正，以名教合自然。讲庄子者则较浪漫（romantic），反名教。以反名教故，乃引起很多人反对之。向秀、郭象乃一反当时之风气，给《庄子》以新的解释，谓庄子亦并不反名教，则有“崇有”之学。

二、嵇康、阮籍之学说

（一）元气说。嵇康、阮籍把汉人之思想与其浪漫之趣味混成一片，并无作形而上学精密之思考，而只是把元气说给以浪漫之外装。他们所讲的宇宙偏重于物理的地方多，而尚未达到本体论之地步。二人以阮籍的思想较好，他有《通老》《通易》《达庄》等论。《达庄论》讲宇宙之实体与郭象等之说完全不同。他说：“天地生于自然，万物生于天地（按：指所看见的）。”天地为两个，自然为一个；元气为自然，分而为天地，即阴阳。自然为一体，有时变为山河大地，等等，所以他说：“一气盛衰，变化而不伤。”“气”是恒常（constant），所以不能增减。“人生天地之中，体自然之形。身者，阴阳之精气也。性者，五行之正性也。情者，游魂之变欲也。神者，天地之所以驭者也。”（《达庄论》）身与神有何分别，阮氏未之明也。“神”在阮氏学说中极为重要，因“神”也可以说为元气。据他看来庄子之宇宙就是元气、阴阳、五行，等等，此说与王弼所说完全不同。王弼之学说，以为“有”是物质的实体（physical entity），“无”是logical，抽象的，并不离开“有”，不像“气”之包含一切。所以说阮籍之学乃为汉人之旧。

嵇康之《太师箴》说宇宙："浩浩太素，阳曜阴凝，二仪陶化，人伦肇兴。"《明胆论》："夫元气陶铄，众生禀焉。"宇宙为一浩浩元气，人生一切皆元气所造，元气衍而为阴阳五行，人乃或有"明（智）"或有"胆（勇）"及其他种种分别（此说并未超出形而下之学说也）。

（二）自然三义。自然为元气，盖就实体说，自然为"混沌"（"玄冥"）、为"法则"（"秩序"）、为"和谐"（"天和"），盖就其状态说。

1.自然之第一义——混沌、玄冥。嵇康、阮籍以为自然是一undifferent state（不可分状态），如老子之"恍惚"、庄子之"混沌"一样，宇宙最初之时就是这种状态，或谓之"漂惚"，或谓之"玄冥"。这种状态，可引起人们种种想象，如西洋之浪漫主义时代。"玄冥"者，"玄"为同，"冥"为一，引而申之谓在本体上无分别、无生死、无动静、无利害；生死、动静、利害为一，哪有分别，此与庄子"齐物"相同。玄冥是primitive state（原初状态）、是自然的，非人为的，犹如未经雕刻之玉石（朴），这种状态是最好的；社会上、政治上若有太朴之情形，是他们最理想的世界。在这世界内，无礼法之限制，精神上非常自由，诗人文学家多此想象，故嵇、阮有此思想。

阮籍《达庄论》中说："自然一体，则万物经其常。……一气盛衰，变化而不伤。是以重阴雷电，非异出也；天地日月，非殊物也。故曰：自其异者视之，则肝胆楚越也；自其同者视之，则万物一体也。""别而言之，则须眉异名；合而说之，则体之一毛也。"故"至道之极，混一不分，同为一体，得失无闻"。此所谓"极"，自与王弼不同，总是"若有物焉"。太初即为自然，人生亦当返乎自然。此所谓"返乎自然"者，返乎太古也。太古人民淳朴，欲淳朴，故反世人之学。阮籍谓："太古之论，玄古之微言。""后世之好异者，不顾其本。”“本”即同、即混沌，与“异”即分别对。君臣仁义等分别，即“学”，非本有。今异而古同，故须返古也。张辽叔《自然好学论》以为仁义亦自然所好。嵇康立论难之，以为“学”非自然，乃出乎抑制，应去此等抑制，让自然流露（此说颇似卢梭）。故为人应显，应坦白，而不可隐匿。嵇康《释私论》谓：“私以不言为名，公以尽言为称。”人欲之私使人不坦白，情不系乎所欲乃为公。“心无措乎是非”即无著，不拘于是非，乃能公。嵇、阮崇自然反名教，自然为同，名教为异，名教后天之学也。王弼与嵇、阮皆认为道无名不可分，器有名可分。但王弼认为“无”“有”不二，故并不因崇“道”而蔑视“器”。嵇、阮之学未脱汉人窠臼，道器有时间上先后，故道器可分为二截，既崇太古之道，乃反后天之器。但朴素之时代一定要达到名教之时代，混沌一定要被凿，淳朴之太古即已过去，此返自然，自非本来之自然，而圣人治天下亦非废名教。阮籍《答伏义书》认为遇时则可仕，不遇时则逍遥山林，而《乐论》则以为礼、乐是一个东西，“礼定其象，乐平其心；礼治其外，乐化其内”。可见嵇、阮并非绝对反礼教，而以虚饰之礼为不好。又，嵇、阮并不全然反对君臣之关系，其与作《无君论》之鲍生自不相同。嵇、阮愤激之言，实因有见于当时名教领袖（如何曾等）之腐败，而他们自己对君臣大节太认真之故。嵇康《家诫》即说不要作小忠小义，而要作真正之忠臣烈士。东晋人尚知竹林名士与元康名士之不同，前者有疾而然，而后者则为放达而放达也。

2.自然之第二义——法则、秩序。汉人说元气为有法则的、有秩序的，天有三纲，地有六纪，故人亦有纲纪，元气、阴阳、五行、四时皆有法则。嵇、阮之学说虽甚浪漫，然亦崇秩序与法则。就“自然”之构成说则为“元气”，而其存在之形式则为有法有则的。阮籍《通老论》说：“圣人明乎天人之理，达乎自然之分。”“道者法自然而为化。”《通易论》说：“易顺天地，序万物，方圆有正体，四时有常位。”“上下合洽，裁成天地之道，辅相天地之宜，以左右民，顺其理也。”“是故圣人以建天地之位，守尊卑之制。”阮籍从天地之法则讲到人事之法则，皆为顺自然也。但嵇康、阮籍所谓法则与王弼所说者自不同，此法则是有情调的，富于感情的，有音乐性的，其说为一种对宇宙之poetic feeling（诗意的感情）。

3.自然之第三义——天和、和谐。嵇康、阮籍以为“自然”是一和谐之整体，其所以“和谐”，盖因其为混沌无分别状，故是“和”；又因其有法有则，故是“谐”。此“和谐”盖为宇宙之“天和”（cosmic harmony）也。嵇、阮均为音乐家，常以音乐之和谐说明自然之和谐。阮籍《乐论》谓：“夫乐者，天地之体，万物之性也。合其体，得其性，则合；离其体，失其性，则乖。昔者圣人之作乐也，将以顺天地之体，成万物之性也。”最好的音乐为尧舜的音乐，乃自然之表现，“八音有本体，五声有自然”。空桑之琴所以最好，乃因天地之和谐在此可以表现。云和之瑟、孤竹之管、泗滨之声皆如此也。“以此观之，知圣人之乐，和而已矣。”“和”即天地之性、自然之理，并非人之感情，可以说“天和”为超越主观的分别。此点阮籍之《乐论》虽论及，然不甚圆满。盖使人有喜怒哀乐之音乐，不是真音乐，真音乐“使人精神和平，衰气不入”，此嵇康《声无哀乐论》论之甚详。天地是和谐（harmony），音乐乃表现和谐（expressing the harmony），所以他说：“默然从道（按指任乎自然）……和心足于内，和气见于外。”音乐能与天地相应，所以应超乎主观之分别，完全表现客观之特性，不但哀不是音乐，即乐也不属于音乐。此较阮籍更进一步。声音完全代表天地，超乎一切主观之分别，音乐既是表现天地之特性，所以也不应有主观之分别，嵇康说：“音声之作，其犹臭味在于天地之间……其体自若而不变也，岂以爱憎易操，哀乐改度哉！”声音本身是自然的，所以说“音声有自然之和，而无系于人情。克谐之音，成于金石；至和之声，得于管弦也”。金石、管弦都是自然的，所以应该表现自然的性质（“和”），因此可以拿它作音乐之器具。嵇康又说：“声音以和平为体，而感物无常；心志以所俟为主，应感而发。然则声之与心，殊途异轨，不相经纬，焉得染太和于欢戚，缀虚名于哀乐哉？”神游于辽阔之境，自然无哀乐之苦。

（三）逍遥放任之人生观。王弼之学说，最后归于抱一，即得乎全，也就是反本，此乃老子之学说。嵇康、阮籍之学说非自老子而来自庄子，得到庄子逍遥、齐物之理论，而用文学家之才华极力发挥之。他们虽也主张秩序，但偏于奔放，故其人生哲学主逍遥。其人生哲学之要点：1.超越世界之分别；2.既超越分别，故得放任；3.逍遥为放任之极（神游于无名之境）。

1.超越世界之分别。所谓“超越世界之分别”者，乃谓不受世间人事的限制，不为礼法所束缚。而人世之礼法，乃至内外情欲、声音颜色等一切外在的东西能剥夺人之天性。至人法天顺自然，故无是非，无喜怒哀乐之情，此所谓“无情”是真正的无情，非以情从理。“无情”则能于世界无分别。盖若有主观之分别，则伤人身体与精神，使人不能表现其天真，如阮籍《大人先生传》所说：“造音以乱声，作色以诡形，外易其貌，内隐其情，怀欲以求多，诈伪以要名。……坐制礼法，束缚下民。”嵇、阮所希望者，乃在自然之状态中，有自然之流露。所谓伦常均非天真，有了伦常就使人有分别，有造作，有争斗，而不得反自然也。“无贵则贱者不怨，无富则贫者不争”，而“尊贤以相高，竞能以相尚，争势以相君，宠贵以相加，驱天下以趣之，此所以上下相残也”。在此两种不同之境界中，可以看出争与不争，分别与不分别之不同。嵇、阮之学说本来自庄子多，而得之于老子少。他们要超出主观的分别世界，而达到无分别之世界，此属其人生观之消极方面。

2.放任。嵇、阮之人生观在积极方面则为放任。放任就能超越分别，即谓因超越分别而放任也。不为是非情欲所累，则其性超越，至人循性而动，应变顺和，超分别而游放，此即阮籍所谓之大人先生也。故曰："至人无宅，天地为客；至人无主，天地为所；至人无事，天地为故。无是非之别，无善恶之异，故天下被其泽，而万物所以炽。"放任即顺乎自然，有规则无规则之境界，此最和谐之境界也。能代表和谐者是音乐，音乐一方面奔放，另一方面有秩序，故人至放任境界是在无规定之中自有规定，如阮籍之"应变顺和"，嵇康之"和理日济，同乎大顺"。

3.放任之极则为逍遥。受世界之束缚乃在于心，心若能放任，自无世界之累。嵇、阮以为人有形神两方面，而神可以超然，所以逍遥即神游也。故至人即世界内的神仙，是神游之人，为理想之人格。阮籍有《大人先生传》，嵇康有《养生论》。他们所说的"至人"不仅是心里之描写，而且相信实有这种人，如阮籍《答伏义书》中就有这样的见解："荡精举于玄区之表，据妙节于九垓之外……从容与道化同逌，逍遥与日月并流。"此种神仙似的人物在现世界内就有，所以他说："徒寄形躯于斯域。"至人可既不脱离形躯，又不脱离世界，而精神则能不受限制，故嵇、阮之人生观乃由齐物而达逍遥也。

（原载汤用彤《魏晋玄学论稿》附《贵无之学》，上海古籍出版社2001年版）

清谈思想初论

◎贺昌群

> 夫高下相受，不可逆之流也，大小相群，不得已之势也，旷然无情，群知之府也。承百流之会，居师人之极者，奚为哉？任时世之知，委必然之事，付之天下而已。（《庄子·大宗师》“以知为时者，不得已于事也”郭象注）

一时代文化思想之盛衰，隐隐乎如百川汇海，时或波涛澎湃，时或渊综停注，皆有其不得不然之势，所谓“承百代之流，而会乎当今之变”（《庄子·天运篇》“人自为种而天下耳”郭象注）者也。文教政事之措施，譬犹行舟于此“百代之流”，操纵指使，系乎一心。陆机有言：“夏人尚忠，忠之弊也朴，救朴莫若敬，殷人革而修焉；敬之弊也鬼，救鬼莫若文，周人矫而变焉；文之弊也薄，救薄则又反之于忠。”（《晋书》卷六十八《纪瞻传》陆机策问）则三代相循，如水济火，是知文化思想之盛衰，盖有随时救弊之义焉。周末百家争鸣，至汉而整齐之，以名物训诂之实救其虚，实之弊必流于烦琐，魏晋六朝玄学以虚救之，虚之弊空疏，隋唐义疏乃以实救之，宋明理学复以虚救隋唐之实，清代朴学又以实救宋明之虚。盖利病相乘，因果相兼，而物极必反也。此所举之虚实，但就其大体言之。大抵大一统之世，承平之日多，民康物阜，文化思想易趋于平稳笃实。衰乱之代，荣辱无常，死生如幻，故思之深痛而虑之切迫，于是对宇宙之终始，人生之究竟，死生之意义，人我之关系，心物之离合，哀乐之情感，皆成当前之问题，而思有以解决之，以为安身立命之道，此本节论述魏晋清谈于上二节既明其起源之后，所欲究其内容者也。

《南齐书》卷三十三《王僧虔传》，僧虔尝作《诫子书》曰：

往年有意于史，取《三国志》聚置床头百日许，复徙业就玄，自当小差于史，犹未尽仿佛。曼倩（东方朔）有云："谈何容易。"见诸玄，志为之逸，肠为之抽，专一书，转通数十家注，自少至老，手不释卷，尚未敢轻言。汝开《老子》卷头五尺许，未知辅嗣（王弼）何所道，平叔（何晏）何所说，马（融）、郑（玄）何所异，指例何所明，（按：《新唐书·艺文志》有王弼《老子指略》二卷。何劭撰《王弼传》称，弼注《老子》为之指略，致有理统。则所谓指例者，盖清谈一家之学之主旨也。）而便盛于麈尾，自呼谈士，此最险事。设令袁令（粲）命汝言《易》，谢中书（朏）挑汝言《庄》，张吴兴（绪）叩汝言《老》，端可复言未尝看邪？谈故如射，前人得破，后人应解，不解即输赌矣。且论注百氏，荆州八帙，又《才性四本》《声无哀乐》，皆言家口实，如客至之有设也，汝皆未经拂耳瞥目。岂有庖厨不修，而欲宴大宾者哉。就如张衡思侔造化，郭象言类悬河，不自劳苦，何由至此。汝未窥其题目，未辨其指归，六十四卦未知何名。（按《梁书·武帝纪》下云：《造制旨孝经义》《周易讲疏》及六十四卦、二系、文言、序卦等义。则六十四卦之意蕴，至梁时犹为儒玄所必治也。）《庄子》众篇，何者内外？八帙所载，凡有几家？四本之称，以何为长？而终日欺人，人亦不受汝欺也。

按：僧虔，宋末齐初人，好文史，解音律，书法冠绝一时，虽“宋氏以文章闲业，服膺典艺”（《南齐书》卷三十九《陆澄传》论），而玄言方道，犹存晋代风流，今总括其《诫子书》之意，知晋宋之世，清谈家所讨论之题目，有数端可注意者：

> （一）魏晋以来，注《易》《老》《庄》三玄者不下数十家，凡清谈之士，至少须专一书，而转通诸家之注。
>
> （二）王弼与何晏之说，其指归何在？
>
> （三）马融与郑玄之异同。
>
> （四）刘表为荆州牧时，广征儒士，使綦毋闿、宋忠等撰五经章句，谓之后定。儒者新义蔚起，故书中谓“荆州八帙，凡有几家”。
>
> （五）钟会、傅嘏、王广、李丰等《才性四本》论之优劣。
>
> （六）嵇康《声无哀乐论》。
>
> （七）张衡所代表之宇宙观与郭象等所代表之自然观。
>
> （八）《易》《老》《庄》三玄之通义。

此八项中（一）（七）（八）为关于三玄之注解与阐发，（二）为儒道之学即内圣外王或王道霸术之义，（三）（四）为新旧经说之异同，（五）（六）为名理之辨析。合此四者而观之，魏晋之际，清谈者所讨论之范围，可以概见矣。

魏晋清谈所讨论者，虽以儒道二家形上之玄学为中心，而其端则发引于新旧经解之问题，此汉以后中国文化思想每经一度之演变，必发难于经学之通例也。故先论次马、郑异同。

汉末新旧经解之异同，始于马融与郑玄，马、郑谊属师徒之谊，而实为当时以一人而兼通五经之两大宗师，郑为集两汉今古文学之大成者，旧经解之殿军也；马之经说，则开魏晋新经义之先河。六朝人之视马、郑异同，遍于群经注解，固不仅《周易》一经而然。前节既举魏晋之际，反郑学者蔚起，然其同郑而异马，或视马、郑无所异同者，即下迄齐梁，亦代不乏人。虞翻既驳郑注《尚书》违失，其《易》注序又驳马氏《易传》（《吴书》卷十二《虞翻传》注引《翻别传》）。王肃作《圣证论》以讥短郑玄，而当时守郑学者中郎马昭、博士张融核之（《新唐书》卷二百《元行冲传》）。西晋董景道精究三礼，专遵郑氏，著《礼经通论》，非驳诸儒，广演郑旨（《晋书》卷九十一之本传）。东晋初，荀崧奏言，宜为郑《易》、郑《仪礼》各置博士一人（同书卷七十五本传）。南齐陆澄《与王俭书》谓：今若弘儒，郑注亦不可废（《南齐书》卷三十九《陆澄传》）。此魏晋六朝主郑学者之可举者也。《南史》卷五十《刘瓛传》：瓛儒业冠于当时，都下世子贵游，莫不下席受业，当世推为大儒，以比古曹郑。（按：《南齐书》卷三十九《刘瓛传》无此二语。梁元帝《金楼子·兴王篇》云：沛国刘瓛，当时马、郑。据此，曹、郑当为马、郑之误，汉末经师无姓曹氏者。）此又视马、郑无所异同者也。隋兴，王弼《易》注盛行，郑学浸微，唐因之，郑注遂绝，李鼎祚《周易集解》序，自谓少慕玄风，当仁不让，而称"刊辅嗣之野文，补康成之逸象"，综其义例，盖亦宗郑之学者。马、郑《易》注，今既亡佚，所见仅训诂碎义，夫不尽见其辞，而欲尚论其是非，是犹以偏言决狱，未见其可，然清儒于汉《易》之辑逸甚勤，且多所发挥，未始不可就其一隅而反之。张惠言《易义别录》（《皇清经解》卷一百五十一《周易马氏》条）称："大抵马氏以乾坤十二爻论消息，以人道政治议卦爻，此郑所从出于马者也。马不多言象，郑则合之以爻辰（辰，谓乾坤六爻生十二律之位），马参言人事，郑约之以周礼。尔后王弼《易》注，全释人事，以明消息盈虚之理，盖渊源于马者多，接近于郑者少也。"

马、郑以后，王弼以前，注《易》而兼注《老子》者，有荀爽、宋忠（或作衷，避隋讳改）、李譔、钟繇、董遇、虞翻、陆绩等，而以荀、虞二家之业为最著，李氏《周易集解》采汉晋间《易》说凡三十余家，荀、虞独多[①]。大抵汉末诸家《易》注，多出入于费氏古文《易》系统，一方既不能尽去传统阴阳象数之旧说，一方则凭借费氏以传解经之古文《易》而发动一种以义理为主之启蒙意识。盖西汉经学多微言大义，东汉经学多章句训诂，经学之能事毕矣，汉末经学既倾向于义理之发挥，乃复西汉之古，而以费氏为凭借，此当时小异而大同之趋势也。

与《易》注新义相应而起之思潮，为扬雄《太玄经》注，此代表汉晋间宇宙观之进展，亦清谈者主题之一也。《太玄》乃摹《易》之作，而扬雄之思想，实基于《老》《易》之学，《太玄赋》（《古文苑》卷四）云："观大易之损益兮，览老氏之倚伏，省忧喜之共门兮，察吉凶之同域。"然"其道以阴阳为本"（《太玄经》卷一晋范望解赞语），故亦讲象数之学[②]。夫《易》推阴阳，《老子》明吉凶，此固汉代学术之本色也，而扬雄则以玄论天道、王政、人事、法度，不可谓非一革命之思想，桓谭《新论》（《后汉书》卷八十九《张衡传》引）曰：

> 扬雄作《玄书》，以为玄者，天也，道也。言圣贤制法作事，皆引天道以为本统，而因附续万类、王政、人事、法度，故宓羲氏谓之易，老子谓之道，明子（张衡）谓之元，而扬推谓之玄。

① 荀悦《汉纪》卷二十五《成帝三年纪》称："臣悦叔父故司徒爽著《易传》，据爻象承应阴阳变化之义，以十篇之文解说经意，由是究豫之言《易》者，咸传荀氏学，而马氏亦颇行于世。"清惠栋《易汉学》（《皇清经解》本）辑虞氏逸象共三百三十一条，又说卦异同者五，谓翻之注《易》，其说阴阳消息，六爻升降之义，皆本荀法。盖即荀悦所谓"据爻象承应阴阳变化"之意也。

② 《太玄经》卷十《太玄图》示："一与五共宗，七与二共明，三与八成友，四与九同道，五与五相守，此言数也。"

晋常璩《华阳国志》（卷十）蜀郡士人扬雄赞云："其玄渊源懿，后世大儒张平子（衡）、崔子玉（瑗）、宋仲子（忠）、王子雍（肃）皆为注解，吴郡陆公纪（绩）尤善于玄，称雄圣人。"可知其影响汉末思想之巨也。《后汉书》卷八十九《张衡传》云：

> 衡常耽好《玄经》，谓崔瑗曰："吾观《太玄》，方知子云妙极道数，乃与五经相拟，非徒传记之属，使人难论。阴阳之事，汉家得天下二百岁（章怀注：自汉初至哀帝二百岁）之书也，复二百岁（章怀注：自光武至献帝一百八十九年），殆将终乎。所以作者之数必显一世，常然之符也，汉四百岁，玄其兴乎。"

张衡之意，显以终始五德及符命之说为玄。衡又著《悬图》（章怀注：衡集作《玄图》，悬与玄通）。《隋志·天文篇》有《玄图》一卷，不著撰人，当必张衡所作。《太平御览》卷二《天部》引张衡《玄图》曰："玄者包含道德，构掩乾坤，橐籥元气，禀受无原。"又曰："玄者，无形之类，自然之根，作于太始，莫之与先。"（又见《文选》卷二卢子谅《赠刘琨诗》注引）则张衡所谓玄，又为一兼具阴阳术数之宇宙本体，此本体不起用，实与体用之体无关。阴阳术数之说，因当时纬谶盛行，衡虽不信图谶，自亦受其时代之影响，而其宇宙观所同于扬雄者，以为玄乃宇宙之最高原理，万物之所以发生与其所具之秩序，皆成于玄[①]。《后汉书》卷七十六《王景传》："景以为六经所载，皆有卜筮，作事举止，质于蓍龟，而众书错糅，吉凶相

① 《太玄经》卷七《太玄摛》略云：玄者，幽摛万类而不见形者也。资陶虚无而生乎规，攔神明而定摹，通同古今以开类，摛措阴阳而发气。一判一合，天地备矣。

反，乃参纪众家数术文书，冢宅禁忌，堪舆日相之属，适于事用者，集为《大衍玄基》云。”足证东汉人所谓玄之观念，实不离术数日用之事，而张衡扩大之为一种宇宙论，故王僧虔《诫子书》谓“张衡思侔造化”，盖此意也。

魏晋清谈之宇宙观，殆继张衡而起，如陆绩《浑天图》，姚信《昕天论》，葛洪《浑天论》（以上均见《晋书》卷十一《天文志》），虞耸《穹天论》（《吴志》卷十二《虞翻传》注引《会稽典要录》），鲁胜《正天论》（《晋书》卷九十四之本传），扬泉《物理论》（《御览》卷二《天部引》），皆清谈之题材也。《后汉书》卷八十二《崔瑗传》云：“瑗明天官历数《京房易传》，诸儒宗之，与扶风马融、南阳张衡笃相友好。”汉末解《老》注《易》诸家，无不研几《太玄》，旁通天文历数，则马融必尝参与诸家讨论之例，观其释《易大传》大衍之数五十，其用四十有九，而以北辰解不用之一[①]，于魏晋清谈本体论之发展，固有蛛丝马迹可寻也。

《周易》《老子》与《太玄》新注之运动中，与后来王弼树立玄学宗义有密切之关系者，为荆州之学，近人多已论之（见汤用彤先生《王弼之〈周易〉〈论语新义〉》，《图书季刊》第四卷一、二期合刊）。汉末大乱，刘表为荆州牧，威怀兼施，远

① 汤用彤先生《王弼大衍义略释》（《清华学报》第十三卷第二期）云：“汉代最盛行之学说，别为三统历、纬书、京房、马融、虞翻等所用，均根据汉代之宇宙论，如取与王弼之玄理比较，极可表现学术变迁前后之不同。”此论最精，汤氏又引《周易正义》孔疏引京房及马融释大衍之数，其引孔疏引京房曰：“五十者谓十日，十二辰，二十八宿也，凡五十。”谓此说出于《易纬乾凿度》。又引孔疏引马融曰：“《易》有太极，北辰是也。太极生两仪，两仪生日月，日月生四时，四时生五行、五行生十二月、十二月生二十四气。北辰居中不动，其余四十九，转运而用也。”马融、京房之说，虽有相似，但其所根据之观点则不同，京氏盖依宇宙构成言之，马融之说盖依宇宙运动言之。据此，则构成为一实象之概念，运动为一较抽象之概念。由此可知马融之所以异于京房者，亦似王弼之所以异于马融也，前节论马融为清谈前期之启蒙人物，因其所处之时代使然也。

近咸悦，关西兖豫学士归者盖以千数，“乃开立学官，博求儒士，使綦毋闿、宋忠等撰定五经章句，谓之后定”（《魏书》卷六《刘表传》注引《英雄记》）。表原为党锢中八顾之一（按：《后汉书》本传作“八顾”，《魏志》本传作“八俊”，裴注云，或为八交，或谓之八顾，或谓八友。《后汉书·党锢传》序列王畅于八俊，列表于八及，表尝从学于畅，当不得在八俊之列。俊者，人之英也；顾者，能以德行引人也；及者，能导人追宗也），自是当时清流之维新领袖。（领袖之名，出于魏晋清谈，《世说新语·识鉴篇》：“后来领袖有裴秀。”又《赏誉篇》：“胡毋彦国吐佳言如屑，后进领袖。”），而荆州则北接汉沔，东连吴会，西通巴蜀，南达交广，绾毂四方，人文荟萃，学术思想自较活跃。刘镇南碑（惠栋《后汉书》补注《刘表传》下引）称：“君深愍末学远本离直，乃命诸儒改定五经章句，删刻浮疑，芟除烦重。”此明为申斥旧经学忽略经文之本义，而专重烦琐之章句训诂，曰“后定”者，新编之谓也。时当凉州诸将之乱，王粲亦避地荆州依附刘表，为撰《荆州文学记官志》（《艺文类聚》卷三十八）云：“刘君乃命五业从事（《释文叙录》作‘五等’，当为‘五业’之误，五业谓五经之业也）宋衷（忠）作文学，延朋徒焉。宣德音以赞之，降嘉礼以劝之，五载之间，道化大行，耆德故老綦毋闿等负书荷器，自远而至者三百余人。”则荆州之学，宋忠盖其中坚人物，忠有《易注》十卷，《隋志》著录，陆氏《释文》、李氏《集解》共引四十余条，今以残文推之，其言乾升坤降，卦气动静，大抵出入荀爽（张惠言说），虞翻以为差胜康成者以此（翻论载《吴书》卷十二之本传，注引《翻别传》易注序），大要近费氏《易》也。忠又有《太玄经注》九卷（《隋志》著录），当时流传江东，陆绩合而注之，成今本《太玄经注》，并于卷首叙其流传之原委，名曰“述玄”，以为“玄之大义，揲蓍之谓，而仲子

（宋忠）失其旨归，休咎之占，靡所取定，虽得文间义说，大体乖矣”。夫《周易》本揲蓍之书（《系辞》上云：“挂一以象三，揲之以象四时。”《说卦》云：“圣人之作《易》也，幽赞于神明而生蓍。”），今陆绩谓《太玄》之义在揲蓍，本以之占吉凶休咎，而宋氏则在发明其玄理，自陆氏观之，固“失其旨归”矣。

是时蜀中多贵今文而不崇章句，李譔、尹默俱游学荆州，从司马徽、宋忠学（《蜀书》卷十二各本传），譔“著古文《易》《尚书》《毛诗》《三礼》《左氏传》《太玄指归》，皆依准贾马，异于郑玄，与王氏（肃）殊隔，初不见其所述，而意归多同”。《魏书》卷十三《王肃传》：“从宋忠读《太玄》而更为之解。”（按书有王肃注《太玄经》九卷）则肃之善贾马学而不好郑玄，盖师承有自。由此言之，荆州之学，不循旧辙，多张新帜，宋忠实其间之巨子也。忠子与魏讽谋反被诛，其事乃政治之借口，前节已述之，盖亦预于新思潮之流，遭时之嫉，而与讽等同难者也。

《魏书》卷六《刘表传》注引谢承《汉书》云：“表受学于同郡（山阳）王畅。”桓灵之际，主荒政谬，太学诸生品题公卿，以郭泰、王畅为之首，危言危行之士皆推宗之，名在八俊。王粲即畅之孙，粲与兄凯俱避乱荆州，刘表初欲以女妻粲，以凯有风貌，乃以妻凯，凯生业。蔡邕有书万卷，末年载数车与粲，粲亡后，魏讽被诛，粲二子亦与其难，邕所与书悉入于业。业位至谒者仆射，子宏为司隶校尉，即王弼之兄也（《魏书》卷二十八《钟会传》注引《博物记》）。可知王弼与荆州倾于玄理之自由学风，关系至为密切。王僧虔《诫子书》谓荆州八帙所载，凡有几家？是其流别殊繁，其学虽不可详考，但由上文所论观之，其解《老》、注《易》、述《太玄》，虽未能尽去汉儒传统象数、训诂、吉凶、休咎之旧说，而已渐趋重于玄言纯理，至宋齐之世，犹为清谈家口实，固可得而知者也。

汉代学术最重师法、家法，魏晋之际，此风犹不尽坠。王弼承家学之渊源，复遭际时会，汉魏间新经解之运动，借王弼天纵之才，至此始瓜熟蒂落，其学虽为创新，实承家学，且集其时代之大成者也。

《三国志》不为王弼立传，仅附数语于《钟会传》后，称弼“好论儒道”（参阅中篇页51），即合儒家之书，如《周易》《论语》与道家之老、庄并论，以后魏晋人擅二家之学而得其最高原理者，史多以“儒道”合称，如向秀、郭象、张湛、韩康伯，皆可谓儒道兼综。揆魏晋间所谓儒道之学，其说有二，其义则一。一为沟通儒道二家之心性本体论，究其玄极，无碍观同，而王弼则首发其端之人。一为内圣外王之学或王道霸术之论。合此二者而言之，则为体用一如，本末俱备之大学问，由生生化化之宇宙观，而至于处世接物之人生哲学，治国平天下之政治理论，皆为此体用一如之大机大用一以贯之，实中国文化上一种至高无上之境界，广大精微，圆融无间，诚伟观哉。

王弼之学，虽无专著流传，然古人注书，乃其学术思想之所寄托，弼注《易》、解《老》而外，其说每为六朝人所称引，惜多碎辞散义。西晋初，何劭作《王弼传》（《魏书》卷二十八《钟会传》注引），于弼之学特标三义，最能得其纲要，其一“圣人体无”义云：

> 裴徽为吏部郎，弼未弱冠，往造焉。徽一见而异之，问弼曰：“夫无者诚万物之所资也，然圣人莫肯致言，而老子申之无已者何？”弼曰：“圣人体无，无又不可以训，故不说也。老子是有者也，故恒言无所不足。”（按：后二句《世说新语·文学篇》作“老庄未免于有，恒训其所不足”。）

“体无”之义，至王弼注《易》、解《老》始成一哲学体系，王弼之时思想界已多能证之，《魏书》卷十《荀彧传》注引《晋阳秋》云：

何劭为（荀）粲传曰：粲字奉倩，粲诸兄并以儒术论议，而粲独好言道。常以为子贡称夫子之言性与天道，不可得闻，然则，六籍虽存，固圣人之糠秕。粲兄俣难曰：“《易》亦云圣人立象以尽意，《系辞》焉以尽言，则微言胡为不可得而闻见哉？”粲答曰：“盖理之微者，非物象之所举也。今称立象以尽意，此非通于意外者也。《系辞》焉以尽言，此非言乎系表者也；斯则象外之意，系表之言，固蕴而不出矣。”及当时能言者不能屈也。

按《论语·公冶长章》称，子贡言夫子之文章，可得而闻，夫子之言性与天道，不可得而闻。又《子罕章》：“子罕言利与命与仁。”夫性、命、天道皆代表儒家之本体意义，本体意义“非物象之所举”，圣门教不躐等，子贡诸人尚未能及此，故孔子罕言之，而于颜回则曰：“其心三月不违仁。”孔子之本体境界，唯颜回能证之，而汉晋间赏鉴人物，每以颜子称拟，《后汉书》卷六《顺帝纪》：阳嘉元年令郡国举孝廉，“其有茂才异行，若颜渊、子奇，不拘年齿”。又卷六十《郎顗传》：顗上书顺帝称：“处士汉中李固，年四十，通游夏之艺，履颜闵之仁。”《魏书》卷十《荀彧传》注引《彧别传》云：“钟繇以为颜子既没，能备九德，不贰其过，唯荀彧然。”《晋书》卷三十四《羊祜传》：郭奕见祜曰：“此今日之颜子也。”《世说新语·言语篇》载：谢鲲将送客，尔时语已神悟，自参上流，诸人咸共叹之，曰少年一坐之颜回。谢尚时年八岁，曰坐无尼父，焉别颜回！颜子在孔门四科中以德行称美，上举诸例，非必即为本体境界之体会，而本体境界之体会，必至于清淳简素，汉晋间称许德行功业，何以独拟于颜子，当应有待于深考者乎。

夫儒道殊途，号为互异，汉以来未尝有言其同归之旨者，六经中亦未尝有以“无”言道者，以无为体，此老氏之言也，而王弼何以谓圣人体无？反谓老子为有？有无之义，果别有说耶？儒道之究竟义，如其本同，果同于何所耶？《晋书》卷四十九《阮瞻传》云：

> 司徒王戎问曰：“圣人贵名教，老、庄明自然，其旨同异？”瞻曰：“将‘无’同。”（按《世说新语·文学篇》记此事为阮宣子答王夷甫问，但《晋书·阮修传》不载，而见于《阮瞻传》，可见当时此语传闻之广。）

孔子贵名教，老、庄崇自然，此儒道二家之所以互异也，而魏晋人以“无”为二家之同，可深长思。或谓王弼以为圣人体无，老子是有，显于其人格上有所轩轾，其意在阳尊儒教而实阴崇道术。此说就当时问答之机锋言，自亦可通，然“圣人虽体道以为用，未能至无以为体”（韩康伯《易·系辞》“鼓万物而不与圣人同忧”注），则圣人实未能体无，因之，老子亦未是有，然则，其意果何所在乎？魏晋间学术思想，外儒而内老庄，此后世所共见，无可否认，然就王弼所显二家本体之究竟义言，则儒道不二，初未尝有所轩轾也。今试解释之。

夫语言文字原为人类传达思想情意之一种符号，原为手段而非目的，而人类有时反为手段而抛荒目的，大概世间名实之争，皆由语言之不完全而起。语言之功用在区别，区别乃相对而非绝对，如言大，则有中、小等为其对待之辞，至于绝对之究竟原理，则非语言所能显示，生物与无生物可统名之为物，试问，再将物与非物统而名之，名之为何？何晏《无名论》（《列子·仲尼篇》注引）略云：

> 夫道者，惟“无所有”者也，自天地已来，当“有所有”矣，然犹谓之道者，以其能复用“无所有”也。故虽处有名之域，而没其无名之象。道本无名，故老氏曰：“强为之名。”仲尼称尧“荡荡无能名焉”，下云“巍巍成功”，则强为之名。取世所称而称耳，岂有名而更当云无能名焉者邪。夫惟无名，故可得遍以天下之名名之，然岂其名哉。

此绝对之究竟原理，魏晋人称为第一理，《世说·宠礼篇》：卞范之语羊孚曰“我以第一理期卿”，盖“至理无言，言则与类”（郭象注《齐物论》语），第一理无法立名，而强为之名，其名毕竟为相对的、二元的，而其所寄托之内容则为一元的、绝对的，此犹张冠而李戴，名实不符，立说者又恐人刻舟求剑，执名误实，于是不得不反复言之，而又反复否定之。

《老子》五千文中，反复说“无”，所谓“无”，非一切皆无，实一切皆有，何晏《无名论》（张湛《列子·仲尼篇》注引）云：

> 若夫圣人名无名，誉无誉，则夫无名者，可以言有名矣，无誉者可以言有誉矣，此比于“无所有”，故皆“有所有”矣。

老子曰“无为而无不为”，无不为者，何晏、王弼以为“开物成务，无往而不存者”也（《晋书》卷四十九《王衍传》）。“无”为老子之根本思想，原非“有”之对待辞，其实“无”亦并“无”而无之，待有无双遣，乃俄然始了“无”耳，了“无”，则天地万物彼我是非，豁然确斯也（郭象《齐物论》注)。能了然此"无"之实性,则"无"为真"有"矣。故王弼谓老子是"有"者,恒训其所不足,不足,谓言不能尽其意,乃以"无"否定其一面,而后能肯定其另一面之根本义。

儒家之根本义为"中",孔子曰:"中庸其至矣乎,民鲜能久矣。""中"非妥协之谓,亦非任何数目程度或方向之中央部分,"中"为一绝对的一元观念,又为一绝对的境界,故亦具否定性,《中庸》曰:"喜怒哀乐之未发谓之中。"未,否定也,又曰:"不偏之谓中。"不,否定也。儒家又以"诚"字说明"中",《中庸》曰:"诚者,不勉而中,不思而得。"然则,儒家"中"字之意与否定辞之关系,何等密切耶(参阅夏丏尊先生《论中与无》,《民铎杂志》第八卷第五号)。《老子》曰:"多言数穷,不如守中。"(第五章)守"中",亦正儒家本义。《论语》(《子罕》章)孔子曰:"吾有知乎哉,无知也,有鄙夫问于我,空空如也,我叩其两端而竭焉。"皇侃《义疏》于此引缪协(魏侍中)云:

> 夫名由迹生,故知从事显,无为寂然,何知之有?惟其无也,故能无所不应。

知,生于区别(All knowledge is knowledge of relations),区别,则用意有偏,不能尽概全体。若都无所知,则能知天下之知;因我无区别,则可以遍应天下之物,故能"随感而应,应随其时"(郭象《庄子注·序》)。今若以"中"对两端而言,则"中"实为两端之极,自为两端,而非"中"矣。"中"之时位,在两端之间即处处是"中",亦处处非"中",故曰"空空如也"。然则,"中"非一点一面,乃一种境界,处处非"中",无也;处处即"中",有也。有无双遣,"中"之境界得矣。是儒家之"中"与道家之"无",皆含否定之义,言

“中”而不执着“中”，言“无”而不执着“无”，则“中”与“无”，实同义而异名，而儒道乃同归矣。

大凡说究竟义，沉默胜于雄辩，否定之力大于肯定，要在不可粘滞而落言筌。《世说新语·文学篇》：

> 客问乐令（乐广）“旨不至”（义出《庄子》）者，乐亦不复剖析文句，直以麈尾柄确几曰：“至不？”客曰：“至。”乐因又举麈尾曰：“若至者，那得去？”于是客乃悟服。乐辞约而旨达，皆此类。

此极类后世禅家公案。夫一息不留，忽焉生灭，故飞鸟之影，莫见其移，驰车之轮，曾不掩地，是以“去”不去矣，庸有“至”乎？“至”不至矣，庸有“去”乎？然则，前“至”不异后“至”，“至”名所以生；前“去”不异后“去”，“去”名所以立。今既无“去”矣，而“去”者岂非假哉，既为假矣，而“至”者岂实哉（刘孝标注）。此例兼沉默与否定，并“至”与“去”而双遣之，而“不至”之旨显矣。《世说新语·言语篇》又载：

> 司马太傅（道子）斋中夜坐，于时天月明净，都无纤翳，太傅叹以为佳。谢景重在坐，答曰：“意谓乃不如微云点缀。”太傅因戏谢曰：“卿居心不净，乃复强欲滓秽太清邪？”

夫本体圆融明净，有毫厘之缺，不得谓圆；有纤微之滓，不得谓净；有几微之私，不得谓公。正如一片花飞减却春，盖本体可体会而不可名言也。

道家之“无”与儒家之“中”，皆同表本体之义，既如上说，然自二家立名观之，“无”字因其本身已具否定之意，故虚灵不滞，而“中”字则须别假其他否定辞如“不”“非”等作限制之解释，故易于落实，此孔子所以罕言之，而子贡之徒所以不可得而闻也欤。“中”字既属肯定之义，难于显体，故儒家常以仁、精、微、几、元、始、初、一、神、诚等义别显之[①]。释氏说教证体，用双遣法，尤为彻底[②]。总之，在究竟意义上，千言万语，无非“训其所不足”而已。然则，既同显本体，何以儒家独举一“中”字，道家独举一“无”字？此意殊繁，容下文别论，大约言之，就学术之本质论，儒家以致治之隆，端在礼乐。乐尚和，故远推尧舜；礼尚文，其节目为制度，故从周。孔子去周之盛世未远，遗文坠绪，犹可追寻，而其人又为一热情之救世者，因此，儒家承认现实，其学折衷于理想与事实之间，所以悬一“中”字以显体。道家绝圣弃智，举现社会一切而否定之，而别有其所谓圣所谓智者，所以立一“无”字。降及六朝，清谈玄义复与佛理相辉映，谈空论寂，本无末有，于是儒、道、佛三家义理，正如三直线在一点相交，未至此时本有不同，过此以往亦有不同，适在本体论上合而为一，而三家之学经此一合，又各有所变，在中国文化思想上形成一伟大崇高之哲学体系，皆由魏晋间王弼诸人发其端也。

何劭于王弼学所举三义中，其二“圣人无喜怒哀乐”义云：

---

① 《易·系辞》：“几者动之微。”又：“颜氏之子，其殆庶几乎？”虞注：“几，微也，颜子知微，故殆庶几，孔子曰，回也其庶几乎。”《礼记》：“絜静精微，易教也。”《易·乾彖传》：“大哉乾元，万物资始。”《大学》：“物有本末，事有终始，皆具体用之义。”《系辞》：“天下之动，贞夫一者也。”又：“天下同归而殊途，一致而百虑。”《中庸》：“凡为天下国家有九经，所以行之者一也。”《说卦》：“神也者妙万物而为言者也。”以上略举数例，皆儒于“中”之外，别显本体之字，但道家于“无”之外，亦常用此等字以言体，老子：“搏之不得名曰微。”又：“无名天地之始。”又：“少则得，多则惑，是以圣人抱一为天下式。”此例其多，不必枚举，而“无”字则为道家基本观念，如魏晋人所标举者也。

② 如《中论·观因缘品第一》云：“不生亦不灭，不常亦不断，不一亦不异，不来亦不去，毕竟空余所有也。”

> 何晏以为圣人无喜怒哀乐，其论甚精。钟会等述之，弼与不同，以为圣人茂于人者神明也，同于人者五情也。神明茂，故能体冲和以通无；五情同，故不能无哀乐以应物。然则，圣人之情应物而无累于物者也。今以其无累，便谓不复应物，失之多矣。

按圣人有情无情之说，亦魏晋清谈所留意，而为何晏、王弼所首倡者也。《世说新语·文学篇》：

> 僧意在瓦官寺中，王苟子（修）来，与共语，便使其唱理。意谓王曰："圣人有情不？"王曰："无。"重问曰："圣人如柱邪？"王曰："如筹算，虽无情，运之者有情。"僧意云："谁运圣人邪？"苟子不得答而去。

刘孝标注谓王修亦善言理，如此持论，不近人情。然揆其旨意，正与何晏相同，苟子或祖述晏意，而譬喻失当，为时所嗤耳。

魏晋人醉心于人格之美，最重抒情。喜怒哀乐，情也，《晋书》卷四十三《王衍传》：

> 衍尝丧幼子，山简吊之，衍悲不自胜。简曰："孩抱中物，何至于此？"衍曰："圣人忘情，最下不及于情，然则，情之所钟，正在我辈。"简服其言，更为之恸。（按《世说新语·伤逝篇》，记此为王戎丧子，山简吊之。）

"圣人忘情"，亦正何晏之说，而"情之所钟，正在我辈"，则清谈家所自况也。就老、庄而论，老子太上忘情，"少私寡欲"（《老子》十九章），"绝学无忧"（《老子》二十章）；庄子虽自谓无情，其实未免于有情，庄子曰："吾所谓无情者，言人之不以好恶内伤其身，常因自然而不益生也。”（《德充符》）然庄子之言，实哲理之诗，亦诗之哲理，夫诗必具情与理，而庄子则以理化其情。孔子固茂于情者，《中庸》曰：“喜怒哀乐之未发，谓之中，发而皆中节，谓之和。”儒家运情，务在得情之中和，运情而致中和者，王弼谓之“性其情”。《易·乾卦·文言》：“乾元者，始而亨者也。利贞者，性情也。”王弼注云：

> 不为乾元，何能通物之始？不性其情，何能久行其正？

性与情，本儒家极注意之事，儒家以为性有所不变，情则有所变，《中庸》曰：“天命之谓性。”何晏《论语集解·公冶长章》“夫子之言性与天道不可得而闻也已”云：“性者，人之所受以生者也。”则性即理也，天赋与人物所以生之理，此理无差别性，谓之人性（human nature），喜怒哀乐之情，人性之所同然者也，运情而得其中，即所谓“性其情”，亦即“以情从理”（何劭《王弼传》引弼答荀融《难大衍义》书语），能至此者，为人性之最高表现，魏晋人品鉴人物，皆取合于此。刘劭《人物志·九征篇》云：“凡人之质量，中和最贵矣。中和之质，必平淡无味，故能调成五材，变化应节。”又《体别篇》云：“夫中庸之德，其质无名。故咸而不𪉟，淡而不𬪩，质而不缦，文而不缋。能威能怀，能辨能讷，变化无方，以达为节。”此非有会于本体境界之人，则运情难致中和也。

性情之讨论，亦汉末以来新思潮之主流，王充《论衡》有《率性篇》《本性篇》，其论性略云：

> 人性有善有恶，犹人才有高有下也，高不可下，下不可高。谓性无善恶，是谓人才无高下也。禀性受命，同一

实也。命有贵贱，性有善恶，谓性无善恶，是谓人命无贵贱也。……余固以孟轲言人性善者，中人以上者也；孙卿言人性恶者，中人以下者也；扬雄言人性善恶混者，中人也。（《论衡·本性篇》）

王充分性为上、中、下三等，以为人性之有善有恶，犹人才之有高有下。后来钟会等之才性四本论，似接踵于王充。又张衡上疏陈时事，有“情胜其性，流遁忘反”（《后汉书》卷八十九之本传）之言。夫性者生之质，情者性之欲，性善而情恶，情胜则荒淫，此王弼以前汉末学者公认之说也。性既有等次之差，性情复有善恶之别，则性与情绝无体用相即之意。王弼所谓“性其情”者，即以情从理，以理化情，而后知天理即存于人欲之中，天理人欲之不可分，亦犹性情之不可分，贺玚云：“性之与情，犹波之有水，静时是水，动时是波，静时是性，动时是情。”（此条见《南史》，偶失记出处，《梁书》卷四十八、《南史》卷六十二之本传均不载此语。）乃体用一如，本末双彰矣。

夫运喜怒哀乐之情而致中和者，自然寂而常照，照而常寂，寂照双流，故能“茂于神明”，神明茂，故能“体冲和以通无”。儒家之“中”与道家之“无”，同为一种冲和境界，上文谓儒家又常以“诚”之意义显示“中”，中庸曰：“自诚明谓之性。”“惟天下之至诚，为能尽其性；能尽其性，则能尽人之性；能尽人之性，则能尽物之性；能尽物之性，则可以赞天地之化育；可以赞天地之化育，则可以与天地参矣。”凡“以情从理”而“性其情”之人，自“能久行其正”，能久行其正者，德无不实而照无不明，至此境界，乃廓然大公，天地一体。而人与物之性，亦我之性，而天下之物，乃知之无不明，处之无不当矣。夫圣人之情，固不能无喜怒哀乐以应物，然应物而不累于物者，以其能“圣应其内，情当其物”（郭象《齐物论》注），故孔子之称许颜回，“遇之不能无乐”，颜回死，子哭之恸，“丧之不能无哀”（以上二句均王弼答荀融《难大衍义》语），盖圣人能性其情，故能以物喜物，以物悲物也。

喜怒哀乐之情之大者，莫过于死生之事。死生之事，乃人生最后意义，魏晋清谈之宇宙观、名理论、自然主义之人生哲学，几无不归结于此，而又无不统摄于本体论之中一以贯之，故能彻悟本体之实性者，则是非、善恶、荣辱、得失、性情、死生、凶吉、动静，皆一体之变也。夫游心乎德之和，应物而不累于物，灭其私而无其身，与天地万物为一体，则死生变化泯然而为一，若“殊其已而有其心，则一体不能自全，肌骨不能相容”（《老子》三十八章王弼注），则喜怒哀乐之情，必不得其正，况于死生之变乎。《庄子·德充符》“视丧其足，犹遗土也”，郭象注云：

> 体夫极数之妙心，故能无物而不同，无物而不同，则死生变化无往而非我矣。故生为我时，死为我顺，时为我聚，顺为我散。聚散虽异，而我皆我之，则生故我耳，未始有得，死亦我耳，未始有丧。夫死生之变，犹以为一，既睹其一，则蜕然无系，玄同彼我。

知夫有变化而无死生，死生为无穷之变，而非终始，则庄子“所谓齐者，生时安生，死时安死，生死之情既齐，则无为当生而忧死耳”（《至乐篇》“而复为人间之劳乎”郭象注）。自王弼至于向秀、郭象，清谈宗义，排遣死生，玄同彼我，妙析奇致，大畅玄风，其思想深具行动之力（thoughts in action），故能表现于人格，成方中之美范，人伦之胜业，非徒托之空言，游戏玄虚也。

综上言之，何晏以为圣人无喜怒哀乐，其说殆纯本于道家；

王弼以为圣人茂于情者，圣人之情应物而不累于物，故“人哭亦哭，俗内之迹也；齐死生，忘哀乐，临尸能歌，方外之至也”（《大宗师》“而我犹为人猗”郭象注），其说盖合内外而兼综儒道。向秀、郭象、张湛等从而恢弘之。魏晋清谈乃蔚成体用晶莹之思想体系，此又非好学深思，体察深远，或忘怀得失，相与感应，难以观其会通者也。

何晏、王弼于圣人喜怒哀乐之说，虽似有不同，然二人祖述老子“以为天地万物皆以无为为本”（《晋书》卷四十九《王衍传》），既相同，若由此再申论之，依王弼之意，圣人固有情也，然圣人者茂于神明，寂然不动，不往而到，感而遂通，体冲和以通无，则圣人虽有情，未尝有情也，虽无情，未尝不有情也。《论语集解·雍也章》“不迁怒，不贰过”，何晏云：“凡人任情，喜怒违理。颜子任道，怒不过分，怒当其理，不移易也。”此亦以情从理而性其情之意。故《文章叙录》（《世说新语·文学篇》注引）称：

> 自儒者论，以老子非圣人，绝礼弃学，晏说与圣人同，著论行于世。

是何晏之学亦儒道双修，与王弼之根本思想毕竟无多凿枘，观何晏之称美王弼曰：“若斯人可与论天人之际矣。”（《世说新语·文学篇》）则二人虽长幼有差，名位有异，而玄契之妙，自所同然。

其后嵇康著《声无哀乐论》，以为哀乐发于情，情动于心，声成于外，故声音无关于哀乐。《世说新语·文学篇》载王导初过江，只标嵇康《声无哀乐论》《养生论》、欧阳建《言尽意论》三理，注引《声无哀乐论》略云：

夫殊方异俗，歌笑不同，使错而用之，或闻哭而欢，或听歌而戚，然哀乐之情均也。今用均同之情，发殊方之声，斯非声音之无常乎。

哀乐之情，发于其心，因人同此心，故其情亦同。然声与情内外殊用，哀乐因情感而发，则无关于声音，是声音与情感名实为二，名实相乖，则声音与情感自为二事矣。嵇康此论，属于清谈之名理范围，名理虽亦衍本体论之余绪，而乃归结于刑名，盖“名逐物而迁，言因理而变”（《世说·文学篇》注引欧阳建《言尽意论》），故有其名必有其理，惟本体则有其理而无其名，此又差之毫厘，谬以千里矣。因略附于此，以明魏晋清谈中本体论与名理相异之点，其详容当别为论述。

何劭于王弼学所举三义中，其三为颍川人荀融难弼《大衍义》云：

弼注《易》，颍川人荀融难弼《大衍义》。弼答其意，白书以戏之曰：“夫明足以寻极幽微，而不能去自然之性。颜子之量，孔父之所预在，然遇之不能无乐，丧之不能无哀。又常狭斯人以为未能以情从理者也，而今乃知自然之不可革。是足下之量，虽已定乎胸怀之内，然而隔逾旬朔，何其相思之多乎？故知尼父之于颜子，可以无大过矣。”

此段文义，或原为《大衍义》之旨意，而别以书裁戏出之，初视之，似承上解释圣人有情之说，与《大衍义》无关，其实王弼之学“道通为一”（《齐物论》），其释体无与性情诸义，亦正所以释大衍之数也。王弼《大衍义》今不可详，近汤用彤先生解之最精，此处采其大意，略参己见而申论之。

韩康伯注《易·系辞》上“大衍之数五十，其用四十有九”，引：

> 王弼曰：“演天地之数，所赖者五十也。其用四十有九，则其一不用也。不用而用以之通，非数而数以之成，斯易之太极也。四十有九，数之极也。夫无不可以无明，必因于有，故常于有物之极，而必明其所由之宗也。”

汉儒如京房、马融以至虞翻，均根据汉代之宇宙论以解释“一”与“四十有九”之关系，以“一”为元气，“四十有九”为万物，万物依元气而始生，万物未形成之前，元气已存，万物全毁之后，元气不灭，如此，则似万有之外、之后，别有一实体，此体悬空，不存体用。魏晋玄学即体即用，其体超时空（汉儒元气之说在时空内，因其由宇宙论或宇宙构成论出发也），即体而言，用在体，即用而言，体在用。用者，体之所显现也。

王弼以不用之“一”为太极，夫太极者，非于万物之外、之后，别有实体，而实即蕴摄万理，孕育万物者，太极为不用之“一”，亦即“有物之极”之“四十有九”耳，岂可于万物之“四十有九”之外，别寻本体之“一”乎。故一即一切，一切即一，一出一切，一切归一。现象世界中，每一事物皆是实性全体。今若注意于现象世界中诸事物（“四十有九”），则事物显而本体（“一”）隐；若注意于本体，则本体显而事物隐。夫世间万形万用，均各具有名数，数所以数物，故“四十有九”为数，太极为万用之体，而非一物，超统象数，故“一”非数，盖万物本由“一”而所以通，本由“一”而所以成，故“一”与万物（“四十有九”）同体，即体用一如，而不与万物同数，故王弼曰，“不用而用以之通，非数而数以之成”。夫汉儒固尝以太极解“不用之一”矣，然其与“四十有九”乃同为数，“一”或指元气之浑沦，或指不动之极星（北辰），“四十有九”则谓为十二辰及日月等，“一”与“四十有九”分为二截，无体用相即之意，体用为二，失玄学之大机大用矣。

王弼注《易》、解《老》之先后，虽不可详考，大抵以注《易》之新义，会通解《老》，汉儒解《老》说《易》，不离吉凶休咎、象数训诂，而王弼之论儒道，注《易》《老》，则在明性道本体之学，以见天地自然之兴废，盈虚消息之至理，明夫盈虚消息之至理，则吉凶休咎不待揲蓍而可知，由不可知而进于可知，由迹近迷信之术数，而进于恬静冲淡之理性，观天道自然之盈虚消息，而悟于人事推移之吉凶祸福，小而立身行己，大而治国平天下，皆在此盈盈一理之中，此汉学与玄学之异，亦汉代天人之学与魏晋清谈言天人之际者，所以不同也。

夫盈虚消息之至理，实宇宙全体天行“至健之秩序”（Dynamic Order，此名用汤用彤先生语），如暑往寒来，日月更出，皆天行之至健者也。《老子》（十六章）“万物并作，吾以观复”，王弼注云：

> 以虚静观其反复，凡有起于虚，动起于静，故万物虽并作，卒复归于虚静，是物之极笃也。

依体用之义言，“动”之于“静”，犹“有”之于“无”也。《易·复卦》王弼注云：

> 复者，反本之谓也。凡动息则静，静非对动者也；语息则默，默非对语者也。然则，天地虽大，富有万物，雷动风行，运化万变，寂然至无，是其本也。故动息地中，乃天地之心见也。若其以有为心，则异类未获具存矣。

天地万物，运行变化，可谓至动也，此至动莫非由“静”

所幻起，譬犹大海水现显为众沤，沤虽无数而呈群动，实为大海水全量之所显现，众沤万变，复归为大海水，故王弼曰："复者，反本之谓也。"又曰："各反其所始也。"（《老子》十六章"各复归其根"注）本体顺乎自然，依盈虚消息之至理，"长之，育之，亭之，毒之，养之，覆之"（《老子》五十一章），新新不停，生生相续，莫非资变化之力，依本体至健之秩序，此天行至健之秩序，永恒不变，老子名之曰"常"。《老子》（十六章）"知常曰明，不知常，妄作凶"，王弼注云：

> 常之为物，不偏不彰，无皦昧之状，温凉之象，故曰"知常曰明"也。惟"复"，乃复能包通万物，无所不容。失此以往，则邪入乎分，则物离其分，故曰"不知常则妄作凶"也。

能包通万物，乃能周遍无私，而荡然公平，与天合其德，至于穷极虚无，既得道之"常"，则至于不穷极也（以上均《老子》十六章中王弼注语）。是永恒不变之"常"，即包通万物之本体，本体虽为"静"为"无"，而其长育亭毒万物，实含盈虚消息之至理，明乎此，则天道与人事通矣。王弼注《易》、解《老》，全本此立论，其《周易略例》一篇，盖标举《易》之大旨与其注《易》之指归，云：

> 夫众不能治众，治众者至寡者也。夫动不能制动，制天下之动者，贞夫一者也。（《明象》）

又曰：

> 故自统而寻之，物虽众，则知可以执一御也。由本以观

之，义虽博，则知可以一名举也。故处璇玑（璇玑即汉儒所谓北辰，以释大衍数不用之一，王弼于此借喻本体）以观大运，则天地之动，未足怪也。据《会要》以观方来，则六合辐辏，未足多也。（同上）

可谓截断众流，而复六辔在握。既明本体之义，由此而推翻汉儒象数之论，诚如风扫落叶。王弼曰："夫象者出意者也，言者明象者也。""得意在忘象（此象指汉儒之象，具体之象），得象（此象为王弼所指之象，为抽象之象）在忘言。""义苟在健，何必马乎？类苟在顺，何必牛乎？爻苟合顺，何必坤乃为牛？义苟应健，何必乾乃为马？"（《易略例·明象》）汉儒所言之象，为具体之形象（如牛、马等），然宇宙间品类万殊，"巧历不能定其算数，圣明不能为之典要"（《明爻通变》），今假龙假马以明乾之象，而龙马之外，万形万变，岂个别之形象所能尽乎？王弼亦不废象，但其所谓象为抽象之象，而非具体之象，故曰："象生于意而存象焉，则所存者非其象也。"（《明象》）去其具体形象之障碍，而存其抽象之意念，则无所往而不通矣。《易·乾卦·彖》曰："大哉乾元，万物资始，乃统天。"王弼注云：

天也者，形之名也，健也者，用形者也。夫形也者，物之累也。有天之形，而能永保无亏，为物之首，统之者，岂非至健哉？

又《坤卦·彖》曰："至哉坤元，万物资生。"王弼注云：

地也者，形之名也；坤也者，用地者也。夫两雄必争，二主必危。有地之形，与刚健为耦，而以永保无疆，用之者不亦至顺乎？

去马为乾牛为坤之具体形象，则健顺刚柔之义显，而乾坤之义尽也。牛马为区别之名，健顺刚柔为体用一如之义。其间相去，判若霄壤。

王弼注《易》、解《老》，刊落汉儒象数之论，而以体用一如之旨解释宇宙与人生，复贯通于其政治哲学，至向秀、郭象、张湛、韩康伯诸人，更从而恢宏之，盖中国古代一切学问之体系，必归结于人生与政治也。

秦汉以来，中国政治思想之精神与方式，不出儒道二家。儒家之政治思想，其哲学认识之基本根据为仁，其政治理想为仁政，“尧舜之道，不以仁政，不能平治天下”（《孟子·离娄章》），“以不忍人之心，行不忍人之政”（《孟子·公孙丑章》），心有不正，则“生于其心，害于其政”（同上），此心在政治上，推而至于一切，有绝对之作用。夫三礼之学，六朝最盛，而六朝何以盛三礼之学？其原因多端，将于别稿专论之，今所欲言者，《礼记》中《大学》《中庸》二篇之政治哲学足与魏晋玄理相辉映，实为其原因之一。《世说新语·言语》篇载：

刘尹（惔）与桓宣武（温）共听讲《礼记》。桓云：“时有入心处，便觉咫尺玄门。”刘曰：“此未关至极，自是金华殿之语。”

此意甚可研寻。其后梁武帝尝作《中庸讲疏》，沟通儒玄。夫《大学》《中庸》之教，为修身、齐家、治国、平天下之全体大用，而其第一义则由正心诚意始。由此为政，自可行仁政而进于王道；由此立身行己，自可合于天理。上文谓，仁，亦为儒家显体之词，与“中”“诚”等义同观（就字义言之，仁从人从二，推己及人之谓，今语谓之同情心）。故儒家之政治理想，亦为其哲学价值之所寄托，可谓上骖天衢，下泽草木，而为“万物皆备于我”之天人境界，正与王弼、向秀、郭象所发挥《易》、老、庄之理玄同。

道家本于自然，《老子》曰：“道法自然。”（第二十五章）王弼注：“自然者，无称之言，穷极之辞。”即本体也。宇宙间盈虚消息之至理，如四时之代序，万物之运化，皆天体流行至健之秩序，此为与儒家易理相通之点，亦正魏晋清谈本体论所引为依据者也。然儒道二家学说之倾向（direction），毕竟有所不同。儒家承认现实，爱人生，故茂于情；老子否定现实，故绝于情。老子之学，主柔而宾刚，故其学之体用出于阴，阴之道虽柔，而其机则杀，学之而善者，则清静慈祥，不善者则深刻坚忍，其极遂流而为法。夫法者，齐也。道家之法自然，本在“齐物”，即人与物皆物也。而法家法之，则在“齐人”，视人如物，重在整齐划一，至于抹杀个性。儒家之学，其体用折衷于刚柔之间，爱人生，茂于情，故视物如人，承认个人之意志自由，而复不同于物。前节谓道之用在法，法之体为道，其意在此，道法相连，在政治上遂成阴谋权变，而为霸术之所宗，虽非老氏之本意，然其学之倾向，势必至于此也。

在实际政治上，儒家王道之政，直而不能曲，可以守常，难以应变。儒家为政，未有不失败于现实中者，汉之贾谊、董仲舒可以为例。道法霸术之政，可以成功于一时，而不可能垂教于久远，上节述曹魏典午之政可以为例。欲收政治运用之全功者，必以儒家之王道而参合道法家之霸术，此汉以来所谓王霸杂用之政治思想，拙稿《两汉政治制度论》（《中央大学社会科学季刊》第一卷第一期）及《汉唐精神》（《读书通讯》第八十四期至八十六期）二文尝备论之，今不复赘。汉末，政治败窳，此种思想在实际政治上，已为当时政论家之所凭吊。崔寔《政论》云：

“今既不能纯法八世（指三皇五帝），宜参以霸政。”（《后汉书》卷八十二《崔寔传》。按《群书治要》卷四十五所引无此二句，《治要》盖多删节也）仲长统《昌言》：“德教者，人君之常任也，而刑罚为之佐助焉。”又云：“常道行于百世，权宜用于一时，所不得而易者也。”（《治要》卷四十五引）桓范《政要论》：“夫治国之本有二，刑也德也，二者相须而行，相待而成矣。天以阴阳成岁，人以刑德成治，故虽圣人为政，不能偏用也。任德多，用刑少者，五帝三王也；杖刑多，任德少者，五霸也；纯用刑，强而亡者，秦也。”（《治要》卷四十七）此皆有王霸双修之意，而为汉魏间政论家所低徊留念。汉末三国，风云际会，英雄并起，有天下之志者，皆以王霸之业自命，游说之士亦以勉修王霸之业鼓动时君。《后汉书》卷一百九《吕布传》：“曹操问陈宫曰：‘奈卿妻子何？’宫曰：‘宫闻霸王之主，不绝人之祀。’”《蜀书》卷五《诸葛亮传》：徐庶母为曹操所获，“庶辞先主而指其心曰：‘本欲与将军共图王霸之业者，以此方寸之地也。’”《魏书》卷二十二《陈矫传》：矫谓陈登“曰：‘闻远近之论，颇谓明府骄而自矜。’登曰：‘夫闺门雍穆，有德有行，吾敬陈元方兄弟；渊清玉洁，有礼有法，吾敬华子鱼；清修疾恶，有识有义，吾敬赵元达；博闻强记，奇逸卓荦，吾敬孔文举；雄姿杰出，有王霸之略，吾敬刘玄德。所敬如此，何骄之有。’”又卷十二《毛玠传》：“玠谓高祖（曹操）曰：‘宜奉天子以令不臣，修耕植，蓄军资，则霸王之业可成也。’”《世说新语·品藻篇》：“顾劭尝与庞士元宿，士元曰：‘陶冶世俗，使与时浮沉，吾不如子，论王霸之余，策览倚伏之要，吾似有一日之长。’”可知当时之政治理想实以王霸之政为一鹄的，盖承汉代实际政治之余风流韵也。

汉世所谓王道，本在以经术缘饰吏治；所谓霸道，即杂用文法刑名之谓，盖宽饶所谓“以法律为诗书”（《汉书》卷七十七之本传）是也。故汉代王霸之政，为政治上具体之实施，初非抽象之理论。汉人立春秋三统之说，以元统天，以天统君，遇灾变日食，人君犹知所惕惧，以限制大一统政治君权之滥用与无限制之扩张，此汉代天人之学在政治上所具之义蕴，而与魏晋人所言天人之学有以异也。由王弼而至于向秀、郭象、张湛、韩康伯，始贯通天道人事与政治为一体，汉代王霸政治之说，乃得归入于玄学本体论中，通哲学于政治之实践，纳政治于哲学之精微，在中华民族文化史上成一伟大崇高之思想体系，气象万千，而精义入神，此中华之所以为泱泱大国也。

史称王弼、向秀皆“好论儒道”，依上文之解说，魏晋间儒道之学，一为沟通二家之性道本体论，一为发挥内圣外王之学或王道霸术之论。其言虽殊，其归一揆。魏晋人承汉代实际政治之王霸思想，进而予以一种哲学之根据，在此意义之下，儒道互为体用，故王弼答裴徽之问，普通皆认为有阳尊儒教，阴崇道术，其实自王弼诸人视之，体用既不可分，儒道自无轩轾。郭象《庄子注》序曰：

> 庄生通天地之统，序万物之性，达死生之变，而明内圣外王之道，上知造物无物，下知有物之自造也。

郭象虽言指庄生，实乃魏晋人贯通天道人事与政治之通论。韩康伯《系辞传》下“因而重之，爻在其中矣”注云：

> 夫八卦备天下之理，而未吸其变，故因而重之，以象其动，用拟诸形容，以明治乱之宜，观其所应，以著随时之功。

夫《易》之为书，发挥于刚柔，兼三才而两之，分阴分阳，无非迭用刚柔，故六爻升降而成章，刚柔相推而生变化，变化之道，俱由刚柔而著。依本体言之，凡动息则静，静非对动者也，体非对用，体用一如者也。则王霸、儒道、本末、义利等，在政治思想上亦为体用一如，刚柔交错之义，“刚柔交错而成文”（《易·贲卦》王弼注），文为政教昌明之盛世所表现于典章、制度、人情、风俗者。刚柔相失，“不能履中，后害必至”（《易·大有》王弼注），则体用之义乖矣。“然则，体柔居中，众之所与，执刚用直，众所未从”（《易·同人》王弼注）。老子之教，虽能体柔，而其极乃流于阴谋权术，未必能居中，儒家之学，虽谓居中，而其极常执刚用直，二家在实际政治上皆各有所不及，儒道双修，自然体柔而居中也。能体柔而居中者，是谓知“至”，知“终”。《易·乾卦》王弼注云：

> 处一体之极，是至也；居一卦之尽，是终也。处事之至而不犯咎，知至者也，故可与成务矣。处终而能全其终，知终者也。夫进物之速者，义不若利，存物之终者，利不及义，故“靡不有初，鲜克有终”。夫可与存义，其唯知终者乎？

曹操尝言：“有行之士，未必能进取；进取之士，未必能有行。”（《魏书》卷一《武帝纪》建安十九年令）此义利不相及，故凡急功近利，重刑名霸术之政，虽兵强国富，其进甚速，而其败亡亦不旋踵。刘劭《人物志·九征篇》云：“明白之士，达动之机而暗于玄虑；玄虑之人，识静之原而困于速捷。”盖由不能处一体之极，知“至”知“终”也。

《列子·黄帝篇》“众雌而无雄而又奚卵焉”，张湛注引向秀曰：“夫实由文显，道以事彰，有道而无事，有雌而无雄耳。”上文谓儒家虽承认现实，然就实际政治言，儒家之学最不现实。夫儒家仁义之说，在使人类社会止于至善，此超越时空亘古而不能迁之理，与人类之生存以俱来者也。顾纯粹之儒家，则专讲目的，而不求所以达成其目的之方法，虽有《关雎》《麟趾》之美意，终乏审权度势之功能。是以自古儒家之道，难通于实施，仅在负人类文化道德一线之传，可谓为文化上之精神领袖。历史上精神领袖极少同时为事业领袖，因注意精神者，往往忽略事业之具体条件，此向秀所谓“道以事彰”，而儒家则“有道而无事”者也。中国自古政教不分，官师合一，故第一流领袖人才必儒道兼综，事理双彰，汉魏之际能深识此理而见诸政治之实施者，唯诸葛孔明。孔明“宁静以致远，淡泊以明志”（《教子书》），是道家风韵；“科教严明，赏罚必信”，是法家施为；陈寿引《孟子》称其“以逸道使民，虽劳不怨，以生道杀人，虽死不忿”（《蜀书》卷五《诸葛亮传》）。盖醇然儒家矣。武侯躬耕南阳，南阳为四达之地，当时人文荟萃之区，其友人如司马德操、徐庶、崔州平等皆中州名士，“义理精熟”（同上，裴注引《魏略》语），于儒道之学、王霸之政，必早有所研寻。钟会与王弼相友善，为清谈妙选，及会伐蜀至汉中，祭亮之庙，令军士不得于亮墓左右刍牧樵采，则会之所知于亮而寄其怀想倾佩之情者深矣。武侯虽出师未捷身先死，其恢复汉室之志业未能有成，然其政治精神，不仅当时震荡宇内，且为千古所向往，知其然而不知其所以然者，其故当在此。

上文谓老子之学，否定现实，然就实际政治言，老子乃最现实者，《老子》（三十六章）曰：“将欲歙之，必固张之。”“将欲夺之，必姑与之。”可谓深观物理，历练人情之言，所以为兵谋权术之所宗，曹操、司马懿之政，皆深有会于此旨。魏晋清谈虽尚老、庄，而清谈家却以老、庄之理，痛击当时道法之政，《庄子·逍遥游》“许由曰：‘子治天下，天下既已治也。’”郭象注云：（按《晋书》向秀、郭象二传所载关于二家《庄子》注之问题，本文不拟讨论，本文意在综述魏晋诸家之说，不在考证向、郭二家之异同，下文凡举郭注者，以示别于后世之庄子注本耳。）

> 夫能令天下治，不治天下者也。故尧以不治治之，非治之而治者也。今许由方明既治，则无所代之。而治实由尧，故有“子治”之言，宜忘言以寻其所况。而或者遂云：治之而治者，尧也；不治而尧得以治者，许由也。斯失之远矣。夫治之由乎不治，为之出乎无为也，取于尧而足，岂借之许由哉！若谓拱默乎山林之中，而后得称无为者，此老庄之谈所以见弃于当涂，当涂者自必于有为之域而不反者，斯由之也。

郭注此段有二点须先略加解释。《庄子》书“寓言十九”（《寓言篇》），每以孔子或儒家及儒家所推崇之尧舜为喻而抑贬之，以成其说。《逍遥游》此段原文谓尧让天下于许由，由自以名实双忘，无所用天下，而尧虽已治天下，究未能有所忘于名实。今郭注谓“取于尧而足，岂借之许由哉”，其意在儒道兼综，明也。当涂一名，出《春秋玉版谶》（《魏书》卷二《文帝纪》注引《献帝传》），谶云：“代汉者当涂高，言魏魏之阙，当涂而高也。”此为西汉末以来流行之谶语，子玄盖借以指曹魏（参阅拙稿《黄巾贼与太平道》一文）。夫曹操窃国柄，惩汉失而以申韩之法钳天下，使士困于廷，衣冠不能自安，迫才智之士“拱默乎山林之中”，遗落时事，逍遥自足，或沉酣曲蘖，土木形骸，此而谈老、庄，称无为，既失无为之大机大用，是岂得而称之哉。且王道者，无所为而已也，霸术者有所为而已也，曹魏之政，“自必于有为之域而不反”，则其所行道法之政，是岂真老、庄之道法哉？故曰，“此老、庄之谈，所以见弃于当涂”也。

然则，果如何而为“老、庄之谈”？老、庄之谈，果如何而为“无为”之政？《庄子·大宗师》“逍遥乎无为之业”，郭注云：

所谓无为之业，非拱默而已；所谓尘垢之外，非伏于山林也。

又《在宥篇》“而后安其性命之情”，郭注：

无为者，非拱默之谓也，直各任其自为，则性命安矣。

拱默不言，无所事事，此非无为。无为者，在“以百姓心为心”（《老子》第四十九章），在“无行而不与百姓共”。《逍遥游》“吾将为宾乎”，郭注：

夫自任者对物，而顺物者与物无对。故尧无对于天下，而许由与稷契为匹矣。何以言其然耶？夫与物冥者，故群物之所不能离也。是以无心玄应，唯感之从，泛乎若不系之舟，东西之非己也。故无行而不与百姓共者，亦无往而不为天下之君矣。

试以今义释之。国家之组织为政府与人民，政府之行事措施，专断自任，不以人民之意向为意向，则政府与人民为对，而人民亦必与政府为对，政府与人民成对立之时，政府必借政治压力加于人民，压力愈大，其反对之力亦愈大，于是政治社会呈分裂或紊乱之状矣。是故“以明察物，物亦竞以其明应之，以不信察物，物亦竞以其不信应之”（《老子》四十章“圣人皆孩之”王弼注）。若为政者“顺物而与物无对”，则政府与人民为一体，政府之意志即人民之意志，人民之意志亦政府之意志，如鱼相忘于江湖，此“群物之所不能离也”。鱼与江湖相因而成，政府与人民亦相因而成，若执政者“不因众之自为，而以己为之”（《在宥》二篇“而不见其患者也”郭注），则水能载舟，亦能覆舟，故曰：“与天下相因而成者也，今以一己而专制天下，则天下塞矣，己岂通哉？故一身既不成，而万方有余丧矣。”（《在宥篇》“一不成而万有余丧矣”郭注）古来独夫之君以为“朕即国家”，专尚权力霸术之政治，常以少数人之旨意，决定全体人民之行为，此之谓“以一家之平平万物”（《渔父篇》“其平也不平”郭注），《汉书》卷六十《杜周传》：“周为廷尉，客有谓周曰：‘君为天下决平，不循三尺法，专以人主指意为狱，狱者固如是乎？’周曰：‘三尺法安在哉！前主所是著为律，后主所是疏为令，当时为是，何古之法乎？’”故人主片词之好恶，可以为生杀予夺，此而言法治，已流害无穷，王弼、郭象诸人慨乎其言之。《老子》（第四十九章）“圣人皆孩之”，王注云：

> 夫在智，则人与之讼；在力，则人与之争。智不出于人，而立乎讼地，则穷矣；力不出于人，而立于争地，则危矣。未有能使人无用其智力已者也。如此，则己以一敌人，而人以千万敌己也。若乃多其法网，烦其刑罚，塞其径路，攻其幽宅，则万物失其自然，百姓丧其手足，鸟乱于上，鱼乱于下。

《庄子·在宥篇》“不如众技众矣”，郭注：

> 吾一人之所闻，不如众技多，故因众则宁也，若不因众，则人之千万皆我敌也。

“因众”谓顺应人民之意而行，王、郭诸家最深于发挥庄子书中“因”字之意义，《老子》（第四十七章）“不为而成”，王注：“明物之性，因之而已，故虽不为，而使之成也。”又（第四十九章）“以百姓心为心”，王注：“动常因也。”为政者不“因”人民之意，“多其法网，烦其刑罚”，则“法令滋彰，盗贼多有”（《老子》第五十七章）。如此而行法治，民何贵乎法，适足以乱民耳。

夫国家社会乃一人群之组织，组织必不能无“法”，用法必不能无权变，魏晋清谈家亦承认用法，用权变。《庄子·大宗师》“皆在炉捶之间耳”，郭注：

> 天下之物，未必皆自成也，自然之理，亦有须冶锻而为器者耳。

皇侃《论语义疏·子罕章》“可与立，未可与权”引王弼曰：

> 权者，道之变，变无常体，神而明之，存乎其人，不可预设，尤至难者也。

故非明体达用之人，不可以行权变。曹操、司马懿之权变，已使当时政治社会处于水深火热之中，其弊害已为千古之所深痛。而用法亦绝非在上者所强立之法，必由下而上出于人民之愿望与需求而成立者，乃为真正之法治。《大宗师》“以刑为体”，郭注云：

> 刑者治之体，非我为。

创制立法，原为政治之根本事业，但非独夫或少数人之私心私利所可强天下之人而就其范者。创制立法，若“因”人民之意，而“各任其自为”，则刑法律令生于人民良心之自由，自以自为法令，则服从法令遂成为道德之责任也。法令之服从而成为道德之责任，则“百姓寄情于所统，而自忘其好恶”。《庄子·天下篇》“天下多得一察焉以自好”，郭注云：

夫圣人统百姓之大情，而因为之制，故百姓寄情于所统，而自忘其好恶，故与一世而得淡漠焉。乱则反之，人恣其近好，家用典法，故国异政，家殊俗。

夫政治之为用，所以辅世长民也，现代政治学之原理，以为政府之事业，当渐次减轻，使人民能各自为治，各自经营，故政府最终之目的为放任主义。政府之权力，必使人民能养成自动自立之精神，无须政府之诱导，而自能各守其义务，各尽其职责，又无须政府之禁遏，而自能不侵他人之权利，不害社会之安宁，夫如是则政府之事业可缩至极狭隘之境地，是谓“无为”。无为者，非法令滋彰，专赖权力“治之而治”，强权之政，非使人民心服也，人民力不足以抗其强权耳。无为之真义，乃在养成人民之自主，人民能自主，是谓“以不治治之”，不治而治，是谓“民强则国家（政府）弱”（《老子》五十七章“国家滋昏”王弼注）。无为乃无所不为矣。故法不由上立，而由下自立之，则法不出于政府之权力，而成于人民之道德责任，政府焉用法为。《庄子·胠箧篇》“法之所无用也”，郭注云：

若夫法之所用者，视不过于所见，故众目无不明；听不过于所闻，故众耳无不聪；事不过于所能，故众技无不巧；知不过于所知，故群性无不适；德不过于所得，故群德无不当。安用立所不逮于性分之表，使天下奔驰而不能自反哉。

能致无为之政者，谓之“明王”，明王发政施教，使天下之人皆得自任其事，而不以事自任，彼自逸于事，而天下之人乃

“性命安矣”。《庄子·应帝王》“功盖天下而似不自己”，郭注云：

> 天下若无明王，则莫能自得，今之自得，实明王之功也。然功在无为，而还任天下，天下皆得自任，故似非明王之功。

明王之治，虽有盖天下之功，而不举以为己功，故天下皆自得而喜。其有天下，皆寄之百官，因民任物，而不役己。《人间世》“神人以此不材”，郭注云：

> 夫王（按即明王之称）不材于百官，故百官御其事，而明者为之视，聪者为之听，知者为之谋，勇者为之捍，夫何为哉，玄默而已，而群材不失其当，则不材乃材之所至赖也。故天下乐推而不厌，乘万物而无害也。

在上者于百官不自以为材，而后能用百官之材，则群品万物，各任其事，而自当其责。在上者患于不能无为，而代百官之所司，则群材失其任，而主上困于役矣。《天道篇》“则功大名显而天下一也”，郭注云：

> 夫无为之体大矣，天下何所不为哉。故主上不为冢宰之任，则伊吕静而司尹矣。冢宰不为百官之所执，则百官静而御事矣。百官不为万民之所务，则万民静而安其业矣。万民不易彼我之所能，则天下之彼我静而自得矣。

上下皆无为，因上之无为为用下，下之无为为自用也。譬如工人无为于刻木，而有为于用斧；主上无为于亲事，而有为于用臣。臣能亲事，主能用臣，犹斧能刻木，而工能用斧，各当其能，则天理自然，非有为也。若乃主代臣事，则非主矣，臣秉主用，则非臣矣。故各司其任，则上下咸得，而无为之理至矣（据《天道篇》郭注）。

按《说文》：“官者，事君之吏；吏者，治人者也。”《韩非子·内储说》云：“吏者，民之本纲也；圣人（政治之理想领袖），治吏不治民。”由此言之，是官主其大，吏治其细，故贤者在位，能者在职。而贤能之意，盖就体用而言，贤者明其体，能者达其用。就“官者，事君之吏”言，则三公九卿皆吏也；就“吏者，治人者也”言，则郡太守为吏，而三公九卿为官也。郡太守为官，则县令长为吏；县令长为官，则丞尉亭长啬夫为吏也。故官之任，在明其体；吏之职，在达其用。官之贤必具吏之能，而后乃体用兼备（参阅拙稿《汉唐精神》）。《天道篇》“此不易之道也”，郭注云：

> 无为之言不可不察也。夫用天下者，亦“有”用之“为”耳。（按《骈拇篇》“天下莫不以物易其性矣”注云“无为之迹，亦有为者之所上也”，与此句之义相同。）然自得此“为”，率性而动，故谓之无为也。今之为天下用者，亦自得耳。但居下者亲事，故虽舜禹为臣，犹称有为，故对上下，则君静而臣动，比古今，则尧舜无为，而汤武有事。然各用其性，而天机玄发，则古今上下无为，谁有为哉?

夫“明王”之政，无心而任乎自化，与万物为体，因其所游者虚也，故能静而圣，动而王。静而圣，则体无以为用；动而王，则行化以成天下。夫老、庄游于方之外者也，孔子则游于方之内者也，内圣而外王，游外以弘内，此魏晋清谈思想之全体大用。《大宗师》“丘游方之内者也”，郭注云：

夫理有至极，内外相冥，未有极游外之致，而不冥于内者也；未有能冥于内，而不游于外者也。故圣人常游外以弘内，无心以顺有，故虽终日挥形，而神气无变，俯仰万机，而淡然自若。

盖圣人与明王（魏晋人合称圣王）同天人，齐万致，万致不相非，皆自彼而成，成之不在己，则虽处万机之极，而常间暇自适，忽然不觉事之经身，悗然不识言之在口，身“虽在庙堂之上，然其心无异在山林之中，世岂识之哉！徒见其戴黄屋，佩玉玺，便谓足以缨绂其心矣，见其历山川，同民事，便谓足以憔悴其神矣，岂知至‘至’者之不亏哉”（《逍遥游》“淖约若处子”郭注）。当其凄然似秋，若秋霜之自降，故凋落者不怨，杀物非为威也；暖然似春，若阳春之自和，故泽者不谢，生物非为仁也（据《大宗师》注）。“其动也天，其静也地，其行也水流，其止也渊默，渊默之与水流，天行之与地止，其于不为而自尔，一也”（《应帝王》“萌乎不震不正”注）。

圣王既无心而应物，其于天下之事，上而典章制度之兴革，下而文教风俗之推移，皆“因物随变”（《寓言篇》“和以天倪”注），“当事而发”（《外物》“无用之为用也亦明矣”注），盖“时变则俗亦变，乘物以游心者，岂异于俗哉”（《寓言》“卒而非之”注）。大凡一种制度之产生，必多少与时代背景有关系，而一时代有一时代之问题，所以一种制度成立之后，不能一成不变，须因时制宜，因地制宜，时时加以改进，时时斟酌损益，维持其动态平衡，方不至于崩坏，故“随时”之义甚大。《易·随卦》王弼注曰：

得时，则天下随之矣，随之所施，唯在于时也，时异而不随，否之道也，故随时之义大矣哉。

政治属人文科学，人文科学最重时间与空间，空间为地域之差异，时间为历史之差异，时空相交而成人事，人事之变迁，因时空之故，如江浪淘沙，滔滔代逝，时间有变，空间亦随之而变，则朝章大典，政教风俗，亦因时代之不同而随之演变。《天运篇》“故礼义法度，应时而变者也”，郭注云：

彼以为美，而此或以为恶，应时而变，然后皆适也。

故圣王“时行则行，时止则止”（《天道篇》“动而王”注），“各适其一时之用，不能靡所不可”（《徐无鬼》“解之也悲”注），夫能“居变化之涂，日新而无方”（《应帝王》“立乎不测”注），“日新，则自然之分尽”，尽自然之分，在使典章制度之兴革，政教风俗之推移，当时时从秩序中求更美善之秩序，在稳定与变迁之间，恒维持其动态平衡，则得其“和”也（参考《寓言篇》“和以天倪”注）。

政治制度，文教风俗，“期于合时宜，应治体”（《天运》“而矜于治”注），若单由控制或稳定之意义上而求维持制度之存在，则必流为虚伪古典之形式主义（Pseudo-classic Formalism），形式主义为人文科学之最大忌讳，庄子书常痛斥之，魏晋人从而发挥之，精义入神，为国者所不可不察者也。《庄子·天运篇》载：孔子以六经之道难明，问于老子，老子对曰：

夫六经，先王之陈迹也，岂其所以迹哉。今子之所言，犹迹也。夫迹，履之所出，而迹岂履哉！

孔、老之对，本庄子之寓言，有排抑儒家之意，郭注云：

所以迹者，真性也。夫任物之真性者，其迹则六经也。况今之人事，则以自然为履，六经为迹。

郭氏此注仍在儒道双修（《庄子》注中，凡《庄子》本文有排抑儒家处，注文皆以儒道双修之意平理之），盖履与迹之不可分，亦犹自然与六经，道家与儒家之不可分者然，此当时思想之主流，所谓“今之人事”也。夫六经所载为“先王之道”“周召之迹”（《庄子·天运篇》），先王之道，乃超时代亘古而不能迁之理，所谓“所以迹”，所谓“真性”也；周召之“迹”，乃已往之陈事，受时代之限制而产生者。古今不同，时移事变，凡政教之措施，若单据诗书中时代之部分（迹），而不见其超时代之部分（所以迹），则其政教必蔽塞不通，而至于崩亡，古今亡国之祸，皆由于此。《胠箧篇》“田成子一旦杀其君而盗其国”，郭注云：

法圣人者，法其迹耳。夫迹者，已去之物，非应变之具也，奚足尚而执之哉！执成迹以御乎无方（按无方，变化之谓），无方至而迹滞矣。所以守国而为人守之也。

“迹”为已去之形式，乃古人之糟粕，糟粕所传非粹美，而丹青难写是精神，精神乃“所以迹”，“所以迹者，无迹也。无迹者，乘群变，履万世，世有夷险，故迹有不及”（《应帝王》“有虞氏不及泰氏”注）。后世之醇奸巨憝，据古人之迹，假仁借义以欺世盗国，比比皆是也。《让王篇》“此二士之节也”，郭注云：

曰：“夷、许之弊安在？”曰：“许由之弊，使人饰让以求进，遂至乎之，哙也；伯夷之风，使暴虐之君得肆其毒而莫之敢亢也；伊、吕之弊，使天下贪冒之雄敢行篡逆。唯圣人无迹，故无弊也。”

曹氏之篡汉，司马氏之篡魏，其“迹”皆同于伊吕，而六朝每朝禅代之前，必先加九锡，进爵封国，赐以殊礼，其“迹”自曹操而始，魏之篡汉，托以“禅让”之美名，其“迹”则出于尧舜，故曹丕代汉即位，慨然叹曰：“尧舜之事，吾知之矣。”（《魏书·文帝纪》引《魏氏春秋》）此后篡乱相寻，僭越冒滥，其弊何可胜言。《天运篇》“人自为种而天下耳”，郭注云：

承百代之流，而会乎当今之变，其弊至于斯者，非禹也，故曰天下耳。言圣知之迹，非乱天下，而天下必有斯乱。

古来革命或乱事之爆发，皆由执圣智已去之迹以御天下，不能随时变进，或因假借圣智之迹而欺世窃国，其所由来，非一朝一夕之故，已成必然之势，乱事遂不可收拾，此岂尧舜禹汤文武之过哉。墨守或假借其迹耳。故圣王“既忘其迹，又忘其所以迹者，内不觉其一身，外不识有天地，然后旷然与变化为体，而无不通也”（《大宗师》“此谓坐忘”注）。

自然主义最排斥形式，魏晋人多任诞不羁，脱略礼法，败名检，伤风教，为当时与后世所诟病，其故皆可于此中求之，可无多论。而其排斥形式，在内圣外王之学上，意义尤精微，今请更为申述之。

任何民族或国家，当其任何历史阶段达于全盛之时，或任何政权之掌握者，至于养尊处优，居安忘危之时，此一阶段可视为“正”（thesis），“正”为一种形式观念之固定，故在此阶段之进展中，其本身即孕育与之对抗之势力，此势力以渐长成，以渐显著，可视为“反”（antithesis）。此一反一正互相冲突，互相搏斗，搏斗不可久，结果皆消灭于新全体中，正反两元素无一得伸其初志，然亦无一尽毁，正与反之一部分同被“扬弃”（aufhefen），二者之其余部分，经升化融会而保全。此新全体，新时代是为“合”（synthesis）——一否定之否定，一矛盾之统一（identity of apposites）。历史上守旧与维新，复古与解放，革命与反动之斗争，皆依此理为亘古对演之剧。此黑格尔之对演法（Dialectic of Hegel，旧译辩证法），世所周知者也。其思维方式与儒道二家形上学之本体论，颇有类似之点，对演法于每一概念之本身必含一否定，即正之本身必含反，二者经“扬弃”作用之腾越，相合而成一更高之概念，即合。此即黑氏所谓“对演观念之自我发展”（self-development of the idea）（参阅Karl Federn,*The Materialist Con-ception of History*，p.201），上文论儒道二家显体（绝对真理）之法，皆含一否定，如“无”之本身即含一否定，而成为“有”（因无之实性为有）。《老子》（二章）曰：“有无相生。”《易·系辞》：“刚柔相推而生变化。”“变”为一较高之概念，有无刚柔皆没入于其中，则“变”即对演法之“合”，而“生”与“扬弃”为同一逻辑矣。

“正”既为一种形式观念之固定，凡固定之事物，必易腐败，故流水不腐，户枢不蠹，欲破除此形式观念之固定，唯一之方法为不居其“正”，因“正”必含“反”，所以必有无双遣，必“既忘其迹，又忘其所以迹”，而旷然“直与变化为体”，则无不通也。《老子》（五十七章）“以正治国，以奇用兵，以无事取天下”，王弼注云：

> 以道治国，则国平；以正治国，则奇正起也；以无事，则能取天下也。上章云，其取天下者，常以无事，及其有事，又不足以取天下也。故以正治国，则不足以取天下，而以奇用兵也。（《老子》五十八章“正复为奇”，王弼注亦与此同）

以正治国，则奇（反）正之冲突为用兵。《老子》（五十八章）又云："祸兮福之所倚，福兮祸之所伏，孰知其极？其无正。"王弼注：

言谁知善治之极乎？惟无可正举，无可形名。

然老子非不欲居其正，盖不敢居其正，是以"知其雄，守其雌"，"知其白，守其黑"（二十八章）。主柔而宾刚，取水之善下，因常居于"反"，故能守其"正"。《老子》（四十章）曰："反者，道之动。"王弼注：

高以下为基，贵以贱为本，有以无为用，此其反也。动皆知其所无，则物通矣。故曰"反者，道之动"也。

"高以下为基，贵以贱为本"，此自然之道，即天下之道也，"天下之道，逆顺吉凶，亦皆如人之道"（《老子》五十四章王弼注），人道，政治也。

以天道观人事，总结于政治，此魏晋清谈之哲学体系。天道者何？盈虚消息之理，运化万变"先王则天地而行者也"（《易·复卦》，象曰"后不省方"王弼注），故"守故不变，则失其正"（《庄子·天运篇》"天门弗开矣"郭注）。然"悔吝之所生，生乎变动"（《易·革卦》王注），盖革之而不当也，革之而当，则"时有损益，不可尽承，意承而已"（《蛊卦》象曰"意承考也"王注）。意承，谓去其形式而取其精神，并精神而不可固执之，须因时加以损益耳。夫天道盈虚消息之理，在损有余以补不足，去奢去泰，未尝自居于"正"而不随时之变。故春不可以尽生，而夏为之长；夏不可以尽长，而秋为之杀；秋不可以尽杀，而冬为之藏；冬不可以尽藏，而春复为之生，而四时成焉。不自居于“正”，如“大成若缺，其用不弊”（《老子》四十五章），王弼注：“随物而成，不为一象。”故其德在谦，其道在柔。《易·损卦》象曰“六五，或益之，十朋之龟，弗克违，元吉”，王弼注：

以柔居尊，而为损道，江海处下，百谷归之。履尊以损，则或益之矣。

又《困卦》象曰“利用祭祀”，王弼注云：

不能以谦致物，物则不附。忿物不附而用其壮，猛行其威刑，异方愈乖，遐迩愈叛，刑之欲以得，乃益所以失也。

在政治上现状之保持者，可视为“正”，任何人群组织之现实状况，恒不得完满，故任何时间即有若干日渐增加而日渐激烈之先行者，憧憬追求一更完满之境界，此理想之追求者，可视为“反”，理想之追求者愈多，则现状之保持者所施之威刑必愈猛，流血之革命由此而生，因其自居于“正”，而不能以谦致物，以柔居尊。故曰“尊以居之，损以守之”。然后居尊之位可以长久，而天下治乱之理，不待揲蓍而可知矣。

夫庄子游谈乎方外，“推平于天下，故每寄言以出意，乃毁仲尼，贱老聃，上掊击乎三皇，下痛病于一身”（《山木篇》“吾所以不庭也”郭注）。其于内圣外王之学，有智慧之觉而余缘虑之情，故郭象诸人以为犹有间然。郭注《庄子》序曰：

夫庄子者，可谓知本矣，故未始藏其狂言，言虽无会，而独应者也。夫应而非会，则虽当无用；言非事物，则虽高不行；与夫寂然不动，不得已而后起者，固有间矣。

以其“无经国体致，真所谓无用之谈”（《天下篇》郭注末尾附语），与孔、老之寂然不动，不得已而后起，将以见诸行事，以跻斯世于治古之隆，固有异矣。至于具此体用之学，“有其道为天下所归，而无其爵者，所谓素王自贵也”（《天道篇》“玄圣素王之道也”郭注）。由此言之，魏晋清谈之本旨，岂徒游戏玄虚离人生之实际而不切于事情也哉，乃此一段思想为世所掩没而蒙不白之羞者，垂一千七百年，悲夫。

（原载贺昌群《魏晋清谈思想初论》，商务印书馆1999年版）

嵇康在政争中所扮演的角色及其身世性格

◎侯外庐等

现在，我们要问，在上述一连串曹氏与司马氏的政治斗争中，嵇康是怎样与这种斗争结合着的呢？换句话说，在这种斗争中，嵇康的思想行为，表现着怎样的一种姿态的呢？这个问题的解答，对于了解嵇康的身世与性格，有甚大帮助。

我们已经知道，嵇康的姓氏有着很大的疑问；嵇康与魏宗室，有着乡里的与姻亲的两重关系；嵇康妻与何晏妻，在血缘上有着接近的关系。现在我们要进一步指出：

第一，嵇康的思想与四本论中的王广相近，王广主张才性离，嵇康主张“明胆殊用，不能相生”，“元气陶铄，众生禀焉。赋受有多少，故才性有昏明”（《明胆论》）。“心之与声，明为二物”，“爱憎属我，贤愚属彼”，“外内殊用，彼我异名”（《声无哀乐论》）。他似是四本论离异的一派，换言之，是党于曹氏而拒斥司马氏的一派。

第二，儒学名门出身的司马氏“以孝治天下”（《晋书》卷三十三《列传第三·何曾传》，何曾谓司马昭语），而阮籍、嵇康等居丧饮酒食肉，非毁礼法；司马氏企图以强暴的力量夺取魏之天下，而嵇康“非汤武而薄周孔”，且以为“在人间不止此事，会显世教所不容”（《与山巨源绝交书》）；司马氏欲借禅让以文饰篡夺，而嵇康“轻贱唐虞而笑大禹”（《卜疑》）；朝廷任用王凌、毌丘俭、诸葛诞于外，而司马氏一一加以剪灭，嵇康则借周公诛管、蔡的事，声辩管、蔡无罪，为王凌、毌丘俭等张目。“管、蔡皆服教殉义，忠诚自然，卒遇大变，不能自通，忠于乃心，思在王室，遂乃抗言率众，欲除国患，翼存天子，甘心毁旦。斯乃愚诚愤发，所以侥祸也”（《管蔡论》，这又与高贵乡公问博士语互相呼应）。他在行为言论上，特别是言论上，处处直接诋呵司马氏的政治行为与治术，终于以吕安不孝罪，被引入狱。司隶校尉“钟会廷论之曰：‘今皇道开明，四海风靡，边鄙无诡随之民，街巷无异口之议。而康上不臣天子，下不事王侯，轻时傲世，不为物用，无益于今，有败于俗。昔太公诛华士，孔子戮少正卯，以其负才乱群惑众也。今不诛康，无以清洁王道。’于是录康闭狱”（《世说新语 · 雅量第六》注引《文士传》）。这是以思想罪论诛的，表现了专制主义特别手法。

第三，嵇康反对司马氏，不仅表现在思想上，而且表现在行为上。《三国志 · 王粲传》注引《世语》：“毌丘俭反，康有力，且欲起兵应之。以问山涛，涛曰不可，俭亦已败。”这记录过于简略，我们无法获得更详尽的材料，以说明嵇康在当时如何做政治军事上的反司马氏的活动。但我们从侧面有很多材料证明嵇康是当时一种运动与风会的领导人物，而这种运动与风会是反司马氏的。《三国志 · 王粲传》说：“谯郡嵇康，文辞壮丽，好言老庄，而尚奇任侠。”这“尚奇任侠”四字，说明嵇康是个活动分子，并不是一般人所理解的一个仅仅“好言老庄”的玄虚人物。据王隐《晋书》：“康之下狱，太学生数千人请之，于是豪俊皆随康入狱。”（《世说新语 · 雅量第六》注引）太学生数千人与当时豪俊为之请命，随之入狱，这事实指明嵇康的社会关系的不平常，与《三国志》所说“尚奇任侠”是可以互相发明的。嵇康虽为谯国人，而大半生时间，是在河内郡度过的，偶尔也居住在洛阳。〔《世说新语 · 德行第一》注引《康别传》曰：“所知王濬冲（戎）在襄城（属河内郡）面数百，未尝见其疾声朱颜。”可知嵇康在河内住居甚久。《世说新语·言语》注引《向秀别传》：“常与嵇康偶锻于洛邑，与吕安灌园于山阳。”又《世说新语·言语》注引嵇绍《赵至叙》：“至年十四，入太学观，时先君（嵇康）在学写石经古文。”可知康亦偶至洛阳。〕河内为魏宗室所居，洛阳系帝京所在，都是政治神经最敏锐的地方。嵇康在河内，与阮籍、山涛、王戎等周旋，所谓竹林七贤这一种任达放诞的风气，便是在这里形成的。《水经注·清水》注：邓城西北七贤祠，�篁列植，冬夏不变贞萋，魏步兵校尉阮籍等同居山阳时，人号为竹林也。水南径邓城，名之为邓渎。则七贤所傲嬉的竹林，所谓“把臂入林”的竹林，即在河内。而所以要任达放诞，住在山阳（属河内），据《三国志》注引《魏氏春秋》，则是为了拒绝司马氏的辟召：“大将军尝欲辟康。康既有绝世之言，又从子不善，避之河东，或云避地。”则这一种避世放诞的行为蔚成一种风气，乃是消极地使司马氏无从辟召，抽空司马氏的政治班底，使它的力量无由壮大的一种不合作行为。在这一风气下，以七贤为中心，团结了好些人物。如吕安、赵至等都是七贤以外的人物，而与嵇康一道同风。（《世说新语·言语》注引《向秀别传》：“秀字子期，河内人。少为同郡山涛所知，又与谯国嵇康、东平吕安友善，并有拔俗之韵，其进止无不同，而造事营生业亦不异。常与嵇康偶锻于洛邑，与吕安灌园于山阳，不虑家之有无。”）除进止相同外，即灌园锻铁等造事营生业，亦无不同。这就是钟会所说“上不臣天子，下不事王侯，轻时傲世，不为物用，无益于今，有败于俗”的“乱群惑众”的行为。嵇康在洛阳，据嵇绍《赵至叙》，是为了写石经。太学生跟他发生关系，当在此时。此外，他又与向秀一起锻铁。这锻铁是颇有意味的事，他锻成的东西，不一定卖钱，有时是送人的。《世说新语》注引《文士传》：“康性绝巧，能锻铁。家虽贫，人有说（悦）锻者，康不受直。”倘所锻者为兵器之类，而又赠人不受直，则这一锻铁，就含有生产以外的特殊意义了。（佐证不多，我们不宜穿凿。）因此，嵇康的尚奇任侠，与避地退隐，是生活态度上的矛盾。对积极援助魏室来讲，他尚奇任侠；对消极堵塞司马氏的人事辟召来讲，他避地退隐，饮酒清谈。在嵇康死后，阮籍则为郑冲作劝进文，向秀则举郡计入洛，七贤的避地退隐的风会就被击破了。

第四，嵇康对司马氏的拉拢是毫不迁就的。《魏氏春秋》说，大将军欲辟康，而康避地。他在《与山巨源绝交书》中，明白地拒绝山涛的荐引。这就触怒了司马氏。嵇康对司马氏幕府中的论客及阴谋家钟会，更是不假辞色："钟士季精有才理，先不识嵇康，钟要于时贤隽之士，俱往寻康。康方大树下锻，向子期为佐鼓排。康扬槌不辍，傍若无人，移时不交一言。钟起去，康曰：'何所闻而来？何所见而去？'钟曰：'闻所闻而来，见所见而去。'"（《世说新语》）《魏氏春秋》也有同样记载："钟会为大将军所昵，闻康名而造之。会，名公子，以才能贵幸，乘肥衣轻，宾从如云。康方箕踞而锻，会至，不为之礼。康问会曰：'何所闻而来？何所见而去？'会曰：'有所闻而来，有所见而去。'会深衔之。"这里的何所闻何所见，与闻所闻见所见（或有所闻有所见），不仅是词锋的两不相让，也双关着钟会的觇伺的任务。因为司马氏善用间谍，史有明文，而钟会则为重要间谍之一，常替司马氏觇伺其政敌，故特以"闻""见"来说。

分析了嵇康在曹氏与司马氏的政治斗争中所扮演的角色，我们乃可以进一步具体把握到嵇康的性格与身世的全貌。

在嵇康的著作中，有不少心理上的自觉的抒写，是反映着他的性格的。在《绝交书》中，在《家诫》中，在《卜疑》中，在《幽愤诗》中，保留有此类材料不少。这种自觉的抒写，与别人对他的性格的客观的评述，比较参稽起来，有很多足以互相发明之处。

吾每读尚子平、台孝威传，慨然慕之，想其为人。少加孤露，母兄见骄，不涉经学。性复疏懒，筋驽肉缓。头面常一月十五日不洗，不大闷痒，不能沐也。每常小便而忍不起，令胞中略转乃起耳。又纵逸来久，情意傲散。简与礼相背，懒与慢相成。而为侪类见宽，不攻其过。又读《庄》《老》，重增其放。故使荣进之心日颓，任实之情转笃。此犹禽鹿，少见驯育，则服从教制，长而见羁，则狂顾顿缨，赴蹈汤火。虽饰以金镳，飨以嘉肴，愈思长林，而志在丰草也。阮嗣宗口不论人过，吾每师之而未能及。至性过人，与物无伤，唯饮酒过差耳。至为礼法之士所绳，疾之如仇，幸赖大将军保持之耳。吾以不如嗣宗之贤，而有慢弛之阙。又不识人情，暗于机宜。无万石之慎，而有好尽之累。久与事接，疵衅日兴，虽欲无患，其可得乎？又人伦有礼，朝廷有法，自惟至熟，有必不堪者七，甚不可者二：卧喜晚起，而当关呼之不置，一不堪也；抱琴行吟，弋钓草野，而吏卒守之，不得妄动，二不堪也；危坐一时，痹不得摇，性复多虱，把搔无已，而当裹以章服，揖拜上官，三不堪也；素不便书，又不喜作书，而人间多事，堆案盈几，不相酬答，则犯教伤义，欲自勉强，则不能之，四不堪也；不喜吊丧，而人道以此为重，已为未见恕者所怨，至欲见中伤者，虽惧自责，然性不可化，欲降心顺俗，则诡故不情，亦终不能获无咎无誉，如此，五不堪也；不喜俗人，而当与之共事，或宾客盈坐，鸣声聒耳，嚣尘臭处，千变百伎，在人目前，六不堪也；心不耐烦，而官事鞅掌，机务缠其心，世故繁其虑，七不堪也。又每非汤、武而薄周、孔，在人间不止，此事会显，世教所不容，此甚不可一也；刚肠疾恶，轻肆直言，遇事便发，此甚不可二也。以促中小心之性，统此九患，不有外难，当有内病，宁可久处人间邪？又闻道士遗言，饵术黄

> 精，令人久寿，意甚信之。游山泽，观鱼鸟，心甚乐之。一行作吏，此事便废，安能舍其所乐，而从其所惧哉！……吾顷学养生之术，方外荣华，去滋味，游心于寂寞，以无为为贵。纵无九患，尚不顾足下所好者。……今但愿守陋巷，教养子孙，时与亲旧叙阔，陈说平生。浊酒一杯，弹琴一曲，志愿毕矣。（《与山巨源绝交书》）

这虽是与山巨源绝交的书，却也象征着是与司马氏政权绝交的书；这虽是一篇个人生活态度上与性格上的自觉的独白，却也是一篇代表了整个竹林七贤的生活态度与表示着一时风会所趋的意义重大的宣言。分析其内容，要点有八：（一）性情疏懒，（二）不能守礼法，（三）讨厌世俗的酬酢应对，（四）讨厌俗人，（五）不会办公事，（六）非汤武而薄周孔，为显世教所不容，（七）喜欢骂人，（八）恣意放纵性情，隐居养志。总而言之，他只是我行我素，不愿与司马氏以及司马氏手下的一班人物来往。这正是竹林七贤在生活态度上，从而也是政治态度上的最明确具体的表白。

在《卜疑》篇中，嵇康假托“有宏达先生者”，来比拟自己的志量，末后又借太史贞父的赞语，作为对自己心性行为的慰解，也是一篇有价值的性格上自觉的抒陈。

> 有宏达先生者，恢廓其度，寂寥疏阔。方而不制，廉而不割。超世独步，怀玉被褐。交不苟合，仕不期达。常以为忠、信、笃、敬，直道而行之，可以居九夷，游八蛮，浮沧海，践河源。甲兵不足忌，猛兽不为患。是以机心不存，泊然纯素，从容纵肆，遗忘好恶。以天道为一指，不识品物之细故也。然而大道既隐，智巧滋繁，世俗胶加，人情万端。利之所在，若鸟之逐鸾。富为积蠹，贵为聚怨。动者多累，静者鲜

患。尔乃思丘中之隐士，乐川上之执竿也。……

太史贞父曰：……若先生者，文明在中，见素抱朴。内不愧心，外不负俗。交不为利，仕不谋禄。鉴乎古今，涤情荡欲。夫如是，吕梁可以游，阳谷可以浴。方将观大鹏于南溟，又何忧于人间之委曲！

这是以“超世独步”的姿态，遗弃一切“人间委曲”的放达的人生观。凭什么来“超世独步”，遗弃“人间委曲”呢？回答是“文明在中，见素抱朴”。把生活还原到最初的素朴，使“在中”者，保有了“文明”之德，就可以“居九夷，游八蛮，浮沧海，践河源”了。

在《幽愤诗》中（被诛前在狱中作），抒陈了在生命最后时期的心理上的自觉。

嗟余薄祜，少遭不造。哀茕靡识，越在襁褓。母兄鞠育，有慈无威。恃爱肆姐，不训不师。爰及冠带，凭宠自放。抗心希古，任其所尚。托好老庄，贱物贵身。志在守朴，养素全真。曰余不敏，好善暗人。子玉之败，屡增惟尘。大人含弘，藏垢怀耻。民之多僻，政不由己。惟此褊心，显明臧否。感悟思愆，怛若创痏。欲寡其过，谤议沸腾。性不伤物，频致怨憎。昔惭柳惠，今愧孙登。内负宿心，外恧良朋。仰慕严郑，乐道闲居。与世无营，神气晏如。咨余不淑，婴累多虞。匪降自天，实由顽疏。理弊患结，卒致囹圄。对答鄙讯，絷此幽阻。实耻讼冤，时不我与。虽曰义直，神辱志沮。澡身沧浪，岂云能补！雍雍鸣雁，厉翼北游。顺时而动，得意无忧。嗟我愤叹，曾莫能俦。事与愿违，遘兹淹留。穷达有命，亦又何求？古人有言，善莫近名。奉时恭默，咎悔不生。万石周慎，安亲保荣。世务纷纭，只搅予情。安乐必诫，乃终利贞。煌煌灵芝，一年三秀。予独何人，有志不就？惩难思复，心焉内疚。庶勖将来，无馨无臭。采薇山阿，散发岩岫。永啸长吟，颐性养寿。

《幽愤诗》，表现出嵇康在入狱之后，身心遭受司马氏严重的打击迫害，但在思想上，并未因此有什么改变。他仍一贯地表示：（一）抗心希古，任其所尚；（二）托好老庄，贱物贵身；不过因为（三）惟此褊心，显明臧否；遂弄到（四）欲寡其过，谤议沸腾，性不伤物，频致怨憎；今后应该（五）奉时恭默，安亲保荣，一方面采薇山阿，散发岩岫，永啸长吟，颐性养寿。这态度，仍与《山巨源绝交书》中所说是一致的，只是希望以后少开口，避免麻烦，这一点，是《绝交书》中很少提到的。

《家诫》一篇，也该认为是入狱后所作。从内容上来看，对于儿子叮咛周至，要他涉历世途，周慎谨饬，似是生活遭受困辱后的思想反映。而且一般人写作家诫或诫子书之类，皆在暮年，嵇康死于壮盛之岁，其子年方十岁左右，当无老早写此的必要，其必入狱后自知不免一死才作此以诫子可知。《嵇中散集》收此篇在集子的最末，虽一方面由于文章的性质，但未始不足以令人意味到集子体制上含有编年的用意，故以最后之作，殿于集末。全文甚长，不备录，内容大要是：

（一）人要有志，“志之所之，则口与心誓，守死无贰”；守志之道，在“以‘无心’守之，安而体之，若自然也”。

（二）应该敬长吏而远之，长吏喜问外事，不宜多答复。人家有什么请托，当“谦言辞谢”；如为“心所不忍，可外违拒，密为济之”。

（三）行事认为对的，就“宜行此事”。人家要更改，则可听听他的意见，“彼语殊佳者，勿羞折遂非也；若其理不足，而更以情求来守，人虽复云云，当坚执所守”。

（四）人来告穷乏，济之而“损废多，于今日所济之义少，则当权其轻重而距之”。但大多数人，总是为了“彼无我有，故来求我”，则接济一点总是很有意义的。

（五）“言语，君子之机，机动物应，则是非之形著矣，故不可不慎。”对不了解的事，不要多嘴；人有是非争论，慎勿参加；有人逼着要你说，不必怕他，不必说。盖“不知不识，方为有志耳”。

（六）非知旧邻比而“欲请呼者，当辞以他故，勿往也”。“不须作小小卑恭，当大谦裕；不须作小小廉耻，当全大让。若临朝让官，临义让生，若孔文举求代兄死，此忠臣烈士之节”。

（七）别人的私事，不求强知，看见人家在窃语私议，要赶紧走开。

（八）“壶榼之意，束脩之好，此人道所通，不须逆也”；但“匹帛之馈，车服之赠，当深绝之。何者？常人皆薄义而重利，今以自竭者，必有为而作损……君子之所大恶也”。

（九）不强劝人酒，亦不要硬拒人家劝酒，拿着酒杯，表现着醉醺醺的样子就好了。千万不要“困醉，不能自裁”。

总括其内容是，人要有志，要有坚定的立场，做事要坚执所守，不应随便动摇；但为了避免不必要的麻烦，对于人情世故，要很留心，慎言语，慎取予，慎交往，慎饮酒。这内容，仍是与《绝交书》《幽愤诗》一致的，唯于谨慎言语一点，特加再三叮咛而已。

对于嵇康的性格的客观评述，首先是嵇喜所说的“少有俊才，旷迈不群，高亮任性，不修名誉”，《三国志》所说的“尚气任侠”，这样该是一位慷慨任性的热情人物；然而与此相反的，却有《魏氏春秋》与《世说》所载王戎的说法：

> 康寓居河内之山阳县，与之游者，未曾见其喜愠之色。（《魏氏春秋》）
>
> 王戎云：“与嵇康居二十年，未尝见其喜愠之色。”——注引《康别传》曰：“康性含垢藏瑕，爱恶不争于怀，喜怒不寄于颜。所知王濬冲（戎）在襄城面数百，未尝见其疾声朱颜，此亦方中之美范，人伦之胜业也。”（《世说新语·德行第一》）

这就把嵇康写成一个涵养到家的世故老人了。我们根据嵇康的自觉的抒陈，再衡诸他的平生遭际，觉得王戎的说法是片面的、不正确的。嵇康自己会说“惟此褊心，显明臧否”，又说“吾直性狭中，多所不堪”，又说“无万石之慎，而有好尽之患”，又说“每非汤武而薄周孔，在人间不止此事，会显世教所不容”，则嵇康在感情上实有显明的爱憎，在世途上实有显明的臧否，绝非滑稽丸转之流。所以简文说“嵇叔夜俊伤其道”（《世说新语》），刘勰说“嵇康师心以遣论”（《文心雕龙》），颜之推说“嵇叔夜排俗取祸，岂和光同尘之流”（《颜氏家训·勉学》），都说他的性格是“尚气任性”。他最后以思想罪被司马氏所杀，其直接原因，实由于《与山巨源绝交书》中的“非汤武而薄周孔”一语。《魏氏春秋》说：“山涛为选曹郎，举康自代，康答书拒绝，因自说不堪流俗而非薄汤武，大将军闻而怒焉。”钟会遂借吕安事乘机进谗，以致不免。故其被杀，正是其性格发展的必然归趋。不过，在“尚气任性”之外，嵇康的性格中，自有其企求“奉时恭默，无馨无臭”的主观努力的一面。这是在“天下多故，名士少有全者”（《阮籍传》语）的名族矛盾中，他主观上所勉求的内心的调和。同时也可看作他在应付司马氏的迫害中的生活态度上的暧昧表现，特别在狱中所作的文字中表示得最分明。而这又是所谓“性好庄老”的切当注脚。《魏氏春秋》与《世说新语》王戎之语，当是根据这片面的一点而夸大了来说的。

嵇康在时辈中，被推崇敬仰的程度，有过于阮籍。这一点，在《世说新语》中可找到充分的说明。首先，一般人都醉心于嵇康的风度仪表之美：

> 嵇康身长七尺八寸，风姿特秀。见者叹曰：“萧萧肃肃，爽朗清举。”或曰：“肃肃如松下风，高而徐引。”山公曰：“嵇叔夜之为人也，岩岩若孤松之独立；其醉也，傀俄若玉山之将崩。”（《世说新语·容止第十四》）
>
> 有人语王戎曰：“嵇延祖（康子绍）卓卓如野鹤之在鸡群。”答曰：“君未见其父耳。”（同上）

对风度仪表的赞叹，汉末以来，逐渐蔚成一种风气。这在党锢与清议一章中，已有论及。一个人的风度仪表之美，从汉末起，便成为封建制社会道德和人格美的尺度之一，如何晏，如夏侯玄，都是如此。所以以上所引对嵇康风度仪表的赞叹，是对嵇康的人格美的赞叹的一部分，由此，可以窥见当时人对他倾心的一斑。

其次，是对嵇康的才致器度的倾服。《世说新语·德行第一》注引《康别传》，誉之为“方中之美范，人伦之胜业”，正是着眼于器度方面的一种说法。同书《贤媛第十九》，叙山涛妻窥嵇、阮事，是着眼于才致的：

山公与嵇、阮一面，契若金兰。山妻韩氏觉公与二人异于常交，问公，公曰："我当年可以为友者，唯此二生耳。"……他日，二人来，妻劝公止之宿，具酒肉，夜穿墉以视之，达旦忘反。公入曰："二人何如？"妻曰："君才致殊不如，正当以识度相友耳。"公曰："伊辈亦常以我度为胜。"

《栖逸第十八》也有述及嵇康的才致处：

嵇康游于汲郡山中，遇道士孙登，遂与之游。康临去，登曰："君才则高矣，保身之道不足。"——注引《文士传》曰："康从（孙登）游三年，问其所图，皆不答，然神谋所存良妙。康每荼然叹息，将别谓曰：'先生竟无言乎？'登乃曰：'子识火乎？生而有光，而不用其光，果然在于用光。人生有才，而不用其才，果然在于用才。故用光在乎得薪，所以保其曜。用才在乎识物，所以全其年。今子才多识寡，难乎免于今之世矣，子无多求。'康不能用。及遭吕安事，在狱为诗自责云：'昔惭柳下，今愧孙登。'"

《三国志》注引《嵇康别传》说："孙登谓康曰：'君性烈而才俊，其能免乎？'"《世说新语·德行第一》注引王隐《晋书·嵇绍传》："父康有奇才俊辩。"一般地都承认嵇康是有才致的，有奇才的，或才高的。述及嵇康的度量宏远处的，有《世说新语·雅量第六》叙他临死从容的情形道：

嵇中散临刑东市，神气不变，索琴弹之，奏《广陵散》。曲终，曰：“袁孝尼尝请学此散，吾靳固不与，《广陵散》于今绝矣。”——注引《文士传》曰：“临死，而兄弟亲族，咸与共别。康颜色不变，问其兄曰：‘向以琴来不邪？’兄曰：‘以来。’康取调之，为《太平引》。曲成，叹曰：‘《太平引》于今绝也。’”

嵇康的才具，在具体事实的表现上，为上文所已提到的，诸如“俊辩”、弹琴、锻铁等，都曾为同时人所称许。他在学术思想方面的地位，也隐然是一时的宗师。钟会的《四本论》，便是“甚欲使嵇公一见”，而复“畏其难”，《世说新语·文学》注引《向秀别传》：“秀将注《庄子》，先以告（嵇）康（吕）安”，及成，又“以示二子”。固知嵇康是当时学者所资取定的圭臬。当他被诛之时，“太学生三千人上书请以为师”，足见学者倾服之甚。钟会说他“无益于今，有败于俗”，说他“负才乱群惑众”，足见他的思想影响的深刻与广大。

在七贤中，阮籍与嵇康齐名，而年齿却比阮籍幼小。山涛年最大，后来仕晋，位望很尊，也是比较被推崇的。所以，嵇康、阮籍、山涛，常是并称的。而刘伶、阮咸、向秀、王戎，则被称为“预此契者”，明示非核心人物。《世说新语·任诞第二十三》所记，便是如此，再看同书《排调第二十五》，更可意味到七贤中嵇、阮、山、刘的地位：

嵇、阮、山、刘在竹林酣饮，王戎后往。步兵曰：“俗物已复来败人意。”王笑曰：“卿辈意，亦复可败邪？”

嵇康年岁较小，而这里的次序，巍然居七贤之首，是颇可寻思的一点。

嵇康等七贤们平日游处的竹林，地属河内郡，这已于上文述及。嵇康居河内最久，据《世说新语》王戎的说法，有二十年光景。从而也可知七贤于此盘桓长久。河内为魏宗室所居，魏废帝齐王曹芳也居于此，隐然是当时洛阳以外的一个政治中心。如果把洛阳看作司马氏所控制的政治中心，则河内（尤其是邺）不妨看作曹氏所控制的政治中心。七贤盘桓于此，历时甚久，应该不是徒然的。那时，阮籍徜徉诗酒，嵇康辞绝辟召，向秀、刘伶、王戎、阮咸也都清谈不仕。（唯有山涛，初虽同心，后登仕版，出处之际先后不同。）此外，吕安与向秀同灌园于山阳，赵至则自洛阳追寻嵇康至邺，同归山阳，郭遐周、郭遐叔兄弟则超然北征，与嵇康“乐道蓬庐”，阮德如、阮德猷也与嵇康往还，俱明“屡空守贞”之志。河内郡遂成为不应司马氏征召的退隐名士的乐园。他们“并有拔超之韵，其进止无不同，而造事营生，业亦不异”。嵇康对自己哥哥从军，也曾加以劝阻，以为他哥哥是在“弃此荪芷，袭彼萧艾”。那时，据《世说新语》的说法，他的影响很大，所谓“风誉扇于海内”。

他不应司马氏征召，被司马氏所忌恨，在司马昭与向秀的问答中，忌恨之情见乎辞气。

> 嵇中散既被诛，向子期举郡计入洛，文王引进问曰：“闻君有箕山之志，何以在此？”对曰：“巢许狷介之士，不足多慕。”王大咨嗟。注引《向秀别传》曰：“康被诛，秀遂失图，乃应岁举，到京师，诣大将军司马文王。文王问曰：‘闻君有箕山之志，何能自屈？’秀曰：‘常谓彼人不达尧意，本非所慕也。’一坐皆说。（‘彼人’是借许由以影射嵇康的。）”（《世说新语·言语》）

嵇康与七贤及其他一些一道同风的人物，除长时期盘桓于河内以外，也偶然到洛阳居住。上文提到向秀与嵇康偶锻于洛的事，《文士传》写嵇康锻铁，殊为生动："康性绝巧，能锻铁。家有盛柳树，乃激水以圜之，夏天甚清凉，恒居其下傲戏，乃身自锻。家虽贫，有人说锻者，康不受直。唯亲旧携鸡酒往，与共饮啖，清言而已。"另外，从嵇绍所作《赵至叙》中，我们也可知，嵇康在洛阳，曾在太学写石经。嵇康与赵至的交往，是很有趣的。赵至出身微贱，父躬耕稼，嵇康却与他很亲密。嵇康死后赵至从孟元基宦辽东，远行时，曾有书信寄康从子嵇茂齐，极为愤惋哀切。这一段颇不平常的交往，对嵇康身世的了解，是有重要的参考价值的。就文献价值来说，《赵至叙》除嵇喜所作《康传》外，是对于嵇康生平事迹的最近于真切的记述，非《世说新语》等间接撮引可比。有全部引叙的必要：

（赵）至，字景真，代郡人，汉末，其祖流宕，客缑氏。令新之官，至年十二，与母共道旁看。母曰："汝先世非微贱家也，汝后能如此不？"至曰："可尔耳。"归，便求师诵书。蚤闻父耕叱牛声，释书而泣。师问之，答曰："自伤不能致荣华，而使老父不免勤苦。"年十四，入太学观，时先君在学，写石经古文，事讫去，遂随车问先君姓名。先君曰："年少何以问我？"至曰："观君风器非常，故问耳。"先君具告之。至年十五，阳病，数数狂走五里三里，为家追得。又炙身体十数处。年十六，遂亡命，径至洛阳，求索先君，不得。至邺，沛国史仲和，是魏领军史涣孙也，至便依之，遂名翼，字阳和。先君到邺，至具道太学中事，便逐先君归山阳，经年。至长七尺三寸，洁白黑发，赤唇明目，鬓须不多，闲详安谛，体若不胜衣。先君尝谓之曰："卿头小而锐，瞳子白黑分明，视瞻停谛，有白起风。至议论清辩，有纵横才。"然亦不以自长也。孟元基辟为辽东从事，在郡断九狱，见称清当。自痛弃亲远游，母亡不见，吐血发病，服未竟

而亡。（《世说新语·言语》注引）

嵇康在洛阳，也常与人们在那有名的“黄公酒垆”下酣饮。《世说新语·伤逝第十七》：

王濬冲（戎）为尚书令，着公服，乘轺车，经黄公酒垆下过。顾谓后车客：“吾昔与嵇叔夜、阮嗣宗共酣饮于此垆。竹林之游，亦预其末。自嵇生夭、阮公亡以来，便为时所羁绁。今日视此虽近，邈若山河。”

以上所述，是嵇康在洛阳的生活鳞爪。此外，据《三国志》注引《魏氏春秋》，为避免司马氏征召，他曾避地河东；据《文选》注，早年又与山涛游颍川太守山嵚（涛之叔父）之所。——从文献上来看嵇康的踪迹，所可能知道的，就是如此。

嵇康是为吕安事下狱被诛的。关于吕安，《三国志》注引《魏氏春秋》有如下的记述：

初，康与东平吕昭子巽及巽弟安亲善。会巽淫安妻徐氏，而诬安不孝，囚之。安引康为证，康义不负心，保明其事。安亦至烈，有济世志力。钟会劝大将军因此除之，遂杀安及康。

这样看来，安之被杀，最主要的原因是性烈，有济世志力，是带有政治意味的。这一点与嵇康相同。吕巽淫其弟妻，又诬告其弟不孝，而在政治上又是党于司马氏的，其为人为嵇康所不满与鄙薄，是当然的。（《三国志》注引干宝云：“巽善于钟会，巽为相国掾，俱有宠于司马文王，故遂抵安罪。”）为此，嵇康写信与吕巽绝交，“临书恨恨”地骂他“包藏祸心”。乃兄与乃弟的距离，真是非常巨大。据《世说新语·简傲第二十四》注引《晋阳秋》《晋纪》，所述吕安的性格极似嵇康，而他跟嵇康的交谊，也极笃厚。二人终于同命，不是偶然的。

嵇康与吕安善，每一相思，千里命驾。安后来，值康不在，（康兄）喜出户延之，不入，题门上作凤字而去。喜不觉，犹以为欣。故作凤字，凡鸟也。（《简傲第二十四》）

安志量开旷，有拔俗风气。（注引《晋阳秋》）

初安之交康也，其相思则率尔命驾。（注引《晋纪》）

安尝从康，或遇其行，康兄喜拭席而待之，弗顾。独坐车中，康母就设酒食。求康儿共语戏，良久则去。其轻贵如此。（同上）

关于嵇康的死年，裴松之在《三国志》注中，曾有所辩正：

臣松之案：本传云康以景元中坐事诛，而干宝、孙盛、习凿齿诸书皆云正元二年，司马文王反自乐嘉，杀嵇康、吕安。盖缘《世语》云康欲举兵应毌丘俭，故谓破俭便应杀康也。其实不然。山涛为选官，欲举康自代，康书告绝，事之明审者也。案《涛行状》，涛始以景元二年除吏部郎耳。景元与正元相较七八年，以《涛行状》检之，知本传为审。又《钟会传》亦云会作司隶校尉时诛康。会作司隶，景元中也。干宝云吕安兄巽善于钟会，巽为相国掾，俱有宠于司马文王，故遂抵安罪。寻文王以景元四年钟邓平蜀后始授相国位。若巽为相国掾时陷安，焉得以破毌丘俭年杀嵇、吕？此又干宝之疏谬，自相违伐也。

裴松之的辩正是正确的。但只证实了《三国志》“景元中坐事诛”的笼统说法，并没有确切指出景元中的哪一年，还是不够的。山涛以景元二年始除吏部郎，而钟会做司隶，尽于景元三年冬，此后，会为镇西将军假节都督关中诸军事。嵇康之诛，在山涛为选官与钟会为司隶之时，则必在景元二年至三年冬的一段时间中。

《与山巨源绝交书》中说：“阮嗣宗为礼法之士所绳，疾之如仇，幸赖大将军保持之耳。”《晋书·阮籍传》说：“籍不拘礼教……由是礼法之士疾之若仇，而帝每保护之。”又《何曾传》说：“魏帝之废也，曾预其谋焉。时步兵校尉阮籍负才放诞，居丧无礼。曾面质籍于文帝座曰：‘卿纵情背礼，败俗之人。今忠贤执政，综核名实，若卿之曹，不可长也。’因言于帝曰：‘公方以孝治天下，而听阮籍以重哀饮酒食肉于公座。宜摈四裔，无令污染华夏。’帝曰：‘此子羸病若此，君不能为吾忍邪？’”齐王芳被废在嘉平六年，即正元元年，其第二年，司马师殁，司马昭始为大将军，又六年乃弑高贵乡公。故知《何曾传》所说魏帝之废，非指齐王芳，而指高贵乡公被弑，后又以太后诏援汉昌邑王故事，废为庶人，以民礼葬之这一回事。高贵乡公被弑后，名义上由太后下诏数以不孝之罪。例如说：“此儿忿戾，所行益甚。举弓遥射吾宫，祝当令中吾项，箭亲堕吾前。吾语大将军不可不废之，前后数次，此儿具闻。自知罪重，便图为弑逆，赂遗吾左右人，会因吾服药，密行鸩毒。重相设计，事已觉露，直欲因际会举兵入西宫杀吾，出取大将军。……吾之危殆，过于累卵。……此儿既行悖逆不道，而又自陷大祸，重令吾悼心不可言。”这就是何曾所谓“公以孝治天下”的具体内容。高贵乡公既以不孝被废被诛，而阮籍却居丧饮酒食肉，自然要遭何曾的仇嫉，抬出以孝治天下的大题目来。由此足以证明，《绝交书》是在高贵乡公被弑（景元元年）后写的。书中说“今女年十三，子年八岁”，《晋书·嵇绍传》称绍“十岁而孤”，则作《绝交书》后二年，康即被杀。绍传所说的十岁，可能系约举成数而言。故嵇康被杀的年份，认定在景元二年以后、三年冬以前这一段时间内，是完全没有问题的。如我们认为绍传所说的“十岁而孤”是一个确实年岁，则《绝交书》之作在景元元年，康被杀在景元三年，这是最可能的确实年份。

至于干宝所说吕巽为相国掾时陷安，也是失考的。司马昭于景元四年冬，始纳郑冲劝进，晋位相国，时钟会早已谢司隶之职，统兵伐蜀，深入川中。巽与会同谋诛杀康、安，当在未为相国掾时。这附带的要辩正一下。

（原载侯外庐等《中国思想通史》第三册第五章第一节第三小节，人民出版社1957年版）

嵇康论精神境界

◎冯友兰

嵇康（223—262），字叔夜，谯国铚（今皖北）人，是曹魏时期的一个有名的文学家和思想家，做官到中散大夫，所以后世称为嵇中散。当时，在政治上，司马氏和曹氏正在争夺政权。司马懿发动政变，杀了曹爽，初步地夺了政权。王弼、何晏是属于曹爽这一集团的，何晏为司马懿所杀。嵇康是曹氏的亲戚，也为当时执掌政权的司马懿的儿子晋王司马昭所杀。他的著作，后人编为一个集子，叫《嵇康集》，也称为《嵇中散集》。《嵇康集》有许多本子，异文很多。下面引嵇康的著作，不专靠哪一个本子，只看哪一个本子的异文“于义为长”，不另作说明（如果要知道这些本子的异同，可以看鲁迅先生的《嵇康集》的校本）。嵇康的《释私论》是他的一篇重要的讲精神境界的著作（《嵇康集》卷六）。现在我们把他这一篇分析一下。

《释私论》说:“夫称君子者，心无措乎是非，而行不违乎道者也。何以言之？夫气静神虚者，心不存于矜尚；体亮心达者，情不系于所欲。矜尚不存乎心，故能越名教而任自然；情不系于所欲，故能审贵贱而通物情。物情顺通，故大道无违；越名任心，故是非无措也。是故言君子，则以无措为主，以通物为美。言小人，则以匿情为非，以违道为阙。何者？匿情矜吝，小人之至恶；虚心无措，君子之笃行也。”

这是从两方面讲“君子”。这两个方面实际上就是两个层次。第一个层次是“越名教而任自然”，第二个层次是“审贵贱而通物情”。第一个层次，是就个人与社会的关系说的，作为社会的一员，一个人在社会中应该“越名教而任自然”。这就是说一个人应该顺着他的自然本性生活下去，不管社会上的清规戒律、条条框框。要这样做，就要不理会社会上的批评和赞扬，这就叫“心无措乎是非”。第二个层次是就人和宇宙的关系说的，是就人和物的关系说的。在这个关系中，人应该“审贵贱而通物情”，能够物情顺通，就与大道无违。达到物情顺通的条件是“情不系于所欲”。

嵇康认为，主要的问题是公私之分。他说：“故论公私者，虽云志道存善，心无凶邪，无所怀而不匿者，不可谓无私。虽欲之伐善，情之违道，无所抱而不显者，不可谓不公。今执必公之理，以绳不公之情，使夫虽为善者，不离于有私；虽欲之伐善，不陷于不公，重其名而贵其心，则是非之情，不得不显矣。是非必显，有善者无匿情之不是，有非者不加不公之大非。无不是则善莫不得；无大非则莫过其非，乃所以救其非也。非徒尽善，亦所以厉不善也。”

这就是说，公私的表现在于“显情”或“匿情”。一个人虽然行的是善事，但是他行善的思想感情都不公开，都被隐蔽起来，这就叫“匿情”，这些人还是有私。有些人虽然有“矜尚”“违道”等缺点，但是，如果他的思想感情都是公开的，都不被隐蔽，这就叫“显情”，这些人还是有公。嵇康认为，这样讲，对于有善者和有非者都有好处。有善者懂得这个道理，就可以不匿情而成为有公。有非者懂得了这个道理，就知道自己虽然有错误，但是还不是不公。这样有善者就可以更进一步地为善，有非者也可以受到挽救和勉励。

嵇康举汉朝的第五伦为例。第五伦说：他自己不能无私。他的侄子有病，他一夜去看十次，可是看了以后，还是睡得很好。他自己的儿子有病，他没有这样去看，可是夜里睡不着觉。因此他自己承认有私。嵇康说，第五伦是有非，但不是有私。因为他能够显情，把自己的思想感情完全公开出来，这就是公而不是私。嵇康说:“今第五伦有非而能显，不可谓不公也。所显是非，不可谓有措也。”就是说，第五伦有错误，但他能把它公开出来，这就是公。他公开说出来他的错误，而不怕别人的耻笑，这就是“心无措乎是非”。

嵇康说：“夫公私者，成败之途而吉凶之门也。……栖心古烈，拟足公途。值心而言，则言无不是。触情而行，则事无不吉。于是乎同（鲁迅云疑当作情）之所措者，乃非所措也。欲之所私者，乃非所私也。言不计乎得失而遇善，行不准乎是非而遇吉，岂（疑当作其）公成私败之数乎？”（释私论）在这一段话里，有八个重要的字，就是“值心而言”“触情而行”。就是说，想怎么说就怎么说，想怎么行就怎么行，这就是“任自然”。任自然必定是是的，因为这是“显情”，显情是公。想怎么样说而不说，想怎么样行而不行，那就是不任自然。不任自然是“匿情”，一定是非的。明白了这个道理，就知道，一般人所注意的是非，并不是应该注意的，一般人认为是私的，并不是私的。能够实行这八个字，就可以“寄胸怀于八荒，垂坦荡以永日，斯非贤人君子高行之美异者乎”（同上）。这是“越名教而任自然”的人的精神境界。

社会中的事是复杂的，善恶是非和成败吉凶在有些情况下是一致的，但在有些情况下就不一致了。嵇康把这两方面的事情，认为是完全一致，那就不然了。“值心而言则言无不是”，这是一定的；“触情而行则事无不吉”，这就不一定了。“触情而行”那个行必定是是的，但是，吉不吉，成不成，那就不敢说了。“言不计乎得失而遇善”，这是一定的；“行不准乎是非而遇吉”，这就不一定了。有没有一个办法把这些矛盾统一起来呢？有的。用嵇康的前提推下去，那就是完全“任自然”，不计成败得失。嵇康把善恶、是非和吉凶、得失等同起来，这还是不能不计成败得失。这也是他的思想中的一个内在矛盾。

嵇康有一个朋友，山涛，是当时的一个大官。他推荐嵇康以自代。嵇康听说这个消息，大为不满，就给山涛写了一封信，和他断交。现在传下来的有《与山巨源绝交书》（《嵇康集》卷二）。在这封信里，他阐述了“任自然”的思想。他自己叙述他的生性习惯说：“加少孤露，母兄见骄，不涉经学。性复疏懒，筋驽肉缓，头面常一月十五日不洗，不大闷痒，不能沐也。每常小便，而忍不起，令胞中略转乃起耳。又纵逸来久，情意傲散，简与礼相背，懒与慢相成，而为侪类见宽，不攻其过。又读《庄》《老》，重增其放。故使荣进之心日颓，任实之情转笃。此犹禽鹿，少见驯育，则服从教制。长而见羁，则狂顾顿缨，赴蹈汤火。虽饰以金镳，飨以嘉肴，愈思长林而志在丰草也。”下边他又具体地说:“有必不堪者七，甚不可者二。”在这封信里，他毫无顾忌地说出了他想说的话，说出了他的自然之性和生活习惯，断然拒绝了山涛的推荐，这就是“越名教而任自然”，“心尤措乎是非”，也就是“显情”。

当时有一个人叫张邈，字辽叔，作了一篇文章叫《自然好学论》，说是人自然而然地喜欢学习孔丘的经典。嵇康批评张辽叔的论点，作了一篇《难自然好学论》（《嵇康集》卷七）。论中说:“‘六经’以抑引为主，人性以从欲为欢。抑引则违其愿，从欲则得自然。然则自然之得，不由抑引之‘六经’；全性之本，不须犯情之礼律。故仁义务于理伪，非养真之要术；廉让生于争夺，非自然之所出也。”就是说，“六经”对于人的欲望，有引导，也有抑制。可是就人的欲望本身来说，它不愿受引导，更不愿受抑制。人所喜欢的，就是从心所欲。能够从心所欲，就是得于自然，用不着违反人的情欲的礼律。

嵇康的这段话，是关于名教和自然对立的概括的论述。《世说新语》中有两段记载，可以具体地说明“人性以从欲为欢”的意义。据说，钟会去拜望嵇康，恰好嵇康正在他的院子里的柳树下同向秀一块打铁。原来嵇康有打铁的嗜好，往往以打铁作为消遣，钟会到了，他毫不理睬。钟会只得就走，这时嵇康倒说话了，他问钟会说：“何所闻而来？何所见而去？”钟会回答说：“闻所闻而来，见所见而去。”（《世说新语·简傲》）钟会是当时的一个贵公子，又是一个大名士，对于他的来访，嵇康竟然不加理睬，这是很不合世俗的礼法的。嵇康不一定是因为瞧不起钟会，所以这样怠慢。他可能是因为打铁的兴致正浓，欲罢不能。他不能因为礼节上的应酬，而打断他的兴致，这就是“以从欲为欢”。

又据说，当时有一个名士，在夜间忽然想起一个朋友，想找他谈谈。那时正在下雪。他不管这一切，叫了一只船，连夜冒雪往他朋友家里去，一直走到天明，才到他朋友家的门口，可是他又不进去了，原船回到自己家里。别人都觉得很奇怪。他说:“乘兴而行，兴尽而返。”（《世说新语·任诞》）原来他只是凭着一时的高兴，可是那一时的高兴，就是那一时的“欲”。他这样做就是“以从欲为欢”，他这样做，不管别人的讥笑，这就是“心无措乎是非”。

在第一个层次中，人解决了在社会中的人生问题，其主要的办法是“心无措乎是非”，“越名教而任自然”。但是，人生中的问题并不都是社会中的问题。人是社会的一个成员，也是宇宙的一个成员，他不能离开社会，更不能离开宇宙。人生中的问题，有些是因个人同社会的关系而有的，更多的是因个人同宇宙的关系而有的。前者是要解决，后者更是要解决。解决后者的主要办法，照嵇康所说的，是“情不系于所欲”，“审贵贱而通物情”。关于这两句话的意义，嵇康在《释私论》中没有讲，但在别的文章中讲了。

嵇康作了一篇《养生论》（《嵇康集》卷三），向秀提出了不同的意见，作了一篇《难养生论》（《嵇康集》卷四）。嵇康提出反驳，作了一篇《答难养生论》。在这场辩论中，提到对于富贵的态度的问题。嵇康说："故世之难得者，非财也，非荣也，患意之不足耳。意足者，虽耦耕圳亩，被褐啜菽，莫不自得。不足者，虽养以天下，委以万物，犹未惬。然则足者不须外，不足者无外之不须也。无不须，故无往而不乏；无所须，故无适而不足。不以荣华肆志，不以隐约趋俗，混乎与万物并行，不可宠辱，此真有富贵也。故遗贵欲贵者，贱及之；忘富欲富者，贫得之，理之然也。今居荣华而忧，虽与荣华偕老，亦所以终身长愁耳。故老子曰'乐莫大于无忧，富莫大于知足'，此之谓也。"（《答难养生论》）

这里所说的外，就是所欲，欲是内，所欲是外。"情不系于所欲"，就是"不须外"。"混乎与万物并行，不可宠辱，此真有富贵也"，就是《释私论》所说的"审贵贱而通物情"。知道什么是真有富贵，这就是"审贵贱"。"混乎与万物并行"，就是"通物情"。照《世说新语》所记载，竹林名士中的阮咸有一次宴请他的族人，用大盆盛酒，大家围绕着盆子喝。他家里的猪也来喝，他们就和猪一块喝，这就有"混乎与万物并行"的意思。这个意思，就是把自己放在万物之间，作为万物中之一物。

嵇康批评世俗中的人说："上以周礼为关键，毕志一诚；下以嗜欲为鞭策，欲罢不能。驰骤于世教之内，争巧于荣辱之间。"（同上）他认为这些人都是"情系于所欲"，受"外"的束缚，跟着"外"跑。嵇康说："苟得意有地，俗之所乐，皆粪土耳。何足恋哉？"（同上）他认为世俗的人所以恋于世俗之乐，因为他们在内没有得意之地。他说："此皆无主丁内，借外物以乐之。外物虽丰，哀亦备矣。有主于中，以内乐外，虽无钟鼓，乐已具矣。故得志者，非轩冕也；有至乐者，非充屈也（‘充屈’疑当作‘充悦’，本篇上文云：‘若以充悦为贤，则未闻鼎食有百年之宾也。’指可以充腹悦口的好吃的东西）。得失无以累之耳。且父母有疾，在困而瘳，则忧喜并用矣。由此言之，不若无喜可知也。然则（鲁迅云：‘则下当有“无”字。’）乐岂非至乐邪？故顺天和以自然，以道德（老庄所说的道德，非一般所谓道德）为师友，玩阴阳之变化，乐长生之永久，任自然以托身，并天地而不朽者，孰享之哉。”（同上）嵇康所举的例子意思是说，一个人的父母得病而痊愈了，这固然是一喜，但宁可不要这种喜，因为父母不得病那就更好。嵇康用这个例子说明无乐就是至乐。

这大概就是嵇康所说的“行不违乎道”的意义。这是一种精神境界。这里所说的“长生”“永久”“不朽”，都是有这种精神境界的人所有的自觉，并不是说有这种精神境界的人像神仙那样，可以长生不死。嵇康认为长生不死的神仙是有的，但是认为神仙“似特受异气，禀之自然，非积学所能致也”（《养生论》，《嵇康集》卷二）。如果养生得法，也可以益寿延年，活到千余岁或数百岁，这是积学所能致的。嵇康认为人的精神和肉体是互相依赖、互相影响的，所以养生最好的办法是从精神和肉体两方面同时下手。他说：“是以君子知形恃神以立，神须形以存，悟生理之易失，知一过之害生。故修性以保神，安心以全身，爱憎不栖于情，忧喜不留于意，泊然无感而体气和平。又呼吸吐纳，服食养身，使形神相亲，表里俱济也。”（同上）嵇康在这里讲的是形神交养，但养神的话比较多，他大概认为养生究竟是以养神为主，养神为必要条件。但他又认为，养神虽是必要条件，但不是充足条件，还要加上养形的条件。他所说的呼吸吐纳服食，就是养形的条件。服食是吃药，像灵芝之类。

嵇康又认为，养神重在理解觉悟，怕的是强制压迫。他说：

“善养生者则不然矣。清虚静泰，少私寡欲。知名位之伤德，故忽而不营，非欲而强禁也。识厚味之害性，故弃而弗顾，非贪而后抑也。外物以累心不存，神气以醇白独著。旷然无忧患，寂然无思虑。又守之以一，养之以和，和理日济，同乎大顺。然后蒸以灵芝，润以醴泉，晞以朝阳，绥以五弦，无为自得，体妙心玄。忘欢而后乐足，遗生而后身存。若此以往，庶可与羡门比寿，王乔争年，何为其无有哉！”（同上）这里那几个“知”字，就是理解觉悟。其要点是“情不系于所欲”，“以内乐外”，不“以外乐内”。

《老子》和《庄子》书中，本来有神仙家的言论，讲究修炼，以求长生不死。但《老子》书中也说：“吾所以有大患者，为吾有身。及吾无身，吾有何患！”（《老子》十三章）又说：“夫惟无以生为者，是贤于贵生。”（《老子》七十五章）这一类的话都否定了神仙家修炼以求长生不死的言论。嵇康的《释私论》也引了《老子》的这两段话，称为“大道之言”，但是，他还有神仙家的思想。他的《养生论》以养生为题目，认为人的身体如果修炼得法，即使不能像传说中的神仙那样长生不死，总也可以活到千岁或几百岁。这种神仙家的思想，在葛洪的《抱朴子》书中得到发挥，后来成为道教的主要内容。

《老子》和《庄子》本来是一种总集，是号称道家的人的论文集，其中的篇章，本来不是一时一人所作，思想分歧不足为怪。嵇康的文章中思想不一致，那就是思想的内部矛盾了。他固然也说“遗生而后身存”，但是又要吐故纳新，还要吃药，这就不是“遗生”了。

嵇康有一首琴歌：“凌扶摇兮憩瀛洲，要列子兮为好仇。餐沆瀣兮带朝霞，眇翩翩兮薄天游。齐万物兮超自得，委性命兮任去留。”（《琴赋》，《嵇康集》卷二）既然是“任去留”，那就用不着“吐故纳新”，吃药以求长生了。

嵇康论精神境界的要点，就是超越。琴歌说："齐万物兮超自得。"万物本来是不齐的，不齐就任其不齐，这就是所谓"以不齐齐之"。如果一个人能够这样地齐万物，这就超了。能超就能自得，就能在社会中"越名教而任自然"，在宇宙间"超万物而自得"，这就是最高的精神境界。要达到这种精神境界，就要超越一个个体所受的限制，用嵇康的话说，那就是"释私"。

嵇康的这一套理论和《庄子》是相合的。《庄子》的《逍遥游》说："且举世而誉之而不加劝，举世而非之而不加沮，定乎内外之分，辩乎荣辱之境，斯已矣。彼其于世，未数数然也。虽然，犹有未树也。夫列子御风而行，泠然善也，旬有五日而后反。彼于致福者，未数数然也。此虽免乎行，犹有所待者也。若夫乘天地之正，而御六气之辩，以游无穷者，彼且恶乎待哉！故曰：至人无己，神人无功，圣人无名。"

"举世而誉之而不加劝，举世而非之而不加沮"，这就是"心无措乎是非"，能够这样，就可以在社会中得到逍遥。但人生中的问题不完全是从社会关系中来的，仅只在社会关系中得到逍遥，那还不够，所以说"犹有未树也"。列子御风那几句是说除社会关系之外，还有一些问题需要解决，但是别的办法还是不行，因为他还要"有所待"。这几句话讲的就是"情不系于所欲"。"所欲"就是"所待"。如果情系于所欲，那就不能无所待。

"若夫乘天地之正"那一段说的是完全的超越，最大的逍遥。这就是琴歌所说的"委性命兮任去留"，也就是《释私论》所说的"寄胸怀于八荒，垂坦荡以永日"。

怎样可以达到这种境界呢？《逍遥游》说："至人无己，神人无功，圣人无名。"主要的是"无己"，"无己"就是"释私"。

嵇康虽受《庄子》的启发，但他所说的这些，并不是注《庄子》，更不是抄《庄子》。是有那么一种客观道理，《庄子》

和嵇康对之都有所见，所以他们所说的可以互相启发，互相印证。但嵇康的思想中有一些内部矛盾，也是确有所见。

（原载冯友兰《中国哲学史新编》第四册第三十九章第二、三节，人民出版社1986年版）

论嵇康的哲学思想

◎丁冠之

一

嵇康（223—262），字叔夜，谯国铚（今安徽濉溪临涣镇）人，三国时著名的文学家、思想家，在魏做过中散大夫，后人又称他为嵇中散。司马氏当政以后，嵇康被司马昭杀害，著作有《嵇康集》十卷。

东汉末年在战争废墟上建立起来的曹魏政权，在经济和政治方面采取了一些进步措施，特别在政治上，曹操实行名法之治，用人“唯才是举”，对抑制大族起了进步作用。但魏文帝曹丕称帝后，实行九品中正制，承认世家大族有做官的特权，东汉末年受到农民起义沉重打击的世家大族的势力再度兴起。公元249年魏明帝曹叡死后，儒门大族出身的司马懿杀死和他共同辅政的宗室权贵曹爽，控制了曹魏政权。此后，司马氏先后废立或杀死几个曹氏皇帝，并用极其残酷的手段，诛杀异己，为其登上皇帝宝座扫清道路。司马氏集团是世族大地主政治势力的代表，比已经蜕变的曹氏政权更加腐朽，它取代曹氏政权后，进一步巩固了门阀士族的利益，加速了统治集团腐朽的进程，使阶级矛盾日趋尖锐。

嵇康在政治上是司马氏的反对派，过去有的同志只根据他反对司马氏这一点，就把他划归曹氏集团。其实从嵇康的家世、生平和他的思想倾向来看，他反对司马氏的斗争并非从忠于魏室出发，而是反映了寒门庶族地主的利益。嵇康的家世，据《三国志·魏书·王粲传》及《世说新语·德行》篇注引虞预、王隐两家《晋书》，原为会稽人，因避怨迁至谯国铚县，改姓嵇。可知嵇康出身并非地位显赫的高门大族。从嵇康的思想来看，他反对虚伪的名教，“非汤武而薄周孔”（《与山巨源绝交书》），指斥“六经未必为太阳”（《难自然好学论》），立言行事反对“仰仁义以为主”，主张“越名教任自然”（《与山巨源绝交书》）。嵇康这些激烈的言论，远远超出了司马氏和曹氏两个政治集团斗争的范围。我们虽不能认为嵇康已经彻底背叛名教，却应该看到他在一定程度上表现了对现实社会和封建正统观念的厌恶和憎恨。司马氏指责他非圣无法，“言论放荡，非毁典谟，帝王者所不宜容”（《晋书·嵇康传》），从反面说出了嵇康思想的性质和叛逆精神。

嵇康的哲学思想，内容比较丰富，但是过去学术界对它的研究比较薄弱，评价也多有分歧。有的同志把他划入玄学唯心主义，有的同志则认为是二元论。我则认为嵇康的哲学思想虽然有一些唯心主义杂质，但从整体来看，他是一个唯物主义思想家。嵇康的唯物主义思想是两汉唯心主义神学世界观和魏晋玄学唯心主义“贵无”思想的对立物，应该给予应有的重视。

二

嵇康哲学思想的基础是他的唯物自然观。这一思想是从王充那里继承来的。王充认为“气”是天地万物的原始物质基础。他说：“天地，含气之自然也。”（《论衡·谈天篇》）“天地合气，万物自生。犹夫妇合气，子自生矣。”（《论衡·自然篇》）嵇康也认为世界的本原是“元气”。他说：“夫元气陶铄，众生禀焉。”（《明胆论》）自然界的一切都是禀受元气而生。又说：“浩浩太素，阳曜阴凝。二仪陶化，人伦肇兴。”（《太师箴》）“夫天地合德，万物资生；寒暑代往，五行以成。故章为五色，发为五音。”（《声无哀乐论》）这是说，元气之中包含着阴阳两个对立面，由于阴阳二气的矛盾、运动变化而产生万物。

关于天地万物的形成问题，一直是唯心主义和唯物主义斗争的主要内容。两汉以来以董仲舒和《白虎通》为代表的神学目的论，认为世界上的一切都是上帝有意安排的。至魏晋时期，以王弼、何宴为代表的“贵无”学说，则认为世界万物来源于精神性的“无”。嵇康的唯物主义自然观就是在和这种宗教唯心主义世界观的斗争中建立起来的。这里有两点需要特别指出：

（一）对天地万物的起源，《白虎通》有一个说法，它说：“始起先有太初，然后有太始，形兆既成，名曰太素。”它又引用纬书《易·乾凿度》的说法：“太初者，气之始也；太始者，形之始也；太素者，质之始也。”这就是说，元气开始于“太初”，在太初之前世界是不存在的，这就给上帝创造世界的谬论提供了理论根据。嵇康也使用了“太素”这个词，但它的含义和《白虎通》说的完全不同。他认为“太素”就是元气，摒弃了《白虎通》在“太初”之前无气的唯心主义谬说，认为宇宙自然就是自然而然存在着的“浩浩太素”即广大无边的元气，在元气之前根本不存在什么起始的问题。这显然是对《白虎通》宗教唯心主义的批判。

（二）魏晋时期的思想家差不多都雅好老庄，受道家思想影响很大。嵇康也自称：“老子庄周，吾之师也。”（《与山巨源绝交书》）但嵇康在世界观方面同何宴、王弼走着截然相反的路线。何宴、王弼继承了老子“有生于无”的思想，把精神性的“无”看作世界本体。而嵇康则吸取了道家自然无为的思想，抛弃了精神性的“无”或“道”，把世界的本原归之为“气”，和王、何“贵无”思想相对立。这是嵇康的世界观既不同于老子，又不同于王、何的重要标志。

嵇康的唯物主义思想还表现在对唯心主义神学世界观的批判上。他反对儒家宣扬的天命论，对“万事万物，无非相命”的思想提出质疑。他说：“唐虞之世，命何同延？长平之卒，命何同短？此吾之所疑也。”（《难宅无吉凶摄生论》）在《声无哀乐论》中，他就对神秘主义的传说做过批判。比如有人认为：“师旷吹律，知南风不竞，楚师必败。”嵇康认为风是自然现象，“阴阳愤激，然后成风；气之相感，触地而发”，和战争的胜败毫不相干，这一定是师旷事先看到了胜败的形势，“欲固众心，而托以神微”。对“葛卢闻牛鸣，知其三子为牺”，“羊舌母听闻儿啼，而审其丧家”的荒诞传说，嵇康认为都是违背“知之之理”的，是“俗儒妄记”“欲神其事而追为”（《声无哀乐论》）的。嵇康的无神论思想是不彻底的，有时他又说：“神祇遐远，吉凶难明。”“吾怯于专断，进不敢定祸福于卜相，退不敢谓家无吉凶也。”（《难宅无吉凶摄生论》）表现了犹豫、依违两可的态度。这恐怕是和他在司马氏的高压之下，随时会有杀身之祸的处境有关。

在形神问题上，嵇康反对形神相离，主张形神相资，初步树立了形神相即的观点。他说：“形恃神以立，神须形以存。”认为形神相互依赖。嵇康认为精神受到刺激，身体健康就会受到直接影响。他说：“精神之于形骸，犹国之有君也；神躁于中，而形丧于外。”他主张“修性以保神，安心以全身”，同时注意运动、营养和药物治疗，“使形神相亲，表里俱济”（以上见《养生论》）。做到这些就可以保持身体健康，延长寿命。在形神问题上，嵇康没有明确指出形是神的基础，是个明显的缺点，但他从养生的角度，看到形神互相依存，失去一方，人的生命活动就会停止，这同把精神看作可以离开人的形体而独立存在的唯心主义是有根本区别的。

三

嵇康的唯物主义思想大量地体现在他对音乐的论述上。嵇康关于音乐的论述主要见于《声无哀乐论》。这篇文章的基本思想是主张声音是客观的“物之自然”，它只有“善恶”（好听和不好听）的区别，而“无系于人情”，和人的悲哀或快乐的情感并非一回事。他说：“天地合德，万物资生；寒暑代往，五行以成。故章为五色，发为五音。音声之作，其犹臭味在于天地之间。其善与不善，虽遭浊乱，其体自若而不变也，岂以爱憎易操，哀乐改度哉！”嵇康进一步得出结论说：“声之与心，殊途异轨，不相经纬。”“心之与声，明为二物。二物之诚然，则求情者不留观于形貌，揆心者不借听于声音也。”

嵇康反复强调声音“无象”，没有哀乐的内容，它是“物之自然”，把声和心严格区别开来，目的在于通过对声音的论述，说明宇宙自然是独立于人们意志之外的客观存在。宇宙自然是和谐统一的，而音乐的和谐反映了宇宙自然的和谐。阮籍曾说：“夫乐者，天地之体，万物之性也。合其体，得其性，则和，离其体，失其性，则乖。昔者，圣人之作乐也，将以顺天地之体，成万物之性也。故定天地八方之音，以迎阴阳八风之声。”（《乐论》）嵇康在这个问题上和阮籍的观点是完全一致的。他在《琴赋》中对弹奏得优美动听的琴声做了极其生动的描述：“轻行浮弹，明婳睐慧，疾而不速，留而不滞，翩绵飘邈，微音迅逝。远而听之，若鸾凤和鸣戏云中，迫而察之，若众葩敷荣曜春风，既丰赡以多姿，又善始而令终，嗟姣妙以弘丽，何变态之无穷。”这与其说是对琴声的描绘，毋宁说是对大自然的写照。汤用彤在谈到嵇康的宇宙观的特点时说："嵇叔夜深有契于音乐，其宇宙观察颇具艺术之眼光（阮嗣宗亦同），虽是思想浮杂难求其统系。然概括言之，其要义有二。首则由名理进而论音声，再则由音声之新解，推求宇宙之特性。"（《魏晋玄学论稿》，人民出版社1957年版，第32页）这是非常正确的。嵇康的《声无哀乐论》把宇宙自然看作独立于人们意志之外的客观存在，在精神和物质谁为第一性这一哲学的根本问题上，坚持了唯物主义原则，这是应该首先肯定的。

当然，《声无哀乐论》也存在着明显的错误。首先它有混淆自然的声音（声波）和音乐（人们艺术加工的声音）的界限的倾向，这就会否定音乐的社会性。自然形态的声音当然不包含悲哀或快乐的感情内容，作为意识形态的音乐，必然要体现作者的思想感情。因此说自然的声音（声波）没有哀乐是正确的，但从而认为一切声音（包括音乐）都无哀乐那就是错误的了。

其次，嵇康认为人的情感和音乐是两种不同的东西，把心和声严格区别开来，这无疑是正确的。因为不承认心声为二物，把它们看成一个东西，就取消了主观和客观的界限。但是，嵇康只强调它们的区别，而忽视它们的联系，否认音乐既可表现人的情感，又能对人的情感有刺激作用，显然是错误的。

有的同志根据嵇康的这个错误，断定他是心声二元论者，认为嵇康承认人的思想情感可以脱离物质基础而主观自生。这是很值得商榷的。

第一，二元论是有其特定涵义的，它是指对世界本原的看法而言的。唯物主义认为，物质先于精神，世界的本原是物质；唯心主义认为，精神先于自然界而存在，把世界起源归结为神或精神。前者是唯物主义的一元论，后者是唯心主义的一元论。二元论则企图把物质和精神的地位等同起来，把它们看作两种各自独立的、平行的世界本原。我们确定一个哲学家是不是二元论者，只能看他对世界本原这一根本问题是怎样回答的。应该说，嵇康对这个问题的回答是明确的。正如上面已经论及的那样，他是把世界的本原归之于“元气”的。这显然是朴素的唯物主义一元论的思想。

第二，嵇康的确说过“和声无象，而哀心有主”的话，但这并不等于嵇康认为人的思想情感是离开客观的物质基础而主观自生的。嵇康说“哀心有主”，这里“主”字是有所依恃的意思，就是说悲哀的情感并不是凭空而发的。他说：“声音以平和为体，而感物无常；心志以所俟为主，应感而发。”“哀乐自以事会，先遘于心，但因和声，以自显发。”这里说的“所俟”和“哀乐自以事会”都是指产生思想情感的物质基础。他举例说：“夫言哀者，或见几杖而泣，或睹舆服而悲。徒以感人亡而物存，痛事显而形潜。其所以会之，皆自有由，不为触地而生哀，当席而泪出也。”这悲痛和哭泣不是凭空而来的，而是触景生情，由亲人的遗物引起对亲人的思念而来的。嵇康的思想是明确的，他否认音乐对人的思想情感有刺激作用，但也没有否认思想情感产生的物质基础，这两者不能等同和混淆。嵇康在论音乐问题上有错误，但在物质和精神谁为第一性的根本问题上，并没有离开唯物主义的基本原则。

还应该指出，嵇康在论述心声关系时是有矛盾的。他的总的命题是“声无哀乐”，即音乐既不能表达人的情感，也不能对人的情感有刺激作用。但在不少地方他又提到了心声之间的联系。他说：“声音和比，感人之最深者也。”又说：“琵琶筝笛，间促而声高，变众而节数。以高声御数节，故更（使）形躁而志越，犹铃铎警耳，钟鼓骇心，故闻鼓鞞之音，思将帅之臣。”既然承认“钟鼓骇心”，那么音乐对主观情绪的刺激作用，也就是不言而喻的了。另外他还承认“劳者歌其事，乐者舞其功”，认为歌舞可以表达人的事功，这都是说的主观和客观的联系。嵇康在心声关系上的自相矛盾，曾受到“秦客”的责难，嵇康并未做出合理的解释。在我看来，嵇康之所以不惜陷入自相矛盾之中也要力辩声无哀乐，是有其明显的政治原因的，这就是下面我们所要谈的内容。

第三，嵇康在《声无哀乐论》中那样强烈反对声有哀乐，除我在上面提到的他崇尚自然，欣赏音乐的自然和谐，并以此证明宇宙自然是不以人的主观意志为转移的客观存在以外，还有更深刻的政治原因。

当时司马氏打着维护名教的幌子，诛杀异己，篡夺皇位。在嵇康看来司马氏高唱维护名教，而实际行动则是破坏名教，他们是一伙口是心非、言行不一的伪君子和两面派。正如阮籍所说：“今汝造音以乱声，作色以诡形，外易其貌，内隐其情，怀欲以求多，诈伪以要名。”（《阮籍集·大人先生传》）嵇康在《声无哀乐论》中恰恰是揭露了这种心声异轨、口不应心的两面派，极力反对“校音以知心”。他说：“假令心志于马而误言鹿，察者固当由鹿以知马也。此为心不系于所言，言或不足以证心也。”口是心非，嘴里讲的和心里想的不一致，别人怎么能用他的言论来判断他的内心呢？这显然是对司马氏声言维护名教而实际在破坏名教，表面上信誓旦旦地要忠于曹氏皇帝而实际上则积极进行着篡夺皇位的活动这种两面派行为的揭露和嘲笑。弄清了这个背景和嵇康的用心，我们再来看嵇康下面的话，就觉得顺理成章，容易理解了。嵇康说：“心之与声，明为二物。二物之诚然，则求情者不留观于形貌，揆心者不借听于声音也。察者欲因声以知心，不亦外乎？”“声之与心，殊途异轨，不相经纬。”对一个人的思想要做出正确的判断，只靠他的言论是不行的，而对口是心非的伪君子就更是如此。只有听其言而观其行，通过实践才能做出正确的判断。当然嵇康的认识不可能达到这个高度。但是他认识到声和心的矛盾，并力图在认识中解决这个矛盾，是应该给予肯定的。如果我们只抓住嵇康心声异轨一类的话说嵇康在世界观上是二元论者，认识论上是“言不尽意”者，那就难免与嵇康的本意大相径庭了。

四

嵇康的自然观、认识论和社会政治思想三者是紧密联系的，他以唯物主义自然观为基础，在政治上反对名教之治，主张“越名教任自然”。他的认识论则强调对自然的认识，认为“六经”和礼律束缚人性，禁锢思想。他冲破传统的儒家思想的束缚，在认识论和思想方法上提出了一些有价值的见解。

第一，在认识的是非标准上，反对“立六经以为准”“以周孔为关键”（《难自然好学论》），主张“推类辨物，当先求之自然之理”（《声无哀乐论》）。这个思想完全是和两汉以来经学家的认识方法相对立的。自从汉武帝罢黜百家、独尊儒术以后，儒学成为官方哲学，由于得到两汉最高统治者的支持和提倡，今文经学逐渐和“天人感应”说以及谶纬迷信相结合，使经学成为宗教神学，孔丘也成了“前知千岁，后知万世”的神。因此，孔丘的学说和“六经”便成了立论的依据和衡量认识的准绳，窒息了思想的发展。首先对此提出怀疑和批判的是王充。他说：“世儒学者，好信师而是古，以为圣贤所言皆无非；专精讲习，不知难问。”（《论衡·问孔篇》）提出用“实”和“效验”作为认识正确与否的标准。而嵇康更以“非汤武而薄周孔”自命，明确提出在认识上不能“以周孔为关键”，不能“立六经以为准”，认为“推类辨物，当先求之自然之理。理已定，然后借古义以明之耳”。主张断定人的认识正确与否主要是看它是否合乎“自然之理”，而“古义”和前人的言论只能起辅助和参考作用，不能作为认识的依据。同时嵇康也强调用“效验”来鉴别认识的真伪。如他说："夫所知麦之善于菽，稻之胜于稷，由有效而识之。"（《答难养生论》）这都表明，嵇康极力强调在认识的是非问题上应该有客观标准。当然，嵇康没有也不可能找到科学的检验真理的标准。他蔑视孔丘和"六经"的权威，敢于提出"非汤武而薄周孔"这样大胆的口号，却是儒家思想定于一尊之后的第一人。这对人们从儒家思想的禁锢中解放出来起了积极的作用，嵇康为此付出了最高的代价——司马氏正是以此为借口把他杀害的。直到一千多年后的李贽才再次提出"不以孔丘是非为是非"的口号，由此也可看出嵇康这一思想的价值。

第二，在认识方法上，嵇康反对儒家的"多同"和"思不出位"，他认为这是服膺"六经"和孔丘学说的儒者之流在思想方法上的一个共同的痼疾。他们"以规矩为轩驾，以讲诲为哺乳……游心极视，不睹其外，终年驰骋，思不出位，聚族献议，唯学为贵。执书摘句，俯仰咨嗟，服膺其言，以为荣华"（《难自然好学论》），"以多同自减，思不出位，使奇事绝于所见，妙理断于常论；以言通变达微，未之闻也"（《答难养生论》），"以多自证，以同自慰，谓天地之理，尽此而已"（《养生论》）。嵇康的这个批评完全击中了两汉以来经学家们认识方法的唯心主义要害。但有的同志认为，嵇康"以独观反对多同，神而明之来否定在位之思"，暴露了"嵇康诡辩思想的反现实反群众的本质"。事实果真如此吗？我以为不然。

首先，反"多同"并不是"反群众"。什么叫"多同"，嵇康在这里是有所指的。《尚书·洪范》说："三人占，从二人之言。"这是奴隶主贵族通过占卜决定大事和判断吉凶时所采用的一条原则。两汉以来的经学家在注解经书时，遇有不同看法，也采用了这个所谓"多同"的办法。魏晋时的经学家仍沿用不改。用这个方法来判断认识的是非，当然是不科学的。难道嵇康批评儒家认识方法上的"以多同自减，思不出位"，和"反群众”有任何相同之处吗?

另外，即使从一般意义上来说，反对“多同”和“反群众”也完全是两回事。唯物主义认为判定认识的正确与否是以符不符合客观实际为标准，并不依赞成者人数的多寡为转移。

其次，嵇康批判“思不出位”更是无可厚非。“思不出位”是曾子的话：“子曰：‘不在其位，不谋其政。’曾子曰：‘君子思不出其位。’”（《论语·宪问》）它本来的意思是说，君子考虑事情，不应超出他的职务范围。嵇康借用这句话概括经学家不敢越教条框框一步的唯心主义认识方法是非常恰当的。嵇康认为“天地广远，品物多方，智之所知，未若所不知者众也”（《难宅无吉凶摄生论》）。对客观事物的认识，不能“殆玩所先习，怪于所未知”（《答难养生论》），只有跳出“六经”的樊笼，放开眼界，才能“见沟浍不疑江海之大，睹丘陵则知泰山之高也”。否则便只能是“海人所以终身无山，山客白首无大鱼也”（《答积难宅无吉凶摄生论》）。就是说如果把眼界局限在狭小的圈子里，知此而不知彼，而又少见多怪，那就像住在海边的人怀疑有山的存在，住在山上的人否认有大鱼存在一样愚昧可笑。因此嵇康反对“思不出位”，是符合唯物主义认识论原则的。

嵇康在反对“多同”和“思不出位”的同时，确实提出过“独观”和“探赜索隐”的主张。毋庸讳言，嵇康说的“独观”确有“神而明之”的唯心主义成分。如他说“独观于万化之前，收功于大顺之后”，还认为世界上有常人所不能认识的“微事”，“言所不能及，数所不能分”（《难宅无吉凶摄生论》），这都带有神秘主义的色彩。他主张“探赜索隐”，也在不少地方离开了客观实际。但是如果我们从另外的角度来加以探索的话，就是说如果我们把他说的“独观”和“探赜索隐”当作是要人们不要人云亦云，而应该独立思考，敢于提出新的见解来看的话，就会发现他的主张比那些“祖述尧舜，宪章文武”的冬烘们是一个了不起的进步。鲁迅说得好，“嵇康的论文，比阮籍更好，思想新颖，往往与旧说反对”（《鲁迅全集》第3卷，第309页）。当然，嵇康没有也不可能提出一个代替两汉经学家唯心主义认识方法的科学的唯物主义的认识论，但是他敢于冲破经学的禁锢，以“独观”反对“多同”，以“探赜索隐”反对“思不出位”，其历史功绩实在不可抹杀。

（原载《哲学研究》1980年第4期）

阮籍、嵇康玄学思想的演变

◎余敦康

阮籍、嵇康与何晏、王弼是同时代人，但在正始以后阮籍、嵇康比何晏、王弼多活了十三四年。正始以后的这十三四年，历史的辩证运动加剧进行，一方面是人们企盼已久的统一的局面终于来临，另一方面又发生了魏晋禅代的政治动乱。司马氏集团为了篡夺曹魏政权，“诛夷名族，宠树同己”，不能不在感受到时代精神的知识分子的心灵上蒙上一层阴影，促使他们的思想发生某种变化。阮籍、嵇康的自然论的玄学思想是从何晏、王弼的贵无论的玄学思想发展而来的，典型地反映了正始以后的知识分子的心路历程。只有着眼于这种演变进行动态分析，才能比较准确地把握阮籍、嵇康的玄学思想的特征。

阮籍的思想演变是相当明显的[①]。嵇康虽然自幼“不涉经学”，冠带之年即“托好老庄”，但从“君道自然”（《太师箴》）和“越名教而任自然”（《释私论》）这两个相互矛盾的命题来看，他的思想也经历了一个痛苦的演变过程。这种演变是围绕着如何处理自然与名教的关系进行的。大致说来，阮籍、嵇康前期的思想倾向于二者的结合，正始以后，则违反本心地把二者对立起来，崇尚自然而贬抑名教。

① 丁冠之同志把阮籍的思想演变划分为三个阶段，正始以前以儒学为主，正始年间致力儒道结合，正始以后则鄙弃礼法，推崇庄子。见《中国古代著名哲学家评传》续集第二卷，齐鲁书社 1980 年版，第 105 页。

究竟这种演变的历史动因是什么，是否只是简单地反映了曹魏集团与司马氏集团之间的权力争夺，这是一个值得认真研究的问题。诚然，司马氏系儒学世家，崇尚名教，阮籍、嵇康对名教持批判态度，确实表现了他们的政治立场，拒绝与司马氏政权合作。但是，他们并不是由于站在曹魏集团一边，作为前朝遗民而反对司马氏政权的。哲学与政治虽然有密切的关系，却不是某个政治集团的狭隘的传声筒。它力求反映时代精神，着重于从普遍利益的高度对现实政治进行全面的调整。如果说正始年间何晏、王弼是不满于曹魏名法之治的流弊，企图拨乱反正，建立正常的封建秩序，用贵无论的玄学来加以调整，那么阮籍、嵇康前期的思想倾向于自然与名教的结合，企图使现实符合理想，用理想来纠正现实，和何晏、王弼一样，也对曹魏集团的所作所为表现了强烈的不满。正始以后，发生了魏晋禅代的动乱，这种调整已经失败，许多人陷入绝望。司马氏集团打着名教的幌子，罗织罪名，诛锄异己，把名教变成残酷毒辣的权力争夺的工具。人们被迫在名教与自然二者之间做出选择，或者是只要名教而不要自然，或者是相反，只要自然而不要名教。表面上看来，这是一种政治性的选择：拥护司马氏政权的选择了名教，反对派则选择了自然。同时，儒家尚名教，道家崇自然，这也是对儒道两家思想的选择。其实，从深层的含义来看，这种选择反映了在魏晋禅代之际，理想与现实的冲突已经发展到不可调和的地步，险恶的政治环境迫使人们或者放弃理想向现实妥协，或者坚持理想与现实抗争。当时确有一批人选择了名教以与现实妥协，但他们并不真正服膺名教，实际上是一批与时代精神相背离的无耻之徒。阮籍、嵇康则继续遵循与时代精神相一致的方向，但是由于现实世界的自我分裂和二重化，他们的玄学思想不能不从自然与名教相结合演变为自然与名教相对立。

玄学思想的发展是在既同世界对立又同世界统一的矛盾中

进行的。就本质而言，玄学是一种阐发内圣外王之道的政治哲学，它力求与世界协调一致，为当时的不合理的政治局面找到一种合理的调整方案。但是，当现实变得更不合理，连调整的可能性也完全丧失时，玄学就从世界分离出来而退回到自身，用应该实现的理想来对抗现有的存在。玄学发展到了这个阶段，给自己涂上了一层脱离现实的玄远之学的色彩，由政治哲学变为人生哲学，由外向变为内向，由积极用世变为消极逃世。虽然如此，由于哲学归根结底是时代精神的反映，哲学不能脱离现实，正如人们不能拔着自己的头发离开地球一样，所以阮籍、嵇康的玄学思想一直是承担着巨大的痛苦，在对立的两极中动荡不安。他们把外在世界的分裂还原为内心的分裂，并且极力探索一种安身立命之道以恢复内心的宁静，为的是使世界重新获得合理的性质，在更高的层次上适合人们的精神需要。从这个角度来看，阮籍、嵇康玄学思想的演变既是历史的必然，又是逻辑的必然。

《晋书·阮籍传》说："籍本有济世志，属魏晋之际，天下多故，名士少有全者，籍由是不与世事，遂酣饮为常。"这说明阮籍纵酒酣饮，逃避现实，并非出自本心，而是由险恶的政治环境逼迫而成的。阮籍前期致力名教与自然的结合，尽管对现实不满，但精神状态是平衡的，并且洋溢着一种奋发积极的高昂情调，对理想的实现充满了乐观主义的信念。这在《乐论》和《通易论》两篇著作中表现得最为明显。阮籍认为，天地自然处于一种和谐的状态，以君臣、父子、夫妇为内容的宗法等级制度效法自然，本身也是和谐的。即令这种和谐受到破坏，只要"佐圣扶命"的"君子"以及"有位无称"的"大人"能够出来支撑局面，采取正确的措施，还是有希望转危为安，恢复到原始的和谐的。但是，在阮籍后期的思想里，这种高昂的情调和乐观的信念消逝不见了。典午之世的痛苦经历使他在现实中看不到理想，在理想中看不到现实。原来他所依靠的那个名教与自然相结合的精神支柱，现在崩溃了。于是他的精神无所依附，失去平衡，飘浮于对立的两极之间。虽然他还是一心倾注于现实，而现实又一再使他陷入失望，如是往复颠簸，终于在内心深处激起了轩然大波。阮籍的《咏怀诗》充分地表现了这种矛盾、惶惑、悲观而又愤激的情调，和他前期的思想形成鲜明的对比。

嵇康原来也是以名教与自然相结合作为自己的精神支柱的。他的六言诗说："万国穆亲无事，贤愚各自得志。晏然逸豫内忘，佳哉尔时可喜。"（《唐虞世道治》）"法令滋章寇生，纷然相召不停。大人玄寂无声，镇之以静自正。"（《知慧用有为》）嵇康把唐虞之世"君道自然"的政治树立为最高的理想，尽管他清醒地看到当时"法令滋章"的名法之治的现实不符合这个理想，但是相信只要有一个"大人"出来推行"镇之以静"的政策，实现这个理想的可能性还是存在的。这和阮籍在《乐论》和《通易论》中所表述的思想是相同的。但是，在《卜疑集》中，我们看到，嵇康的这个精神支柱也陷入崩溃。他以深沉的反思询问说："宁如伯奋、仲堪，二八为偶，排摈、共鲧，令失所乎？将如箕山之夫，颍水之父，轻贱唐、虞，而笑大禹乎？"

阮籍、嵇康玄学思想的共同特征，表现为在原来的精神支柱崩溃以后承受了巨大的内心痛苦继续从事新的探索。从他们原来倾向于自然与名教相结合的思想来看，基本上和何晏、王弼的贵无论的玄学是相一致的。但是他们后来所从事的新的探索，是反映了新的历史内容，具有比贵无论更为丰富深刻的哲学含义，代表了玄学思潮的一次重大的自我深化。

阮籍、嵇康没有讨论有无关系问题，而是以名教与自然作为基本范畴。他们以自然为本，以名教为末，实际上和贵无论玄学一样，也是一种本体论的哲学。阮籍的《通老论》说："圣人明于天人之理，达于自然之分，通于治化之体。""道者，法自然而为化，侯王能守之，万物将自化。”阮籍的这个思想和王弼是相通的。王弼说：“圣人达自然之性，畅万物之情，故因而不为，顺而不施。”（《老子注》二十九章）

嵇康在《答难养生论》中描绘了一个把名教与自然完美地结合在一起的“至人”的典范。他说：“至人不得已而临天下……虽居君位，飨万国，恬若素士接宾客也。虽建龙旂，服华衮，忽若布衣在身也。”嵇康的这个思想也和王弼相通。王弼认为，圣人“应物而无累于物”。“应物”是外王，“无累于物”是内圣。这种内圣外王之道也就是名教与自然的结合。

在魏晋这段历史时期，名教与自然的结合是那个时代的共同的理想，也是当时的时代精神之所在。凡是站在高层次思考的人，都不能超越这个理想。

所谓名教，它的确切含义并不是指的儒家思想，也不是指某个政治集团所推行的方针国策，而是指由长期的历史发展所形成的一套完整的封建宗法等级制度。儒家思想以及崇儒的政策对这种制度的形成固然起了极大作用，但这种制度毕竟是人们必须生活于其中的政治伦理实体，而不是可以自由选择的思想或政策。在中国封建社会中，名教是一种必然的不以人们的意志为转移的社会关系。人们只能把它当作既成的事实来接受，在它的规定下参与社会生活，而绝不能否定名教，因为否定名教等于否定整个社会，从而也否定了自己。但是，人和动物不同。动物和它的生活活动直接是一个东西，人则谋划着他的未来，自觉地创造历史。人不像动物那样仅仅和一个被规定性直接合流在一起，他是一个有意识的存在。如果名教出现了弊端，变得不那么合理，人就会去想方设法地对它进行调整、纠正、改造。早在东汉末年，荀悦就主张以“真实”来纠正名教中的虚伪。曹魏时期，杜恕进一步探索这个问题，提出以“诚”来纠正。玄学综合总结了这些探索的成果，提炼出了自然这个范畴。所谓自然，它的确切含义并不是指的道家思想，也不是指茫茫无垠的自然界本身，而是指支配着自然界的那种和谐的规律。人们根据对它的认识和理解，来谋划一种和谐自由舒畅的社会发展前景，使得社会领域的君臣、父子、夫妇的人际关系能像天地万物那样调适畅达，各得其所，从而自然这个范畴也就成为人们自觉地创造历史的一种精神力量。从这个意义来看，名教与自然这对范畴反映了人们在社会历史实践活动中的两个矛盾着的方面，蕴含了必然与自由，自在与自为等一系列丰富而深刻的哲学内涵，本身就是既对立又统一，紧密相联，不可分割的。魏晋时期，分裂割据，战争频仍，社会动乱，历史给人们带来了巨大的苦难。这种苦难既是人们所无法逃避的，又是人们所无法忍受的。因而人们只有着眼于名教与自然的结合才能找到一条摆脱苦难的出路。玄学家们站在高层次来思考这个问题，并且普遍地把名教与自然的关系看作现象与本体的关系。在本体论的哲学中，现象与本体是不能脱离开来而单独存在的。既然如此，探索一种如何把二者结合起来的最佳方案，也就成为各派玄学家共同追求的目标了。

但是，在阮籍、嵇康后期的玄学思想中，这种结合看来是已经破坏了，名教与自然分裂为对立的两极，相互排斥。嵇康在《释私论》中提出了“越名教而任自然”的口号，阮籍在《达庄论》和《大人先生传》中站在自然的立场，对名教中的种种荒谬、虚伪、狡诈和残酷进行猛烈的抨击。这又怎样解释呢？许多研究者已注意到这种矛盾，认为是阮籍、嵇康一时的愤激之辞，并非出自他们的本心。如果我们透过玄学理论形态上的这种暂时性的扭曲现象去深入把握其本质，可以看出阮籍、嵇康的这些激烈的言论实际上并不是自然与名教的对立，而是理想与现实的对立。他们批判现实的名教违反自然，在心目中必须首先确定一个合乎自然的名教作为正面的理想，如果缺少这个正面的理想，他们的批判就失去了前提，根本无法对现实的名教进行衡量和比较了。比如嵇康说："古之王者，承天理物，必崇简易之教，御无为之治。……大道之隆，莫盛于兹，太平之业，莫显于此。"（《声无哀乐论》）在嵇康看来，这种合乎自然的名教是人们应当去奋力追求的最高理想。但是，当他拿这个理想的名教和现实的名教相比较时，发现了一幅令人痛心失望的景象。他说："季世陵迟，继体承资。凭尊恃势，不友不师。宰割天下，以奉其私。……昔为天下，今为一身。下疾其上，君猜其臣。"（《太师箴》）阮籍和嵇康一样，他对名教的批判，也是从理想与现实的比较出发的。阮籍的理想社会没有君主制度，看来似乎超出了名教的范围，比嵇康走得更远。即令如此，这也是理想的社会与现实的社会的对立，而不是自然与名教的对立。

名教作为一种社会制度，一种不依人的意志为转移的定型的政治伦理实体，是人的本质力量的异化。有的人在异化中感到肯定，感到自我的实现，有的人在异化中则感到否定，感到自我的丧失。如果在整个社会中感到肯定的人数大于感到否定的人数，这个社会大体上处于稳定状态；反之，如果感到否定的人数大于感到肯定的人数，这个社会就动荡不安，处于危机状态了。正始前后，异化客观上的发展程度以及人们对异化的主观上的心理感受是不相同的。这种不同极大地影响了贵无论和自然论的玄学理论的不同。正始年间，虽然名教有许多地方不尽如人意，但是人们的精神在其中多少还能感到一种肯定，理想与现实的冲突并未发展到对抗的程度。因而王弼有可能把名教与自然的关系抽象升华为有与无的逻辑关系，并且通过思辨哲学的论证来扬弃二者的对立。在王弼的贵无论的玄学中，理论形态显得比较平衡，思维的心灵也显得比较宁静，这是和正始年间大体上稳定的社会政治环境密切相关的。到了魏晋禅代之际，司马氏集团的所作所为，把名教中的否定的一面充分暴露出来，社会政治环境充满了令人愤慨的荒谬、虚伪、狡诈和残酷。阮籍、嵇康已不再可能像王弼那样从事抽象的逻辑思辨，去编织完整的体系了，而只能抒发在被唾弃的状况下对这种状况的愤慨。于是理论失去了平衡，心灵失去了宁静，理想与现实的对立也就转化为自然与名教的对立了。

阮籍、嵇康后期的玄学思想就是对这种客观异化的主观反映。现实世界的二重化导致了他们的自我意识和人格的二重化，进一步又导致了他们的玄学理论的二重化。表面上看来，“越名教而任自然”是一个坚定的充满了自我确信的战斗口号，实际上其中蕴含着极为深沉的时代忧患感，是以痛苦矛盾、彷徨无依、内心分裂为心理背景的。这种心理背景既表现在他们对名教的激烈的否定之中，又表现在他们对自然的执着的追求之中。由于名教是一种无法超越的异化的现实，脱离了名教的自然只是一种虚无缥缈的幻想，所以他们的自我意识既不能在名教中得到安息，又不能在自然中找到寄托。《晋书·阮籍传》说：“时率意独驾，不由径路，车迹所穷，辄恸哭而反。”嵇康在《卜疑集》中也描绘了相类似的痛苦矛盾的心态。这种痛苦矛盾贯穿在他们后期的整个玄学思想之中。他们既然自我意识无论在名教或自然中都得不到安息，通过思辨哲学的论证来扬弃二者的对立又不可能，那么唯一的出路就只有退回到自身，在纯粹意识中建立一个新的精神支柱，寻找在现实世界中失去的自我了。

玄学发展到了这个阶段，自我意识与精神境界的问题变得突出了。阮籍、嵇康的自然论的玄学与何晏、王弼的贵无论的玄学不同，不去讨论世界的本体是什么，而把自觉的意识对本体的关系作为研究的中心。换句话说，他们以人的问题取代了宇宙问题，以主体自身的问题取代了世界本源问题，以人生哲学取代了政治哲学。由于他们把自身的处境以及对异化的感受带进了玄学思维，切合当时知识分子普遍存在的忧患意识和人生追求，对社会风尚的影响要远远大于贵无论的玄学。于是玄学的发展进入第二阶段，深入到自我意识与精神境界的问题中来了。

自我意识是一个主体范畴，主体如果不以某个客体为依据，是无法成立的，所以自我意识不能停留于自身，而必然趋向于客体。精神境界是主客合一的产物，自我意识经过一番求索，终于找到了某个客体而安息于其中，这就是精神境界。但是，精神境界必须以现实的生活为依据，脱离了现实生活的精神境界只能是空中楼阁，虚而不实，自我意识在这种精神境界中也仍然是得不到安息的。阮籍、嵇康的悲剧恰恰就在这里。屈原的《离骚》说："吾令羲和弭节兮，望崦嵫而勿迫。路曼曼其修远兮，吾将上下而求索。"屈原的精神始终是处于痛苦的求索之中，从来也没有得到安息，这是屈原的悲剧，也是屈原的伟大。阮籍、嵇康也是如此。他们从自我出发，以宇宙的自然本体作为追求的目标，希望自我与本体合而为一，得到某种精神境界，用来安身立命，与苦难的现实相对抗。但是，自然不可能脱离名教而单独存在，现实的苦难也不可能靠思维上的否定来克服，所以阮籍、嵇康"越名教而任自然"的玄学思想不仅使他们在理论上陷入了一系列的矛盾，同时也使他们的精神境界像飘浮于现实生活浪涛中的一叶扁舟，永远也找不到一个安息之地。虽然如此，他们仍然以顽强的执着精神不断地求索。他们在思辨哲学上所达到的高度是比不上王弼的，但是他们通过这种求索充分地揭露了名教与自然、必然与自由、现实与理想的各种矛盾，要求自我在这一系列的矛盾中作出负责的选择，就认识的深化而言，是要超过王弼的。他们没有编织成一个完整的体系，从而也没有建立起一个牢固的精神支柱，但是就在他们持续不断的痛苦的求索之中，把自我意识本身的问题突出出来，这对当时具有高层次精神需要的知识分子是一个很大的启发，在中世纪的历史条件下开创了一个自我意识的觉醒运动。研究他们在哲学史上的贡献，主要应该从这个角度着眼。

阮籍的《咏怀诗》写得隐讳曲折，百世而下难以猜测其真意所在。但是诗人的心态和情感的逻辑线索还是跃然纸上，可以明显感觉得到的。比如他说：“夜中不能寐，起坐弹鸣琴。……徘徊将何见，忧思独伤心。”“一日复一夕，一夕复一朝。颜色改平常，精神自损消。胸中怀汤火，变化故相招。……终身履薄冰，谁知我心焦。”阮籍首先描绘了一个自我意识的主体性的存在，这种自我意识和王弼所描绘的那种“体冲和以通无”的圣人完全不同，他是孤独的、寂寞的，由于失去了旧的精神支柱而焦虑不安，同时又对新的精神支柱有着火热的追求。这种自我意识究竟依附于什么样的客体才能安息呢？阮籍认为，人生有限，自然无穷，只有投身于宇宙的自然本体之中，才能使焦虑的心灵安定下来。他说：“自然有成理，生死道无常。”“人生若尘露，天道邈悠悠。”“时路乌足争，太极可翱翔。”阮籍所说的“自然”“天道”“太极”，都是指宇宙的最高本体。在王弼的贵无论的玄学体系中，本体与现象结成了体用本末的关系，二者互为依据，不可分割。就自然与名教这一对范畴而言，名教固然是合乎自然的名教，自然也应该是合乎名教的自然。但是阮籍把自然与名教对立起来，这就使得本体脱离了现象，变得虚无缥缈，失去了具体内容。这种本体是无法安息焦虑的心灵的。于是阮籍又陷入了迷惘惶惑，在出世与入世、超越与妥协之间摇摆不定。这种思想在他的《咏怀诗》中表现得最明显。他说：“愿登太华山，上与松子游。”“独有延年术，可以慰吾心。”“采药无旋返，神仙志不符。”“人言愿延年，延年欲焉之。”“鸿鹄相随飞，飞飞适荒裔。……抗身青云中，网罗孰能制。”“宁与燕雀翔，不随黄鹄飞。黄鹄游四海，中路将安归。”从这些诗句可以看出阮籍充满了矛盾的心态。他希望做神仙，又觉得这是无法实现的幻想。他希望像鸿鹄那样抗身青云，远离这个令人生厌的庸人世界，但又觉得现实是不能超越的，只能与燕雀为伍。究竟自由的精神境界存在于何方呢？郭象认为，它不在名教的外边，而是就在名教之中。但是阮籍与郭象不同，他在名教中看到的是自我的毁灭而不是自我的实现。尽管他在自然中找不到逍遥，被事实和逻辑逼回到现实的名教中来，在情感上却仍然要超越名教，在名教的外边去寻找逍遥。这就使得阮籍陷入了恶性循环，始终也没有找到一个确定的精神境界。

在《大人先生传》中，阮籍描绘了一个自我意识与自然本体合而为一的确定的精神境界。他说："夫大人者，乃与造物同体。"这种"大人"其实是完全离弃人世的神仙。从神仙的眼光看来，人世的一切当然是卑微的，不屑一顾的。但是，这种神仙也就成了现实生活的彼岸。彼岸之所以为彼岸，就在于人们只能向往它，而永远也不可能达到它。王弼玄学中的"无"不是彼岸，而是与此岸中的"有"紧密联系在一起的。阮籍既然把自然与名教对立起来，也就割裂了体用关系，必然要把"大人先生"说成"天下终而不知其用"。究竟这个有体而无用的"大人先生"应该怎样处理与现实生活的关系呢？也就是说精神自由应该在必然性之中来寻找还是在必然性之外来寻找呢？阮籍描绘了一个自以为与"大人先生"志同道合的"隐士"，认为应该脱离现实生活来寻找精神自由。这个"隐士"在遗弃人世方面看来与"大人先生"没有什么差别，但受到"大人先生"的严厉训斥。"大人先生"认为，如果否定了社会，把自己混同于禽兽，是无法找到精神自由的。"大人先生"对"隐士"的训斥，其实是阮籍的自我批判。《大人先生传》全篇的基调就是崇尚自然，否定名教，洋溢着一种"恶彼而好我，自是而非人"的愤激之情。但是最后所达到的结论是随遇而安，从而肯定了名教，否定了愤激之情。由于名教是阮籍深恶痛绝的，愤激之情又是他无法消除的，所以阮籍又把"大人先生"打发到人世以外的自然本体中进行新的徒劳的追求。

阮籍以自然本体为前提，推论出了一个理想的社会。这种理想的社会固然和谐美好，但由于缺少一道通向现实的桥梁，实际上也不过是可望而不可即的彼岸世界。既然无论在名教的外边或者在名教的中间都找不到一个牢固的精神境界，看来唯一的出路只有在人性之中也就是纯粹的自我意识之中来寻找了。他说："人生天地之中，体自然之形。身者，阴阳之精气也。性者，五行之正性也。情者，游魂之变欲也。神者，天地之所以驭者也。"（《达庄论》）在阮籍看来，自然的和谐只存在于这种人性之中，而现实的名教是与这种人性相对立的。因此，阮籍探索的终点，也同时是他探索的起点，与其说他得到了什么精神境界，毋宁说他只得到了一个孤悬的、毫无凭据的、痛苦不安的自我意识本身。

嵇康是一个喜好辩论的人。他的著作绝大部分是辩论文字，而且辩论的对象多半是他的好友。他与吕安情谊甚厚，曾为吕安辩诬而惨遭杀身之祸，但他与吕安辩论明胆问题。向秀与他共作竹林之游，锻铁于大树之下，但他与向秀辩论养生问题。张辽叔与阮德如也是他的好友，他与二人辩论自然好学及宅无吉凶摄生问题。在《声无哀乐论》中，嵇康设对独遣，自为客主，反复辩论。究竟这种辩论要达到一个什么目的呢？据嵇康自己说，这是为了探求自然之理。但是嵇康与王弼不同，他不是根据现象的共性来探求自然之理，而是根据自我意识的个性来探求自然之理。这也就是说，他不像王弼那样着重研究现象与本体的关系，而是把自我意识突出到首位，着重研究应该如何去认识本体。由于自我意识不同，对本体的认识当然有分歧。嵇康对这种分歧并不介意，丝毫不会因此而伤害朋友间的交谊。在辩论中，他与辩论的对象各抒己见，畅所欲言，实际上是一种友好的对话，心灵的交流。而自我意识也就在这种往返论难的过程中找到了某种客体，获得了某种精神境界，从而摆脱了彷徨无依的状态，具有了某种确定性。如果说嵇康与山巨源的辩论有似于庄子与儒墨的辩论，那么嵇康与向秀、吕安等人的辩论则有似于庄子与惠施的辩论。庄子与惠施碰在一起，往往是激烈辩论，互不相让。后来惠施死去，庄子到墓前凭吊，满怀悲恸地叹息说："自夫子之死也，吾无以为质矣，吾无与言之矣。"（《庄子·徐无鬼》）如同庄子在与惠施辩论的过程中发现了自我一样，嵇康也只有与向秀、吕安这一批名士好友进行无休止的辩论，才能具体地感觉到自我意识和精神境界的存在。因此，与其说嵇康的辩论是为了探求客观的自然之理，毋宁说是为了突出与别人相区别的自我意识的主体。他之所以成为当时清谈的领袖人物，关键在于他提出了一个自我意识如何去认识本体的独特的思维模式。

嵇康在辩论中特别强调从自我意识出发，从自我的独立思考和理性判断出发，打破经典权威和习俗成见的束缚，反对"多同"之见和"思不出位"的观点。排斥是自我意识的最初形式，为了突出自我意识的主体性的存在，必须对经典权威和习俗成见大胆地排斥。在嵇康看来，根据经典权威和习俗成见而形成的见解固然也算一种见解，但不是自己独立思考的见解，而是一种"多同"之见，一种不值得信赖的人云亦云、随声附和的见解。经典权威和习俗成见立下了许多束缚思想的条条框框，使人"思不出位"，只有勇敢地打破它，才能使自己的思想"通变达微"，理解宇宙万物的奥秘。嵇康认为，比较起来，怀疑比"多同"之见和"思不出位"稍好一点，但也比不上自我的确信。嵇康的这些思想很有点笛卡尔的"我思故我在"的味道，对魏晋时期的思想解放是起了极为深远的促进作用的。

嵇康虽然强调从自我出发，却没有提倡类似于近代史上的那种个人主义。他要求超越自我，否定自我，把自我投身到自然本体中去，与本体合而为一。他说："夫称君子者，心无措乎是非，而行不违乎道者也。"（《释私论》）"无措"即无心，也就是排除了私心杂念而与自然相符合的公心。嵇康认为，产生私心杂念的根源，在于现实的名教。这种名教使得是非颠倒，黑白混淆，人们受习俗熏染，加上利害的考虑，同流合污，隐匿真情，追求虚伪，于是产生了私心杂念，丧失了自然之质。嵇康认为，只有“越名教而任自然”，消除矜尚之心，情欲之累，实行自我克制，才能做到是非无措，坦然大公。

为什么投身于自然本体必须实行自我克制呢？嵇康认为，因为本体是绝对的，而自我是相对的，本体是和谐的、无限的大我，自我则是有哀乐之情的、有限的小我。嵇康受时代忧患感的驱使，一生都在真诚地追求这个本体，渴望自我意识与本体合而为一，以建立一种足以安身立命的精神境界。但是，由于他把自然与名教对立起来，把本体与现象对立起来，从而也把大我与小我对立起来，所以在思想和行为上经常陷入矛盾，始终没有找到一个确定的精神境界。比如他的《声无哀乐论》，通篇都是立足于这种对立之上的。他说：“夫五色有好丑，五声有善恶，此物之自然也。至于爱与不爱，喜与不喜，人情之变。”“音声有自然之和，而无系于人情。”“心之与声，明为二物。”嵇康所说的这种对立并不是精神与物质的对立，而是本体与现象的对立，因而不能把它的玄学归结为心声二元论，实质上仍然是一种本体一元论。嵇康片面地发展了王弼的“崇本以息末”的思想。他把自然的和谐看作本，把一切破坏这种和谐的心与物看作末，因此，自然与名教以及太和之声与哀乐之情都形成了对立。如何来扬弃这种对立呢？嵇康认为，只有“息末”才能“崇本”，应该“越名教而任自然”，否定自我的哀乐之情去聆听那太和之声。

在《答难养生论》中，嵇康对他所倾慕的精神境界作了一番描述：“顺天和以自然，以道德为师友，玩阴阳之变化，得长生之永久，任自然以托身，并天地而不朽。”这种精神境界与阮籍对“大人先生”的倾慕差不多，也是脱离了现实生活的彼岸世界。它不仅无法对抗现实，而且会在现实的惊涛恶浪的冲击之下很快消失。当时的一批竹林名士在处理与现实的关系上发生了明显的分化，是和他们所追求的精神境界软弱无力密切相关的。

山涛曾是嵇康的好友。他们的矛盾，主要表现在如何处理现实与理想的关系问题上。看来山涛是属于王弼型的人物，致力名教与自然的结合，虽然投靠司马氏集团，做了大官，但一直坚持理想，立足于讽谏，并非趋炎附势的无耻之徒。为了实现理想，脱离现实是不行的，而必须去干预现实。但是嵇康对这个问题的处理恰好发生了偏差。他的名文《与山巨源绝交书》看来似乎是坚持了自己的理想，实际上只是坚持了自己的个性。他所列举的“必不堪者七”“甚不可者二”，都是从自我的偏狭的个性出发的。从他的玄学理论来说，只有实行自我克制才能把握本体，矜尚之心与情欲之累都不值得赞许。但是嵇康在实际行为上，特别是政治行为上，偏偏不能自我克制，而要坚持个性。既然这种个性与现实的名教相抵触，而脱离现实的精神境界又只是虚无缥缈的彼岸世界，那么究竟应该把自我意识安顿在何处呢？嵇康和阮籍一样，找来找去，除了单纯的自我同一，别无其他出路。他在《答难养生论》中说：“故世之难得者，非财也，非荣也，患意之不足耳。”

这种自满自足的、无求于外的精神境界事实上是不存在的，所以嵇康也和阮籍一样，并没有找到什么精神境界，而只是找到了一个孤悬的、毫无凭据的、痛苦不安的自我意识本身。不过比较起来，嵇康在坚持自己的个性方面要比阮籍显得坚定。《晋书·嵇康传》描述了他临刑的情况：“康顾视日影，索琴弹之，曰：‘昔袁孝尼尝从吾学《广陵散》，吾每靳固之，《广陵散》于今绝矣！’”如果说嵇康在如何对待生的问题上常常陷入矛盾，当他面临死亡，却是从容、镇定、安详，表现了一个真正的哲学家的崇高风范。在这个严峻的时刻，他想到的不是个人的死亡，而是“性絜静以端理，含至德之和平”（《琴赋》）的琴声。他那孤傲狷介的独特个性处处与现实社会相抵触，最后却在他终生真诚追求的自然之和的宇宙本体中得到确认。这是嵇康的悲剧，也是嵇康的伟大。

（原载《文史哲》1987年第3期）

嵇康玄理的内在理路与魏晋玄学主题、分期说反思

◎杨　杰

自20世纪中期汤用彤、牟宗三等学者引介西学为魏晋玄学建立现代学术典范以来，近几十年的研究未能突破固有范式。汤用彤于20世纪三四十年代以本末有无之“本体存在（ontology）”解读魏晋玄学而建立了“有无之辩”和“名教与自然之辩”两种解读模型[①]。以有无之辩为玄学的主题，为冯友兰、汤一介、康中乾等学者接受，以冯氏总结的“贵无论—崇有论—无无论”三段论为典型形态；以名教自然之辩为玄学的主题，为方立天、高晨阳、许抗生、楼宇烈等学者认可，以萧萐父、李锦全所归纳的“名教本于自然—越名教而任自然—名教即自然”三段论为主流形式。无论将魏晋玄学分为三期还是四期，因对竹林玄学的性质与地位意见不一，人们对这两个主题的关系众说纷纭，汤一介、高晨阳、许抗生等学者在此议题上通过各种变通的方式处理[②]。牟宗三将道家定性为一主观的实践的境界形态的形而上学，认为王、郭诸人承接此立场且无修正之功夫，而仅为“名士气氛下一点智光之凝结”[③]，嵇康哲人型之人格，也仅显示其辩才

① 汤氏于20世纪三四十年代发表的一系列关于魏晋玄学的文章，由中华书局于1957年辑成《魏晋玄学论稿》一书出版。

② 参阅康中乾《有无之辨》，人民出版社2003年版，第18—62页。

③ 牟宗三《才性与玄理》，广西师范大学出版社2006年版，第69页。

无碍之论说技巧。可以说，牟氏着重分析玄学家的玄理命题，而未深入探讨玄学思潮的分期或主题问题。境界形而上学是对汤用彤以本体论视角讨论玄学的深化与超越；但袁保新指出，老子之道的实践性必须有价值秩序的基础，“形上原理必须软化为价值原理”才能实现道的完整性[①]。袁氏所论虽针对老子之道，但境界形而上学需要价值形而上学的补充，也适用于魏晋玄学。

总之，近些年的玄学研究，基本上是在汤、牟模式下进行的更为细致的材料分析爬梳工作，而鲜有研究范式与学术观点的根本转移[②]。可以说，反思已有模式，重估魏晋玄学的主题、分期议题，正是我们突破现有局限，重新构建魏晋玄学相关研究的必由之路。其中，对嵇康玄理的重新认识是关键所在。

一、嵇康玄理的“尚和”主题及内在理路

汤用彤“首则由名理进而论音声，再则由音声之新解而推求宇宙之特性”，以《声无哀乐论》作为嵇康玄理最主要的思想生发点展开讨论，认为嵇康“思想浮杂难求其统系”[③]，此为多数学者接受。以往的嵇康研究往往对其具体玄理分别进行解读，而较少探究这些玄理背后是否有一个“形而上”之根本指归或嵇康思

① 袁保新《老子哲学之诠释与重建》，文津出版社 1991 年版，第 79 页、124 页。

② 近些年有学者提出一些关于分期、主题的新见，比如谢大宁通过分析嵇康对道教的改造而认为嵇康是玄学最核心的人物，许抗生以宇宙万物的“自然本性论”为玄学的基本特征，卞敏以时间流变和思想背景为线索将玄学分为老玄、庄玄、儒玄、佛玄，也有些学者以天人关系、超越、忧患意识等为魏晋玄学的主题，但这些见解大都是在汤、牟典范之下的拓展。参见谢大宁《历史的嵇康与玄学的嵇康》，文史哲出版社 1997 年版；许抗生《关于玄学哲学基本精神的再探讨》，《中国哲学史》2000 年第 1 期；卞敏《魏晋玄学》，南京大学出版社 2009 年版；启迪《“两岸谈玄”综述》，《孔子研究》1994 年第 3 期。

③ 汤用彤《魏晋玄学论稿》，生活·读书·新知三联书店 2009 年版，第 31 页。

想是否有一个终极关切①。实际上，嵇康思想的特异性在于，其“养生论”中关于人之性情的讨论才是他思想的逻辑起点。

嵇康认为，“和”是人之性情的本然状态与应然之境，但现实中的人性必然被他者或自身异化，人应该复归到性情本有的平和境界。而其复归，既需要个体身心的修正，又需要生活环境的配合特别是社会政治的良善治理，由此人心之平和与政治之和谐达到契合，个人性情得到自然发显，社会也实现大治。嵇康玄理以“养生”为初始，关注生命的养护是他与其他玄学家的区别所在。这是因为其养生行为不是为了避世或者寻求慰藉的无奈之举，而是作为人内在生命的向往，是人内在心灵的开显方向；其理论中涉及的形神关系问题，更关涉生命展开的意义和边界。嵇康在养生思想中反映的以“性和情平”为基础的性情论，既是其“形神兼养”养生理论的根柢，也是其生命哲学的本原，更是其追求和谐政治的基础。嵇康之“和”与王弼之“无”一样具有超越性意涵，是非对象的、非实体的。所不同者，王弼所论是为天地万物寻找一个本原，也即本体论问题，实际上其最终指向仍然是为政治合理性寻找形而上根据，即由天道关涉到人道的传统道家思路②。嵇康所论之“和”则以人伦为中心，关注人之存在的本然与价值，是一种人道意义上的境界形而上学；“和”作为生命的最高价值形成一种价值形态的形而上学，突破了“道”与“德”的虚位化，为主体的生活实践指明了价值世界的意义，从

① 如王晓毅《嵇康评传》（广西教育出版社 1994 年版）、童强《嵇康评传》（南京大学出版社 2006 年版）、庄万寿《嵇康研究及年谱》（学生书局 1990 年版）、萧登福《嵇康研究》（花木兰出版社 2008 年版）、曾春海《嵇康的精神世界》（中州古籍出版社 2009 年版）等有关嵇康研究的综合性著作，对嵇康其人其思所做的全面性探究，往往对其玄理进行分别解说，而无系统探索。

② 汤用彤、王葆玹、余敦康等学者皆持这种看法，认为王弼的体用思维乃是从其《老子注》移植而来（参考董春《王弼易学的经学前见与义理新意》，《周易研究》2019 年第 5 期）。

而实现了境界形而上学与价值形而上学的合一。

养生、声无哀乐、宅无吉凶、摄生、难自然好学、明胆、释私、卜疑等嵇康所论玄理实际上讨论的是“人应该如何生活”的人生价值与境界追求问题，也即生命哲学议题。在《卜疑》中作为“至人”“达人”的“宏达先生”表面上超然脱俗，实际上在人生出处选择上充满困惑。这种生活的疑惑反映的是心灵的无处安放，表达了嵇康解决自己内心困顿的渴求，寻找心灵安顿成为嵇康探讨相关玄理的出发点与归结点。生活现实中的内心困惑、选择矛盾，更体现出对心灵宁静与生活和谐的向往。因此在玄理辩难中，嵇康处处显示出对“和”的崇尚。《明胆论》中嵇康以“元气陶铄，众生禀焉”论述明胆异用不能相生，这种“气”以“和”为其“本体”，本体即本然之体。因此禀之而来的天地才会“致和”（《琴赋》），人之“性气”才会“自和”（《答难养生论》），君子才会“气静神虚”（《释私论》），而音声之和才能与社会治理相应和而实现“至德之世”（《难自然好学论》）[①]。具体地说，释私、难自然好学是要论证禀自元气的人之本真性情是“和”的，其自然状态的自然发显如果不受自身思虑的扰动和外在名声的引诱也当是“和”的。但现实生活中人受内外因素的影响，“和”之丧失几乎成为必然，这是人性的弱点，更是社会群体难以逃避的命运，因此如何修炼以复归于“和”，也就成为嵇康要解决的重要难题。嵇康为此设计了一套程序，其中首要的问题是如何在险恶的社会中养护自己的生命，因此需要讨论养生。在其养生论中，嵇康强调人性遇外物就会发动，这个发动经过智慧的思虑就可能走向负面，因此要用恬静收敛智慧，用平和纠正心态，从而达到“与彼更生”即实现生命之灵明境地。在这个过程

① 以上诸篇分别参见嵇康著，夏明钊译注《嵇康集译注》，黑龙江人民出版社1987年版，第224—254页、58—84页、120—133页、143—150页。

中，音乐、住宅吉凶也都被纳入宽泛的养生要素中。音声有无哀乐的辩论旨在探讨音乐作为教化工具的有效性。而禀受元气而来的音声的客观性，在音乐上体现为和之本性，只有这种“和”与人心之“和”的相互应和，才能实现真正有效的乐教，社会政治之“和”也才能因内在需要而在根本上实现。这样，最后就归结为人心平和与政治和谐的相互涵养，如此二者相得益彰、各得其所，至德之世与性和情平得以合一。

质言之，嵇康玄理有一个内在理路：《卜疑》是其对“人生价值为何”这一终极问题的自觉反思，此时嵇康是矛盾的；《明胆论》中的元气论是其理论起点，嵇康寻找到立论支点；《释私论》《管蔡论》《难自然好学论》是其对人之心性情感问题的初步探寻。嵇康认为自然性情的自然发显所呈现的平和状态是人之本然境界与应然价值的统一；而现实中的个体生命存在着外在环境的压力，因此包括住宅吉凶、音乐等因素都被纳入其对“养生”的探讨中；而音乐本质事关乐教合法性之政治论题，因此讨论“声无哀乐”。理想社会与理想人生二者需要相互支撑与涵养，这又回到嵇康最初所主张的人之本体尚和上来。因此，嵇康玄理的逻辑演变，其实是一个崇尚“和”的过程。姑且不论这一设想是否能成功，其为竹林玄学建构了注重生存世界、生命境界与生活方式的运思逻辑，使得竹林玄学家越过本体论，而关注人的境界、价值问题，更由天道—社群转向个体生存的意义，从而不仅在思想上更在生活实践上对古代士人产生极大影响。

二、嵇康玄学的理论创见及影响

先秦诸子及汉代经学都没有把“人”当作独立于政治或天道（或神道）之外的个体进行思考，人被社群或天道（神道）遮蔽了。竹林七贤尤其是嵇康将目光转向作为独立主体的人自身，其运思议题指向个人主体的存在样式。

就魏晋玄理所关注的问题意识而言：有无之辨探讨宇宙万物之根本，名教自然之辩讨论社会政治问题，才性论探究人之本质，言意之辩旨在申辩人类语言何以能探寻上述三个问题即人类语言与知识的界限问题。这些有关宇宙、社会、人生的疑问先秦诸子已进行了各种探索，魏晋玄学家的展开却开创出新的思路。就天地万物之根本而言，以“无”释“道”的疏解明确了“有”的局限性，摆脱了存在者之间的相互控制与干预；在社会政治领域，“无为”表现为社会治理模式的儒道（实际上也包括法家）兼用；在人之本质领域则追求个体生命的自然生长与自然境界。因此在儒道会通中，一方面儒家观念因道家内核的引入而在根本上得以改变，另一方面道家思想通过儒家化的文本或概念得以呈现。

嵇康玄理的独特性在于其人格实践践行自身思想。多数玄学家在生命实践上的展开与其玄学理论是隔阂的。如以“有情无累”等玄理执谈界牛耳的王弼因其友王黎夺其黄门郎而恨之，此为名利牵累；主张人当各安其分的郭象先是闲居不官、文论自娱，而后“任职当权，熏灼内外”[①]，走向其玄理的负面与反面。牟宗三论述境界形而上学以老、庄有生命体悟而王、郭只是聪慧之“空华外道”，某种程度就是在这个意义上讲的。但是，老庄之“生命实践”是指融入人伦、批判政治还是内省冥想、修炼身心，都有待于后人通过具体生活对其进行开显。王、郭等人发挥智慧之辨名析理而无身体力行之切身体验与价值引导，正是因为其哲学思辨不是从人之生命展开的。“有无之辩”及“自然名教之辩”的发端分别是天道与政治，作为主体的个人仍附属于天道、社群之下而未为独立，因此辨别此类问题

① 《晋书》卷五十《郭象传》，中华书局1974年版，第1397页。

并不能对其生命精神产生直接影响。嵇康“尚和论”[①]的提出则是个体自主性的彰显与人性主体意识的树立，从人之性情本然之和与应然之和的统一出发，经过修养身心、社会治理各层面的洗礼，实现个体平和与社会和谐相得益彰的自然呈现，从而在境界与价值上弥补了王、郭等人割裂理论与生命的问题。

嵇康玄理从人之性情出发展开讨论人之性情，其首要目的不在于为社会政治寻找形而上根据，而是为生命个体探寻安身立命的基础。嵇康没有从“无”的角度理解道，而是以“和”作为道的内容，“和”体现于天道、社群、人心，并以性情之和作为万有群生的价值与基础，也是其目的与归宿。嵇康未深入探讨宇宙本体，只是直接接引汉代自然元气论，因此其对天道之“和”论述较弱；嵇康更关注人道，因此他没有进一步展开“越名教而任自然”的本体论根据与意义，而是转而探讨“越名任心”的现实问题。这些玄理最终指向嵇康内心的终极诉求：尚和。说“尚”，是因为现实人生与社会往往不“和”，故要崇尚。嵇康把“尚和”作为生命诉求与政治理想，面对现实的无奈不愿如向秀般转变或如阮籍般逃避，而是采取一种直接冲突的方式。这造成了嵇康的悲剧，却也体现了士人阶层的价值追求。

养生的背后是对气化生命的超越与生命自由的向往。生命是禀气而来的，意味着生命必然有局限与弱点，但并不是说我们必须完全顺任天命。个体可以把控生命的长短，也要有理想改造人性的缺陷，从而挣脱命运的束缚，达到生命的自由。这种挣脱并不是漫无目的的，而是以“和”作为价值目标与生命境界，从而

① 笔者曾经讨论使用“玄和论”标示嵇康的相关思想，但在研究中发现，嵇康之“和”与传统儒道论“和”在涵义上并没有显著区别，只是玄学思辨的论述方法有异。而且，“尚和”同“贵无”“崇有”形成对比，更能凸显嵇康玄理的哲学特质。参阅杨杰《反思与重诠：嵇康玄理的哲学精神》，高等教育出版社2019年版，第37—45页、170—194页。

突破后天的外在限制与先天赋予的身体局限得以掌握自身。

乐理辩难的背后是魏晋时代人的主体意识的自我觉醒。其一是认知主体的觉醒。嵇康在辩论过程中的细致分析及逻辑思辨，与其他玄学家重论点轻论证的传统思想方式迥然有别。其二是情理主体的觉醒。辩论中嵇康将主观与客观用理性分离开来，区分情感主体与客观事物，明确理性在个人主体中的价值，为魏晋“人的觉醒”时代树立了核心要素。其三是价值主体的觉醒。先秦及秦汉儒道法家建立的个人与社会的相处方式与价值旨归，仍然是社会整体价值压抑个人性格的理论形态。而嵇康之“和”，则是以人本身之性情为标的与旨归。在嵇康之前，只有庄子具备这种生命意识。但庄子实已背离社会价值，其“心斋”“坐忘”“朝彻”“见独”等修炼方法，只是一种内省式的“冥想（meditation）”，历史地看，其主流实际上有走向虚妄之流弊。而嵇康以自身求药、养生、政治之实践，试图回归到“和”之价值上，从而将个人与社群、天道进行理想化的价值合体。“和”作为价值形而上学的实质内容，框定了实际生活中道德伦理与生命选择的界限，使得境界形而上学在实践中既不沦落渠底亦不高标云端，而是走向实际生活的平静祥和，即或者“守陋巷，教养子孙”（《与山巨源绝交书》）的日常人伦生活之乐，或者“目送归鸿，手挥五弦”（《四言十八首赠兄秀才入军》）的山水自然之乐[①]。体验生活中的生命之和，个体与社会都呈现出“和乐”“和谐”境界，这是嵇康对自己生存方式的理想。

嵇康玄学以诗意化、理想化的生活体现了审美主体的觉醒与自由，个体生命的自由自适与个性生活的平和展开是其理想。具体言之，即以主体心灵的性情之和为前提，经由养生、乐教、社

① 《嵇康集译注》，第 276 页、12 页。

会、政治等人生实践，将这些生活境遇归于自身，从而使自己的内心复归到其本有的“和”之境界，并以身体实践这种形而上学，从而形成一种实践形态的境界形而上学在哲学与生活上的双重建构。因此，嵇康对先秦道家的突破在于，老庄论境界形而上学，仍是通过逃避社群政治走向外排内修的消极方式，嵇康则由一己之心出发走向身体修炼与社会行为的积极方式，前者由外而内，后者由内而外。嵇康旨在经由这一理路，在人生中实现以自我心灵为主体的审美境界，使得在应接外物时能不失物我的“和”之本然，实现天地间一片和谐的境界，从而同步实现价值形而上学的生活化。

“越名教而任自然”这一口号在魏晋时代具有很强的现实针对性，嵇康的原意是抛弃求名之心而追随内在性情的自我发显，但是袁宏将“名教”定义为“君臣父子之本”[①]，从而使这句话具有了反抗礼法政治的含义。这种斗争的结果是要嵇康一个人用生命承担的。而嵇康之被杀，则不仅仅是一个政治事件，更是一个学术事件；它说明了不管士人自身形而上的生活哲学如何，他者的理解（误解）才是现实个体命运的决定者，而与政治（权力）直接对抗无异于以卵击石，非但不能实现自己的社会政治理想，也不能保全自己的生命。因此，虽然嵇康成为其后士人的价值标杆，但人们对其“排俗取祸”“傲物受刑”[②]也颇多批评。嵇康面临的在俗世与山林、出世与入世、名教与自然、现实与理想等两极价值之间的难以抉择，其后一千余年的士子同样面对，其选择都与嵇康有着某种或隐或显的关联。

① 袁宏撰，周天游校注《后汉纪校注》，天津古籍出版社1987年版，第734页。
② 王利器集解《颜氏家训集解》，中华书局1993年版，第187页、361页。

三、嵇康玄理在魏晋玄学分期、主题中的价值重估

汤用彤建立的研究范式，因对竹林玄学特别是嵇康玄学的价值估计不足，使得人们对魏晋玄学主题与分期问题争论不休。牟宗三所构建的以境界形而上学分析道家哲学的研究模式，并没有呈现出魏晋玄学对先秦道家的创新之处，并且因缺少价值的支撑而未为完善。事实上，“有无之辩”“名教自然之辩”“境界形而上学”以及在此基础上学者建立的其他主题、分期学说，都是一种线性的、进化论的思维方式，即认为从王弼到嵇康、裴頠、郭象等主要玄学家的时间序列符合思想逻辑的演变历史，其背后有一个统一的问题意识与形而上学。这是魏晋玄学之主题与分期学说聚讼纷纭的主要原因，也是嵇康被低估的根本原因。

有汉一代，老庄道家在思想领域潜藏，特别是关注生命价值的庄子哲学暗流涌动。直至汉末，学者多因社会政治压力而非个人爱好或价值取向崇尚老庄。东汉末年，士林因对时政失望而盛产数辟坚辞的隐居不仕者。如徐稚劝郭林宗“大树将颠，非一绳所维，何为栖栖不遑宁处”①，周勰“少尚玄虚……常隐处窜身，慕老聃清静，杜绝人事”②，向栩“恒读《老子》，状如学道，又似狂生，好被发，着绛绡头”③。这些外在压力下的无奈，尚无自身价值的挺立；经汉魏嬗变，由于时局的进一步恶化与儒道法释思想的竞合发展，上述情态方才走向内在价值的树立。

正始玄学通过对“情”的讨论初步认识到人具备自主性，而不是完全被礼法名教笼罩。王弼“圣人有情无累”之说，认为圣人对他者有自我情感的投射，这种情感因有性的制裁而不会流荡

① 《后汉书》卷五三，中华书局1965年版，第1747页。
② 《后汉书》卷六一，第2031页。
③ 《后汉书》卷八一，第2693页。

失真[①]。“不性其情，焉能久行其正？此是情之正也”[②]，情之发显需要性的纠偏，性是内在属静的，因静而正，情有内在正当的性的裁制才不会滥用，即不会受到牵累。王弼所论之“性”，在现实中仍未摆脱礼的束缚[③]。并且，王弼在本体论上主张“以无为本”，其“圣人有情”之说则与其本体论扞格不入，因此何晏反对此论，认为圣人是无情的；而且其主体是圣人，对于一般人的情感如何则未论及。故当时更多士人如何晏、夏侯玄、钟会还是以礼法否定情感的正当性。

嵇康玄学及其生活实践以个人主体性情之自然发显为标的，其心灵崇尚自我情感的自由表达与主体精神的自在张扬。一方面，嵇康以自然发显的情感作为人之本然性情；另一方面，本然性情必须有所限制才不会漫无边际乃至走向负面。嵇康直接接引元气论，从中抽离出“和”作为宇宙创生及包括个体生命存在之万有的本然状态与应然之境，从而避免了外在礼制的约束及“以无为本”的相悖。这种自然之和贯通于人之性情与身心养护、音乐教化与社会政治诸方面。嵇康对这些玄理的讨论看似驳杂，其终极关怀在于以此“和”进行限定，从而完成个体与社会各得其宜的和谐状态。针对“个体—社会”如何相处这一主

① 从“圣人有情”切入对性情关系的讨论，是汤用彤先生开辟的一条极具启发性也被广为接受的研究思路。李芙馥在肯定这一研究具有重要意义的同时，尝试从何劭《王弼传》但言“应物”“无累”不言“性情关系”这一现象切入，探索一种无“性”的王弼圣人观。在我看来，李芙馥在阐释过程中所特别倚重的“神明茂”概念，因为其“关键在于‘柔弱虚静’”，且“与王弼《周易注》中‘寂然至无，是其本矣’的‘反本’思想也十分契合”，其阐释总体上可能并未超越“性（静）情（动）”的传统解说模式。参考李芙馥《“应物而无累”与王弼圣人观——以王弼易释为中心》，《周易研究》2018 年第 2 期。

② 楼宇烈《王弼集校释》，中华书局 1980 年版，第 631 页。

③ 较之“情”，“因静而正”的“性”近乎“无”。然而，王弼“以无为本”的建构所塑造的以“无”为最高境界的理想君主人格，对政治并不形成颠覆效应（参考王文军《王弼〈周易注〉“无”思想的政治哲学解读》，《周易研究》2019 年第 1 期），而现实政治当然是处在礼的约束之下。

题，嵇康之后的玄学展开了深入讨论。

《崇有论》之贱无贵有，乃在于裴頠以为现实的群有一定是有偏失的。因此事物之间要有所资借，“资有攸合，所谓宜也”，事物之间或事物内部各元素之间保持和谐顺遂，才是事物存在的实际情况（“择乎厥宜，所谓情也”）。因此，裴頠所倡“崇有”，以“宝生存宜”为归宿。个体生命之养护，端赖其与周遭环境是否达成合宜状态。“人之既生，以保生为全，全之所阶，以顺感为务”[①]，这里的“顺感”，即应接外物时顺任自我情感之要求，以自己的情感为标准同外物相和，而不是以外物压抑自我性情的表达。裴頠同嵇康一样以人的自我情感为首位，但二人亦有不同，嵇康的任情因为有理智的把握而不至放纵，裴頠的顺感则有礼制的约束而不至泛滥[②]。在这里，同王弼一样，作为儒家信徒的裴頠相信礼“缘情而设”，因此倡导外在礼制的裁割，嵇康则认为现实的礼节是压抑人性的，在“和”的限定下进行理智思考，人的理性会做出符合内在本己与社会政治需要的选择。

郭象“性分论”的提出，旨在为社群中的每个个体寻找一个恰当的位置。“有待逍遥”与“无待逍遥”之区分，将凡圣之别赋予两种不同的世界。“君臣上下，手足外内，乃天理自然，岂真人之所为哉”，“臣妾但各当其分耳，未为不足以相治也”[③]。从社会政治上讲，各人显现其本有职分，不羡慕他者，社会和谐的局面就此建立。但这不能只是形式化的礼饰，而是要有礼之“所以迹”即“礼之意”，“知礼意者，必游外以经内，守母以存子，称情而直往也。若乃矜乎名声，牵乎形制，则孝不任诚，慈不任实，父子兄弟，怀情相欺，岂礼之大意哉”[④]。郭象视

① 严可均编《全上古三代秦汉三国六朝文》，中华书局1985年版，第3294页、3296页。
② 参见杨杰《裴頠〈崇有论〉辨正》，《江汉论坛》2016年第8期。
③ 郭庆藩撰，王孝鱼点校《庄子集释》，中华书局2004年版，第58页。
④ 《庄子集释》，第267页。

礼为内在性情的外在发显，由此产生人之个体与宇宙万物共有的和谐，“天地之理，万物之情，以得我为是，失我为非，适性为治，失和为乱”[①]。万物各安其分，不假他求，由此实现人间秩序及宇宙万物的整体和谐。

裴頠与郭象都是从儒家的基本立场论证个体与社会如何保持和谐顺遂的关系，其归结点是如何恢复儒家政治观念的合法性。余敦康认为，从正始玄学到竹林玄学是“由政治哲学变为人生哲学”[②]，实际上元康玄学关注的仍然是政治议题，嵇康开创的玄学的生命方向与何、王、向、郭关注的政治方向在逻辑上是两个不同的问题意识与思想范式，不当以时间先后论述。嵇康之后的其他名士，一方面为官参政，另一方面在社会生活上以违礼反法、标新立异自高。这些贵族玄士为官以不作为为时尚，导致两晋政局的混乱与北方胡人的数度南侵，终致时局无法收拾而进入南北朝之乱世。而其谈玄辨理并没有创发新的论题，其观点也是为自己之“失和”生活辩护。如王戎之谈忘情，支愍度之倡心无宗。前者为自己情感上的不自制辩白，后者沦为口舌之争。此时无论是性情的发显还是生活的状态，不管是理论上的逻辑还是辩论中的推理，都远离嵇康所崇尚的“和”之状态。由此可见嵇康所追求的人格理想、社会理想与现实之间的偏差，甚至完全相反。

在问题意识、思想渊源、学术形式、哲学模式与生活方式上，嵇康与其他玄士皆有不同旨趣。嵇康的问题意识是如何从个人出发，为个体心灵在混乱的社会中寻找安顿之所；正始、元康等玄学家仍以如何实现社会政治的有效治理为目的。在思想渊源上，嵇康思想基本上接续庄子对个体的关注而未摆脱尘世羁绊，更显无奈而少了庄子的逍遥；其他玄学家思想中的庄子则

① 《庄子集释》，第583页。

② 余敦康《魏晋玄学史》，北京大学出版社2004年版，第301页。

被赋予了原始儒家的价值内核，王弼、郭象、王戎等所谓的庄子已经儒家化了。在学术形式上，嵇康以理性辨析之论赋呈现思想，其他玄学家大多仍以注疏诠释己意。在哲学模式上，嵇康关注个体自身的境界形而上学与价值形而上学的统一，也实现了实践论与形而上学的合体；王弼、裴頠、郭象等以政治和谐稳定为出发点与归宿，以礼教限制性情。在生活方式上，嵇康贯彻自己的形而上学并在精神生活上影响了当时及后来的士人风气，其他名士之玄理则影响了士人之政治实践活动。

总之，嵇康玄理建构了竹林玄学的主体特征，将魏晋玄学的理论特点及其对士人生活的影响分为两个方向。在嵇康之前，汉末名士及正始玄学因受政治或礼法压迫，试图从理论上解决儒家价值观的根本依据与社会政治的良善治理问题，其玄理讨论以宇宙本体为中心而下贯到社会治理与个体性情。嵇康之后的两晋时代，士人在竹林风气影响下转向个人性情的表达。此时名士多有失“和”之举，因此引起裴頠、郭象、乐广立足儒家立场的反弹；郭象等人虽仍以政治为问题意识之所在，但普遍化的个体性情已成为其社会政治观点不得不讨论的对象。总体上看，竹林玄学之后，玄学家以个体性情为玄理争辩之核心，由此扩展到万有群生之根本，与之前玄理思辨的路径相反，因而表现出更多的个体性因素，这不能不说是受到嵇康哲学的影响。

“尚和论”的提出，是嵇康基于为个体自觉寻找性情之形而上根据，并以“和”限定性情的自然发显，从而在根本上建立起的境界形而上学与价值形而上学的统一形态。在此基础上向外在身体、社群、政治的扩展，也以复归到性情之和为导向。其玄学从内在生命出发向外返归于生命。从学术理路上看，嵇康由内而外的生命方向奠定了竹林玄学的哲学特质，构建了与何、王、向、郭以外限内的政治方向不同的思维方式。嵇康由内在性情扩展到外在世界，王、郭由外在社群规范内在性情。前者以实践统摄境界与价值，虽然此践行者最终被杀，但与庄子相比其进步之处恰恰在于嵇康的身体力行，影响了其后陶渊明、王维、李白等文士的诗文与生命体验；后者更多的是经世济民的儒家仕宦的选择。由此魏晋玄学对士人的影响也呈现出倾向于政治的或生命的两种不同路向。

（原载《文史哲》2020年第6期）

嵇康的心态及其人生悲剧

◎罗宗强

嵇康是玄学思潮造就出来的典型人物。他有着高度的思辨能力，有着返归自然的气质，有着玄学思潮所要造就的那种理想的心态，然而他是一个悲剧的典型。这其中包含有甚深的历史意蕴，例如，玄学作为人生哲学的弱点，玄学与中国传统政治的不相容性，玄学在中国文化传统中的历史命运等等问题。本文不拟涉及如此广泛的问题，只想就嵇康的心态和他的人生悲剧作一点探索，以祈为魏晋士人心态的研究做一点准备工作。

一

在竹林七贤中，嵇康不像阮籍那样依违避就，领受临深履薄的苦闷与孤独；不像山涛、王戎那样入世，领受现实人生的种种满足；也不像向秀那样视名教与自然为一体，终于举郡计入洛；也不像刘伶、阮咸那样放诞。在七贤中，甚至在整个玄学名士群体中，他都是非常独特的。他始终以执着的精神，追求一种恬静寡欲、优游适意、自足怀抱的人生境界。

他是一位非常认真地对待人生的人。对于如何处世，他做了认真的思考。在《卜疑》中，他一连提出28种处世态度作为选择，归纳起来，大抵是三类：一类是入世。入世也有种种方式，或建立大功业，“将进伊挚而友尚父”；安享富贵逸乐，“聚货千亿，击钟鼎食，枕藉芬芳，婉娈美色”；或“卑懦委随，承旨倚靡”；或“进趋世利，苟容偷合”；或“恺悌弘覆，施而不德”；或为任侠，如“市南宜僚之神勇内固，山渊其志”，“如毛公蔺生之龙骧虎步，慕为壮士”，等等。另一类是游戏人间，“傲倪滑稽，挟智任术”。再一类便是出世，出世也有种种方式，或不食人间烟火，“苦身竭力，剪除荆棘，山居谷饮，倚岩而息”；或隐于人间，“外化其形，内隐其情，屈身隐时，陆沉无名，虽在人间，实处冥冥”；或逃政而隐，“如箕山之夫，颍水之父，轻贱唐虞，而笑大禹”；或修神仙之道，“与王乔赤松为侣”；或如老聃之清静微妙，守玄抱一；或如庄周之齐物，变化洞达而放逸，等等。他列出的这28种处世态度，可以说几乎包括了可能有的各种方式。最后，他通过太史贞父之口，说出了一种选择：“内不愧心，外不负俗，交不为利，仕不谋禄，鉴乎古今，涤情荡欲。”这个选择就是自洁、自足、返归自然而不纵欲。他并不像任情纵欲的思潮起来之后多数士人那样把返归自然当作放纵生之本能。从嵇康的诗文里，我们可以看到，他的返归自然，是追求一个如诗如画的人生境界。这个理想的人生境界，既来源于庄子，又不同于庄子，它返归自然，但不进入虚无，而是归之实有；它归诸实有，而又超脱于世俗之外。它是独立于世俗之中的一块洁净的人生之地。

嵇康是第一位把庄子的返归自然的精神境界变为人间境界的人。

庄子是主张返归自然、泯灭自我的大师。他把物我一体、与道为一看作人生的最高境界。他以为至人是世事无所系念于心的，因之也就与宇宙并存。要做到这一点，就要游于形骸之内，而不游于形骸之外。游于形骸之内，就要以死生为一条，以可不可为一贯，既要泯灭是非界线，无可无不可；又要泯灭物我界线，做到身如枯木、心如死灰，达到坐忘的境界。进入这个境界之后，便可以随物化迁。我既不必执着为我，任自然而委化，也就一切不入于心。庄子妻子死了鼓盆而歌；他身处穷闾厄巷，槁项黄馘，而泰然自若。他完全地进入了一种内心的境界中，舍弃人间一切的礼仪规范、欲望要求，而“树之于无何有之乡，广漠之野，彷徨乎无为其侧，逍遥乎寝卧其下”。心与道合，我与自然泯一，这就是庄子的全部追求。这种追求，与其说是一种人生境界，不如说是一种纯哲理的境界。这种境界，并不具备实践的品格，在生活中是很难实现的。庄子多处提到生之如梦，梦亦如梦，都说明这种纯哲理的境界之难以成为可捉摸的实在的人生。在庄子，是要以这样的精神境界去摆脱人间的一切痛苦，是一种悲愤的情绪走向极端之后的产物，其实是对现实的一种回避。

但是对于后人，庄子这一基本思想的影响则要广泛得多，各人从不同的角度，去领悟庄子的返归自然：返归自然而寡欲，返归自然而纵欲，返归自然而无欲，等等。但是，真正做到物我两忘，身如枯木，心如死灰，虽槁项黄馘而仍然泛若不系之舟，于无何有之乡遨游，则是很难的，可以说是不可能的。庄子所追求的人生境界，并不是一个实有的人间境界。

嵇康的意义，就在于他把庄子的理想的人生境界人间化了，把它从纯哲学的境界，变为一种实有的境界，把它从道的境界，变为诗的境界。

庄子是槁项黄馘，而嵇康的返归自然，却是“土木形骸，不加饰厉，而龙章凤姿，天质自然”[①]。

《世说新语·容止》：

> 嵇康身长七尺八寸，风姿特秀。见者叹曰：“萧萧肃

① 见《世说新语·容止》注引《嵇康别传》。

肃，爽朗清举。”或云：“肃肃如松下风，高而徐引。”山公曰：“嵇叔夜之为人也，岩岩若孤松之独立；其醉也，傀俄若玉山之将崩。”

他虽然不加修饰，完全是自然面目，但已是名士风姿，无半点枯槁困顿的形态。

最重要的，是嵇康把坐忘的精神境界，变成了优游容与的生活方式：

息徒兰圃，秣马华山。流磻平皋，垂纶长川。目送归鸿，手挥五弦。俯仰自得，游心太玄。（《兄秀才公穆入军赠诗》十九首之十五）

琴诗自乐，远游可珍。含道独往，弃智遗身。寂乎无累，何求于人？长寄灵岳，怡志养神。（同上诗之十八）

流咏兰池，和声激朗。操缦清商，游心大象。倾昧修身，惠音遗响。钟期不存，我志谁赏！（《酒会诗》七首之四）

淡淡流水，沦胥而逝。泛泛柏舟，载浮载滞。微啸清风，鼓楫容裔。放棹投竿，优游卒岁。（同上诗之二）

优游，了无挂碍，怡然自得的生活，充满着闲适情趣。他所追求的这些优游闲适的生活，当然有庄子返归自然的精神，不是富贵逸乐，不是任情纵欲，而是一种不受约束、随情之所至的淡泊生活。这种生活与建安士人的及时行乐、诗酒歌吹，已经完全不同了。建安士人是在感喟时光流逝、人生短促之后尽情地享受人生，纵乐中带着一种悲凉情调。而嵇康则是在一种对于自然的体认中走向人生，闲适中透露出一种平静心境。他的琴、歌、酒，都是在对于自然的体认中展开的，他的游猎垂钓，他的鼓楫泛舟，也是为了游心于寂寞。这些当然也来源于庄子。他的垂纶长川，便使人想到庄子的避世，想到《庄子·秋水》中说的庄子钓于濮水的故事。他从优游容与的生活中要体认的，正是庄子所要追求的道的境界，游心大象，游心太玄，含道独往，等等，都说明了这一点。他在许多地方提到主于内，不主于外，更重精神的满足，而轻荣华富贵，也说明了这一点。但是，他到底是改造庄子了。他的游心太玄，他的求之于形骸之内，求意足，已经不是空无，不是梦幻，不是不可捉摸的道，而是实实在在的人生，是一种淡泊朴野、闲适自得的生活。在这种可感可行的生活里，他才进入游心太玄的境界。“目送归鸿，手挥五弦”，是一种体验，在无拘无束的悠闲自得的情景中，忽有所悟，心与道合，于是我与自然融为一体。这种心境是难以言状的，言所不能传的意蕴，正在“目送归鸿”之中，前人称其“妙在象外”[1]。所谓有悟于道，言语道断者，大概就是这种境界。有悟于道，故俯仰自得，从中得到一种心境的宁静，得到一种享受，又回到现实中来。这不可言说，是现实体验中的一种不可言说，不是进入庄子式的“太冲莫胜”抑或“未始出吾宗”的境界，并未归于空无。它既是对于道的了悟，又是一种审美，一种对于宁静的美的体验。

嵇康从未进入一个坐忘的境界，他追求的只是一种心境的宁静，一种不受约束的淡泊生活。这种生活是悠闲自得的，应该有起码的物质条件，起码的生活必需，必要的亲情慰藉，是在这一切基础上的返归自然。在《与山巨源绝交书》中，他说他“游山泽，观鱼鸟，心甚乐之；一行作吏，此事便废，安能舍其所乐，而从其所惧哉？”他向往的是摆脱世俗的羁缚，回到大自然中去。他还提到当他醉心于大自然时，喜欢一个人自由自在地独

① 王士禛《古于夫亭杂录》卷二论及“手挥五弦，目送归鸿”时，说：“嵇语妙在象外。”

处。他说如果做了官，“抱琴行吟，弋钓草野，而吏卒守之，不得妄动，二不堪也”。他是很喜欢自由自在的，在信中他把这种自由自在陈述得相当充分，说一做了官，这种生活方式受到干预，他便受不了：

> 卧喜晚起，而当关呼之不置，一不堪也。……危坐一时，痹不得摇，性复多虱，把搔无已，而当裹以章服，揖拜上官，三不堪也。素不便书，又不喜作书，而人间多事，堆案盈机，不相酬答，则犯教伤义，欲自勉强，则不能久，四不堪也。不喜吊丧，而人道以此为重……然性不可化，欲降心顺俗，则诡故不情，亦终不能获无咎无誉，如此，五不堪也。不喜俗人，而当与之共事，或宾客盈坐，鸣声聒耳，嚣尘臭处，千变百伎，在人目前，六不堪也。心不耐烦，而官事鞅掌，机务缠其心，世故繁其虑，七不堪也。

七不堪，不是说他什么生活享受都不需要，无欲无念，而只是说要自由自在，不受约束，在纯朴的自由自在的生活中，得到快乐，得到感情的满足：

> 今但愿守陋巷，教养子孙，时与亲旧叙阔，陈说平生，浊酒一杯，弹琴一曲，志愿毕矣。

嵇康的这种人生追求，虽超脱于世俗之外，而又不同于遁迹山林的隐士，他实处人间；他又不同于入世的士人，他事实上是要在政争激烈、政局变幻莫测的环境里，完全摆脱政治的牵制，独立人间。这种人生境界无疑有小国寡民的理想社会的味道，但又不像小国寡民理想社会那样复归原始，它有浓厚的文化氛围和审美意味，带着一种审美的心境：

南凌长阜，北厉清渠。仰落惊鸿，俯引渊鱼。盘于游畋，其乐只且。（《兄秀才公穆入军赠诗》十九首之十一）

轻车迅迈，息彼长林。春木载荣，布叶垂阴。习习谷风，吹我素琴。交交黄鸟，顾俦弄音。感悟驰情，思我所钦。（同上诗之十三）

临川献清酤，微歌发皓齿。素琴挥雅操，清声随风起。（《酒会诗》七首之一）

这些景物的描写，或设想对方将经历之境界，或为自身所亲历，但写来都一往情深，其中蕴含着对于大自然的眷恋，对于自然美的体味。在嵇康的诗里，我们常常可以感受到一种清泠韵味，这种飘浮于清峻基调之外的淡淡的清泠韵味，正是他自由自在、闲适愉悦的生活中审美意味的反映。

事实上他生活中也处处表现出审美的情趣。他是一个很有艺术修养的人，精于音乐，能书能画。他的音乐素养，可以从他的《琴赋》《声无哀乐论》中得到说明。他还善于弹琴。《琴赋》所反映的他对于琴声的形象体验，前无古人，其美感之细腻敏锐，亦属空前。他能作曲，有琴曲《嵇氏四弄》。《声无哀乐论》从音乐的艺术特质上立论，一扫儒家乐论之功利说，亦为前此所仅有。若非对音乐有精心之理解，绝难道出[①]。嵇康虽自己说不喜作书，而其实他是极善书的。唐人张怀瓘于《书断》中列康草书为妙品。怀瓘《书议》谓：“曾有其草写《绝交书》一纸，非常宝惜，有人与吾两纸王右军书不易。”《书断》又谓：“叔夜善书，妙于草制，观其体势，得之自然，意不在乎笔墨。若高逸之士，虽在布衣，有傲然之色。”韦续《墨薮》：“嵇康书，如抱琴半醉，酣歌高眠。又

① 钱钟书先生论嵇康《声无哀乐论》谓：“盖嵇体物研几，衡珠割粒，思之慎而辨之明，前载所得未曾有。”见《管锥编》第3册，第1087页。

若众鸟时翔，群鸟乍散。”唐人所见嵇康书，是否为真迹，前人已颇怀疑，然嵇康之善书，似为事实。又张彦远《历代名画记》：“嵇康工书画，有《狮子击象图》《巢由图》传于世。”了解了这些，就可以知道，他其实是一个很有艺术气质的人，是一个纯情的人。他说的“浊酒一杯，弹琴一曲”的话，充满着对于生活的艺术情趣的向往。

凡此种种，都说明嵇康追求一种自由自在、闲适愉悦的，与自然相亲，心与道冥的理想人生。这种理想人生摆脱世俗的系累和礼法的约束，而又有最起码的物质生活保障，有朴素真诚的亲情慰藉。在这种生活里，他才能得到精神的自由，才有他自己的真实存在。庄子的纯哲理的人生境界，从此变成了具体的真实的人生。也从此，以其真实可感、如诗如画的理想人生，正式进入了文学的领域。可以说，嵇康第一个把庄子诗化了[①]。

说嵇康第一个把庄子诗化，可从历史的考察中得到证实。隐士早有，然隐之为义，要在不事王侯，高尚其事。《后汉书·逸民列传序》论逸民，谓“长往之轨未殊，而感致之数匪一。或隐居以求其志，或回避以全其道，或静己以镇其躁，或去危以图其安，或垢俗以动其概，或疵物以激其清。然观其甘心畎亩之中，憔悴江海之上，岂必亲鱼鸟乐林草哉，亦云性分所至而已”。大抵说来，或在逃政，或在全己，与其说是一种感情的选择，不如说是一种道德的选择。未若嵇康之把一种任自然的生活作为理想人生的境界去自觉追求，更没有把这种任自然的生活引向如诗如画的现实人生。

① 嵇康把老庄思想诗化的提法，首见于王韬同志的硕士学位论文《嵇康的诗歌美学思想》（待刊，原作存南开大学图书馆）。王文谓：“嵇康不同于哲学思辨派和放浪派的关键之处，就在于嵇康使老庄思想诗化、艺术化了；老庄第一次步入了文学艺术的殿堂，使中国的文学艺术放射出夺日的光辉。”笔者从中受到启发，更引而论之，而稍有不同。

二

嵇康追求的这样一个理想的人生境界，与当时处于激烈政争中的士人生活的现实，无疑有着甚大距离。而对于这种距离，他不仅丝毫没有要缩短的想法，而且采取一种对立的态度，主要的便是“越名教而任自然”，“非汤武而薄周孔”；并且对于仕途带着一种近于本能的厌恶情绪。

嵇康厌恶仕途，后世有种种解释。其中一种很流行的解释认为，他是曹魏的姻亲，心存魏室，不愿为司马氏所用。这种观点更为极端的说法，是说嵇康在毌丘俭起兵反司马氏中起了作用。这条材料来自《三国志·王粲传》注引《世语》。这是唯一的一条材料。其实，这条材料的可靠性是大可怀疑的。唐人修《晋书》，已经注意到了这一点。《晋书·嵇康传》说：“（钟会）言于帝曰：‘嵇康，卧龙也，不可起，公无忧天下，顾以康为虑耳。’因谮：‘康欲助毌丘俭，赖山涛不听。’”用一“谮”字，以明本无其事，实为钟会之诬词。嵇康之不可能参与毌丘俭起兵，可从毌丘俭起兵的经过推断。据《三国志·毌丘俭传》记载，可知毌丘俭之起兵，虽先有谋虑，厚结文钦，然决定起兵之时日实甚为仓促。《晋书·天文志》云，正元二年（255）正月因彗星见，旋即起兵。在这样短的时间内，要与洛阳方面联络，是极不可能的。且《世语》所说，是“毌丘俭反，康有力，且欲起兵应之，以问山涛。涛曰：‘不可。’俭亦已败”。不仅指毌丘俭之起兵与嵇康有关，康曾为其出力，且谓康欲起兵应之。此更为无稽。当时从任何角度说，嵇康都没有在洛阳起兵的条件。他的官职是中散大夫，是一个备受议论的闲散位置，并没有什么实际的权力。在当时的军队中，他也没有任何力量。有的学者认为，嵇康可能会发动太学生，占领洛阳城[①]。这纯然是一种想象之词。这些观点的产生，建立在嵇康为曹魏政权效力这样一种认识上，并不了解嵇康的为人。《与山巨源绝交书》作于景元二年（261），一开始就说："足下昔称吾于颍川，吾常谓之知言。然经怪此意，尚未熟悉于足下，何从便得之也。前年从河东还，显宗阿都，说足下拟以吾自代，事虽不行，知足下故不知之。"这里说明，山涛初尝称道嵇康之不愿出仕于山嵚，嵇康以为这是深知他的为人；后来又举他自代，说明其实还是不了解他。这里所说的前年，即甘露四年（259），距毌丘俭起兵已过四年，就是说，在甘露四年以前，嵇康还认为山涛是了解他的，甘露四年以后，才知山涛对他其实并不了解。了解他什么呢？就是了解他不愿入仕，不愿参与政事，不愿忍受七不堪。这就说明，甘露四年以前，嵇康以其不愿参与政事之心态，绝不可能参与毌丘俭起兵，更不可能有在洛阳起兵的想法。以嵇康忠于魏而反晋者，仅因其为魏之姻亲。其实，无论从史料还是从嵇康自己的诗文中，都找不到明确的忠于曹魏的证据。嵇康少年时代，魏明帝倡名教，并不支持玄论派，以嵇康之气质，不可能对曹魏产生好感；正始中，嵇康与阮籍、向秀、山涛等游，与其时掌握大权的何晏、夏侯玄等也没有什么关系：在他20多岁的时候，娶了曹操的儿子曹林的女儿长乐亭主为妻（一说是曹林的孙女，然亦无确证）。但曹林这一系在正始年间似未进入权力中心，所以嵇康娶长乐亭主之后，只补了个郎中的小官，不久拜中散大夫，也只是个七品的闲职，而且这个闲职他似乎也未认真做过，因为他生儿育女之后，还依然锻铁洛邑，灌园山阳，依然优游山林，直到景元四年（263）他被杀，都找不出他心存魏室的言行。当然，能够最有力证明嵇康并未直接卷入反对司马氏的政治

① 庄万寿《嵇康年谱》，台湾三民书局1981年版，第167页。

斗争的事实，是他对于荣华名利的基本态度。就是说，嵇康并不是因为反对司马氏才不愿做官的，实实在在是因为他有一种厌恶荣华名利的强烈情绪。他在诗文中多次表现了这种情绪："泽雉虽饥，不愿园林。安能服御，劳形苦心？身贵名贱，荣辱何在？贵得肆志，纵心无悔。"（《兄秀才公穆入军赠诗》之十九）"多念世间人，夙驾咸驱驰。冲静得自然，荣华安足为？"（《述志诗》之一）"哀哉世俗殉荣，驰骛竭力丧精。得失相纷扰惊，自是勤苦不宁。"（《六言》之四）"三为令尹不喜，柳下降身蒙耻。不以爵禄为己，静恭古惟二子。"（同上诗之八）《秋胡行》之一、《答二郭》等诗，也都表现了类似的厌仕情绪。这些诗作于不同时期，而厌仕的思想始终一致。在文中，他也多处表达了类似的思想，《答难养生论》说："不以荣华肆志，不以隐约趋俗，混乎与万物并行，不可宠辱，此真有富贵也。……以大和为至乐，则荣华不足顾也；以恬淡为至味，则酒色不足钦也。"这些都说明，他从内心深处不愿追求仕禄，不愿参与政争。因为他把这些看作对自己的自由的束缚。他之与山涛绝交，最基本的原因正是这一点。如果把嵇康拒绝山涛的推荐归之于政治的原因，那就把玄风对于士人从生活态度到生活方式的影响低估了。有的学者把山涛荐嵇康看作整个名士集团或者说站在曹魏一边的政治势力与司马氏的较量①，这不仅把竹林名士的政治色彩看得太浓重，而且把他们的政治一致性看得过于绝对。事实上，他们在醉心玄风上的一致性比他们政治上的一致性更为鲜明。山涛更加靠近司马氏，阮咸与刘伶都并未显示其倾向曹魏的

① 徐高阮《山涛论》（台湾《台湾研究院历史语言所集刊》第四十本第一分）对山涛所处政局之种种矛盾有甚为精细之分析，但其中亦颇多推测之词，如对嵇康《与山巨源绝交书》的分析即一例。他认为："吏部郎的任命，加上山涛的提议以嵇康自代，大概可以推想是两派政治力量之间的一种协商。山涛用行动使人明白，没有个人的就范或交易。"而嵇康的《绝交书》，则是"假借了一个没有实在意义的谢绝推行的题目针对眼前时势而发的一份反抗宣言"。

态度。其时政局中曹魏与司马氏两种势力的斗争固甚激烈，但并非士人的一切行为都可以归入这种斗争中。山涛荐嵇康，并非为了“表明他自己在面对着一个重要的邀请时没有离开自己的一群”[①]，而是因为他觉得嵇康较自己才致更佳，他更多的是出于对嵇康的赞赏（《世说新语·贤媛》有关于山涛引嵇、阮家中留宿，山涛与其妻论嵇、阮才佳的话）。山涛后来任选曹，以正直处事为其准则。他之所以推荐嵇康，正是因为嵇康刚直不阿，符合他心目中吏部郎的理想标准。山涛从积极入世的态度要求嵇康，而嵇康以一种厌恶仕禄的心态拒绝山涛的推荐。《与山巨源绝交书》可以说是嵇康厌恶仕禄的心态的很典型的反映。

出于与不愿追求仕禄、不愿参与政争的同样的原因，嵇康强烈地反对名教。在《绝交书》中说，他自己“每非汤武而薄周孔”。他如何非汤武而薄周孔，没有留下来多少材料。钱钟书先生谓：

> 按其“非薄”之言，不可得而详；卷五〇《难张辽叔〈自然好学论〉》谓“六经未必为太阳”，“何求于六经”，又《管蔡论》谓管蔡“顽凶”之诬，周公诛二人，乃行“权事”，无当“实理”，亦足示一斑。[②]

除了钱先生指出的，在《答难养生论》中，他对孔子颇多非议：

> 或修身以明污，显智以惊愚，借名高于一世，取准的于天下；又勤诲善诱，聚徒三千，口倦谈议，身疲磬折，形若求孺

① 徐高阮《山涛论》。

② 钱钟书《管锥编》第三册，中华书局1979年版，第1088页。

子，视若营四海。神驰于利害之端，心鹜于荣辱之途，俯仰之间，已再抚宇宙之外者。若比之于内视反听，爱气啬精；明白四达，而无执无为；遗世坐忘，以宝性全真，吾所不能同也。

他所写的这个孔子，是庄子眼中的孔子[①]，是一个为名利奔忙的孔子，所以他说是“神驰于利害之端，心鹜于荣辱之途”。这对于名教中人来说，是不可思议的，是对孔子的大不敬。

“非汤武而薄周孔”，可以看出他对于名教的厌恶心态。这就可以了解他为什么要“越名教而任自然”。任自然，就是任心之自然，只有超越名教的约束，才能达到任心之自然。他是在《释私论》中论述这一思想的：

夫气静神虚者，心不存于矜尚；体亮心达者，情不系于所欲。矜尚不存于心，故能越名教而任自然；情不系于所欲，故能审贵贱而通物情。物情顺通，故大道无违；越名任心，故是非无措也。

无矜尚，是非不存于心，气静神虚，体亮心达，通万物之情，一事之来，不人为地考虑得失，任心而行，则自然是是而非非，心中无私，就能越名教而任自然。不能做到越名教而任自然，便有伪饰。他在这篇文章的后面说道：“抱私而匿情不改者，诚神以丧于所惑，而体以溺于常名，心以制于所慑，而情有系于所欲，咸自以为有是而莫贤乎己。未有攻肌之惨，骇心之祸，遂莫能收情以自反，弃名以任实。”任实，就是任情实，即

① 《庄子·渔父》：“子路问曰：‘今渔父杖拏逆立，而夫子曲腰磬折，言拜而应，得无太甚乎？’”《外物》：“老莱子之弟子出薪，遇仲尼，反以告曰：‘有人于彼，修上而趋下，末偻而后耳，视若营四海，不知其谁氏之子？’老莱子曰：‘是丘也。’”这就是庄子眼中的孔子。

任心。有伪饰就不能任情实，要任情实就要反伪饰。这也可以看出，他之主张“越名教而任自然”，实带着强烈的反对名教的虚伪的性质。

从他厌恶仕途，反对名教看，他有着一种傲视世俗、以己为高洁、以世俗为污浊的心态。他要独立于世俗之外，保持自己的高洁，不为世俗所沾染、所迷惑。他对于当时充满伪饰的名教中人，对于以名教为伪饰的司马氏政治势力，确实存在一种对立的情绪，不过不是从维护曹魏势力出发，而是出于自己的人生操守。

三

嵇康这样一种人生理想，这样一种心态，不幸却伴有一个过于执着、过于切直的性格。《世说新语·德行》注引《嵇康别传》、《三国志·王粲传》注引《魏氏春秋》、《晋书·嵇康传》，都说嵇康喜愠不形于色，这显然是他的玄学思想修养、他所追求的和平宁静的人生境界对于自己情性的一种自我制约的结果，而其实并不是他的性格的表现。他的性格，是刚直峻急。他在《绝交书》中就说，降心顺俗，就感到那是“诡故不情”。又说自己“刚肠疾恶，轻肆直言，遇事便发”。他其实是个是非之心十分分明的人，对于他认为非的，便加以愤激的驳斥，例如，他对于吕巽的行为，便极其愤慨，以致与之绝交。《与吕长悌绝交书》说明，他原来与吕巽是至交，但是因为吕巽诬陷吕安[①]，他便慨然与之决裂。与山涛绝交，是因为他的行为与己之人生理想、与己之情趣操守大相背离。他对于与他情趣不同的人，采取一种傲视轻蔑的态度，如对钟会。嵇康的这些性格特

① 《三国志·王粲传》注引《魏氏春秋》：“康与东平吕昭子巽及巽弟安亲善。会巽淫安妻徐氏，而诬安不孝，囚之。安引康为证，康义不负心，保明其事。”

点，孙登早就指出来，以为这正是他的致命弱点。《三国志·王粲传》注引《嵇康别传》："孙登谓康曰：'君性烈而才俊，其能免乎？'"性烈，而且感情也极为浓烈，他不是庄子式的那种死生无所动心、是非不系于怀的人。他一旦感情激荡起来，便难以自已。看他的《幽愤诗》，看他的《思亲诗》，便可以明白感受到这一点。这样一位感情如此浓烈，性格又刚直峻急的人，感情性格与人生理想之间，与在这个人生理想指引下的心态之间，便不可避免地产生了矛盾。

"越名教而任自然"，可以有许多可供选择的生活方式，例如，可以放纵，不受名教的约束。任情而行，而对于人间的是非，也不管不问，置之不理，例如阮咸与刘伶。他们的行为，当然是违背名教的。他们虽"越名教而任自然"，却与世无争。他们只求自己的放纵任情，而于社会并无妨碍，特别是于当政者并无妨碍。他们的行为虽有悖于名教，却并无反名教的言论，不像嵇康的"非汤武而薄周孔"。从他们的心态看，他们其实只是求自适而已。他们处世，是极不认真的，无可无不可。两人后来也都并不拒绝做官。所以他们也就都得以寿终。

"越名教而任自然"还可以有另一种生活方式，如孙登，岩居穴处，当然亦于世无碍。

但是嵇康与他们都不同，他太认真。他的"越名教而任自然"，是认认真真执行了的，分毫不爽。这样认真，这样执着，就使他自己在整个思想感情上与世俗特别是与当政者对立起来，就使他自己在思想感情上处于社会批判者的立场。刘伶、阮咸、孙登他们，都不存在"非汤武而薄周孔"的问题，也不存在羡慕阮籍"口不论人过"的问题，因为他们根本就没有想到要论人过，没有想到要是是而非非。

嵇康的本意，是要在世俗之中寻一块独立的人生之地，超然于世俗之外。但是当他在思想感情上把自己和世俗对立起来，特别是把这种对立落脚到“非汤武而薄周孔”之后，他便把自己从超越名教、返归自然的愿望中拉回到世俗的敌对者的位置上，而这正是他完全预料不到的，与他的初衷完全相反。出现了以己为高洁、以世俗为污浊这样一种局面之后，世俗，特别是当政者也便把他视为对立面，他所要求的闲适愉悦、与自然相亲、自由自在的独立人生便也不可能实现了。

以己为高洁是可以的，以世俗为污浊则不可。与嵇康处于完全相同环境中的皇甫谧，正是在这一点上掌握得恰到好处。因此，他高洁之名甚大，而世俗与当政者亦始终对其备加崇敬。皇甫谧当然不完全是玄学思潮造就的人物，他既熟习老、庄，且著《玄守论》，谓：“又生为人所不知，死为人所不惜，至矣。……苟能体坚厚之实，居不薄之真，立乎损益之外，游乎形骸之表，则我道全矣。”但他也博通儒家经典，而且既作《高士传》，又作《列女传》，并未非议名教。他虽隐居不仕，屡辟不就，但他申述不应聘的理由，并不像嵇康那样提出“七不堪”“二不可”一类内容，而只是说自己有病。晋武帝也知道他“与流俗异趣”[①]，但这异趣并不是菲薄名教，而是说他立身高洁，他上疏说，“久婴笃疾”，“于今困劣，救命呼噏，父兄见出，妻息长诀”。情词恳切，丝毫也没有超尘出俗、不与世俗为偶的气味。不仅如此，他后来还上表，向皇帝借书，皇帝便送了他一车书。皇甫谧这样做，既无损于己之高洁，又给皇帝增加了礼贤下士的美名。于己，是让朝野都知道自己无心仕禄，趣在读书；于皇帝，是奉献他一点风流儒雅，让他感到舒服，两相无碍而又两相获益。皇甫谧后来当然也得以善终。不唯得以善终，且在朝在野，在当时在后世，都获得了甚高评价。皇甫谧成了中国古代士人如何处理与皇帝的关系的一种最佳模式。当然，这个模

① 参阅刘道荟《晋起居注》，《黄氏逸书考》辑本。

式的劣化，便是在中国历史上出现了一批才气甚高而品行极差却始终能讨得皇帝欢心的文人。

嵇康却是处处以己之执着高洁，显名教之伪饰。而伪饰，正是当时围绕在司马氏周围的名教之士的一大要害。

当时反对“越名教而任自然”最激烈的人，就是维护名教最出力的人，如何曾等。而这些人，同时又是最虚伪的人。何曾是一位穷极奢侈的人，衣食之奢华过于王者。以儒家之道德观衡量，此种行为实有悖于修身之准则，且亦有僭越之嫌。但他一方面穷奢极欲，一方面以道德家自居，视玄学名士之行为为大逆不道。他数次在司马昭面前责问阮籍，说阮籍纵情背礼败俗，劝司马昭杀阮籍。他指责阮籍不孝，其实阮籍是个真正的孝子，只不过他的孝表现在真感情而不是表现在礼的形式上而已。何曾却是个极端伪饰的人。他是司马氏政权的台柱，但其实对司马氏三心二意。有一次他对子孙说，晋室是长久不了的，孙子辈可能赶得上晋室的败亡。但是在司马氏面前，他没有为晋室的长治进过谋议。都官从事刘享曾弹劾过何曾的奢侈行事，何曾便辟刘享为掾，人们以为他宽宏大度，其实却是为了借小故对刘享横加杖罚。权臣贾充，人品极坏，何曾心鄙之而身附之。何曾之诈伪，大抵如是。他死的时候，礼官议谥，博士秦秀议谥以“缪丑”。可见当时士人对他的一些看法。

何曾当然与嵇康无直接关系，但是作为当时名教势力之一种代表，是与嵇康的操守完全对立的。与嵇康有直接关系的是钟会与吕巽，他们在行为上的伪饰也和何曾一样。当然，更重要的是司马氏。司马氏杀戮异党，极其残忍，从司马懿杀王凌而夷其三族，到司马炎杀张弘而夷其三族，22年间夷三族的就有6起，而司马氏是以孝治天下的。很显然，当时朝廷之上其实充满着一种虚伪风气，虽讲名教而其实不忠不孝。这样一种政治气氛，可以容忍阮咸、刘伶辈的狂放，可以容忍孙登、皇甫谧辈的隐逸，而决不能容忍嵇康的“越名教而任自然”。嵇康的执着的存在，对于伪饰的名教中人实在是一种太大的刺激。嵇康之为司马氏所不容，乃是必然的事。

历代论者，差不多都注意到了这一点。《颜氏家训·养生篇》说：“嵇康著养生之论，而以傲物受刑。”《勉学篇》说：“嵇叔夜排俗取祸，岂和光同尘之流也？”《竹林七贤论》说：“嵇康非汤武，薄周孔，所以迕世。”（《太平御览》卷一三七引）《世说新语·雅量》注引张骘《文士传》，有钟会廷论嵇康的一段话：

> 今皇道开明，四海风靡，边鄙无诡随之民，街巷无异口之议。而康上不臣天子，下不事王侯，轻时傲世，不为物用，无益于今，有败于俗。昔太公诛华士，孔子戮少正卯，以其负才乱群惑众也。今不诛康，无以清洁王道。

《文士传》这段话是否为钟会所说，颇可怀疑。而其反映的一种心绪，颇为符合其时之历史真实。康之被杀，要在忤俗、乱群惑众。特别是这“乱群惑众”，于行名教实大有妨碍，是非杀不可的了。

这就是嵇康的人生悲剧所在。他要寻找一个如诗如画的人生。这个人生本是可行的，他已经完全把庄子的纯哲理的人生境界变为人间的境界，把道的境界变为诗的境界了。但是他在把这个理想人生付诸实施的时候，执意把自己独立于世俗之外。他既无力改变世俗，又不肯依违避就，他要以己之高洁，去显世俗之虚伪，以己之真情，去显名教之伪饰，而当时政权中的显贵，正赖伪饰的名教以生存。他之为当政者所不容，也就在所难免。

后来的士人，在这一点上比嵇康要聪明得多。他们不少人，以高洁自持，却不忤俗，不过于认真，而是采取一种无可无不可的态度。王维论嵇康，有一段非常精彩的话：

> 降及嵇康，亦云“顿缨狂顾，逾思长林而忆丰草”。顿缨狂顾，岂与俯受维絷有异乎？长林丰草，岂与官署门阑有异乎？异见起而正性隐，色事碍而慧用微，岂等同虚空，无所不遍，光明遍照，知见独存之旨也。（《王右丞集笺注》卷一八《与魏居士书》）

果真泯灭有无是非之界线，则归卧自然，自持高洁。不唯不违俗忤世，且可获闲适怡悦于生前，留高士美名于身后。所以王维就做得比嵇康要高明得多，既归卧山林，又不离轩冕。

四

嵇康的人生悲剧，其实也是玄学理论的悲剧。

毫无疑问，嵇康以其高洁之品格，赢得了广泛的同情与崇敬。试想他入狱之时，名士争相入狱以求替其赎罪，太学生上书请以其为师；临刑时顾视日影，从容弹一曲《广陵散》，这是一种怎样的潇洒风流！他的悲剧，确令千载之下无数士人为之感慨哀伤。但是这个悲剧的历史含蕴未曾为人所注目。

两汉之后，儒家的处世哲学一直成为中国士人人生观的基本构架，或出或处，都以之为基本准则。玄学思潮出现之后，士人的生活情趣、生活方式有了很大的变化。但是，正始玄学家如何晏、王弼、夏侯玄等人，都没有寻找到一个反映玄学思潮的新的人生观。就是说，玄学理论本身是在现实需要中产生的，它是个性解放之后的产物，它的特质是返归自然。但是这些玄学家还没能把这个返归自然的理论变为一种人生观；而把它变为一种人生观的，是嵇康。

这个人生观的本质，是把人性从礼法的束缚中解放出来，是追求个性的自由。但是，任何个性的自由都存在如何处理个人与社会的关系的问题，如何处理感情欲望与理智的关系的问题。人是社会的人，他既是自我，也是社会群体中的一员，不可能不受任何约束而独立于社会群体之外。两汉以后，礼法已经成为维系社会的基本准则，深入到政治生活、伦理道德的一切领域。要摆脱它的约束，必须提出新的道德准则，新的人际关系的构架，而嵇康的玄学人生观未能解决这些问题。他只提出了以自制的办法来约束个人欲望的无限膨胀，如他在《养生论》《答难养生论》中所论述的。这样一种玄学人生观，不可能维系社会的存在，不会为社会所接受，因为它没有外在的必要约束。

这样一个玄学人生观，作为维护个性的自由来说，它是意义重大的；但是由于它没有解决个人对社会承担的责任，它之注定为社会所摈弃，也就势在必然。高尚的并不都是现实的。因其高尚，而感动人心；因其远离现实，却必然要以悲剧而告终。

嵇康的人生悲剧，也可以说是玄学理论自身的悲剧：从现实需要中产生而脱离现实，最后终于为现实所抛弃。玄学有着极高的理论思维的成就，却没能在中国的文化传统中占据重要的地位，最为重要的原因，就在于它作为一种人生哲学存在着无法克服的弱点，它无法解决社会关系中的种种问题，无法取代儒家已经建构起来的伦理道德关系的构架。虽然玄学理论在此后的180余年间还影响深远，但是它的悲剧结局是一开始便注定了的。

嵇康的人生悲剧，还纠结着当时士人与政权的关系的种种复杂因素。嵇康的强烈的反名教的言行，作为玄学人生观的典型代表，它显然代表着当时崇尚玄风的激进的士人的情绪倾向。而这个情绪倾向，本来就与立于朝廷的何曾辈的势力、与以名教为伪饰的司马氏势力相抵触，由于也是名士的何晏、夏侯玄等的被杀而变得与司马氏政权处于更加对立的状态。这只要从三千太学生上书这一行动中，就可以体味到这种情绪的存在。嵇康自身，并非以反司马氏之行动而被杀，但司马氏之杀嵇康，实在包含有打击名士们的对立情绪、给予警告的意味。从思想上说，嵇康的被杀是“非汤武而薄周孔”“越名教而任自然”的言行为名教所不容；从政治上说，他却是不知不觉代表着当时名士们对于司马氏势力的不满情绪，他的被杀是司马氏在权力争夺中的需要，借一个有甚大声望的名士的生命，以弹压名士们的不臣服的桀骜。这当然也是嵇康所始料不及的。

（原载《中国社会科学》1991年第2期）

嵇　康

◎徐公持

第一节　人格魅力与文学

嵇康（223—263），字叔夜，祖先会稽人，本姓奚，后举家迁至谯国铚（今安徽濉溪临涣镇），有嵇山，因改姓嵇。父为治书侍御史，早卒。嵇康幼年失怙，靠母、兄抚育长大。在家颇受娇纵，故自小形成任性不羁性格及疏慵散漫习气。他曾自述："性复疏懒，筋驽肉缓，头面常一月十五日不洗，不大闷痒，不能沐也。每常小便而忍不起，令胞中略转乃起耳。"（《与山巨源绝交书》）嵇康颖慧过人，学不师授，博洽多闻，工诗文，才名早播；又善音律，为当时最著名的音乐理论家及演奏家。他又是一位造诣很深的书法家，据唐代张怀瓘谓："叔夜善书，妙于草制，观其体势，得之自然，意不在于笔墨。若高逸之士，虽在布衣，有傲然之色。"（《书断》）他又是画家，据载唐代尚存他的《巢由洗耳图》《狮子击象图》两幅作品。

在中国文学史上，嵇康归于最具魅力人物之列。"竹林七贤"中，论年齿，山涛、阮籍最长；论思想，阮籍更具批判锋芒，当日"礼法之士""疾之若仇"者，首先是阮籍，而未闻有嵇康；论玄学修养，向秀不在他之下；论文采，阮籍亦足堪与之比肩，甚至更优，钟嵘《诗品》即叙嵇康为中品，而阮籍为上品；论任诞作风，刘伶的嗜酒放恣，阮籍、阮咸与群豖共饮，更令人骇异；论官位，以山涛最高；论财富，当首推王戎。然而此七人集团以嵇康为核心，“竹林之游”，即在嵇康山阳寓所。嵇康锻铁，向秀自愿为佐排。嵇康与山涛“绝交”，涛则先后盛赞嵇康。“七贤”之外，吕安因其兄吕巽得识嵇康，而“吕安服康高致，每一相思，辄千里命驾，康友而善之”（《晋书》本传）。少年赵至，偶见嵇康于洛阳太学写石经，即被吸引，徘徊不能去；后又遇康于邺，遂随康还山阳（见嵇绍《赵至叙》）。又嵇康临刑前，太学生三千人上书司马昭，请赦康，愿以为师，甚至有“豪俊皆随康入狱”（《世说新语》注引王隐《晋书》）。以上事例，悉皆表明嵇康其人，魅力巨大，吸引身份年龄各异之众多人物，为之倾倒。

嵇康魅力，自何而来？首先如上所述，他是位多才多艺的全能才士。其次他是一位美男子。史载康“身长七尺八寸，风姿特秀。见者叹曰：‘萧萧肃肃，爽朗清举。’”（《世说新语·容止》）“伟容色，土木形骸，不加饰厉，而龙章凤姿，天质自然。”（《世说新语》注引《嵇康别传》）嵇康相貌被誉为“龙章凤姿”，可知时人心仪推许到何等程度。又山涛曾谓：“嵇叔夜之为人也，岩岩若孤松之独立；其醉也，傀俄若玉山之将崩。”（《世说新语·容止》）可知嵇康之美，为自然之美，非饰厉所致，与何晏“动静粉白不去手，行步顾影”（《魏书·何晏传》注引《魏略》）者不同。“容止”为汉末兴起的人物品鉴之一目，备受魏晋士子重视，名士如郭林宗等，皆以“容貌魁伟”（《后汉书》本传）为人所仰，以为容止中可见风神。所以时人看嵇康“正尔在群形之中，便自知非常之器”（《嵇康别传》）。嵇康死后若干年，有人语王戎：“嵇延祖（康子绍）卓卓如野鹤之在鸡群。”戎答曰：“君未见其父耳！”（《世说新语·容止》）可知“七贤”中山涛、王戎对嵇康的敬服，很大程度上与容止有关。

当然，嵇康魅力更重要的还在于其人格。山涛谓其“孤松之独立”，不仅形容其外表，实亦概括其品格：高洁、正直、孤傲、特立独行。孤松独立，作为理想品格的象征，在刘桢等文士笔下早有歌咏赞颂。其所体现的孤高精神，向为汉魏以来名士所崇仰追求，并成为汉末以来人物品鉴中最受推重的品格。汉魏间名士，大率如此。如“三君”之首陈蕃“性方峻，不接宾客，士民亦畏其高”（《后汉书》本传）；“三君”之一窦武，“清身疾恶，礼赂不通”（《后汉书》本传）；“八俊”之首李膺，“风格秀整，高自标持”（《世说新语·德行》），“性简亢，无所交接”（《后汉书》本传），等等。嵇康孤高人格，正与诸前贤略同。此外，“爽朗清举”“天质自然”，也是极高的品目。总之嵇康天才卓出，“风姿清秀，高爽任真”（《北堂书钞》引臧荣绪《晋书》），其风采魅力，堪称当时士子偶像式人物，其影响力直堪与汉末清流领袖陈蕃、李膺比肩。

嵇康毕生不以仕宦为怀，荣进之心甚是淡泊，唯以名士终世。司马昭曾欲辟康，不应，避之河东；山涛为选官，欲举嵇康自代，康又作书拒绝。他颇有出世之志，尝至汲郡山中采药，从隐士孙登游。在理论上，嵇康对出处问题持两可意见，说：“尧舜之君世，许由之岩栖，子房之佐汉，接舆之行歌，其揆一也。……故君子百行，殊途而同致，循性而动，各附所安。故有‘处朝廷而不出，入山林而不反’之论。”（《与山巨源绝交书》）嵇康此种处世态度，虽为个人性格所致，更有时代背景原因。嵇康生当曹魏末世、司马氏专政时期。而他是沛王曹林女婿，亦即曹操孙婿，一说是曹林孙婿，要之有曹魏王室姻亲背景。更重要的是他与其他正直人士一样，对司马氏的凶残虚伪面目有透彻了解；出于孤高人格，他不愿趋附司马氏父子，因而他的处世方式，虽说是“循性而动”，实质上却是对司马氏采取的不合作态度。

嵇康对礼法之士，并不如阮籍那样作严厉批判，因而当时著名礼法之士对他亦不如对阮籍那样“疾之若仇”；不过嵇康的孤高品格，再加上“刚肠疾恶，轻肆直言，遇事而发”，“直性狭中”（《与山巨源绝交书》）的个性，却使他开罪了另一些人。这些人并非礼法之士，甚至也熟习玄学，平素喜厕身于玄学名士间，然而他们与礼法之士同属司马氏帮凶，此即钟会、吕巽者流。钟会出身名门，为曹魏相国钟繇之子，少承家声，亦有令誉，善《周易》《老子》之学，然性浮躁乖巧，为司马昭心腹之一。钟会亦欲结交嵇康，以造作声誉，而素知康性孤傲，惧遭拒绝，不敢贸然相近。据载：“钟会撰《四本论》始毕，甚欲使嵇公一见，置怀中，既定，畏其难，怀不敢出，于户外遥掷，便回急走。”（《世说新语·文学》）又据载：“钟会为大将军兄弟所昵，闻康名而造焉。会，名公子，以才能贵幸，乘肥衣轻，宾从如云。康方箕踞而锻，会至，不为之礼，会深衔之。”（《世说新语》注引《魏氏春秋》）吕巽为司马昭相国掾，初为嵇康友，后淫其弟吕安妻，又反诬吕安“不孝”，治安之罪。嵇康得知其事，作书与之绝交，并为吕安作证；然而嵇康与吕安竟就此同被杀害。康之被害，直接事由是受钟会、吕巽诬陷，根本原因则为司马昭杀戮异己。嵇康不肯依附效忠司马氏，才受此荼毒冤屈。否则，即有十钟会、百吕巽，亦不足以置嵇康于死地。在此点上，嵇康与阮籍完全不同，嵇康既不愿在司马氏营垒中任职，也从未写过向司马氏暗送秋波的文字，更毋论《劝进文》之类。司马昭“保持”阮籍，而加害嵇康，从司马昭言，其标准是一个，即取舍人物全视政治态度如何；自嵇康言，则是他一方面政治立场站在曹魏王室方面，另一方面在士林中影响又太大的必然结果。三千太学生为嵇康请命，“豪俊皆随康入狱”，非唯不能救出嵇康，适足以速嵇康之死，因司马昭从中看到了嵇康名望之高，社会影响力之巨大，潜在危险难以估量。

嵇康潜心玄学，服膺老庄。其玄学思想核心亦崇尚自然。他认为：“夫推类辨物，当先求之自然之理。理已定，然后借古义以明之耳。”（《声无哀乐论》）他将理想人格称作“至人”，其基本特征为“至人远鉴，归之自然”（《兄秀才公穆入军赠诗》十九首之十八）。从自然观念出发，嵇康对仁义礼智等儒家传统道德名教提出批判，谓：“仁义浇淳朴，前识丧道华。留弱丧自然，天真难可和。”（失题）他自称：“老子、庄周，吾之师也。”（《与山巨源绝交书》）“托好老庄，贱物贵身。志在守朴，养素全真。”（《幽愤诗》）又承老子之说，主张“绝学弃智，游心于玄默”（《答二郭》）。嵇康玄学思想的特点，集中表现于所提出的“越名教而任自然”这一命题。此命题发展了荀粲“以六经为圣人之糠秕”之说，并将王弼“名教出于自然”之理论，推进了一步，即由轻视名教发展到否定名教。嵇康的这一命题，具有鲜明的批判性质，在魏晋玄学史上可谓独标一帜。对于一些玄学的具体问题，嵇康也悉心研究，撰写出不少有分量的玄学论文。

嵇康服膺玄理，也有另一层目的，即追求“心不措乎是非，而行不违乎道”（《释私论》）的人生修养境界，企图以玄学为摆脱世俗是非之途径。为此他努力使自己遗落世事，逍遥山林。他常去深山大泽采药，会其得意，流连忘返。苏门山隐士孙登，太行山隐士王烈，皆曾与之游。他好锻铁，也是忘情世事、自我放废之手段。他很向慕前代隐者高士，曾谓：“吾每读尚子平、台孝威传，慨然慕之，想其为人。”（《与山巨源绝交书》）然而无论玄学兴趣或隐逸热衷，皆未能使他彻底超脱尘俗是非，甚至未能得终天年，根本原因即是他始终不改其“直性狭中”“刚肠疾恶”习性，亦即始终保持着孤高正直人格。隐者孙登曾谓康：“君性烈而才俊，其能免乎？”（《魏书》注引《嵇康别传》）就人格言，嵇康高尚其志，刚强正直，非阮籍所能比拟。

嵇康人格如此，其文学性格又如何？按照一般规律，“文格”即人格，有怎样的人格，即有怎样的“文格”。然而文学史实往往并不如此简单，二者彼此往往不相对应，至少并不完全对应。其中原因是多方面的，有外部写作环境的限制，亦有内在写作动机的微妙考虑，使作者人格不能在作品中得到完全真实充分的表露。嵇康当时，客观环境十分险恶，在他之前已有不少名士罹祸遇难，他已经认识到自己的秉性素质，将给自己造成某种不利后果，以故他是以“甚不可”的语气言及“刚肠疾恶、轻肆直言”个性的，为适应环境，自己的性格不能不予以调整改变；另外，他服膺道家老庄，“老子、庄周，吾之师也”，不仅指哲学思想，亦包括处世态度，而老庄处世主张，向以“柔之胜刚，弱之胜强”“慎终如始，则无败事”（《老子》）相标榜，这是以退让无为、全生保身为主的阴柔哲学。嵇康宗奉其说，努力于自我克制，化刚为柔。从他“阮嗣宗口不论人过，吾每师之，而未能及”（《与山巨源绝交书》）的言论中，即可知其先天禀性与后天理智之间，存在巨大矛盾，他主观上在“师”阮籍，“师”老庄。因此，在实际行事中，人们也可以看到嵇康的另一种面貌：谨慎。王戎曾谓：“与嵇康居二十年，未尝见其喜愠之色。”（《世说新语·德行》）嵇康诗文，即此“刚”与“柔”两重性格自相矛盾心态忠实记录。因此在嵇康作品中，既有慷慨陈词、轻肆直言的外向表现，亦有自省自责内向趋势，二者各有根据，亦各有存在场合。就多数作品看，后者似乎稍占优势，临终所撰《幽愤诗》即为显例，诗中自责多于责人。这一事实，表明嵇康主观努力在诗文中有更多表现。这一点，也正符合曹魏后期文学的总体时代性格，即以内向为主的性格。然而与阮籍相比，嵇康文学性格应当说是外向基础上的内向。

就文学贡献言，嵇康与阮籍为曹魏后期的双子星座，世称“嵇阮”。除文学性格差异外，二人在文学所长方面亦不同。总地来看，嵇、阮诸体皆能，但阮籍更长于诗赋，而嵇康更擅于文。刘勰谓：“嵇康师心以遣论，阮籍使气以命诗，殊声而合响，异翮而同飞。”（《文心雕龙·才略》）此固论其才略，也指出了嵇、阮二人各自所擅长文体，即嵇长“论”（文），阮长“诗”。就诗而言，阮籍五言最优，曹植以下，斯为一人。《咏怀诗》八十二首，为五言诗发展史上里程碑式作品。嵇康五言虽成就不突出，其四言诗则当时独步，上承曹操，亦称大家。在文的方面，阮籍似不能持论，所撰《达庄论》《通老论》等，虽文多刺讥，涉笔生趣，但理论上限于解释原典，鲜见深入阐述，更少独到发挥。嵇康之论，分析精到，局致周密，显出深邃成熟的理论家修养；更可贵的是独立思考、不受传统成说所限的精神，使之能够在理论上推陈出新，提出新命题及新论点。将阮籍《乐论》与嵇康《声无哀乐论》略作比较，即可见出二人理论能力之差异，二文论题接近，而前者墨守成说，不越雷池，后者新见迭出，自成体系。当然，阮籍《大人先生传》等亦为优秀作品，不过其文体近于辞赋，已非正体之文。

由于嵇康的独有魅力，死后仍广为后人所称道，有关他的哀诔凭吊题咏不少。即以晋朝言，除好友向秀撰有《思旧赋》外，东晋又有李充作《嵇中散颂》《吊嵇中散文》；袁宏作有《七贤序》，其妻亦有《吊嵇中散文》，夫妇同赞嵇康，亦文学史上一小小奇观；又有庾阐、谢万、孙绰、谢道韫等纷纷作诗撰文，赞颂嵇康。如此多的著名文士，略不顾本朝皇室忌避，公然为嵇康高唱赞歌，实颇说明人心向背。谢万《嵇康颂》曰：“邈矣先生，英标秀上。希巢洗心，拟庄托相。乃放乃逸，迈兹俗网。钟期不存，奇音谁赏？”东晋之后，更有颜延年、沈约、江淹、庾肩吾、王绩、李清照等，作有各体文字，颂美嵇康。得到后世如此广泛景仰的正始文士，唯此一人而已。

嵇康原集不知编定于何时，然其子嵇绍为西晋名臣，文集编纂当不晚于晋。梁时有嵇康集十五卷，隋存十三卷，又有《春秋左氏传音》三卷，皆见《隋书·经籍志》著录。两《唐书》并著录其集为十五卷，可知唐代原集尚存。宋《崇文总目》《郡斋读书志》《直斋书录解题》《宋史·艺文志》并录为十卷，盖原集佚于南宋。今存辑本，有黄省曾刻本，薛应旗《六朝诗集》所收《嵇中散集》一卷，《汉魏六朝百三名家集》所收《嵇中散集》一卷，前二种皆刻于明代嘉靖中。又有吴宽《丛书堂钞本》匏庵手校本，据云抄自宋本。诸本所收篇目略同，而文字相异甚多。清代学者对嵇康集未作细致整理。鲁迅以吴宽钞本为底本，校以各本，于1924年编成《嵇康集》十卷。又戴明扬于20世纪30年代以黄省曾刻本为底本，校以各本，且作注，编成《嵇康集校注》十卷。

第二节 嵇康的文

嵇康为文之大家。今存完整文章十四篇，包括书、论、传、箴、诫、楚辞等体。其中论最多，有九篇，都是长篇论文，主旨皆为演述玄学命题，显示作者理论思维的高超能力。就量而言，嵇康为魏晋玄学家留存论文最多的一位。其中以论养生、论“声无哀乐”文章最负盛名。

《养生论》《答向子期难养生论》二文，与向秀《难嵇叔夜养生论》一文，为一组论难文章：嵇康先作论，向作难，嵇再作答难，二往一复。此为魏晋玄学常见辩论方式，以故所持论点，并非一定代表论者真实思想。在这场辩难中，以嵇康为主，向秀为客，其性质正如《晋书·向秀传》所云：“……又与康论养生，辞难往复，盖欲发康高致也。”《养生论》的“高致”，其思想来源于庄子。文章首先肯定神仙的存在，但与一般神仙家所言不同的是，他认为神仙“禀之自然”，非常人可以达致。这就排除了常人学仙可以长生不死的“妖妄”欲念。嵇康所论重点，在于常人的养生，认为：“至于导养得理，以尽性命。上获千余岁，下可数百年，可有之耳。”而常人极少能养生，原因在于怀有“躁竞之心”，结果遂“万无一能成”。文章正面提出，“名位”应“忽而不营”，对“厚味”应“弃而弗顾”，要“旷然无忧患，寂然无思虑，又守之以一，养之以和，和理日济，同乎大顺，然后蒸以灵芝，润以醴泉，晞以朝阳，绥以五弦，无为自得，体妙心玄，忘欢而后乐足，遗生而后身存”，唯此可以达致养生目标，延年益寿。

向秀之“难”，基本持传统儒家观念立论，谓嵇康之说，是“舍圣轨而恃区种，离亲弃欢，约己苦心，欲积尘露以望山海，恐此功在身后，实不可冀也。……以此养生，未闻其宜”。嵇康在“答”文中进一步阐明养生道理，深入分析世人不能养生及养生无效原因，提出“五难”之说：

> 养生有五难：名利不灭，此一难也；喜怒不除，此二难也；声色不去，此三难也；滋味不绝，此四难也；神虑消散，此五难也。五者必存，虽心希难老，口诵至言，咀嚼英华，呼吸太阳，不能不回其操，不夭其年也。五者无于胸中，则信顺日济，玄德日全，不祈喜而有福，不求寿而自延，此养生大理之所效也。然或有行逾曾、闵，服膺仁义，动由中和，无甚大之累，便谓人理已毕，以此自臧，而不荡喜怒，平神气，而欲却老延年者，未之闻也。

嵇康所论，实际上也是对贪图名利、沉溺声色的“俗人”的批判，诚如有论者谓：“叔夜所说，固不免愤时疾俗之谈耳。”（蒋伯超《南漘枯语》）此二篇养生论文，清通畅快，气韵流贯，精微绵密，后人评曰：“微论旨言，展析隽永，其局致尤为独操。”（杨慎《升庵全集》卷一一）萧统收前论入《文选》。

嵇康另一篇论说文名作是《声无哀乐论》。此文虽未被萧统收录，却颇受刘勰称赏，谓嵇康之辩声，“师心独见，锋颖精密，盖人伦之英也”（《文心雕龙·论说》）。所谓“师心独见”，当指文章在观念上不为传统所囿，有独到发挥。在传统理论中，音乐表达哀乐，而哀乐又表现治乱，所以音乐为观风俗、行教化的手段。“治世之音安以乐，亡国之音哀以思”（《诗大序》），“移风易俗，莫善于乐”（《孝经·广要道章》引孔子语），此为经典观念。嵇康则认为：“声音自当以美恶为主，则无关于哀乐；哀乐自当以情感为主，则无系于声音。名实俱去，则尽然可见矣。”对于“仲尼闻韶”“季札观乐”等历史记载，他也重新给予解释，认为“仲尼之识微”“季札之善听”等事，皆不可信，“此皆俗儒妄记，欲神其事而追为耳。欲令天下惑声音之道，不言自理”。此种大胆疑古见解，实为振聋发聩之论。刘勰在《文心雕龙·才略》篇中亦谓：“嵇康师心以遣论。”“师心”之说先后凡二见，可知在刘勰看来，任心为文，见解独到，是嵇康论文首要特点。应当说，刘勰与萧统对嵇康论文有取舍之不同，反映二人衡文视角有差异。《养生论》多含文采，符合《文选》“综辑辞采”“错比文华”准则；《声无哀乐论》长于述理，切合《文心》“论如析薪，贵能破理”要求。而嵇康二者兼擅，味调众口，显示了撰写论说文之卓越才能。

嵇康之书亦极重要。今存《与山巨源绝交书》《与吕长悌绝交书》二篇。前一篇产生背景，上文已提及。《魏书》注引《魏氏春秋》曰：“及山涛为选曹郎，举康自代，康答书拒绝，因自说不堪流俗，而菲薄汤、武。”此书坦率陈述自己不愿为官理由，辞旨尖锐决绝，既表达了政治态度，又显示出强烈个性，集中体现其人格魅力：

有必不堪者七，甚不可者二：卧喜晚起，而当关呼之不置，一不堪也；抱琴行吟，弋钓草野，而吏卒守之，不得妄动，二不堪也；危坐一时，痹不得摇，性复多虱，把搔无已，而当裹以章服，揖拜上官，三不堪也；素不便书，又不喜作书，而人间多事，堆案盈几，不相酬答，则犯教伤义，欲自勉强，则不能久，四不堪也；不喜吊丧，而人道以此为重，已为未见恕者所怨，至欲见中伤者，虽惧自责，然性不可化，欲降心顺俗，则诡故不情，亦终不能获无咎无誉，如此，五不堪也；不喜俗人，而当与之共事，或宾客盈坐，鸣声聒耳，嚣尘臭处，千变百伎，在人目前，六不堪也；心不耐烦，而官事鞅掌，机务缠其心，世故繁其虑，七不堪也。又每非汤、武而薄周、孔，在人间不止，此事会显，世教所不容，此甚不可一也；刚肠疾恶，轻肆直言，遇事便发，此甚不可二也。以促中小心之性，统此九患，不有外难，当有内病，宁可久处人间邪？

自文章写作方面看，此书颇不同于其论。嵇康之论文，受时尚风气影响，文句骈化色彩甚浓，此书则基本不用骈体，以口语化散句为主，平易生动，神情毕现。全篇语句始终带有嘲讽意味，表现出庄子式的幽默。要之，此文正大襟怀与讥刺语气兼具，内容的严肃性与用语的活泼性共存，读其文如见嵇康其人。刘勰曰：“嵇康《绝交》，实志高而文伟。”（《文心雕龙·书记》）李贽曰：“此书实峻绝可畏，千载之下，犹可想见其人。”（《焚书》）所评甚是得要。

《与吕长悌绝交书》，主要叙述对吕氏兄弟纠葛的态度。嵇康一方面指斥吕巽恶人先告状，“苞藏祸心”；另一方面，因他起初曾劝止吕安揭发其兄兽行，结果吕安反被诬告，内心颇觉有负于吕安。他既为吕安横遭冤狱而担忧，又为自己黯于知人、未能及早识破吕巽卑污面目而痛悔，以故书中语调亦甚低回沉痛。在行文上，此篇与《与山巨源绝交书》有同处：平易畅达，体自然风致；亦有异处：此文更为严峻沉着。山涛荐举自代，虽不合嵇康心意，然山涛毕竟不同于吕巽，他是竹林契友，虽出处异趣，却无劣迹恶行，故书中对山涛，态度并不严厉，非真绝交也①。其临终遗言嘱子嵇绍曰："有山公在，汝不孤矣"（《晋书·山涛传》）。表示了深切的信任。而山涛日后

① 按《与山巨源绝交书》，全篇主要说己不愿为官理由，表述颇为详尽充分。至于对山涛的态度，则所言不多，仅首尾略有道及。开首曰："足下昔称吾于颍川，吾常谓之知言。然经怪之意，尚未熟悉于足下，何从便得之也？前年从河东还，显宗阿都说足下议以吾自代，事虽未行，知足下故不知之。足下旁通，多可而少怪，吾直性狭中，多所不堪，偶与足下相知耳！"文末又曰："足下若嬲之不置，不过欲为官得人，以益时用耳。足下旧知，吾潦倒粗疏，不切事情，自唯亦皆不如今日之贤能也。……愿足下勿似之，其意如此，既以解足下，并以为别。嵇康白。"观书中前后所言，"其意"只在"解足下"，所谓"解"，解释之意也，向山涛解释不能为官理由也。书中固无谴责山涛之意，更无"绝交"语词。以故此书名曰"绝交书"，颇有名实不符之疑问。又以此篇与《与吕长悌绝交书》比较，疑问更为明显，因后篇文中明确说及"君子绝交，不出恶言"，而此篇中非但无此语，且毫无绝交意思。愚以为此篇名有误，理由之一，如上所述，"绝交"篇题与内容不符。理由之二，原作当无题名；按魏晋人作书信，皆无具体篇题，唯作"与某某书"，今存当时书函，悉皆如此，如曹植《与杨德祖书》《与吴季重书》《与司马仲达书》、阮籍《答伏义书》、桓范《与管宁书》，等等，并无例外。嵇康此篇，初题亦当为"与山巨源书"而已，"绝交"二字，盖后人所拟。所拟不确，遂成现题。以此推之，《与吕长悌绝交书》初亦作"与吕长悌书"，唯后人所加"绝交"二字颇确。至于《与山巨源绝交书》之题名何时出现？难以确考。然《文心雕龙》《文选》二书中，皆已作"绝交书"，可知兹名当产生于梁之前。《世说新语》关于嵇康之文有二十一则，其中一则言及此篇："山公将去选曹，欲举嵇康，康与书告绝。"（《栖逸》）刘孝标注引《康别传》曰："山巨源为吏部郎，迁散骑常侍，举康，康辞之，并与山绝。岂不识山之不以一官遇己情邪？亦欲标不屈之节，以杜举者之口耳。乃答涛书，自说不堪流俗，而非薄汤、武。大将军闻而恶之。"据此可知，刘宋时尚无"绝交书"之名称，而嵇喜（《康别传》作者）"康辞之，并与山绝"，"辞"，当指辞官，"绝"，则可作拒绝解。下文"乃答涛书"云云，仅述其内容为"自说不堪流俗……"未言是否为绝交而作，更未明言此书为"绝交书"；刘义庆《世说新语》中所说"康与书告绝"，可作"拒绝"解，亦可作"绝交"解，语义仍不明确，亦未称此篇为"绝交书"。至萧统、刘勰，则明言为"绝交书"矣。其篇名演变过程大致如此。

亦一力保举嵇绍，亦不负所托。（见《晋书·嵇绍传》）可知嵇、山情谊实颇深厚，亦并未断绝。而吕巽人面兽心，嵇康对之已无友情可言，严词作书，平静述事，是为真绝交：

康白：昔与足下年时相比，以故数面相亲，足下笃意，遂成大好，由是许足下以至交。虽出处殊途，而欢爱不衰也。及中间少知阿都，志力开悟，每喜足下家复有此弟。而阿都去年向吾有言，诚忿足下，意欲发举，吾深抑之。……何意足下苞藏祸心邪！都之含忍足下，实由吾言；今都获罪，吾为负之。吾之负都，由足下之负吾也。怅然失图，复何言哉？若此，无心复与足下交矣！古之君子，绝交不出丑言，从此别矣！临别恨恨。嵇康白。

论者评此书曰："随笔写去，不立格局，而风度自佳。所谓不假雕琢，大雅绝伦者也。"（茅坤《白华楼藏稿》卷九）嵇康作此绝交书，实与其"刚肠疾恶，轻肆直言，遇事便发"性格有关。因"绝交书"一出，必然开罪于人，必使矛盾激化，难以挽回，不留余地。一般人虑其后果，少有作者。嵇康撰此，显然不虑后果，为决绝性格表现①。

除论、书外，另三篇文章《卜疑》《太师箴》《家诫》亦颇有价值。《卜疑》仿楚辞《卜居》而作，以"弘达先生"问卜于"太史贞父"方式，述作者内心矛盾疑虑。其所疑者，有出处大

① "绝交书"写作不始于嵇康，后汉朱穆撰有《与刘伯宗绝交书》《与刘伯宗绝交诗》。孔融曾言及朱穆绝交事，见所著《与曹公书论盛孝章》。朱穆，桓帝时人，曾为冀州刺史，刘伯宗为一势利小人。其"绝交诗"曰："北山有鸱，不洁其翼。飞不正向，寝不定息。饥则木揽，饱则泥伏。饕餮贪污，臭腐是食。填肠满嗉，嗜欲无极。长鸣呼凤，谓凤无德。凤之所趣，与子异域。永从此诀，各自努力。"朱穆更有《绝交论》，论述绝交之必要，及"人将疾子"后果，并表示"宁受疾"。然朱穆"绝交书""绝交诗"，当亦后人所拟篇名，非原作所有。

原则问题，又有具体如何出世问题、如何处世问题，文章最后以“方将观大鹏于南溟，又何爱于人间之委曲”来开释疑虑。这实际上并未解决矛盾，仅作自我安慰罢了。嵇康内心的疑虑，也是当时不少正直士子的疑虑，司马氏屠戮当世才士的政策，令人寒心，《卜疑》实反映魏末名士迷茫不知所适之心态。《太师箴》旨在“明帝王之道”（《晋书》本传），文中首先称颂“先王仁爱”事迹，接着就批判“季世陵迟”现象：

下逮德衰，大道沉沦。智惠日用，渐私其亲。惧物乖离，擘义画仁。利巧愈竞，繁礼屡陈。刑教争施，夭性丧真。季世陵迟，继体承资。凭尊恃势，不友不师。宰割天下，以奉其私。故君位益侈，臣路生心。竭智谋国，不吝灰沉。赏罚虽存，莫劝莫禁。若乃骄盈肆志，阻兵擅权。矜威纵虐，祸崇丘山。刑本惩暴，今以胁贤。昔为天下，今为一身。下疾其上，君猜其臣。丧乱弘多，国乃陨颠。

此处虽未明言朝代，然对照魏末形势，颇是切近。所以文中指陈种种季世弊端，既是一般封建时代现象，亦为作者当时现实情状。前人评论曰：“此为司马氏言也。若讽若惜，词多纡回。”（李兆洛《骈体文钞》）《家诫》为诫其子嵇绍而作。文章最令人注意之点在反复强调一“慎”字：“夫言语，君子之机，机动物应，则是非之形著矣，故不可不慎”；“人有相与变争，未知得失所在，慎勿预也”；“若会酒坐，见人争语，其形势似欲转盛，便当无何亟舍去之”；“凡人自有公私，慎勿强知人知”；“若见窃语私议，便舍起，勿使忌人也”；“若人来劝己，辄当为持之，勿诮勿逆也。见醉熏熏便止，慎不当至困醉，不能自裁也”，等等，皆以慎为主。此与其平素表现颇不相合，故张溥谓：“嵇中散任诞魏朝，独《家诫》恭谨，教子以

礼。”（《汉魏六朝百三名家集·颜光禄集题辞》）[①]

《圣贤高士传》亦嵇康重要的著作。全书由119篇人物小传及赞组成，今存60余篇。此传内容有一特点，即对传统“圣贤”观念加以改造，将它与“高士”贯通起来，宣扬“高士”即“圣贤”思想。在此思想指导下，尧、舜、禹、汤、文、武、周公及孔子等传统“圣贤”皆不预其列，而巢父、许由、接舆、长沮、桀溺、荷条丈人，以及老子、庄周、段干木、季札、范蠡等所谓“高士”则悉有传，此与嵇康“越名教而任自然”“非汤武而薄周孔”思想正相一致。传中赞颂“圣贤高士”们高蹈隐逸、鄙弃名利、傲视权贵、逃身让国等清高行为，其中一些篇章叙写颇有笔致。如《井丹》：

> 井丹，字大春，扶风郿人。博学高论，京师为之语曰：“五经纷纶井大春。”未尝书刺谒一人。北宫五王更请，莫能致。新阳侯阴就使人要之，不得已而行。侯设麦饭葱菜，以观其意，丹推却曰：“以君侯能供美膳，故来相过。何谓如此？”乃出盛馔。侯起，左右进辇，丹笑曰：“闻桀、纣驾人车，此所谓‘人车’者邪？”侯即去辇。越骑梁松，贵震朝廷，请交丹，丹不肯见。后丹得时疾，松自将医视之，疾愈。久之，松失大男磊，丹一往吊之。时宾客满廷，丹裘

① 关于嵇康作《家诫》之心态，鲁迅曾有分析，谓：“但我看他做给他的儿子看的《家诫》——当嵇康被杀时，其子方十岁，算来当他做这篇文章的时候，他的儿子是未满十岁的——就觉得宛然是两个人。他在《家诫》中教他的儿子做人要小心，还有一条一条的教训。……嵇康是那样高傲的人，而他教子就要他这样庸碌。因此我们知道，嵇康自己对于他自己的举动也是不满足的。所以批评一个人的言行实在难，社会上对于儿子不像父亲，称为‘不肖’，以为是坏事，殊不知世上正有不愿意他的儿子像自己的父亲哩。试看阮籍、嵇康，就是如此。这是，因为他们生于乱世，不得已，才有这样的行为，并非他们的本态。但又于此可见魏晋的破坏礼教者，实在是相信礼教到固执之极的。”（《而已集·魏晋风度及文章与药及酒之关系》）其说可供参考。

褐不完，入门，坐者皆竦，望其颜色。丹四向长揖，前与松语。客主礼毕后，长揖径坐，莫得与语。不肯为吏，径出，后遂隐遁。其赞曰：

井丹高洁，不慕荣贵；抗节五王，不交非类。显讥辇车，左右失气；被褐长揖，义陵群萃。

井丹“不慕荣贵”“不交非类”的高洁品格，显然被嵇康引为同志而予以赞美。文章集中写井丹二事，精练切要，篇幅虽短，而人物性格毕现。此书影响甚大，魏晋两朝产生多部同类著作，如皇甫谧、张显、虞槃佐、孙绰、阮孝绪、周弘让等皆有《高士传》或《高隐传》等，多仿嵇康体例而作。晋宋间隐士周续之评嵇康《圣贤高士传》为“得出处之美”（《宋书》本传），并为之作注。

总之，嵇康文的成就很高，在整个三国后期，堪称首屈一指文章家。另一方面，在嵇康本人全部文学创作中，文亦占最重要地位。

第三节 嵇康的诗

嵇康今存诗歌共五十余首，包括四言、五言、六言等不同诗体。四言诗主要有《赠秀才入军》《杂诗》《秋胡行》《幽愤诗》等。

《赠秀才入军》共十八首，所说“秀才”，据《文选》李善注，指嵇康兄嵇喜，亦有说非嵇喜[①]。自内容观，则此“秀才”为诗人所信任亲近者。在此组诗中，有写从军之事，有述彼此友情，又有着重抒写玄学志趣而不及具体人事者：

> 良马既闲，丽服有晖。左揽繁弱，右接忘归。风驰电逝，蹑景追飞。凌厉中原，顾盼生姿。（九）
>
> 息徙兰圃，秣马华山。流磻平皋，垂纶长川。目送归鸿，手挥五弦。俯仰自得，游心太玄。嘉彼钓叟，得鱼忘筌。郢人逝矣，谁可尽言？（十四）
>
> 闲夜肃清，朗月照轩。微风动袿，组帐高褰。旨酒盈尊，莫与交欢。琴瑟在御，谁与鼓弹？仰慕同趣，其馨若兰。佳人不存，能不永叹！（十五）

前一首描写从军者英武身姿及高超武艺，激情亢奋，有声有色。尤其末四句，写出军人所向无前、勇猛威壮气势。此诗明显可见曹植《白马篇》影响，植诗中“控弦破左的，右发摧月氏”“长驱蹈匈奴，左顾凌鲜卑”等句，于此篇中被化用。然而植诗为五言，此则为四言，各有其风致。次一首旨在宣泄玄学理想，末四句演述言意名实之辩，为常用玄言熟语。然自全篇看，写出了独特意境。诗以主观感受角度写景，又在景物之中写

① 关于“秀才”为谁？张铣谓：“秀才，叔夜弟。”（《文选》五臣注）葛立方谓：“李善注谓‘兄喜秀才入军’，而张铣谓‘叔夜弟，不知其名’，考五诗或曰‘携我好仇’，或曰‘思我良朋’，皆非兄弟之称。善、铣所注，恐未必然耳。”（《韵语阳秋》）徐按：诸说不一，以嵇喜说影响最大。然嵇喜其人，虽为康胞兄，而志趣不同，兄弟情谊，未必如诗中所写亲密无间。吕安曾以喜为“俗人”，至门书一“凤”字而去（见《世说新语·简傲》）；阮籍亦视嵇喜为“凡俗之士”，曾施以“青白眼”之白眼，以致“喜不怿而退”，而对嵇康则青眼相待，“遂与相善”，事见《世说新语》注引《晋百官名》。吕、阮态度，非偶为之也，表明嵇喜确非名士一流中人，其与嵇康志趣作风存有相当距离，是为事实。由此观之，嵇康撰此多首诗作，关怀征程，遥寄情好，“仰慕同趣”，其对象为嵇喜之可能甚小。

人，巧妙展示诗人的情趣及襟怀，就中以五六两句最佳，写得超脱飘逸，又充满动感，人物兼写，虚实相生，意境无穷，极耐涵泳。王士禛祯评曰："'手挥五弦，目送归鸿'，妙在象外。"（《古夫于亭杂录》）据载此二句曾引起东晋画家顾恺之创作冲动，谓："画'手挥五弦'易，'目送归鸿'难。"（《世说新语·巧艺》）可见其意境之妙，臻于化境。后一首则以渲染清幽寂寞境界，衬出对"佳人"之思念；此种境界，在阮籍《咏怀诗》中亦有，除直接表现对"秀才"之思念外，亦反映正直文士在魏末环境中的寂寥孤独感。

《秋胡行》七首，多哲理思考，亦含生活感受及社会经验教训：

贫贱易居，贵盛难为工。贫贱易居，贵盛难为工。耻接直言，与祸相逢。变故万端，俾吉作凶。思牵黄犬，其计莫从。歌以言之，贵盛难为工。（二）

劳谦寡悔，忠信可久安。劳谦寡悔，忠信可久安。天道害盈，好胜者残。强梁致灾，多事招患。欲得安乐，独有无愆。歌以言之，忠信可久安。（三）

此皆说生活哲理，每首末句是主旨。上首"耻接直言"四句，下首"天道害盈"四句，皆自当时社会凶险现实中总结出的教训，暗喻大批贵盛人物和知名之士被害罹祸遭遇。"思牵黄犬"用李斯典故。斯不识时势，出仕乱朝，一时贵盛，终被赵高所害，临刑时后悔莫及，思"牵黄犬，俱出上蔡东门逐狡兔，岂可得乎"？嵇康尽管在诗中有此觉悟，然终亦不免，"与祸相逢"，究其因，与其"刚肠疾恶"即"耻接直言"个性难改有关。文人写作《秋胡行》乐府歌辞，始于曹操，嵇康之作在歌辞体制上（包括每篇解数、每解句数、每句字数）全同于曹操，又曹操作品中所写内容，如感慨人生忧患、抒发生活哲理、向慕神仙长生等，嵇康歌辞中亦皆具备，可见其间影响传承脉络。

《幽愤诗》作于嵇康蒙冤系狱时，也可以说是嵇康的绝命诗。诗中对自己毕生思想行事作概要回顾及内省。自内容看，当时他似未意识到即将被害，因他实无任何罪过。诗名“幽愤”，取班固《汉书》谓司马迁“幽而发愤，乃思精义”之意，可知嵇康将己之无端受难，拟于司马迁被诬下狱，发愤作此诗。诗共八节，一、二节回顾青少年时期生活及其学养，三节始分析现实情状及得罪缘由，既有自我省视疚悔，亦有对罪恶势力的谴责。

> 欲寡其过，谤议沸腾。性不伤物，频致怨憎。昔惭柳惠，今愧孙登。内负宿心，外赧良朋。
>
> 仰慕严郑，乐道闲居。与世无营，神气晏如。咨予不淑，婴累多虞。匪降自天，实由顽疏。理弊患结，卒致囹圄。对答鄙讯，絷此幽阻。实耻讼冤，时不我与。虽曰义直，神辱志沮。澡身沧浪，岂云能补!
>
> 雍雍鸣雁，奋翼北游。顺时而动，得意忘忧。嗟我愤叹，曾莫能俦。事与愿违，遘兹淹留。穷达有命，亦又何求?

以上所引为第四、五、六节。七节写世务纷纭，自己难以适应；末节则宕开写去，谓俗务纠缠，使己有志不就，难遂本愿，而其本愿为“采薇山阿，散发岩岫。永啸长吟，颐性养寿”。此诗结构完整，无论叙事述志，皆能从容写去，与他临刑顾视日影而奏《广陵散》一样，显示出临难不惧、镇定自若的气度。此为大智大勇者气度。此诗基本不加藻采，亦少曲折，“通篇直直叙去”（沈德潜《古诗源》），“直叙怀来，喜其畅达”（陈祚明《采菽堂古诗选》），朴实、真率，自有浩然正气在，与嵇康其人一样，诗篇具有很强的感染力。

以上诸篇，皆为四言作品，也是嵇康全部诗歌中的代表作。在五言诗占优势的魏晋诗坛，擅长四言体者并不多，曹操而下，最重要的作者就是嵇康。嵇康的四言诗，不如曹操的那样古朴浑莽，气象宏壮，但他能做到“四言不为风雅所羁，直写胸中语，此叔夜所高于潘、陆也”（何焯《义门读书记》）。曹操的四言诗歌，与《诗经》关系密切，曾化用“诗三百”成句入己诗，嵇康则基本不用此法，他不为所羁，自铸新词，表现出更多创造性。

嵇康五言诗数量稍少，今存《述志诗》二首、《赠秀才诗》（此诗题一作“古意”）一首、《答二郭》三首、《与阮德如》一首等。其中《述志诗》《赠秀才诗》较有特色，皆以比兴为基本手段，以“潜龙”“神凤”“神龟”“双鸾”等神物设譬，写高洁神圣者“雅志不得施”，为世俗所侮所羁，表明现实社会充满丑恶和危险，其愤世嫉俗之心颇为强烈。如《赠秀才诗》：

双鸾匿景曜，戢翼太山崖。抗首漱朝露，晞阳振羽仪。长鸣戏云中，时下息兰池。自谓绝尘埃，终始永不亏。何意世多艰，虞人来我维。云网塞四区，高罗正参差。奋迅势不便，六翮无所施。隐姿就长缨，卒为时所羁。单雄翩独逝，哀吟伤生离。徘徊恋俦侣，慷慨高山陂。鸟尽良弓藏，谋极身必危。吉凶虽在己，世路多崄巇。安得反初服，抱玉宝六奇。逍遥游太清，携手长相随。

总之，嵇康的五言诗取得一定成就，然与阮籍相比较，在描写手法上略欠圆熟流转。后人评其诗曰：“下方元亮，以调生故不近；上类伟长，以词繁故不高。”（陈祚明《采菽堂古诗选》）“（嵇康）诗少涉矜持，更不如嗣宗。”（王世贞《艺苑卮言》）此皆就其五言诗而论。

嵇康尚有六言诗十首，咏尧、舜、子文、老莱妻、原宪、东方朔等古代人物，并述老庄玄理，艺术表现上未见精彩。又有骚体一首，即《思亲诗》，为思念已故“母兄”而作，写出真挚骨肉亲情：

> ……念畴昔兮母兄在，心逸豫兮寿四海。忽已逝兮不可追，心穷约兮但有悲。上空堂兮廓无依，睹遗物兮心崩摧。中夜悲兮当告谁？独抆泪兮抱哀戚。日远迈兮思予心，恋所生兮泪流襟。慈母没兮谁予骄？顾自怜兮心忉忉。诉苍天兮天不闻，泪如雨兮叹成云。欲弃忧兮寻复来，痛殷殷兮不可裁。

嵇康诗中多有身世感叹，此是情绪最强烈的一篇。

关于嵇康诗歌总体风格，前人曾指出“峻切”之点。如钟嵘谓：“颇似魏文，过为峻切，讦直露才，妨渊雅之致，然托喻清远，良有鉴裁，亦未失高流矣。”（《诗品》卷中）刘勰谓：“嵇志清峻。”（《文心雕龙·明诗》）刘熙载也说：“叔夜之诗峻烈，嗣宗之诗旷逸。”（《艺概》）所谓“峻切”“清峻”“峻烈”，当谓其诗旨显露，少含蓄蕴藉，亦即“讦直露才”之意。嵇康诗似乎确有此特点，与阮籍对比更为显明。然钟、刘评论意见，似从“温柔敦厚”的传统“诗教”出发，班固亦曾以此苛责屈原“露才扬己”，其中不免偏颇，因含蓄或峻切，皆为诗之一品，诗之性格，亦如人格，难求一律。此外，嵇康诗亦有高古、劲健等优点。嵇康诗之缺点在于若干作品中横发玄论，多少染上“诗杂仙心”（《文心雕龙·明诗》）的弊病，为后世玄言诗之产生种下远因。不过此弊非嵇康独有，魏末诗人几乎无一能免，阮籍同样如此，其《咏怀诗》中少数篇章也是玄意蔓衍，诗味索然。此时代风气也。钟嵘列嵇康于“中品”，如与“上品”中曹植、阮籍相比，嵇康确应退居于后；然陆机、张协、潘岳等人，亦列“上品”，则嵇康似有不值；要之，嵇康亦魏末重要诗人。

（原载中国社会科学院文学研究所总纂，徐公持编著《魏晋文学史》第九章，人民文学出版社1999年版）

嵇康和四言体

◎葛晓音

嵇康（223—262），字叔夜，谯郡铚县（今安徽濉溪临涣镇）人。早年孤贫，才气超迈，仪表出众，博览群书，爱好老庄之说。与曹魏宗室联姻，官中散大夫。司马氏专权时，他公然以隐逸表示不合作。平时恬淡寡欲，唯以弹琴赋诗、修身养性为事，但刚肠嫉恶，正直轻慢。山涛将去选官，推举他代任其职，嵇康便写了一封《与山巨源绝交书》，大胆标榜“非汤、武而薄周、孔”，将追求功名利禄斥为“嗜臭腐，食死鼠”。司马氏的亲信钟会去访问他，受到冷遇，便在司马昭面前诬蔑嵇康“害时乱教”，并诬陷他企图帮助讨伐司马氏的毌丘俭。这时因嵇康友人吕安被其兄诬以不孝之罪，嵇康为他证明冤情，被一起逮捕下狱。临刑之时，三千太学生请求以嵇康为师，可见他在当时影响之大。然而，正是这种声望和他本人不肯归附司马氏的政治态度，导致了他的杀身之祸。

嵇康长于说理著文。他的《太师箴》总结治乱盛衰的教训，认为“名利愈竞，繁礼屡陈”，“凭尊恃势，不友不师。宰割天下，以奉其私。故君位益侈，臣路生心”，是祸乱的根本，这显然是针对司马氏集团的篡夺野心而发，具有深刻的现实批判意义。《难自然好学论》指出，“六经”违反自然人性，“向之不学，未必为长夜，六经未必为太阳也”。离经叛道的倾向非常鲜明。《卜疑》一文仿效屈原《渔父》，将各种人生哲学加以比较，表明了自己隐居行义、游心太玄的决心。这些思想也同样体现在他的诗歌里。

嵇康的诗与阮籍的诗一样，几乎篇篇一旨，反复抒写世路险恶，人生“忧患独多”的慨叹：“详观凌世务，屯险多忧虞。……权智相倾夺，名位不可居。”（《答二郭》）在这种时代，功名已不能使人垂声后世，反而只会污损名节，招来灾祸：“荣名秽人身，高位多灾患。未若捐外累，肆志养浩然。”（《五言诗一首与阮德如》）写于狱中的《幽愤诗》，自述一生经历志向，愤激地指出这次陷罪完全出于无辜：“欲寡其过，谤议沸腾。性不伤物，频致怨憎。”控诉了只有“奉时恭默”才可能“咎悔不生”的黑暗时代。这些诗大多径遂直陈，词气峻切，言必尽意，加上说理过多，甚至出现了不少玄言成分，因而缺乏含蓄之致。刘勰说：“嵇康师心以遣论。”（《文心雕龙·才略》）虽主要是指其长于撰述论文，但用来评价他诗歌的特点，也是很恰当的。

现存嵇康五十多首诗中，四言居其大半，他的五言和杂言多失于繁浅，而四言清隽可喜，颇有新创。《赠秀才入军》十九首，为送其兄嵇喜入司马氏军幕而作，是一组各自成篇而又相互勾连的四言诗，它按白昼到入夜的时间顺序，将眼前情景和别后相思穿插交织，反复抒写兄弟离别的愁怀。读去仿佛是一路相送，登山历水，取所遇景物作为比兴，随口吟成。诗人感情随着景色的变换而抑扬起落，或以双双在清流中俯仰优游的鸳鸯起兴，反衬嵇喜为时所羁，弃安就危的不自由；或因长川高冈而发人寿不永，离长会短之叹；或将别后相思托于高云清波、山鸟斜阳；或因月夜对酒，复生知音不存、莫与交欢之悲。最后通过兄弟俩从军和隐居两种生活道路的对比，归结到“舍道独往，弃智遗身”“寂乎无累，怡志养神”的处世哲学，表明自己宁可长饥，“贵得肆志，纵心无悔”的决心，虽是谈玄，却隐隐流露出对嵇喜“弃此荪芷，袭彼萧艾”的深深遗憾。这十九首四言诗，有些篇章体势虽与《诗经》相似，但神韵全然不同；有些篇章则从句式到格调，都脱出了汉魏四言诗模仿雅颂的窠臼。如其中两章分别描写嵇喜入军纵马驰骋的雄姿，以及诗人隐居俯仰自得的雅兴，委婉地对照了两种不同的生活志趣，写得非常神气：

良马既闲，丽服有晖。左揽繁弱，右接忘归。风驰电逝，蹑景追飞。凌厉中原，顾盼生姿。

息徙兰圃，秣马华山。流磻平皋，垂纶长川。目送归鸿，手挥五弦。俯仰自得，游心太玄。

一个骏马丽服，交相辉映，意气横生，顾盼生姿，笔底如挟电生风；一个挥弦垂钓，与鱼鸟相乐，摆落尘滓，悠游自在，刻画得神清意远。对比之下，更传神地表现出诗人傲世的精神面貌。这两章四言，改变了《诗经》四言体多用虚字和单音词的句式，采用赋体大量运用双音词的对偶句式，语言精练清新，使表情达意摆脱拘束，更加活泼自由。有时嵇康还将这类句式与《诗经》体的传统写法结合起来，如四言：

淡淡流水，沦胥而逝。泛泛柏舟，载浮载滞。微啸清风，鼓楫容裔。放棹投竿，优游卒岁。

微风轻扇，云气四除。皦皦朗月，丽于高隅。兴命公子，携手同车。龙骥翼翼，扬镳踟蹰。肃肃宵征，造我友庐。光灯吐耀，华幔长舒。

前一章写泛舟流水，逍遥容与的自得之情，韵致清淡悠远。后一章写清风朗月，与友人携手同游、张灯华宴的情景，风格清朗丽密。这些诗无论就句法的活泼新颖还是境界的清隽玄远而言，都成为陶渊明四言诗的先声。

嵇康五言不佳，但《游仙诗》“出入深析”，“有苍瑟之风”（王夫之《古诗评选》）。诗中借游仙而抒写离世远俗的心情：“蝉蜕弃秽累，结交家梧桐……长与俗人别，谁能睹其踪？”描写求仙的过程虽不出王乔采药一类汉魏诗的旧套，但汉魏以来游仙诗多表现希求长生的主题，至此已转化为隐逸遁世了。

嵇康还有十首六言咏史诗，赞美古人以明隐世乐道之志，纯为枯燥的议论。《代秋胡歌诗》七首不按乐府原意，大体仿照原题格式咏叹说理，艺术上虽不可取，却创出代乐府一体。总地说来，嵇康的诗歌成就主要在于革新四言旧体，但他好在诗中谈玄说理，刻画失之繁浅，也开出了晋诗的不良风气。晋宋人视他为玄言诗的远祖，原因正在此。

正始时期的诗人还有何晏、应璩等。何晏的《拟古》《失题》，同样是反映祸福难测的时代感受，却采取了与阮籍、嵇康根本不同的人生态度：“且以乐今日，其后非所知。”（《失题》）“常恐失网罗，忧祸一旦并。岂若集五湖，顺流唼浮萍。逍遥放志意，何为怵惕惊。”（《拟古》）露骨地宣扬顺流随俗、逍遥荡情、且乐眼前的处世哲学，实际上是汉人及时行乐的人生观在魏晋黑暗时世中的再现。应璩有《百一诗》《杂诗》各三首，以箴铭体的形式，结合时事，带用比兴，说明治政、待人、处世的种种道理。有的讥刺某些君子无功无德、无才无学而“三入承明庐”，“是谓仁智居”；有的批判“奈何季世人，侈靡在宫墙。饰巧无穷极，土木被朱光。征求倾四海，雅意犹未康”，大都为讽谏曹爽而作，切中时弊，有一定的认识价值。但这些诗意露语切，以说理居多，由此也可看出正始诗风议论化之一斑。这说明在文人诗逐渐脱离民歌之质，趋于成熟的同时，枯燥深涩的端倪也已随之出现，只是阮籍、嵇康的某些以诗说理的作品为愤世嫉俗的激情所驱使，尚无嚼蜡之感，而到西晋缺乏真情实感的文人手中，就很容易变成殆同书抄的说理诗了。

（原载葛晓音《八代诗史》第三章第三节，中华书局2007年版）

一个文本的文体史与思想史解读

——嵇康《太师箴》研究

◎童　强

嵇康的《太师箴》用古代比较特殊的文体“箴”写成。对其内容，侯外庐等认为是讽刺司马氏的“僭妄凶残”。此箴主要讨论国家的政治，其中曰：

> 下逮德衰，大道沉沦。智惠日用，渐私其亲。惧物乖离，擘义画仁。利巧愈竞，繁礼屡陈。刑教争施，夭性丧真。季世陵迟，继体承资。凭尊恃势，不友不师。宰割天下，以奉其私。故君位益侈，臣路生心。竭智谋国，不吝灰沉。赏罚虽存，莫劝莫禁。若乃骄盈肆志，阻兵擅权。矜威纵虐，祸崇丘山。刑本惩暴，今以胁贤。昔为天下，今为一身。下疾其上，君猜其臣。丧乱弘多，国乃陨颠。

侯外庐等认为：“这全是骂司马氏的话。所谓‘凭尊恃势，不友不师’‘下疾其上，君猜其臣’，是指司马氏父子兄弟的不臣；所谓‘骄盈肆志，阻兵擅权。矜威纵虐，祸崇丘山’，是指司马氏的把持军政大权，诛戮异己；所谓‘刑本惩暴，今以胁贤’，是指司马氏的屡兴大狱，诛锄名士。”又说：“他在《太师箴》中，直接反映了魏晋之际的政治斗争的惨烈，从而讽刺了司马氏的僭妄凶残。”[①]太师指谁，侯外庐等虽未明言，但按照其解说，显然指司马氏。这样，整个箴文即是作者对太师的讽刺，向他发出的警告。这一解读颇具代表性，不少论者都持有类似的看法。清人李兆洛《骈体文钞》卷四称嵇康《太师箴》，“此为司马氏言也。若讽若惜，词多纡回”。所不同的是，侯外庐等强调了嵇康文章的斗争性，点明了“纡回”之词实指的内容。

然而，这样的解读并不确切，本文试从文体史与思想史的角度探讨这一问题。

一

“箴”是非常特殊的文体。《文心雕龙·铭箴》曰：“箴者，所以攻疾防患，喻针石也。”明吴讷《文章辨体序说》解释：“按许氏《说文》：‘箴，诫也。’……盖箴者，规诫之辞，若针之疗疾，故以为名。”[②]箴文的目的主要为了劝诫。但这种文体的源起有着十分特殊的背景。《文心雕龙·铭箴》曰：

> 箴……斯文之兴，盛于三代，夏商二箴，余句颇存。及周之辛甲，百官箴[阙，唯《虞箴》]一篇，体义备焉。迄至春秋，微而未绝。故魏绛讽君于后羿，楚子训民于在勤。战代以来，弃德务功，铭辞代兴，箴文委绝。至扬雄稽古，始范《虞箴》，作《卿尹》《州牧》二十五篇。及崔胡补缀，总称《百官》，指事配位，鞶鉴可征，信所谓追清风于前古，攀辛甲于后代者也。至于潘勖《符节》，要而失浅；

① 侯外庐、赵纪彬、杜国庠、邱汉生《中国思想通史》第三卷，人民出版社1957年版，第187页。

② 吴讷《文章辨体序说》，人民文学出版社1962年版，第46页。

> 温峤《侍臣》，博而患繁；王济《国子》，引广事杂；潘尼《乘舆》，义正体芜：凡斯继作，鲜有克衷。至于王朗《杂箴》，乃置巾履，得其戒慎，而失其所施。观其约文举要，宪章戒铭，而水火井灶，繁辞不已，志有偏也。

这段文字可看作上古至魏晋箴文的简史。夏商二代的箴辞已经无法知道，仅从后人的记载中可略见一斑。《困学纪闻》卷二：“《文心雕龙》：‘夏商二箴，余句颇存。’《夏箴》见《周书·文传》篇，《商箴》见《吕氏春秋·名类》篇。”后者即《吕氏春秋·名类（一作应同）》篇载：“《商箴》云：‘天降灾布祥，并有其职。’”范文澜《文心雕龙注》曰：“《（逸）周书·文传解》：《夏箴》曰：‘中不容利，民乃外次。’《夏箴》曰：‘小人无兼年之食，遇天饥，妻子非其有也；大夫无兼年之食，遇天饥，臣妾舆马非其有也；国君无兼年之食，遇天饥，百姓非其有也。’”[①]从最后一段残句中可以明显看出，箴辞是针对国君的。

周代显然继承了夏商二代的传统。《左传·襄公四年》曰，周太史辛甲命百官各为箴辞，指出君王的错误，以戒王过，即所谓“官箴王阙”。百官从官员自身职位的情况出发，写作箴文，指出周王的过失，提出相应的劝告。虞人掌田猎，所作箴辞即称为《虞人之箴》，即《虞箴》，文见《左传·襄公四年》。又《吕氏春秋·谨听》引《周箴》曰：“夫自念斯，学德未暮。”箴辞写成之后，王宫还要安排专门的人诵读给王听。《汉书》卷四十八《贾谊传》载贾谊上疏曰：“太子既冠成人……则有记过之史……瞽史诵诗，工诵箴谏，大夫进谋，士传民语。”颜师古注曰：“工，习乐者也。”卷五十一《贾山

① 范文澜《文心雕龙注》卷三，人民文学出版社 1958 年版，第 207 页。

传》载贾山汉文帝时撰《至言》曰："古者圣王之制，史在前书过失，工诵箴谏，瞽诵诗谏，公卿比谏，士传言谏，庶人谤于道，商旅议于市，然后君得闻其过失也。"李奇注曰："古有诵诗之工，记过之史，常在君侧也。"于此可见，上古时代，官员撰写箴辞，"工诵箴谏"，乐工常在君侧，或以特殊的语调诵读箴谏之作，以警示君主。这样的做法在当时应该是一个制度常规。这一特殊的起源，在很长一段时期内影响着箴辞的主题方向，也就是说，随后的官箴写作大多遵循"官箴王阙"的传统，即箴辞是针对君王，而不是针对官员。

春秋时，宰臣仍以补君过为己责。《左传·宣公二年》传曰："晋灵公不君，厚敛以雕墙，从台上弹人而观其辟丸也。宰夫胹熊蹯不熟，杀之，置诸畚，使妇人载以过朝。赵盾、士季见其手，问其故而患之。将谏，士季曰：'谏而不入，则莫之继也。会请先，不入，则子继之。'三进，及溜而后视之。曰：'吾知所过矣，将改之。'稽首而对曰：'人谁无过，过而能改，善莫大焉。《诗》曰："靡不有初，鲜克有终。"夫如是，则能补过者鲜矣。君能有终，则社稷之固也。岂唯群臣赖之。又曰："衮职有阙，惟仲山甫补之。"能补过也。君能补过，衮不废矣。'犹不改。宣子骤谏，公患之，使钽麑贼之。晨往，寝门辟矣。盛服将朝，尚早，坐而假寐。麑退，叹而言曰：'不忘恭敬，民之主也。贼民之主，不忠；弃君之命，不信。有一于此，不如死也。'触槐而死。"

战国时期，箴辞可能就不太流行了。《荀子·大略》曰："今夫亡箴者，终日求之而不得；其得之，非目益明也，眸而见之也。心之于虑亦然。"

汉代扬雄好古，模仿《虞箴》作《十二州箴》《二十五官箴》。《州箴》十二篇皆存，《官箴》中如《司空箴》《尚书箴》《大司农箴》等二十一篇流传至今，其中五篇残阙，四篇亡佚[①]。

扬雄之后，官箴颇有续作。挚虞《文章流别论·箴》曰："扬雄依《虞箴》作十二州、十二官箴（当为二十五官箴）而传于世，不具九官。崔氏累世弥缝其阙，胡公又以次其首目而为之解，署曰《百官箴》。"[②]《后汉书》卷四四《胡广传》曰："初，扬雄依《虞箴》作十二州、二十五官箴，其九箴亡阙，后涿郡崔骃及子瑗、又临邑侯刘騊駼增补十六篇，（胡）广复继作四篇，文甚典美。乃悉撰次首目，为之解释，名曰《百官箴》，凡四十八篇。"《左传·襄公四年》孔颖达疏曰："汉成帝时，扬雄爱《虞箴》，遂依放之，作十二州、二十五官箴，后亡失九篇。后汉崔骃、骃子瑗、瑗子寔，世补其阙，及临邑侯刘騊駼，大（太）傅胡广各有所增，凡四十八篇。广乃次而题之署曰《百官箴》，皆放此《虞箴》为之。"[③]

《胡广传》所谓《百官箴》四十八篇，现在已经很难知道确切的篇目了。而且孔疏中，增补者包括了崔寔，与《胡广传》说法不同。检严可均辑《全后汉文》卷四十四、四十五、五十六，崔骃补作今存《太尉箴》《司徒箴》等五篇。崔瑗补作存《东观箴》《关都尉箴》等六篇。刘騊駼撰《郡太守箴》一篇。胡广今存有《侍中箴》《边都尉箴》《陵令箴》等三篇。总计十五篇。崔瑗之子崔寔，《后汉书》卷五十二《崔寔传》称其"所著碑、论、箴、铭、答、七言、祠、文、表、记、书凡十五

① 见张震泽校注《扬雄集校注》，上海古籍出版社 1993 年版，第 313 页以下。又钱钟书曰："（《全汉文》）卷五十四扬雄《州箴》中有伪托者，宋吴曾《能改斋漫录》卷八、叶大庆《考古质疑》卷一已言之，清人著述如蒋超伯《榕堂续录》卷二、陆以湉《冷庐杂识》卷四亦小有考订。"《管锥编》第三册，中华书局 1979 年版，第 964 页。

② 张溥辑《汉魏六朝百三家集》卷四十二晋《挚虞集》，《四库全书》本。

③ 《春秋左传正义》卷二十九《襄公四年》孔颖达疏，《十三经注疏》，中华书局 1980 年版，第 1933 页。

篇”。《全后汉文》卷四十五录有他《谏议大夫箴》《太医令箴》两篇。计入崔寔补作，尚不足二十篇的增补数，盖有亡佚，且现存之作亦难确定为四十八篇之旧。总之，文献记载不一，作者多有相混，关于《百官箴》四十八篇的具体情况实难细考。

但有两点非常明确：一是，扬雄官箴以及后续所作都遵循了“官箴王阙”的传统，都是拟以本官的口吻来劝谏天子，故结尾均有“某臣司……敢告……”的套语。二是，后世作者受到扬雄《二十五官箴》的影响，相继增补续作，有意补全扩充《官箴》。挚虞说：“崔氏累世弥缝其阙。”孔疏曰崔氏“世补其阙”，史传皆称刘、胡等有增补之作，这说明对于箴辞作者而言，续作《官箴》已成传统。对照诸作者的箴题，可以发现，除去《尚书箴》一题，前后所撰的题目全无重复，可证他们确实有意补写《官箴》。胡广编次四十八篇箴辞，名之曰《百官箴》，充分表明了当时作者希望能够编定一部较为完整的《百官箴》，恢复周代“官箴王阙”的传统。

除崔氏等人之外，这一时期可知的其他箴辞作者就很少了。刘勰提到的潘勖，汉献帝时为尚书郎，撰有《符节箴》，已佚，但据题可知其为官箴。汉魏之际王朗作《杂箴》，仅存数句：“家人有严君焉，井灶之谓也。俾冬作夏，非灶孰能？俾夏作冬，非井孰闲？”看起来与《百官箴》没有什么关系。曹魏短祚，几乎没有箴辞作品流传下来，但当时人们对于箴辞是规劝君主的文体这一点十分清楚，所谓“近臣有尽规之谏，亲戚有补察之箴，所以匡君正主明忠信也”[①]。就是在这样的文体背景下，嵇康撰写了《太师箴》。

西晋一代出现了不少箴文。如傅玄《吏部尚书箴》及《太子少傅箴》、张华《大司农箴》、挚虞《尚书令箴》（一作张华

① 《三国志》卷四七《吴主传》孙权报陆逊书中语，中华书局标点本，第1133页。

撰）、傅咸《御史中丞箴》、陆机的《丞相箴》等[1]。这些箴辞同样是官箴，且箴题与前人之作几乎没有重复，因此在很大程度上可以说，晋人仍在增补《百官箴》。至少可以肯定，这些箴辞继承了先秦两汉《百官箴》的传统。从题目上看，潘尼《乘舆箴》似不属于官箴，但它确实是以“官箴王阙”为己任，体现了《百官箴》的传统精神。序曰：

> 人主所患，莫甚于不知其过；而所美，莫美于好闻其过。……故箴规之兴，将以救过补阙，然犹依违讽喻，使言之者无罪，闻之者足以自诫。……自《虞人箴》以至于《百官》，非唯规其所司，诚欲人主斟酌其得失焉。……尼以为王者……汲汲于闻过，虽廷争面折，犹将祈请而求焉。至于箴规谏之顺者，曷为独阙之哉！是以不量其学陋思浅，因负担之余，尝试撰而述之，不敢斥至尊之号，故以乘舆目篇。

他认为天下非天子一人所有，乃天下之天下。而人主之患，莫过于不知己过，因此，朝臣皆有责任对君主提出规劝。而官箴并非仅针对所司，诚望有益于人主。

但入晋以后，官箴的性质出现了一些变化。箴诵于官，不再是“官箴王阙”，而是用来劝勉官员自己，即所谓自箴。最显著的例子是傅咸的《御史中丞箴》，其序曰：“百官之箴，以箴王阙。余承先君之踪，窃位宪台。惧有忝累垂翼之责，且造斯箴，以自勖励。不云自箴，而云御史中丞箴者，凡为御史中丞欲通以箴之也。”这完全改变了官箴原本的性质。钱钟书曰：

① 诸人箴作及潘尼《乘舆箴》分别见《汉魏六朝百三家集》中诸人集子：卷三十九《傅玄集》、卷四十《张华集》、卷四十二《挚虞集》、卷四十六《傅咸集》、卷四十八《陆机集》和卷四十七《潘尼集》。

> 光聪谐《有不为斋随笔》甲论雄《官箴》体裁，要言中肯："雄所拟《虞箴》，见《左传》，周辛甲命各官各以所职箴王。继雄而作，崔、胡诸家尚不失官箴王缺之义。傅咸《御史中丞箴》始变其义，用以自箴。后来人主为之，遂以箴官，非官箴矣。"窃谓可以管窥人主尊严之与世俱增也。[①]

变官箴为自箴，确实从傅咸开始。此时，官箴的形式偶尔也用于其他方面的规谏。如《文选》卷五十六张华《女史箴》，李善注引曹嘉之《晋纪》曰："张华惧后族之盛，作《女史箴》。"《晋书》卷三十六《张华传》亦曰，贾后擅政，"华惧后族之盛，作《女史箴》以为讽"。女史为宫中女官，故箴尾曰："女史司箴，敢告庶姬。"形式上与官箴相同，但箴辞都是针对后妃所言，与官箴的性质有所区别。当然总的说来，官箴的这些变体形式尚未普遍，与傅咸同时或稍后的作者大多坚持"官箴王阙"的传统。

从题材上区分，箴体大致可分为官箴和杂箴两种。杂箴主要以日常生活为题材。两汉时期，这类箴辞较少，除扬雄、崔骃所作的《酒箴》、蔡邕《衣箴》外，几乎看不到其他作品。但魏晋以后，人们对杂箴的兴趣不断上升。王朗没有留下政治题材的箴辞，却留下了《杂箴》，反映出其中的变化。入晋之后，不少箴文作者在写作官箴的同时，又以日常生活为题材写作杂箴，如张华《瑰材枕箴》、挚虞《新婚箴》、潘岳《答挚虞新婚箴》等。东晋以后，官箴已经比较少见，然而杂箴作品不时出现。隋唐时期，箴刺王阙的传统多少体现在张蕴古《大宝箴》、李德裕《舟扆箴》《正服箴》《罢献箴》等作品中，但这些箴辞与汉晋《百官箴》的体例形式已有较大的区别，更为流行的是各种杂

① 《管锥编》第三册，第964页。

箴。宋李昉等编《文苑英华》几乎没有收录官箴，而卷七九一却收录“杂箴”二十四篇。官箴所代表的“官箴王阙”的政治传统，在文体上基本消失了。

二

根据上述汉晋箴辞的写作情况，可以重新讨论《太师箴》。

第一，从标题及行文格式上完全可以确定，《太师箴》是一篇官箴。官箴的格式非常固定，如扬雄的《司空箴》：

> 普彼坤灵，侔天作则。分制五服，画为万国。乃立地官，空惟是职。茫茫九州，都鄙盈区。纲以群牧，缀以方侯。烈烈隽乂，翼翼王臣。臣当其官，官当其人。九一之政，七赋以均。昔在季叶，班禄遗贤。掊克充朝，而象恭滔天。匪人斯力，匪政斯敕。流货市宠，而苞苴是鬻。王路斯荒，孰不倾覆？空臣司土，敢告在侧。①

以此文为例，大体分为三段：第一段简叙司空之职。第二段分为两层，先从司空职位的角度展现政治清明的景象；后引述历史教训，以资借鉴，说明朝政的不当必将引起严重的后果。此文陈述末世政治混乱，并提出警告：“王路斯荒，孰不倾覆？”这段文字大多有标识性的用语：“昔在……”如扬雄的《光禄勋箴》：“昔在夏殷，桀纣淫愐。”《大鸿胪箴》：“昔在三代，二季不蠲。”《尚书箴》：“昔秦尚权诈，官非其人。”《大司农箴》中“帝王之盛，实在农殖。季周烂熳，而东作不敕”，虽无“昔”字，但回顾历史、以史为鉴的意思十分

① 《扬雄集校注》，第347页。

清楚。最后一段，即文尾按照《虞箴》“兽臣司原，敢告仆夫”的格式，曰：“空臣司土，敢告在侧。”其他官箴之作中，皆用“某臣司……敢告……”这一套语。崔骃、崔瑗等人的箴辞大多依照上述格式。

《太师箴》大体上也遵循这一传统格式，不过，省略了第一段太师之职的陈述。开首“浩浩太素，阳曜阴凝”即进入第二段，以太师的身份盛称上古各代清静无为、自然而化的统治，阐明“君道因然，必托贤明”的原则，强调君主“默静无文，大朴未亏”“体资易简，应天顺矩。絺褐其裳，土木其宇”，就能实现“万物熙熙，不夭不离”的太平之治。第二层“下逮德衰，大道沉沦”以下，虽没有“昔在”这样的标识，但提到“季世陵迟”，讲到末世的君主“凭尊恃势，不友不师。宰割天下，以奉其私”，给社稷带来“初安若山，后败如崩”的恶果。这仍是原有格式所要求的主题。箴文最后，运用套语曰：“师臣司训，敢告在前。”点明了太师的身份。从这里可以看出，《太师箴》严格遵守了官箴的传统样式，是一篇相当标准的官箴之作。

第二，嵇康的《太师箴》遵循了汉代以来“官箴王阙”的传统。前文已述，汉晋作者十分明确，官箴是规劝之文，本意在“官箴王阙”，即百官各为箴辞，以戒王过。因此，拟作时，一直遵循着自扬雄以来《百官箴》的传统，从当时的现实出发，有意识地针对朝政存在的问题，提出自己的匡正意见，对君主进行讽劝。至少在傅咸以前，这种看法相当普遍而且一致。宋人谈到官箴，仍以讽上为正宗。吕祖谦曰：“凡作箴，须用‘官箴王阙’之意，各以其官所掌而为箴辞。如司隶校尉箴，当说司隶箴人君振纪纲，非谓使司隶振纪纲也。如廷尉箴，当说人君谨刑罚，非谓廷尉谨刑罚也。箴尾须依《虞箴》‘兽臣司原，敢告仆夫’之类。”[①]我们以为，嵇康处于这样的官箴传统中，应当有同样的共识。

太师是天子的辅弼之臣，有“辅导于帝”之责。东汉孔光为太师，德望极高。曹魏后期，司马氏的地位固可与之相当。然而，《太师箴》中的“太师”即使暗指司马氏，按照官箴劝谏君主的传统，箴辞也不可能是作者对太师的讽刺警告，而应该是拟以太师的身份对君主的箴诲。正因为是讽劝君主，因此才有对君主所说的话：“居帝王者，无曰我尊，慢尔德音；无曰我强，肆于骄淫。……治乱之源，岂无昌教？穆穆天子，思问其愆。”在这样的上下文关系中，很难设想，其中会涉及司马氏的僭越与凶残。至于“凭尊恃势，不友不师。宰割天下，以奉其私”的话，实际上是箴辞体例所惯有的对过去历史教训的回顾，都是针对君主而言，而不是暗指太师之辞。如果说，这篇作品是在某种曲折的意义上，影射司马氏的专权用事，那么，为什么不将“宰割天下，以奉其私”“君位益侈，臣路生心”视为对魏明帝纵情声色、大兴土木的直接规劝呢？

如果将《太师箴》看作作者对司马氏的谴责、讽刺的话，那么，文末“师臣司训，敢告在前”，实际上就很难解释了。我们不能说，作者一方面大胆揭露太师专断朝政，心怀篡夺；另一方面却在箴尾说“师臣司训，敢告在前”，即“太师的职责在于训导，（作者我）冒昧（向您）陈言”。这种解释不仅文义不通，而且也不符合箴体格式。此句本意是“太师的职责在于训导（天子），（太师我）因此冒昧（向天子）陈言”，这样，就只能将箴文视为作者拟以太师身份对君主提出的告诫。《左传·成公十五年》传：华元曰：“我为右师，君臣之训，师所司也。”可见春秋时期宋国的右师左师亦有责任训导群臣。而且“君臣之

① 潘昂霄撰《金石例》卷九，《四库全书》本。

训，师所司也”，可以看出嵇箴中“师臣司训”实有所本。

唐人以为此箴与帝王政治有关，《晋书》卷四九《嵇康传》称康作“足以明帝王之道焉”，说得很简略，但符合文本实际。徐公持分析《太师箴》说，“文中首先称颂‘先王仁爱’事迹，接着就批判‘季世陵迟’现象”。“下逮德衰，大道沉沦”云云，“虽未明言朝代，然对照魏末形势，颇是切近。所以文中指陈种种季世弊端，既是一般封建时代现象，亦为作者当时现实情状”。这与唐人的理解是一致的，但他又引李兆洛“此为司马氏言也”，这样，对《太师箴》的理解似乎存在两说[①]。现在我们知道，嵇康此箴当与司马氏无关。

曹魏一代，官箴之作极少，康作最为有名。不妨说，两汉官箴的传统通过嵇康此箴传递到西晋。西晋官箴的数量有所增加，与《太师箴》或不无关系。刘师培说：“嵇氏之文传于今者，以《琴赋》《太师箴》为最著。”[②]颇见推重。嵇箴在当时很有影响，于魏晋韵文中实可推为上乘之作。张华《女史箴》开头“茫茫造化，二仪既分。散气流形，既陶既甄”，以及陆云《逸民箴》篇首“浩浩太素，制为两仪”的句子，都是对嵇作开篇“浩浩太素，阳曜阴凝。二仪陶化，人伦肇兴”句子的模仿。书法家也喜爱抄录嵇康的这篇箴辞。南朝梁陶弘景《与武帝启三》曰：“第二十三卷，按此卷是右军书者，惟有八条。前《乐毅论》书，乃极劲利而非甚用意，故颇有坏字。《太师箴》《大雅吟》，用意甚至，而更成小拘束，乃是书扇题屏风好体。”梁武帝《答陶弘景论书书一》曰：“如论箴例，逸少书无甚极细书，《乐毅论》乃微粗健，恐非真迹。《太师箴》小复方媚，笔力过嫩，书体乖异。”[③]《太师箴》能够作为书法的内容，表明它

① 徐公持编著《魏晋文学史》，人民文学出版社 1999 年版，第 209 页。
② 刘师培《中国中古文学史》，人民文学出版社 1959 年版，第 46 页。
③ 《汉魏六朝百三家集》卷八十九、卷八十，《四库全书》本。

在当时相当流行，其价值已得到人们的公认。如果它明显是在讽刺谴责司马氏，恐怕就不会在两晋流行了。

三

将嵇康的《太师箴》视为讽刺司马氏“僭妄凶残”的作品，与思想史研究中对嵇康的倾向性看法有着直接的联系。嵇康为司马氏所害，自颜之推以来，每每认为这是嵇康轻俗傲物的结果。《颜氏家训·勉学》曰：“嵇叔夜排俗取祸，岂和光同尘之流也？”《文章》篇曰：“嵇康凌物凶终。”在无法傲然挺立的时代，嵇康的傲骨显得更加突出而刚硬。到了现代，这一点得到鲁迅的高度赞同。他赞赏嵇康“思想新颖，往往与古时旧说反对”，又说：“嵇、阮二人的脾气都很大；阮籍老年时改得很好，嵇康就始终都是极坏的。……后来阮籍竟做到‘口不臧否人物’的地步，嵇康却全不改变。”这里所说的“脾气”正是一肚皮不合时宜，“刚肠疾恶，轻肆直言”的秉性。鲁迅的评价影响很大，许多学者更作推衍，从而把嵇康看作反抗虚伪名教、不满司马氏篡夺的代表人物。

在思想史研究中强调嵇康现实斗争性的背景下，嵇康的一些言行都被赋予了强烈的斗争色彩。《三国志》卷二一《王粲传》注引《魏氏春秋》曰：钟会闻康名而前来造访，“康方箕踞而锻，会至，不为之礼。康问会曰：‘何所闻而来？何所见而去？’会曰：‘有所闻而来，有所见而去。’”论者以为，嵇康知道钟会是司马昭的爪牙，因此，当钟会前来刺探虚实的时候，根本不予理睬，并给予了针锋相对的斗争。侯外庐等亦认为：“嵇康反对司马氏，不仅表现在思想上，而且表现在行为上。”[①]他与向秀一起锻

① 侯外庐等《中国思想通史》第三卷，第145页。

铁，“他锻成的东西，不一定卖钱，有时是送人的。……倘所锻者为兵器之类，而又赠人不受直，则这一锻铁，应含有生产以外的特殊意义了（原注：佐证不多，我们不宜穿凿。）”[①]。这样，嵇康起兵响应毌丘俭反抗司马氏，就成为极为可信的事情了。有论者设想嵇康起兵动员的是京师三千太学生。在这种语境中，将《太师箴》看作谴责司马氏的作品，不仅非常自然，而且又为嵇康增添了一把投向黑暗势力的有力的长枪。

嵇康锻铁大约在嘉平时期，钟会造访当在此时，这与甘露、景元年间钟会成为司马昭秉政时期的心腹，在时间上并不一致。至于嵇康起兵响应毌丘俭，则显然不可能，已有许多论者做了富有说服力的反驳。更为关键的是，这些斗争性行为与嵇康一贯的生活形态、始终向往的理想生活并不相吻合。

嵇康性情温和，一向安于简朴恬静的生活，面对日常琐事，随和迁就，史称“与之游者，未尝见其喜愠之色”[②]。他在《与山巨源绝交书》自称：“愿守陋巷，教养子孙，时与亲旧叙阔，陈说平生。浊酒一杯，弹琴一曲。志愿毕矣。”又说：“游山泽，观鱼鸟，心甚乐之。一行作吏，此事便废。安能舍其所乐，而从其所惧哉？”而事实上，他确实喜爱这样闲逸自得而充满情趣的生活，《太平御览》卷四百九引《向秀别传》曰：“秀……常与康偶锻于洛邑，与吕安灌园于山阳，收其余利以供酒食之费。或率尔相携，观原野，极游浪之势，亦不计远近。或经日乃归，复修常业。”这种生活的本质特征在于自得，所谓“不虑家之有无，外物不足怫其心”（《世说新语·言语》注引《向秀别传》）。他效仿阮籍“口不论人过”，平素十分注意谨言慎行。并告诫孩子，处事谦退，尤其不要与人争论，意见正确

① 侯外庐等《中国思想通史》第三卷，第146页、147页。

② 《三国志》卷二一《王粲传》注引孙盛《魏氏春秋》，第606页。

与否，一旦实施就可以见出。而一般的争论大多没有意义，“小是不足是，小非不足非”；“若会酒坐，见人争语，其形势似欲转盛，便当无何亟舍去之”（《家诫》）。

但在重大问题面前，事关正义、气节时，他秉志如一，丝毫没有让步退却，显现出内在的傲骨。他“外荣华、去滋味”之志向，坚定而高远，他人不能屈。率性自然、高亮任性的情志，始终如一，外物不能动。他在《家诫》中教导子女时也说，忠臣烈士“临朝让官，临义让生”，“君子不容伪薄之言”，“其言邪险，则当正色以道义正之”。特别是当吕安受到不公正的待遇时，他随即挺身而出，为朋友辩解。即使遭遇不测，他也义无反顾，从容不迫。在做人最紧要的关头，他实践了自己傲然独立的人格理想。正如扬雄《法言·君子》中所说的“君子于仁也柔，于义也刚”。

嵇康自称有“非汤武而薄周孔”的言论，又主张“越名教而任自然”，这一点亦常常作为嵇康现实斗争性表现的证据之一，特别是简单地把名教看作司马氏的治国路线时，嵇康“任自然”的主张与之针锋相对的战斗性就更加明显。

但细究起来，情况并非如此简单。首先，讨论“越名教而任自然”的实际含义。

“越名任心”“是非无措”，并不意味着就是反对名教。“越名教”包含着超越、不拘泥于名教的意思。嵇康关于人之真性以及理想人格的思考中，名教是非不再是唯一绝对的衡量标准。或者说，名教无法仅凭借自身道德阶梯引导人们进入崇高的境界，尚名而导致矫诞虚伪的例子暴露出它的局限。但名教所包含的基本道德规范本身并没有可指责的地方，因此，嵇康提出，不能完全在传统道德的领域中来解决是非，而需通过“无措是非”“物情顺通”，来达到更高的境界，内在地、从人的本性上实现与名教是非相一致，所谓“傲然忘贤，而贤与庆会；

忽然任心，而心与善遇；傥然无措，而事与是俱也”（《释私论》）。不难看出，他提出的“越名教而任自然”并不等于排斥名教，相反，与其说它是对名教的叛逆，不如说它找到了真正通向道德高尚的道路。

作为道德的基本范畴，忠孝仁义构成个体行为与社会秩序的出发点。嵇康一生都在追求至善，追求实现人的最高境界，因此，无论从他的思想观念，还是从他的生活实践中，都很难推导出与这些基本的道德标准、道德品质相对立的伦理主张。所以，从理论上说，当名教以忠孝仁义作为自身的道德基础时，嵇康没有理由是一个反对者。只不过魏晋时期，名教的是非标准、道德理念逐渐形式化、教条化，它所倡导的仁义道德规范日渐成为某种手段、形式而外在于人的道德生活，并失去它对人的精神生活的推动作用，这时，名教才成为批判的对象，汤、武、周、孔才受到“非薄”。正是在名教不能应对现实的挑战时，嵇康提出了自己的看法。真正关注名教的人往往会基于在理论上更有说服力的道家立场，对现行的名教予以批判，因此，嵇康的“非汤武而薄周孔”“越名教而任自然”，都不应简单地看作对名教的否定。相反，他试图通过这种批判，通过“任自然”的途径，恢复名教本该在社会伦理生活中所起到的真正作用。在现实生活中，阮籍、刘伶等人都有一些外表超越礼制的举动，然而，在嵇康身上，很难找到类似的行为。有些论者将钟会来访，嵇康锻铁如故，移时不交一言，作为嵇康蔑视礼法的例子。冯友兰认为，对于钟会这样一个贵公子的来访，嵇康不加理睬，是“很不合世俗的礼法的”[①]。但除这一稍有些勉强的例子之外，在各类史籍记载中，确实找不到他更多像其他名士那样，率性自然、纵情越礼的故事。嵇康其实是十分谨慎的人。

① 冯友兰《中国哲学史新编》第四册，人民出版社1986年版，第81页。

其次，来看“非汤武而薄周孔”在嵇康的言论中的实际情况。钱钟书曰：

> 其“非薄”之言，不可得而详；（《全三国文》）卷五〇《难张辽叔自然好学论》谓“六经未必其为太阳”，“何求于六经”，又《管蔡论》谓管、蔡蒙“顽凶”之诬，周公诛二人，乃行“权事”，无当“实理”，亦足示一斑。[①]

在现存的文集中，并没有多少真正的“非薄”之言。何焯以为，嵇康之“非汤武、薄周孔，不过庄氏之旧论耳”[②]。就对儒家思想予以的正面批判而言，嵇康大体没有超出庄老的界限。如《难自然好学论》中说：“及至人不存，大道陵迟，乃始作文墨，以传其意。区别群物，使有类族。造立仁义，以婴其心。制为名分，以检其外。劝学讲文，以神其教。故六经纷错，百家繁炽，开荣利之途，故奔骛而不觉。”大体就是《庄子·天运》中“六经，先王之陈迹”的意思，而嵇康强调仁义不足以治理天下，与《老子》“大道废，有仁义”的思想基本一致。当然，嵇康有些言论看起来很激烈：

> 今若以明堂为丙舍，以诵讽为鬼语，以六经为芜秽，以仁义为臭腐……则吾子虽好学不倦，犹将阙焉。则向之不学，未必为长夜；六经未必为太阳也。……若遇上古无文之治，可不学而获安，不勤而得志；则何求于《六经》，何欲于仁义哉？（《难自然好学论》）

① 《管锥编》第三册，第1088页。“辽叔”当作“叔辽”。

② 何焯《义门读书记》卷四九，中华书局1987年版，第958页。

“芜秽”“臭腐”云云似乎在严厉地贬斥儒家，论者常引用此语作为嵇康抨击儒家的证据。其实，细品上下文，不难发现，作者在这里着重说明好学六经并非出于人之天性。为此他在学理上作出两种极端的假设：如果完全身处“立六经以为准，仰仁义以为主”的环境中，“游心极视，不睹其外”，那么，人们很容易就形成以“六经为太阳，不学为长夜”的观念；相反，如果长期处于轻蔑儒家的思想环境中，那么，人们就不会崇尚经学，以好学为自然。这是他为了说明问题而作出的假设，并不意味着他就是“以六经为芜秽，以仁义为臭腐”。为了强调对比，他用了“芜秽”“臭腐”这样十分轻蔑的词语，这难免使人产生误解，以为他鄙弃儒家经典。嵇康虽然崇尚老庄，但并非排斥六经，他写石经古文、撰《左氏音》等颇能说明他对经学的看法。

这些措辞，在后世看来不免有些诧异，然而在汉魏时期，类似的言论不在少数。如《后汉书·仲长统传》载仲长统作诗以见其志：“百虑何为？至要在我。寄愁天上，埋忧地下。叛散五经，灭弃风雅。百家杂碎，请用从火。”对儒家经典颇有不敬。《孔融传》中孔融说：“父之于子，当有何亲？论其本意，实为情欲发耳。子之于母，亦复奚为？譬如寄物缻中，出则离矣。”王弼《老子》第三十八章注：“夫仁义发于内，为之犹伪，况务外饰而可久乎！故夫礼者，忠信之薄而乱之首也。”皆与正统儒家思想相去甚远。可见，嵇康的“非薄”之言在当时并不是绝无仅有的例子。当然，仲长统、孔融，包括嵇康在内，都是思想史上颇为激进的人物。嵇康尽管勇于表达这些思想，但同时也意识到它们与流俗之见不合，因此他说：“每非汤武而薄周孔，在人间不止，此事会显，世教所不容。”这些言论，与《太师箴》一样，虽有激进之处，并且体现出作者强烈的现实情怀，但并不意味着它们是针对司马氏集团直接展开的针锋相对的斗争。

学界似乎不自觉地形成一种倾向，把某些思想家视为司马氏篡代的反抗者、正统名教礼法的反对者。仿佛不如此，不足以体现其进步性。正是这种倾向性，使得论者在解读《太师箴》时，即使证据不足，也得出嵇箴主旨是揭露司马氏的“僭妄凶残”的结论。然而，通过文体及文体史的梳理，我们看到，嵇康《太师箴》的写作遵循了“官箴王阙”的传统，是拟以太师的身份对君主的规劝；通过嵇康生活与思想背景的分析，我们也看到，他并没有像人们想象的那样激进，更没有像王凌、毌丘俭、诸葛诞等人那样，诉诸武力反抗司马氏。《太师箴》并不涉及司马氏，而是对君主的劝诫。但显然，这一事实并没有消除《太师箴》自身的思想价值和现实批判的意义。《太师箴》中对君主的讽刺、对权力本身的思考使它更具普遍性。这一事实更没有降低他在思想史上的重要地位。因为思想的批判并不直接等同于现实的叛逆。思想的本质力量体现在它所具有的理性批判的能力上，而不是简单地对现实政治的否定。嵇康的著作中对人的欲望的分析、对声无哀乐的阐发、对事物之“理”的重视、对归纳逻辑的看法等，所展现的思想成就已经确定了他在中国思想史上的重要地位。

（原载《文学评论丛刊》2008年第1期）

屈原《卜居》与嵇康《卜疑》的互文性的解读

◎叶当前

嵇康《卜疑》，一作“卜疑集”，严可均认为是拟屈原《卜居》之作。崔富章《屈原〈卜居〉与嵇康〈卜疑〉》一文从作者精神相通与文章形式相似两方面论证了屈原《卜居》对嵇康《卜疑》的影响，切中肯綮[①]。结合魏晋时期对屈原的接受情况，从互文性角度重新解读《卜疑》对《卜居》的拟仿，解析其相异互补之处，对屈原、嵇康乃至文体研究不无裨益。

一、从“卜居”到“卜疑”

《说文解字》：“卜，灼剥龟也。象灸龟之形，一曰象龟兆之纵横也。”卜就是占卜，古人通过烧灼龟甲或刻削龟甲而呈现出的裂纹就是卜，通过观察卜形就可以断定吉凶休咎。占卜源于中华大地古老的先民，占卜内容丰富多彩，卜宅、卜征战、卜出猎、卜求福寿、卜问吉凶、卜问疾病、卜天气、卜郊祀、卜婚娶、卜开工等，见诸载籍的案例不可胜数。“卜居”按其字面意思，就是卜问宅地，古代诗文或单称“卜”，或用“相宅”，或用“龟”等来指卜居。《诗经·绵》记载古公亶父至于岐下前卜

① 崔富章《屈原〈卜居〉与嵇康〈卜疑〉》，《云梦学刊》1997年第2期。

地筑室："爰始爰谋，爰契我龟。曰止曰时，筑室于兹。"[①]《文王有声》写武王定都镐京前的占卜："考卜维王，宅是镐京。维龟正之，武王成之。"[②]《尚书·洛诰》记载："召公既相宅，周公往营成周，使来告卜，作《洛诰》。"[③]《尚书·召诰》亦载："成王在丰，欲宅洛邑，使召公先相宅，作《召诰》。"[④]可见，早在周代，定都营宅这样的大事一定要经过官方主持占卜的。《史记·周本纪》直接用"卜居"一词记载召公卜宅一事："成王使召公卜居，居九鼎焉，而周复都丰、镐。"[⑤]可见，卜问宅基是"卜居"的本义。

然而，屈原以《卜居》名篇撰文时，对"卜居"的意思作了转化。王逸注："屈原体忠贞之性，而见嫉妒。念谗佞之臣，承君顺非，而蒙富贵。己执忠直而身放弃，心迷意惑，不知所为。乃往至太卜之家，稽问神明，决之蓍龟，卜己居世，何所宜行，冀闻异策，以定嫌疑。故曰《卜居》也。"在屈原这里，居宅转换成了居世，卜居转换成了占问处世之道。洪兴祖补注："上句皆原所从也，下句皆原所去也。卜以决疑，不疑何卜。而以问詹尹何哉？时之人，去其所当从，从其所当去，其所谓吉，乃吾所谓凶也。此《卜居》所以作也。"[⑥]洪氏分析黑白颠倒、是非不分的时事，诠释屈原问卜的原因在于解疑。朱熹说："《卜居》者，屈原之所作也。屈原哀悯当世之人，习安邪佞，违背正直，故阳为不知二者之是非可否，而将假蓍龟以决之，遂为此词，发其取舍之端，以警世俗。说者乃谓原实未能无疑于此，而始将问

① 程俊英《诗经译注》，上海古籍出版社 1985 年版，第 496 页。
② 《诗经译注》，第 521—522 页。
③ 《尚书正义》，十三经注疏本，上海古籍出版社 1997 年版，第 214 页。
④ 《尚书正义》，十三经注疏本，第 211 页。
⑤ 司马迁《史记》，中华书局 1982 年版，第 170 页。
⑥ 洪兴祖《楚辞补注》，中华书局 1983 年版，第 176—177 页。

诸卜人，则亦误矣。”[①]朱熹上承洪兴祖在分析世道淆乱的基础上推为假蓍龟决策说，推翻王逸“心迷意惑，不知所为”而问卜论，卜居只是作者哀悯世人、警告世俗的一种手段，其实是无疑而卜。但无论怎么解题，在《卜居》中，如何处世则是其基本意旨。

嵇康《卜疑》题面意思即已明确，即占问处世的疑惑。改“居”为“疑”，说明了叔夜对屈原《卜居》题意与文意歧异悖离的思考。在《难宅无吉凶摄生论》中，嵇康便指出占卜对象有“占墙屋”与“占人”之分，前者为卜宅，即选择风水宜居的宅基地，后者为预卜人的吉凶寿夭，相当于通过《易》卦占卜问策的意思。唐代许多诗人写作《卜居》诗，大多描述居处的美丽风景，宜人宜居，表达了诗人渴望自由的退隐生活，综合了卜宅与卜求幽居处世两重意思。如杜甫《卜居》：“浣花溪水水西头，主人为卜林塘幽。已知出郭少尘事，更有澄江销客愁。无数蜻蜓齐上下，一双鸂鶒对沉浮。东行万里堪乘兴，须向山阴入小舟。”仇兆鳌注：“《楚辞》有《卜居》，公借以为题。按：顾注：乾元二年十二月，公至成都。明年，上元元年，卜成都西郭浣花溪以居。”又注：“颜廷榘曰：出郭远俗，澄江散怀，此幽居自得之趣。蜻蜓上下，鸂鶒沉浮，此幽居物情之适。”[②]经历人世沧桑，宦海浮沉，唐代诗人更倾向于在大自然中怡情悦性，诗意栖居。而屈原没有这种退一步之想，嵇康虽有求仙退隐之志，却龙性难驯，不可能真正垂纶长川、游畋山冈。因此，屈原《卜居》本意不在卜吉求宅，嵇康《卜疑》确实在愤激质疑。

① 朱熹《楚辞集注》，上海古籍出版社1979年版，第113页。

② 仇兆鳌《杜诗详注》，中华书局1979年版，第729页。

二、《卜居》与《卜疑》的文化语境

中国古代占卜之风是《卜居》独特的社会文化语境。首先，屈原在其他作品中以问答句式写到了占卜，如《离骚》中灵氛占断一节在不知何去何从时，渴望吉占却又犹豫狐疑，连灵氛也难以决断，只能以连续问句写道："索藑茅以筳篿兮，命灵氛为余占之。曰两美其必合兮，孰信修而慕之？思九州之博大兮，岂唯是其有女？曰勉远逝而无狐疑兮，孰求美而释女？何所独无芳草兮，尔何怀乎故宇？世幽昧以昡曜兮，孰云察余之善恶？"[①]这种卜问的形式、思想上的矛盾纠结，与《卜居》互文相生。又如《九章·惜诵》使厉神占梦，也是问答体式。这说明屈原文学作品中的占卜活动及其形式是相通的。其次，占卜是中华民族独特的文化现象，上至帝王，下至普通百姓，诸事求卜问策，十分普遍。《诗经·氓》写确定婚期需要卜筮，《史记·日者列传》《龟策列传》写古代帝王受命登基、建国、建都等国家大事，均需占卜求吉："自古受命而王，王者之兴何尝不以卜筮决于天命哉！"[②]"太史公曰：自古圣王将建国受命，兴动事业，何尝不宝卜筮以助善！唐虞以上，不可记已。自三代之兴，各据祯祥。涂山之兆从而夏启世，飞燕之卜顺故殷兴，百谷之筮吉故周王。王者决定诸疑，参以卜筮，断以蓍龟，不易之道也。"[③]至于具体的占卜活动及其记录，不胜枚举。屈原问卜决疑，自有其深刻的文化因缘。

同时，屈原《卜居》与古代卜辞形成互文。唐兰说："卜辞的组成，可分为叙事，命辞，占辞，占验四部分。"[④]崔富章《屈

① 《楚辞补注》，第35—36页。
② 《史记》，第3215页。
③ 《史记》，第3223页。
④ 唐兰《卜辞时代的文学和卜辞文学》，《清华学报》1936年第3期。

原〈卜居〉与嵇康〈卜疑〉》一文已结合包山2号楚墓卜筮竹简进行了对照，包山2号墓是战国楚墓，出土了二十余组卜筮祭祷记录简，“简文格式大致相同，一般包括前辞、命辞、占辞、祷辞和第二次占辞等部分”①。屈原《卜居》、嵇康《卜疑》的结构模式与卜辞非常接近（见表1）。

表1　包山2号墓楚简与《卜居》《卜疑》比较

包山2号墓楚简	屈原《卜居》	嵇康《卜疑》	同异分析
前辞（举行卜筮祭祷的时间、贞人名、卜筮用具名称、请求贞问者姓名）	背景：屈原既放，三年不得复见	背景：宏达先生人格品质与世道的悖反	楚简卜辞是严肃、诚挚的占卜，为神判记录。《卜居》《卜疑》为文学假托，属虚写
命辞（贞问事由）	问卜事由：“余有所疑，愿因先生决之”系列疑问	问卜事由：“吾有所疑，愿子卜之”系列疑问	楚简卜辞事由单一，一事一问。《卜居》《卜疑》系列质疑，忧世之情深
占辞（根据卜筮结果所作判断）	詹尹答辞	太史贞父答辞	楚简卜辞的结果可供行事参考。《卜居》“龟策诚不能知事”，《卜疑》“至人不相，达人不卜”。为无果之辞
祷辞（向鬼神祈祷，请求保佑赐福）	无	无	楚简卜辞求吉求福，《卜居》《卜疑》自知求之不得，故不求
第二次占辞（祭祷鬼神之后得出的判断）	无	无	楚简卜辞谋求达到心理预期，《卜居》《卜疑》是无解之问

① 包山墓地竹简整理小组《包山2号墓竹简概述》，《文物》1988年第5期。

通过对照不难发现，屈原《卜居》、嵇康《卜疑》的写作结构受到古代卜辞影响，但卜辞是因事而占，一事一问，一问一答，得出的结论为吉、凶、是、非。逢凶化吉，趋是避非，是古人占卜的心理预期，代神判辞的卜官要根据问卜者的心理作出判断，未得出如意答案时甚至会祈祷后再卜、三卜。《左传·哀公十八年》："君子曰：'惠王知志。《夏书》曰"官占唯能蔽志，昆命于元龟"，其是之谓乎！《志》曰"圣人不烦卜筮"，惠王其有焉。'"杜预注："蔽，断也。昆，后也。言当先断意后用龟也。"[①]《左传》引文出自《尚书·大禹谟》："帝曰：禹。官占，惟先蔽志，昆命于元龟。朕志先定，询谋佥同，鬼神其依，龟筮协从。"[②]可见古代占卜活动求吉的心理，亦可知官占问卜的欺骗性。屈原、嵇康写求贞于巫卜，早就清楚卜筮的本质，因此反出卜筮一事一问的常规，将卜者推至进退维谷之境。包山2号墓卜筮楚简贞人出现了11人，求贞人为"左尹力它"或"左尹邵力它"。贞问事由主要是求贞人出入宫廷侍王是否顺利、什么时候获得爵位、疾病吉凶三方面内容[③]。符合常规卜筮的流程，问卜明确，容易被卜者"蔽志"，得出肯定的占辞。《卜居》《卜疑》中的贞人分别为郑詹尹、太史贞父，求贞人为屈原与弘达先生，均为假托，贞问内容也非常复杂，占问结果是无解之辞。显然，屈原、嵇康表面问卜，实质是问政，是通过卜辞的结构形式向为政者表露自己的忧世之情，屈原、嵇康之志远大，在当时的社会语境下不可能实现，又以占问事由之多无法"蔽志"命龟，因此占辞无法作出是、非、吉、凶之判，只能转化"圣人不烦卜筮"之说而曰"龟策诚不能知事""至人不相，达人不卜"。

《卜居》《卜疑》写贞问事由提出系列两两相对的问题又

① 杨伯峻《春秋左传注》，中华书局 2009 年版，第 1713 页。
② 《尚书正义》，十三经注疏本，第 136 页。
③ 湖北省荆沙铁路考古队《包山楚墓》，文物出版社 1991 年版，第 274 页。

是对古代对贞刻辞的转化。马如森说："在殷墟卜辞中，尤其是一期卜辞，常常会看到，在一块骨版上刻有两条卜辞，以正反贞问，左右成对，故又称'左右对贞'的方式，来卜问一件事情。这样的卜辞，称为对贞刻辞。《前》7·27·2：'戊辰卜，争，贞：来乙亥，其雨？''戊辰卜，争，贞：来乙亥，不其雨？'""又《乙》3409版，为一期卜辞，以正反左右对贞方式，卜问年成丰收与否？辞曰：'甲午卜，宾，贞：西土受年？''贞：西土不其受年？'"[①]李学勤介绍清华简《说命》中的卜辞时，也分析了一组对贞命辞："失仲卜曰'我其杀之''我其已，勿杀'，勿杀是吉。"这组卜辞一正一反，最后得出"勿杀是吉"的结论[②]。对贞刻辞与包山2号墓楚简卜辞一样，都是因事而卜，祈求神判，如马如森引例中的求雨、求年成，李学勤引例中的卜问杀子等，只能是正反两种结果，因此占辞往往是明确的是、否判断。屈原《卜居》、嵇康《卜疑》并非真正卜问，而是一种假托，所以其贞问两两相对的问题是二难判断，难以作出是、否判决，最终的占辞只能是无解的。

总之，从屈原《卜居》到嵇康《卜疑》，这种借用卜辞体式写作的文学作品，有独特的卜筮文化语境，其结构形式、内容特征都受到卜辞的影响，与中国古代丰富的占卜刻辞形成互文关系。

三、《卜居》《卜疑》的互文解读

《卜居》共列举八组两疑对问，大抵可以分为三类：第一、二组述写进取的方式，勤奋、力行与钻营、攀附相对；第

---

① 马如森《殷墟甲骨学——带你走进甲骨文的世界》，上海大学出版社2007年版，第139页。

② 李学勤《论清华简〈说命〉中的卜辞》，《华夏文化论坛：第八辑》2012年第2期，第273—274页。

三、四、五组写在位谋政的态度，正直敢为与苟且奸猾相对；第六、七、八组以比喻的手法写人生志向，高远宏大与世俗平庸相对。为便于分析，列表如下（见表2）。

表2 《卜居》的8组两疑对问

《卜居》	
宁悃悃款款朴以忠乎？	将送往劳来斯无穷乎？
宁诛锄草茅以力耕乎？	将游大人以成名乎？
宁正言不讳以危身乎？	将从俗富贵以偷生乎？
宁超然高举以保真乎？	将呢訾栗斯、喔咿儒儿以事妇人乎？
宁廉洁正直以自清乎？	将突梯滑稽、如脂如韦以洁楹乎？
宁昂昂若千里之驹乎？	将泛泛若水中之凫乎，与波上下偷以全吾躯乎？
宁与骐骥亢轭乎？	将随驽马之迹乎？
宁与黄鹄比翼乎？	将与鸡鹜争食乎？
此孰吉孰凶？何去何从？	

潘啸龙先生认为，要理解屈原《卜居》的8组两疑之问，需要联系屈原崎岖经历：悃悃款款的忠诚、诛锄草茅的壮志抒写的是屈原青年时代修身立业的宏图大志；正言不讳、超然高举、廉洁正直等写的是屈原担任楚怀王左徒时期与群小斗争的苏世独立精神；千里马、骐骥、黄鹄象征的是屈原不改初衷、坚定为国为民的崇高志向。与之相对的分别是送往劳来、游走权门、苟富偷生、逢迎妇人、突梯滑稽、凫鸟随波、随驽马不思进取、与鸡鹜争食等世俗随波逐流之辈，如《渔父》中所写的淈泥扬波、铺糟啜醨之流，象征的是朝中贪婪竞进、颠倒黑白的旧贵族。尖锐的对比，孰吉孰凶，何去何从，一目了然。潘先生进一步指出：屈原《卜居》采取“宁……将……”的两疑方式：“在对立铺排中摩戛震荡，似乎表现出某种‘不知所从’、须由神明决断的表

象。但由于诗人在两疑之间中寓有褒贬笔法，使每一对立的卜问，实际上都表明了诗人的选择立场。如问自身所欲坚守的立身原则，即饰以‘悃悃款款’‘超然高举’‘廉洁正直’之词，无须多加探究，一股愿与慨然同风的正气，已沛然弥漫字行之间。对于群小所主的处世之道，则斥之为‘偷生’‘争食’，状之为‘喔咿儒儿’‘突梯滑稽’，那鄙夷不屑之情，正与辞锋锐利的嘲讽索然同生。与千里之驹‘昂昂’风采描摹成鲜明对比的，则是对与波上下之凫‘泛泛’丑态的勾勒——其间所透露的，不正是对贵族党人处世哲学的深深憎恶和鞭挞之情么？”[①]

《卜疑》是《卜居》的互文，戴明扬注引张运泰曰：“机轴胎于屈平《卜居》，而玄致素衷，冲静闲放，则如《广陵》一曲，声调绝伦。”[②]的确如此，《卜疑》14组两疑对问（见表3）便是对《卜居》8组对问的转化。

表3 《卜疑》的14组两疑对问

《卜疑》	
宁发愤陈诚，谠言帝庭，不屈王公乎？	将卑懦委随，承旨倚靡，为面从乎？
宁恺悌弘覆，施而不德乎？	将进趣世利，苟容偷合乎？
宁隐居行义，推至诚乎？	将崇饰矫诬，养虚名乎？
宁斥逐凶佞，守正不倾，明臧否乎？	将傲倪滑稽，挟智任术，为智囊乎？
宁与王乔、赤松为侣乎？	将进伊挚而友尚父乎？
宁隐鳞藏彩，若渊中之龙乎？	将舒翼扬声，若云间之鸿乎？
宁外化其形，内隐其情，屈身隐时，陆沉无名，虽在人间，实处冥冥乎？	将激昂为清，锐思为精，行与世异，心与俗并，所在必闻，恒营营乎？

① 潘啸龙《人生选择的孤傲和哀愤——读屈原〈卜居〉》，《文史知识》1994年第11期。

② 戴明扬《嵇康集校注》，人民文学出版社1962年版，第142页。

续表

《卜疑》	
宁寥落闲放，无所矜尚，彼我为一，不争不让，游心皓素，忽然坐忘，追羲农而不及，行中路而惆怆乎？	将慷慨以为壮，感慨以为亮，上干万乘，下凌将相，尊严其容，高自矫抗，常如失职，怀恨怏怏乎？
宁聚货千亿，击钟鼎食，枕藉芬芳，婉娈美色乎？	将苦身竭力，剪除荆棘，山居谷饮，倚岩而息乎？
宁如伯奋、仲堪，二八为偶，排摈共、鲧，令失所乎？	将如箕山之夫，颍水之父，轻贱唐、虞，而笑大禹乎？
宁如泰山之隐德潜让，而不扬乎？	将如季札之显节义慕，为子臧乎？
宁如老聃之清净微妙，守玄抱一乎？	将如庄周之齐物，变化洞达，而放逸乎？
宁如夷吾之不吝束缚，而终在霸功乎？	将如鲁连之轻世肆志，高谈从俗乎？
宁如市南子之神勇内固，山渊其志乎？	将如毛公、蔺生之龙骧虎步，慕为壮士乎？
此谁得谁失，何凶何吉？	

嵇康14组两疑对问思考了正邪、隐显两类问题。谠言陈诚、刚正不屈是正，面谀亲贵、卑懦委随是邪；乐施不争、和乐平易是正，谋私势利、苟且逢迎是邪；笃行仁义、至诚忠信是正，刻意伪饰、骗取虚名是邪；守正不阿、明辨是非是正，玩弄权术、奸滑崇智是邪。这4组是对《卜居》的同义词置换，仅看正的方面，《卜疑》对《卜居》同义转换的词句有：“隐居行义，推至诚”——“悃悃款款朴以忠”，“斥逐凶佞，守正不倾，明臧否”——“诛锄草茅以力耕”，“发愤陈诚，谠言帝庭，不屈王公”——“正言不讳以危身”，“恺悌弘覆，施而不德”——“廉洁正直以自清”。相对屈原来说，嵇康语言更为峻烈，程度更深一层。

接着，写与王乔、赤松为侣是隐，崇伊尹、吕望是显；重渊潜龙是隐，云间飞鸿是显；视人间如山林是隐，振奋声名是显；坐忘见素是隐，出将入相是显；聚财贪色是显，山居谷饮是隐；伯奋、仲堪以八恺、八元为友而排摈共工和鲧是显，箕山许由、白水神女轻视尧、舜讥刺大禹是隐；吴太伯隐德潜让是隐，季札学曹国子臧彰显操行节义是显；老子清静无为抱玄守一是隐，庄子齐物放逸是显；管仲成就霸业是显，鲁仲连功成身退是隐；市南子山渊其志是隐，毛遂、蔺相如自动请缨化解危难是显。屈原《卜居》通过各种动物意象来表达高蹈奋进的精神，嵇康仅运用渊龙、鸿鹄一组动物意象，其余则通过古代历史人物对举来叙写显隐的两疑对问；屈原侧重于高昂的斗争精神，嵇康偏向于仙侣退隐一面，这是《卜疑》对《卜居》词句与思想的重要转换。屈原抒发胸臆喜欢运用比兴手法，以草茅与神话传说中的仙人表达爱憎，如果以《卜疑》去补充《卜居》，则伊尹、吕望、伯奋、仲堪、季札、管仲、毛遂、蔺相如等应是其推尊的人物，可与屈原精神相辉映。嵇康所处的独特政治环境决定了他只能在实施雅志与冲静自然的两难之中徘徊，对《卜居》更为峻烈的词句置换说明了他对屈原精神的崇敬，通观嵇康处世的坎坷经历，不难看出他对屈原精神的践行。但另一方面，嵇康没有屈原那种长期在帝王身边主政的经历，没有屈原那样强大的政治影响力，他最多只能通过人格魅力吸引一小批正直士人在一起作竹林之游，当遇到危险与挫折时，便只能避地河东，于是常做退隐之想便在情理当中。因而屈原笔下“与黄鹄比翼”在嵇康那里转换成了“舒翼扬声”的“云间之鸿”，优雅高傲而难以企及，不若渊中之潜龙隐鳞藏彩。

屈原《卜居》与嵇康《卜疑》在结构上、句式上乃至人生价值观上的相通之处学界早有论述，毋庸赘言。这里详细对比两篇文章的两疑对问，在开放文本状态下重新理解屈原、嵇康的人格精神，不难看出两人在政治态度、处世思维、行为方式上的区别：屈原态度坚决，一往无前，与邪恶势力不两立；嵇康思想矛盾，徘徊在显隐之间，嫉邪憎恶却无能为力。屈原与恶势力你死我活的斗争导致了自杀的悲剧结局，嵇康与恶势力的不合作与逃避导致了被杀的悲剧。在中国古代社会，邪恶势力无处不在，纵贯历朝历代，幸赖一批批仁人志士舍生取义、杀身成仁，推动社会历史在曲折中发展。

四、屈原在魏晋时期的影响是《卜疑》的写作语境

嵇康效仿屈原作品，并非无端之举。这既与嵇康对屈原作品的推崇密切相关，又与屈原在魏晋时期的影响密不可分。

钟嵘《诗品》论嵇康诗歌渊源时说："其源出于魏文。"①又说魏文帝曹丕诗："其源出于李陵，颇有仲宣之体则。"②再看李陵诗："其源出于《楚辞》。"③由此可推出嵇康诗歌为《楚辞》一脉，深受屈原影响。诗文相通，嵇康除《卜疑》为效拟屈原《卜居》之作外，在诗文中还经常化用《楚辞》词句，戴明扬在《嵇康集校注》中引用《楚辞》出注条目繁多，可见一斑。

嵇康推尊屈原，效习《楚辞》，既与嵇康人格品质和屈原类似相关，又是魏晋时期效拟屈原之风的文学大环境下的必然结果。

郑振铎《屈原作品在中国文学上的影响》指出，后代作家深受屈原忠贞正直、嫉恶如仇、苏世独立的人格精神影响，而写出类似屈原那样悲愤、号呼的不朽佳作来。"像汉末的《孔雀东南飞》、曹植的《煮豆燃萁》之叹，晋代嵇康的《游仙诗》、阮籍的《咏怀》、左思的《咏史》、刘琨的《赠卢谌》诗，等等，都

---

① 曹旭《诗品集注》（增订本），上海古籍出版社 2011 年版，第 266 页。

② 《诗品集注》（增订本），第 256 页。

③ 《诗品集注》（增订本），第 106 页。

是震撼读者心肺的出于真性情、大手笔的作品。”[①]李大明先生《魏晋南北朝文人论屈原与楚辞》一文则从魏晋六朝文人对屈原思想行为的评价、楚辞文学特征的评价、刘勰《文心雕龙》的评价三个方面梳理了魏晋六朝对屈原及楚辞的接受[②]，可资参考。嵇康生活环境险恶，没有屈原那样实施美政的任何机会，却有像屈原那样忠贞正直、反抗邪恶、上下求索、不惜性命的斗争精神，故只能在诗文格调上有意运用互文手段效仿楚辞，在作品字里行间暗蕴屈原思想，是符合时代特征的。

屈原在文学史上的影响广泛深远，王逸、司马迁、钟嵘、刘勰等古代文史专家早有定论，而像《典论·论文》《文章流别论》等文论亦在吉光片羽之中论及屈原的影响。仅《卜居》《渔父》两篇传承到嵇康《卜疑》，亦并非嵇康相隔数百年以后的突然仿制，而存在一条历代传承的红线。郑振铎《屈原作品在中国文学上的影响》说：“《鹏赋》的格调是拟仿《卜居》《渔父》的，像这样的一种问答式的赋，在后来流行极了，差不多每个文人，要申诉他的愤懑，他的不平、不满，他的不幸、不安，换言之，即要诉说他的‘怀才不遇之感’时，总是采取了这个体裁。东方朔有《答客难》和《非有先生论》，扬雄有《解嘲》，班固有《答宾戏》，王褒有《四子讲德论》，崔骃有《达旨》，张衡有《应闲》，直到唐代的韩愈，还写着《进学解》。”[③]这种问答体可以上溯卜筮体，下开反复辩驳的论难体，同时又与论难体并驾齐驱，共同发展，嵇康《卜疑》作为这一体裁中的一篇，在一定程度上起到承上启下的作用，不容忽视。而魏晋时期在形式格调上模拟楚辞的作品亦不在少数。陆云《九愍·序》便说：“昔屈原放逐，而《离骚》之辞兴。自古及

① 曹旭、王从仁《楚辞研究论文选》，湖北人民出版社1985年版，第158页。
② 李大明《魏晋南北朝文人论屈原与楚辞》，《四川师范大学学报》1990年第2期。
③ 曹旭、王从仁《楚辞研究论文选》，第155页。

今，文雅之士，莫不以其情而玩其辞，而表意焉。”[①]《九愍》亦直接模仿屈原《九章》而作。姜亮夫《楚辞书目五种》第三部分“绍骚隅录”著录汉以来模拟《离骚》著作的篇名和汇辑的书名，得书籍十九种，篇章一百九十二题。魏晋时期的拟作篇目有：董仲舒《士不遇赋》、司马迁《悲士不遇赋》、刘歆《遂初赋》、扬雄《反离骚》《广骚》《畔牢愁》、班彪《悼离骚》、崔篆《慰志》、梁竦《悼离骚赋》《七序》、班固《幽通赋》、应玚《正情赋》《愍骥赋》、崔琦《九咨》、李尤《七叹》、服虔《九愤》、应奉《感骚三十篇》、边让《章华台赋》、赵壹《刺世疾邪赋》、张衡《定情赋》、蔡邕《检逸赋》《九惟》、王粲《登楼赋》《出妇赋》《寡妇赋》、繁钦《愁思赋》、曹植《洛神赋》《玄畅》《九咏》、阮籍《首阳山赋》《清思赋》、左芬《离思赋》、傅玄《李赋》《拟天问》《拟招魂》、傅咸《仪凤赋》、成公绥《乌赋》、向秀《思旧赋》、挚虞《思游赋》《愍赋》、陆机《豪士赋》、陆云《逸民赋》《九愍》、陶潜《感士不遇赋》《闲情赋》等[②]，更甚者是王恭对名士的界定：“名士不必须奇才，但使常得无事，痛饮酒，熟读《离骚》，便可称名士。”余嘉锡由此批判王孝伯不学无术，自饰其短[③]。但另一方面，魏晋名士在清谈中经常以吟诵楚辞词句故作高深，亦可看出楚辞在魏晋时期的影响。这些都可以看作嵇康《卜疑》效拟《卜居》的文学语境。

总之，屈原《卜居》与嵇康《卜疑》，结构相同，格调类似，上承卜辞体式，下开论难文体，在文体学史上有一定意义。同时，两篇文章及其生成的文化语境之间形成了复杂的互文关系，《卜疑》是《卜居》的互文，并将《卜居》是独立奋进还

① 黄葵点校《陆云集》，中华书局1988年版，第124页。
② 姜亮夫《楚辞书目五种》，中华书局上海编辑所1961年版，出版说明，总目。
③ 余嘉锡《世说新语笺疏》，中华书局2007年版，第898页。

是同流合污的两疑对问拓展到正邪、隐显的两疑对问，两篇文本互相开放，为古代士人设计了不同时期更为丰富的处世模式；两篇文章又是上古以来的卜筮文化与卜筮刻辞的互文，在结构上与卜筮刻辞相通，在内容上将卜筮刻辞一问一答、一事一断的简单记录扩展到无解之占的系列对问，为玄言清谈提供了范式，为论难文体反复驳论开辟了道路；嵇康《卜疑》又是屈原影响下的魏晋文学的互文，作为诸多楚辞拟作中的一篇，既与其他拟作声气相通，又体现出嵇康独特的人格品质与文学特质，理应在魏晋文学史上占据一定的位置。

（原载《武陵学刊》2015年第4期）

嵇康、阮籍的人生理想及其美学意蕴

◎李昌舒

嵇康与阮籍有很多相同之处，故历来并称嵇、阮。汤用彤先生在论述魏晋玄学的发展时，将嵇、阮纳入“贵无”之学的第二阶段。嵇、阮对“无”的继承并不在理论建构上，而是用人生实践和文学作品将王弼理论形态上的“无”体现出来。如果说王弼是形而上的本体之“无”，嵇、阮则主要是人生理想和文学境界之“无”。理想和境界之“无”的根本特征是自由。自由来自自然，自然是嵇、阮的核心概念，它意味着对现实世界的超越，对自我种种欲望的超越。超越意味着超尘绝俗、一往不复的精神自由。在此意义上，超越—自然—自由成为嵇、阮人生理想的内在逻辑，但这种自由并非一般所讲的认识论的自由，即不是通过认识必然和改造客观世界而有的自由，而是一种诉诸一己心灵体验的自由，可以称之为境界论的自由，这种自由之境是嵇、阮人生理想的最终归宿。嵇、阮之间当然有诸多差别，学界对此已有详尽辨析，此非本文主旨，故不作申述。本文主要论述二者共同的对自由境界的追求以及由此而有的美学意蕴。为避免重复，对于二者相同之处，主要放在嵇康处论述[①]。

---

① 较之于阮籍，嵇康的逻辑思辨更严密，理论阐发更充分，故历来论述嵇阮思想者，多以嵇康为主要对象。

一、“心”之自然

嵇康最为人熟知的思想要数“越名教而任自然”。这段话出自《释私论》：“夫气静神虚者，心不存于矜尚；体亮心达者，情不系于所欲。矜尚不存乎心，故能越名教而任自然；情不系于所欲，故能审贵贱而通物情。物情顺通，故大道无违；越名任心，故是非无措也。是故言君子，则以无措为主，以通物为美。言小人，则以匿情为非，以违道为阙。何者？匿情矜吝，小人之至恶；虚心无措，君子之笃行也。”[①]嵇康之“自然”与“心”密切相联，在一定意义上，嵇康的“越名教而任自然”也可以理解为“越名任心”。嵇康多次强调要“任心”而行：“君子之行贤也，不察于有度而后行也；任心无穷，不识于善而后正也；显情无措，不论于是而后为也。是故傲然忘贤，而贤与度会；忽然任心，而心与善遇；傥然无措，而事与是俱也。”[②]“值心而言，则言无不是；触情而行，则事无不吉。”[③]

“心”是嵇康思想中一个非常关键的概念，虽然它不是形而上的本体性存在，但它无疑是嵇康思想的核心概念之一。“心”的基本规定有：（一）与“措”相对。任心即无措。“措”应当是指措意、计较、思虑，大致地说，即人为。无措即任心，任心指无人为之种种计较、思虑，此所谓“忽然任心”“傥然无措”，即不假思虑，任心直行。由此我们可以说，自然即非人为。（二）与“情”相联系。任心而显情。“情”包括自我之情和物之情。“情不系于所欲”，是自我之情；“审贵贱而通物情”，是物之情。前者之情应当是指人的意念、情感；后者之情应当是指事物的性状、物理。无论是人之“情”，还是物之

① 戴明扬《嵇康集校注》，人民文学出版社 1962 年版，第 234 页。
② 《嵇康集校注》，第 235 页。
③ 《嵇康集校注》，第 237 页。

“情”，都是指人或物的本然状态。任心可使自我之情从“欲”中独立出来，任此自我之情则使事物之情得以显现。在此意义上，自然即本然。（三）“任心”以“虚心”为前提。由去除“矜尚”之心而能任“自然”之心，由“气静神虚”之工夫而能有“体亮心达”之境界。在此意义上，自然即虚静之工夫。

从这些论述中，我们并不能直接看出自然与名教的对立。因为这里嵇康着重的是自然，对于名教则未加正面论述。在《难自然好学论》中，嵇康从另一角度论述道：“‘六经’以抑引为主，人性以从欲为欢。抑引则违其愿，从欲则得自然。然则自然之得，不由抑引之‘六经’；全性之本，不须犯情之礼律。故仁义务于理伪，非养真之要术；廉让生于争夺，非自然之所出也。由是言之……则人之真性，无为正当，自然耽此礼学矣。”①就是说，六经是对人性的“抑引”，是违背人的自然本性的，因此应当被超越。

这里有两个重要概念：一是性。“性”是嵇康思想中的一个重要范畴。《答难养生论》云：“夫不虑而欲，性之动也；识而后感，智之用也。性动者，遇物而当，足则无余。智用者，从感而求，倦而不已。故世之所患，祸之所由，常在于智用，不在于性动。”②“性动”似乎就是无知无虑地、任运性之自然。从性而动，也就是“任自然”。在此意义上可以说，嵇康推崇“性”的目的是为自然寻求本体论的依据。

二是欲。“人性以从欲为欢”，“从欲则得自然”。人性与自然的密切联系要通过欲。欲来自性，是自然而然的，不假思虑、无造作、无人为。这里的“欲”是嵇康肯定的。必须注意的是，嵇康还有另一种“欲”：“若以从欲为得性，则渴酌者非

① 《嵇康集校注》，第 261 页。
② 《嵇康集校注》，第 174 页。

病，淫湎者非过，桀、跖之徒皆得自然，非本论所以明至理之意也。”[①]“夫嗜欲虽出于人，而非道之正，犹木之有蝎，虽木之所生，而非木之宜也。”[②]这里的“欲”是声色之类的感官欲望，这是嵇康否定的。欲虽出自性，出自人，但“非道之正”，即非自然的。为什么会有两种截然不同，甚至相互对立的“欲”？区分这两种“欲”有什么意义？我们似乎可以说，当嵇康在反对名教的意义上讲“欲”时，肯定“欲”是为了反对名教，因为“欲”是自然的，是人的本性的表现，名教是对“欲”的“抑引”，是“欲”的对立面，是非自然的。为了肯定自然所以反对名教，由此又有对“欲”的肯定。当嵇康在养生的意义上讲“欲”时，否定“欲”是为了肯定养生，因为“欲”（主要是声色等感官之欲）是伤生害性的，是人的自然之身（包括形神两方面）的对立面，为了肯定养生所以反对“欲”。因此，可以说，嵇康对名教的反对主要是因为它违背了人的自然本性。

虽然这种反对从理论上讲不是非常严密、系统，但具有非常强烈的感情色彩：“今若以［明］堂为丙舍，以诵讽为鬼语，以六经为芜秽，以仁义为臭腐，睹文籍则目瞧（焦），修揖让则变伛，袭章服则转筋，谈礼典则齿龋。于是兼而弃之，与万物为更始，则吾子虽好学不倦，犹将阙焉；则向之不学，未必为长夜，六经未必为太阳也。”[③]这种批判是多么激烈！在《与山巨源绝交书》中，更是直接提出了“非汤、武而薄周、孔”的观

① 《嵇康集校注》，第 188 页。

② 《嵇康集校注》，第 168—169 页。

③ 《嵇康集校注》，第 262—263 页。

点[①]。任何一种思想都与现实紧密相联，就玄学而言是如此，就玄学中的嵇、阮而言更是如此。因为嵇、阮都有高尚的人格，所以他们对于现实中的丑恶格外敏感，这种丑恶与名教紧密相联[②]，所以他们对名教格外反感。这种反感又为他们招来了很大的危险，阮籍差点被杀头，嵇康终于被杀头。于是他们从社会转向自我，从现实转向内心，这种转向集中体现在“越名教而任自然”这一命题中。大致地说，名教指向群体秩序，自然指向自我内心。嵇康的自然是一种内心体验中的自然，前面我们指出嵇康的自然有多种含义，这一点是其中最根本的含义。

“俗人不可亲，松乔是可邻。何为秽浊间，动摇增垢尘。慷慨之远游，整驾俟良辰。轻举翔区外，濯翼扶桑津。徘徊戏灵岳，弹琴咏太真。沧水澡五藏，变化忽若神。姮娥进妙药，毛羽翕光新。一纵发开阳，俯视当路人。哀哉世间人，何足久托身？”[③]这首诗典型地表现了嵇康的理想。“俗人”“浊秽间”“垢尘”是诗人所处的社会现实，我们可以说这是名教代表的世界。正是这种污浊的社会现实促使诗人要“远游”“翔区外”，要从现实中超越出去。“松乔”指古代传说中的仙人赤松子和王子乔，“扶桑津”是神木扶桑下方之水，即汤谷，为日浴之处，姮娥即嫦娥，开阳指北斗七星中的第六星，这就是诗人超

① 阮籍对名教也有激烈的批判，《大人先生传》云：“且汝独不见夫虱之处于裈之中乎！逃乎深缝，匿乎坏絮，自以为吉宅也。行不敢离缝际，动不敢出裈裆，自以为得绳墨也。饥则啮人，自以为无穷食也。然炎丘火流，焦邑灭都，群虱死于裈中而不能出。汝君子之处区内，亦何异夫虱之处裈中乎？”又云：“汝君子之礼法，诚天下残贼、乱危、死亡之术耳，而乃目以为美行不易之道，不亦过乎！”

② 名教在当时基本上已沦为司马氏屠杀异己的工具。并且司马氏的心腹中，很多大讲名教的人，如何曾之流，反而是道德卑下之徒。阮籍说：“洪生资制度，被服正有常。尊卑设次序，事物齐纪纲。容饰整颜色，磬折执圭璋。堂上置玄酒，室中盛稻粱。外厉贞素谈，户内灭芬芳。放口从衷出，复说道义方。委曲周旋仪，姿态愁我肠。”（《咏怀诗》之六十七）

③ 《嵇康集校注》，第 80 页。

越的归宿。这种归宿有什么特征？大致而言有三个特征：

自然。在这里，人脱离了名教束缚，自然本性得以显现。社会现实之所以是“浊秽”“垢尘”，主要是因为这里有违背人的自然本性的名教。在嵇康看来，当时的“礼法之士”是“上以周孔为关键，毕志一诚；下以嗜欲为鞭策，欲罢不能。驰骤于世教之内，争巧于荣辱之间”[①]。这都是对人的自然本性的背离。嵇康之所以要塑造这样超凡脱俗的虚无缥缈的仙境，就是要说明，只有离开名教之域，才能“从心所欲”，恢复到人的自然状态。这是一种超越，但不是真正宗教徒式的避世索居，而是通过对名教的超越返回自我之自然本性。

自由之境界。这是一种虚幻的仙境，是现实中没有的，诗人只是借它来表示现实世界的不可“托身”。我们可以说它也是一种“无”，是对现实之“有”的超越。此“无”似乎直接来自庄子。庄子的理想是：“藐姑射之山，有神人居焉，肌肤若冰雪，绰约若处子；不食五谷，吸风引露；乘云气，御飞龙，而游乎四海之外。”[②]“游”是庄子哲学中的一个核心概念，“游”即自由，这种自由不存在于现实的实践活动中，只能存在于内心之体验。我们可以说，这是一种“游心”之自由。庄子说“游心于淡”[③]，“游心于物之初”[④]。嵇康也多次提到“游”，其中提到“游心”的共有六处：“游心太玄。”[⑤]“游心于玄默。”[⑥]“游

① 《嵇康集校注》，第187页。
② 陈鼓应《庄子今注今译》，中华书局1983年版，第21页。
③ 《庄子今注今译》，第215页。
④ 《庄子今注今译》，第539页。
⑤ 《嵇康集校注》，第16页。
⑥ 《嵇康集校注》，第49页。

心大象。”[①]“游心于寂寞。”[②]“游心乎道义。”[③]“游”意味着对个体自由的追求，“心”意味着“心”之自由。“太玄”“玄默”等是“心”所“游”之“境”，这种境界是非尘世的，是现实世界中没有的；是非实存的，只能存在于一己之体悟中。我们可以说，相对于尘世之“有”，“心”所“游”之“境”是一种“无”。此“无”不是王弼的本体之“无”，而是境界之“无”，是诗人灵魂栖息的地方，它只能存在于一己之“心”的体验中。

这是一个光明清新的境界。诗人要于“扶桑津”中“濯翼”，要于沧浪之水中“澡五藏”，再通过服食“妙药”，于是有“毛羽翕光新”的光明清新。宗白华先生说：“晋人的美的理想，很可以注意的，是显著的追慕着光明鲜洁，晶莹发亮的意象。”又说：“庄子的理想人格‘藐姑射仙人，绰约若处子，肌肤若冰雪’，不是这晋人的美的意象的源泉么？”[④]这说明：一方面，嵇康与庄子的内在联系于此可见一斑；另一方面，晋人的美的理想更直接地受到嵇康（以及阮籍）思想的影响。在嵇康看来，现实社会是污秽的、灰暗的，与之相对，理想境界则是清新的、光明的。下面这首诗并非仙境，但同样表现了这种理想：“婉彼鸳鸯，戢翼而游。俯唼绿藻，托身洪流。朝翔素濑，夕栖灵洲。摇荡清波，与之沉浮。”[⑤]

总之，“越名教而任自然”是任“心之自然”，也就是要追求精神的自由。这种对心灵自由的追求，是一种精神境界。自

① 《嵇康集校注》，第 74 页。

② 《嵇康集校注》，第 125 页。

③ 《嵇康集校注》，第 172 页。按：此外还有一处，“游心极视，思不出位”（《难自然好学论》），但此句是说，名教中人虽然纵心思虑极目观察，仍不能超出名教之外。此“游心”与前面几个皆不同。

④ 宗白华《艺境》，北京大学出版社 1987 年版，第 129 页。

⑤ 《嵇康集校注》，第 74 页。

然是心之自然，自由也是心之自由，心在嵇康思想中的重要性于此可见。心是我之心，对心的重视意味着对自我的重视。在此意义上可以说，嵇康思想对于魏晋时代人的觉醒具有重要意义。刘大杰先生说："魏晋人的人生观……反对人生伦理化的违反本性，而要求那种人生自然化的解放生活。……我们要使人生有趣味，必得从这种虚伪束缚的生活，返回到真实自由的生活方面去。这种人生观的特征，我们可以名之为人性的觉醒。"①这似乎就是对嵇康思想的概括。

二、"神"之超越

阮籍思想有一个前后变化的过程。前期如《乐论》《通易论》，主要是表现儒家经世致用的思想；后期如《达庄论》《大人先生传》，主要是表现道家，尤其是庄子追求个体精神自由的思想。阮籍很重视"气"②。"自然一体，则万物经其常，入谓之幽，出谓之章，一气盛衰，变化而不伤。"③魏晋之际，哲学的主流是本体论，元气论在王弼、郭象那儿均不被重视，但嵇、阮均多次言及。阮籍之"气"与"神"密切相联。如果说"心"是嵇康思想的一个核心范畴，则我们可以大致地用"神"来概括阮籍思想。《达庄论》云："人生天地之中，体自然之形。身者，阴阳之积气也；性者，五行之正性也；情者，游魂之变欲也；神者，天地之所以驭者也。"④

汤用彤先生说："嵇康、阮籍……只是把元气说给以浪漫之

① 刘大杰《魏晋思想论》，上海古籍出版社1998年版，第103页。

② 嵇康也讲"气"。《明胆论》云："夫元气陶铄，众生禀焉。"《太师箴》云："浩浩太素，阳曜阴凝；二仪陶化，人伦肇兴。"

③ 陈伯君《阮籍集校注》，中华书局1987年版，第139页。

④ 《阮籍集校注》，第140页。

外装。”[①]此“浪漫之外装”似乎就是来自“神”。上面所引的第二条中，“阴阳”“五行”“游魂”均与“气”相关[②]。“神”也应当与“气”有内在联系[③]。阮籍说：“气并代动变如神，寒倡热随害伤人，熙与真人游太清。”[④]在阮籍这儿，“神”主要有三个含义：第一，表示气的变化是神秘莫测的。这与《易传》的思想是一致的，《易传·系辞》说：“阴阳不测之谓神。”第二，“神”不仅仅是一种虚词，而且是一种实际存在。《大人先生传》云：“时不若岁，岁不若天，天不若道，道不若神。神者，自然之根也。”[⑤]这是在本原意义上的“神”，与老子的道相似。第三，从整体来看，“神”更多的是与人的精神相联系。

“乐极消灵神，哀深伤人情。”[⑥]“左荡莽而无涯，右幽悠而无方，上遥听而无声，下修视而无章，施无有而宅神，永太清乎敖翔。”[⑦]第二段引文尤其值得注意，其可注意者有二：首先，“施无有而宅神”，意思是说，在那没有“有”的地方安定自己的精神。这可以说是阮籍以及嵇康思想的最终归宿，或者说嵇、阮思想最基本的概括。“无涯”“无方”“无声”“无章”皆是强调“无”。为什么要于“无有”之“无”中“宅神”？因为“有”代表着秩序混乱的现实世界，“故自然之理不得作，天地不泰而日月争随，朝夕失期而昼夜无分；竞逐趋

① 汤用彤《魏晋玄学论稿》，上海古籍出版社 1998 年版，第 147 页。

② 董仲舒说：“天地之气，合而为一，分为阴阳，判为四时，列为五行。”（《春秋繁露》卷十三《五行相生》）《易·系辞上》云：“精气为物，游魂为变。”庄子也有“气”论，《知北游》云：“人之生，气之聚也。聚则为生，散则为死……故万物一也。”虽然庄子更重视的是道，但这种万物一气的思想对于嵇、阮有深刻影响。

③ 汤用彤先生说：“‘神’在阮氏学说中极为重要，因‘神’也可以说为元气。”（《魏晋玄学论稿》第 147 页）

④ 《阮籍集校注》，第 190 页。

⑤ 《阮籍集校注》，第 185 页。

⑥ 《阮籍集校注》，第 336 页。

⑦ 《阮籍集校注》，第 189 页。

利，殊倚横驰，父子不合，君臣乖离”[①]。可以说，正是“有”之混乱引发阮籍以及嵇康超越“有”而进达“无”的渴望。其次，“左”“右”“上”“下”，这些方位词意味着“无”是一个空间，一种境界，一种自由之境。

阮籍反复描绘这种境界：“天地解兮六合开，星辰贯兮日月隤，我腾而上将何怀！衣弗袭而服美，佩弗饰而自章，上下徘徊兮谁识吾常。遂去而遐浮，肆云舆，兴气盖，徜徉回翔兮漭漭之外。……弃世务之众为兮，何细事之足赖。虚形体而轻举兮，精微妙而神丰。”[②]“必超世而绝群，遗俗而独往，登乎太始之前，览乎沕漠之初，虑周流于无外，志浩荡而自舒，飘飖于四运，翻翱翔乎八隅。”[③]与嵇康相似，阮籍的这种自由之境也是非人间的，超尘绝俗的。“精微妙而神丰”“志浩荡而自舒”说明只有在这种“无”之中才能安顿“神”，“神”意味着绝对的精神自由。高晨阳先生的观点十分精辟：“阮籍提出‘神’的概念，其本意并不是要探讨和把握宇宙万物运动变化的规律，也不是追求宇宙万物的本源或根据，他的最终目标是要获得一种无差别的精神境界，追求自我的解脱和自由，概念‘神’即是对这一绝对自由的精神世界的表述。”[④]

阮籍的理想人格是“大人”（又称“真人”）在《大人先生传》中，他反复描绘“真人”所具有的特点：“真人游，驾八龙，曜日月，载云旗，徘徊逌，乐所之。真人游，太阶夷，□原辟，天门开……登黄山，出栖迟，江河清，洛无埃。云气消，真人来。真人来，惟乐哉！”[⑤]

---

① 《阮籍集校注》，第145页。

② 《阮籍集校注》，第177—181页。

③ 《阮籍集校注》，第186页。

④ 高晨阳《阮籍评传》，南京大学出版社1994年版，第166页。

⑤ 《阮籍集校注》，第191页。

这种“真人”形象源自庄子①。显然，阮籍描述的并非如道教所说的飞羽升天的仙人形象，而是“神”超越有限现实之后所获得的自由之境，真人之“乐”则是遨游于自由之境所获得的快乐。此“乐”在现实中无法实现，于是便竭力渲染于文艺作品中。中晚唐之后，封建政治日趋没落，士人无力改变外在现实，于是便退回一己内心，追求精神的超越与自由。从思想上讲，这促成了禅宗之南宗、儒家之心学的兴盛；从审美上讲，这促成了山水田园诗歌、文人画的发展。作为现实受挫之后的“白日梦”，审美成为士人追求自由之乐的基本途径之一，换句话说，士人是以审美为逃离现实苦闷、追求精神自由的一个“突破口”。中国古典美学的诸多特点，无论是思想内容上的追求象外之意与潇散淡泊之趣，还是表现技巧上的不求形似与强调自然之法，都可以由此找到根本原因。

三、嵇、阮思想的美学意蕴

刘大杰曾说：“（魏晋时期）文化界的各方面，都向着解放自由的路上走，各自建立各自的新生命，不仅文学绘画是如此，就是书法，也是遵循一致的路线发展的。我们只要看看由汉隶楷书变到王羲之父子那样如行云流水般的行草，那种解放自由的精神，活跃的个人主义的情感与生命，真是再明显也没有了。”②魏晋时期，最能表现这种“解放自由的精神”的，是嵇、阮。

① 《大宗师》中有关于“真人”的大段描写：“古之真人，不逆寡，不雄成，不谟士。若然者，过而弗悔，当而不自得也。若然者，登高不栗，入水不濡，入火不热……”（原文还有很多这样的描写，不一一具引）庄子与阮籍的“真人”相似，都是超脱于人的有限性之外，所具有的一种无限的与天为一的境界。

② 《魏晋思想论》，第156页。

这种意趣和庄子是一脉相承的。嵇、阮都服膺老庄尤其是庄子，嵇康说："老子、庄周，吾之师也。"[①]阮籍则著有《达庄论》《通老论》。庄子哲学那种对个体精神自由的强烈追求对嵇、阮具有根本性的影响。虽然他们并没有注过《庄子》，但从生活方式和人格境界上最充分地将庄子哲学的逍遥游精神展现出来的，是嵇、阮。庄子在魏晋南北朝时的兴盛，与嵇、阮的身体力行应该有密切关系。在此意义上可以说，庄子哲学对魏晋南北朝美学，乃至整个中国美学的影响，与嵇、阮的影响分不开。金丹元说："我们说庄的精神是中国意境说的源头，庄子强调自由，强调求助于自我之心的'游'都直接催动着意境说的萌芽。"[②]我们也可以以之概括嵇、阮思想对意境，乃至中国美学的影响。

从魏晋时代看，嵇、阮思想主要是承续王弼之"无"而来。从王弼到嵇、阮，一以贯之的、最突出的特征是超越性，既有形上学的本体超越，也有人生学的心灵超越，都是要从有限入无限。意境的根本特征也是超越，要从有限入无限。如果说王弼之"无"使玄远境界成为可能，嵇、阮则进一步将此境界落实为一己心灵体验中的自由之境。从审美上讲，"阮籍、嵇康承王弼之余绪，拉出庄学正脉，从多种角度论述拓展心灵境界的问题，化有无本末的本体之辨为玄远心灵境界的追求，'无'成了自由心灵境界的同义语，从而使贵无论玄学更具有美学意味"[③]。嵇、阮的美学思想从总体上看是庄子美学的继续，但从玄学自身发展上讲，也是承续王弼之学。

中国美学在中晚唐之际，有一个比较明显的转向，这是

① 《嵇康集校注》，第114页。

② 金丹元《以佛学禅见释意境》，《云南民族学院院报》1991年第1期。

③ 朱良志《道家中兴和中古美学风气的转换》，《道家文化研究（第8辑）》，上海古籍出版社1995年版。

学界普遍共识。概括而言，即由社会现实到个人心性、由外而内、由形象到精神的转向。嵇、阮在魏晋时期即已表现出这一转向，在此意义上可以说，美学思想上的这一转向也是嵇、阮在后代产生巨大影响的原因之一。这主要表现为四个范畴："清""神""远""逸"。这几个范畴是晚唐之后中国美学的基本范畴，反映了这一阶段美学史的主要特点，学界对之已有详细论述，在此我们简要谈谈嵇、阮思想对这几个范畴的影响。

先谈"清"。魏晋六朝时，"清"是一个频繁使用、十分重要的概念[①]。"清"与嵇、阮密切相联，首先，他们那种超越尘俗、抗志清云的人格最鲜明地体现了"清"的特点。其次，他们在诗文中也多次描写"清"。嵇康诗中屡屡出现"清"字，如"肃清""清风""清波""清商""清原""清霄"等。阮籍说："道真信可娱，清洁存精神。"[②]这是把"清"与"神"联系起来。《清思赋》则是集中描述通过心神之清而获得的一种超越、宁静、纯洁、自由的境界："夫清虚寥廓，则神物来集；飘飖恍忽，则洞幽贯冥；冰心玉质，则皦洁思存；恬淡无欲，则泰志适情。"[③]这与前文所述嵇康所追求的自由之境相近，都是一种清虚恬淡的境界。这一点对于东晋玄言诗有着直接的影响，玄言诗的总体特色是"清虚恬淡"[④]。通过玄言诗，这种特色又对中国诗歌产生深远影响[⑤]。从绘画上讲，"清虚恬淡"也是文人画的一个重要思想。欧阳修说："萧条淡泊，此难画之意，画者得之，览者未必

① 徐复观先生说："由庄学而来的魏晋玄学，可以说是'清的人生''清的哲学'；这只要把《世说新语》打开一看，便立刻可以承认。"（《中国艺术精神》，华东师范大学出版社 2001 年版，第 269 页）

② 《阮籍集校注》，第 389 页。

③ 《阮籍集校注》，第 31 页。

④ 徐公持《魏晋文学史》，人民文学出版社 1999 年版，第 462 页。

⑤ 参阅徐公持《魏晋文学史》，第 462—465 页。

识也。”[①]这种“萧条淡泊”的意味也是一种“清虚恬淡”。

“清”不仅是境界，也是工夫。就工夫而言，指进达此境界所必需的涤除玄览之工夫，落实到审美上，这就是审美心胸论。这可以看作嵇、阮对庄子的继承与发挥。徐复观先生说：“对‘天地解兮六合开，星辰陨兮日月颓’的情形，要求‘我腾而上将何怀’。‘腾而上’，即是对世俗的超越。他怎样‘腾而上’呢？庄子本人是靠虚静的工夫，而阮籍则是模则庄周的遗躅。庄周的精神本来就是艺术精神。所以竹林名士，实为开启魏晋时代的艺术自觉的关键人物。”[②]中国美学十分讲究这种“清虚寥廓”“冰心玉质”的工夫，类似的论述在古代文艺理论中比比皆是。

“清”意味着对形体欲望的超越，故“清”与“形”相对立，而与“神”密切联系，此即阮籍《大人先生传》所说的“虚形体而轻举细，精微妙而神丰”。嵇、阮有感于现实社会的动荡残酷，故向往精神的宁静自由，换句话说，形体的拘束与限制促使他们追求精神的超越与自由，这是嵇、阮诗文中的基本主题，也是其诗文动人心魄的力量所在。正是在这种影响下，东晋乃至南朝，“神”成为美学中的一个重要范畴。大画家顾恺之说：“四体妍媸，本无关妙处，传神写照正在阿堵中。”作为中国山水画论的奠基之作，宗炳的《画山水序》则提出，山水画的功用即在于“畅神而已”。王僧虔说：“书之妙道，神彩为上，形质次之。”这种重“神”轻“形”的思想在中晚唐之后日渐突出，尤其是在文人画中，得到最充分的表现。

“远”与“清”密切相联。嵇康在《琴赋》中所说的“体清心远”精确地道出了二者之间的联系。“清”意味着从感官欲望和利害计较中解脱出来，“远”是玄远境界。有“清”，而后能

① 俞剑华《中国古代画论类编》，人民美术出版社2000年版，第42页。
② 徐复观《中国艺术精神》，华东师范大学出版社2001年版，第90页。

“远”，超越而后能玄远。嵇、阮诗文着力表现的就是这种清虚玄远的境界。玄学诸子中，王弼讲“崇本举末”，郭象讲“游外以弘内”，可以说都是要远近相即、有无一如。嵇、阮则是远而又远，“浮游太清中”[①]，“逍遥区外”[②]是嵇、阮共同的理想。钱穆先生论及郭象与庄子之不同时，云：“在庄周则放之惟恐不旷，在向郭则敛之惟恐不促。在庄周则扬之惟恐不远，在向郭则牵之惟恐不迩。”[③]就魏晋玄学而言，这一对比可以移用于嵇、阮。钟嵘《诗品》称嵇康诗“托喻清远，良有鉴裁”[④]，称阮籍诗“言在耳目之内，情寄八荒之表”，“使人忘其鄙近，自致远大”[⑤]。《晋书》卷四十九《嵇康传》云：“其高情远趣率然玄远。”这说明早在六朝时期，人们就已认识到嵇、阮思想中“远”的特点。

作为一种审美风格，“清”“远”在中国诗歌史上有重要影响，从谢灵运、陶渊明到王维、孟浩然的山水田园诗派就充分表现了这一风格。清初王士祯高举“神韵”说，其核心内容即是“清远”。嵇、阮的人格和思想，对这种倾向的形成具有深远影响。

“远”既带来超越之境界，又意味着对当下感性事物的忽略。从文学上看，或许可以说，从嵇、阮思想中导出的主要是游仙诗和玄言诗。对这两种诗歌的消极意义，历来研究者多有论及，兹不赘言。这里要指出的是，其积极意义也是非常突出的，中国美学中首先在诗歌中表现形而上意境的，也许正是嵇、阮的游仙诗和玄言诗。没有嵇、阮诗歌中对玄远之境的强烈追求，没有这种一往不复的超越精神，中国美学中的意境范畴就没有这样丰满。

---

① 《嵇康集校注》，第 36 页。

② 《阮籍集校注》，第 439 页。

③ 钱穆《庄老通辨》，生活·读书·新知三联书店 2002 年版，第 332 页。

④ 陈延杰《诗品注》，人民文学出版社 1961 年版，第 32 页。

⑤ 《诗品注》，第 23 页。

“远”意味着对现实秩序的超越，在此意义上，“远”与“逸”密切相联。“逸”是中国美学史上一个十分重要的范畴，历来论者多有论及。就“逸”的哲学基础而言，庄子本是“逸的哲学”[①]，可以说是“逸”最早，也是最根本的哲学基础。后来的南宗禅对“逸”同样有重要影响。处于这二者之间，或者说，重现庄子“逸”的精神的，是嵇、阮。嵇康说：“宁如老聃之清净微妙，守玄抱一乎？将如庄周之齐物变化，洞达而放逸乎？”[②]在嵇康看来庄子哲学的归宿在于“放逸”。所谓“放逸”应当是从种种有限性的束缚中超越出来，所获得的一种自由境界。如果说庄子是从理论上确立了这一点，嵇、阮则以人生实践和诗文将它表现出来。

美学上的“逸”的一个重要特点是“出于意表”[③]。表现在作品的思想上就是一种“逸气”，一种超尘脱俗、清虚淡远的精神境界。清范玑说：“夫逸者，放逸也，其逸超乎尘表之概。”[④]清戴熙说：“元人高逸一派专于无笔墨处求之，所谓脱尘境而与天游耳。”[⑤]这都是强调“逸”远不止是绘画之事，更是与作者人格境界的高洁、放逸紧密相连，在魏晋南北朝，乃至整个中国美学史上，最充分地彰显这种人格境界的，也许正是嵇、阮。嵇、阮对“逸”的影响，主要即在于这种人格境界。

以上四个审美范畴的共同特点是都与“心”密切相联，都着重于人之“神”。汤用彤先生说：“（魏晋时期）思想中心不在社会而在个人，不在环境而在内心，不在形质而在精神。于是魏晋人生观之新型，其期望在超世之理想，其向往为精神之境

① 《中国艺术精神》，第192页。

② 《嵇康集校注》，第140页。

③ 《中国古代画论类编》，第405页。

④ 《中国古代画论类编》，第929页。

⑤ 《中国古代画论类编》，第996页。

界，其追求者为玄远之绝对，而遗资生之相对。”[①]这一转向突出表现在嵇、阮思想中，它对中国美学影响至深。北宋之后的尚“韵”、重“意”都或多或少存在此倾向，而其中最突出的当属文人画。舒士俊说：“这种超脱尘世、向往山林的风气，使当时的艺术和艺术理论都得到一种超脱尘世的纯净清气的荡涤，也因而使‘魏晋风韵’成为后世文人画的一个重要的精神渊源。”[②]

概言之，嵇、阮思想的美学意蕴主要有三：一是超越：嵇、阮的超越既是对庄子精神的继承，又是直接承续王弼哲学而来。嵇、阮的发展在于，将这种超越精神落实到行为和诗文中。虽然从理论上讲，他们明显逊色于王弼和庄子，但他们的人格是那样高尚、那样鲜明，他们是用自己的生命来表现这种超越精神。因此，他们对魏晋风度的影响似乎更大，对魏晋之际人的觉醒和美的自觉的影响也更为直接。二是自然：嵇、阮的自然是“心”之自然，强调随“心”所欲。这种“欲”不是感官、功利的欲望，相反，嵇、阮正是要从这种欲望中摆脱出来，显现本然、纯真的自我之“心”，这种“心”是“冰心玉质”的纯净之“心”。嵇、阮认为，这才是人“心”之自然。中国美学，尤其是意境范畴表现的也是这种“脱尽烟火气”的自然，即一种超越于尘世之外的清新、高洁的精神境界。三是自由：嵇、阮的超越与自然最后都落实为一己心灵之自由。自由也就是返归这种精神之自然，任心而为即是自由，自然即自由。中国美学，尤其是意境范畴也是要追求精神的超越与自由。

（原载《现代哲学》2007年第5期）

① 《魏晋玄学论稿》，第196页。

② 舒士俊《水墨的诗情——从传统文人画到现代水墨画》，复旦大学出版社1998年版，第10页。

平淡的勇气：嵇康与文人美学的批判性

◎何乏笔（Fabian Heubel）

一、于连论嵇康

于连（François Jullien）认为，“维持演变”（se maintenire volutif）的顺应态度是中国过程思维在个人层面上的表现。此观点贯穿他有关中国文人思想和美学的研究，也作为他在中国文化研究方面的首要直觉。然而，此直觉反应在中国文人缺乏批判性的判断上，因而凸显他对整体“中国思想”的诠释有所偏激。此面向尤其呈现在他对于嵇康的解读中。

于连在《养生》[①]最后一章对养生观的批判潜力提出质疑：将生命视为过程，而且强调生命、人类和宇宙能量的和谐关联，恰好阻碍了道家非策略性的养生理想（以《庄子》为例）朝向表达批判和异议的发展。他认为，批判要求的是能够面对权力，甚至站在权力对立面的立场。如此，批判的立场必定意味着停顿、凝滞和偏执，并违背维持演变的基本态度。

然于连深感惊讶，嵇康论养生，却被处死。嵇康在面对权力任意横行暴力，竟仅以召唤和谐的琴音回应之：嵇康拒绝思考

① François Jullien, *Nourrir sa vie, àl' écart du bonheur*（养生：远离幸福）（Paris:Seuil, 2005）. 英文翻译 *Vital Nourishment:Departing from Happiness*, trans.Arthur Gold hammer（New York:Zone Books, 2007）。本文引文后括号中第一个数字为法文本页码，第二个数字为英文翻译本页码。

“冲突”。于连进一步推论，“中国文人”二千多年历史脱离不了“进入服务君王或退入人格发展（或译人格完成、人格修养）之间”的选择，而且没有为自己建构辩护、对抗，甚至批判的权利。为了使文人成为批判性知识分子，必须展开“理想性的平面”（plan de l'idéalité），并摆脱过程思维，以及顺应能量转化的“伟大自然调节”（la grande Régulation naturelle）。于连以为，服务朝廷与隐居竹林之间的变换，此一贯穿文人传统的模式，说到底仅是“幻想”，“毫无乌托邦价值的逃避”（158/156）。倘若苏格拉底之死树立欧洲知识分子的批判性典范，以体现“另一种价值秩序”的理想，嵇康之死仅成为文学典故，意味毫无抗拒、毫无希望的牺牲。于是于连主张，中国文人“被囚禁在永恒过程的宁静之中”（这也是《养生》最后章节的标题）[①]。

《养生》前后有关道家养生观的评价明显不一致：一开始于连透过《庄子》批评以管理生命资本为核心的“人格发展”；但探讨嵇康时，则认为中国的修养传统中的“人格发展”毫无批判意义，困陷过程思维及和谐观的服从与被动态度。尽管于连连接《庄子》所描绘的生存美学与某种完美的“生机性机制”（régime vitale）（因为在其中人能够以最完善的方式保持“生机演变”的能力），却在其中总看到“目的性的空缺”（vide de finalité）或“生存的去目的化”（définalisation de l'existence）。因此，“道”的观念，以及调节宇宙能量的“庞大中国传统”受限于个人生命及其管理的内在性关注（161/159）。据此，于

① 毕来德有相似的观点，指出“中国的沉默”（le mutisme de la Chine）：与中国传统之批判关系的缺席导致毫无能力批判当代的后果；参阅 Jean François Billeter，La Chine trois fois muette（Paris:Allia，2006），p.81。另一方面，毕来德强调庄子“对权力的激进批判”，但认为郭象以来的注释传统“去势”了庄子。参阅 *Études surTchouang-Tseu*（Paris:Allia，2004），p.48。

连追问：若缺乏目的性的支持，建立“人道理想”如何可能？（113/111）面对这种毫无乌托邦价值的“内在性思想”（pensée de l'immanence），他反而呼唤欧洲思想中的理想与乌托邦。问题是，内在性思想是否与批判性必然相互违背？在踏入批判时代后，两者的关系岂非成为现当代欧洲哲学无法解决的思想困境？

二、文人思想与批判理论

在进一步讨论于连对嵇康的看法之前，笔者要先简单描绘自己的问题意识。笔者认为，于连所提及的问题早已是欧洲的问题。18世纪以来，“内在性”与批判的关系成为欧洲哲学的核心问题。关键在于，一旦放弃以传统形上学或基督宗教神学为基础的绝对超越性，批判如何可能？或者说，内在性的思想与现有世界如何拉开批判性的距离？尤其从马克思以来，欧洲的批判理论一再面临此问题。例如，阿多诺（Theodor W. Adorno）在《否定辩证法》最后一章（关于形而上学的沉思），围绕着内在性与超越性的关系，并设想非传统形而上学的可能，避免“囚禁于内在性”（Gefangenschaft in der Immanenz），以摆脱官僚化的世界和绝对化的交易社会所造成的“封闭内在性关连”（geschlossener Immanenzzusammenhang）。笔者建议根据阿多诺自己的相关描写，以“微观形上学”（mikrologische Metaphysik）阐明此方案，亦认为阿多诺与当代新儒家所谓“内在超越性”（immanente Transzendenz）之间存在着共同的哲学关注。

就当代法国的批判思想而言，情况也相似。例如，傅柯有关“异托邦”（hétérotopie）、“历史先验”（a priori historique）、“特殊知识分子”、“权力的形势”（dispositif de pouvoir）或有关启蒙的思考，都涉及批判与内在性的关系问题。阿多诺仍然使用内在性与超越性的语汇，但傅柯以“越界”或“跨越”取代之，因此更接近于连所谓绝对化的内在性。另一方面，当代新儒家有关文人美学的讨论，显然触及中国艺术中的内在超越性，但忽略了艺术的批判性。例如，徐复观在《中国艺术精神》中有关《庄子》及中国画论的探讨，详细论及能量（气论、气韵等）、美学和修养工夫，但漠视气论的政治意义，因而避开治理技术与艺术修养的关系。相较于此，于连对此议题的重视值得肯定①。从尼采以来，欧洲的内在性思想连接权力与力量的方式，经常使得能量论述朝向强度化、动员和越界的方向发展。例如，傅柯所谓生存美学始终摆脱不了越界、界限态度与批判纠缠在一起的理论陷阱。也因为如此，笔者开始思考越界与平淡的关系，透过平淡与批判的串联，寻找脱困途径。

上述双重问题化的进路，对于连而言很陌生，因为牵涉中国文人思想与欧洲批判理论发生互相转化的可能性，对当代跨文化思想具有别开生面的意义。此处，从“间文化的”（interkulturell）对比关系过渡到“跨文化的”（transkulturell）动态关系的必要相当显明。不过，目前还难以说明中国文人思想及相关的生活经验，如何可能参与当代共同跨文化问题的探索，因为批判性的跨文化研究仍处于起步阶段。在于连的对比诠释学策略之外，只能提出尝试性的思想片段。于此情况下，笔者暂且选择迂回于连的理论途径，试着开辟批判哲学的另类可能。

于连善于哲学问题的直观掌握，进而灵活地在汉学领域引介当代法国。他探讨间接性和精微度（subtilité）在文人思想和艺术中的意涵，确实触及关键的问题：“此精微度的代价，尤其是政

① 透过管子的例子，葛浩南以更直接的方式来描绘相关的主题。参阅 Romain Graziani，“Énergie vitale，puissance spirituelle et pouvoir politique:Genèsede la souveraineté dans lediscours philosophique en Chineancienne，”in *Du pouvoir，Cahiers du Centre Marcel Granet*，vol.1（Paris:PUF，2003），p.25-48。

治代价为何？”[1]于连其实以当代角度为参照点，评论所谓精微度之政治代价，以及精微度与平淡的紧密关系。他认为，此代价不仅显示在无法突破皇权专政的历史事实之上，也反映在中国文人将自己转化为现代知识分子的过程中，或在民主化过程中所遇到的困难。特别值得注意的是文人与知识分子、美学修养与政治批判的对照，因为对阿多诺和傅柯的批评也涉及在结构上相似的对照：某些学者认为，美学在阿多诺哲学的主导地位，必须为他在政治激进方面的不足承担责任；傅柯的生存美学被理解为背叛权力批判。如此，修养与批判、美学与政治似乎必然处在对立状态。然而，在这两位20世纪典范性知识分子身上，可发现“美学”的批判力。就当代文化、社会、政治和经济的内在批判而言，艺术经验乃是不可或缺的来源。

对阿多诺来说，艺术经验与当代处境的批判都被容纳到否定辩证法的概念。从内在性产生批判如何可能的问题，此面向特别重要，显现传统的外在超越性及目的性已失去了主导作用。因此，面对现代的美学经验与“转化辩证法”（transformative Dialektik）的关系，批判与异议如何可能的问题便浮现。在正—反—合的辩证结构中，否定辩证法质疑黑格尔对统和、总体、同一性和精神的偏执。辩证法由此所获得的开放性，使人想起于连在中国文人思想脉络下一再提及的维持演变。关键在于，否定辩证法的开放运行，依靠无止境的反省和拿捏。对阿多诺而言，此乃意味威权思维和行为的彻底瓦解。所以笔者以否定辩证法为工

① Jullien，Le Détour et l’Accès（Paris:Grasset，1995），p.110; 英文翻译：*Detou rand access:strategie so fmeaning in China and Greece*，trans.Sophie Hawkes（NewYork:-ZoneBooks，2000），p.117。

夫，亦即批判任何威权之可能性条件的工夫[①]。如此，否定辩证法可视为连接修养工夫与批判理论的模式。

此模式呼应着傅柯将批判理解为界限态度（attitude limite）或风骨（ethos）的倾向，并使批判涉及自我对自身的工作或工夫。因为以治理性（治理自我与治理他人）的概念为理论背景，这种工夫与晚期傅柯思索政治的方式紧密相关。阿多诺与傅柯分别批评政治的意识形态和革命的目的论，拒绝任何现成的或僵化的立场，强调批判必须敏锐地感应当下的历史情境。傅柯治理性的概念之所以产生，岂非因为在权力系谱学框架内，思索“权力的另一面”如何可能的困境？放弃外在超越性后，批判任何可能的问题，使得阿多诺和傅柯重新思考主体性与自然、美学与政治的关系。由此角度，笔者将审视于连对嵇康的解读。

三、虚待与正义

于连批评嵇康及“中国文人”如下：

> 因为他拒绝思考冲突，所以被冲突所奴役。他将“虚待性”（disponibilité）的理想思考为人格的势态（disposition），其乃对这一个或另一个可能性同样开放，而因他先天地不避开任何的可能性，并使自己的行为完全按照情境的需求而“演变”，他终究无法建立任何能面对权力的立

① 哈伯玛斯曾经批评阿多诺说，《否定辩证法》放弃了“批判的论辩式奠基”（diskursive Begründung），因此“批判”如同否定辩证法一般，只不过是一种“修法”或“练习”：*“Die Negative Dialektik is tnur mehr al sein Exerzitium, eine Übung, zu verstehen.”Jürgen Habermas*, TheoriedeskommunikativenHandelns（FrankfurtamMain:Suhrkamp1987），vol.I，p.515。笔者认为，因为否定辩证法同时作为认识论的方法与哲学修养的法门，则可当作批判理论与中国修养哲学之间的桥梁。

> 场——这种“立场”意味着停滞，以及阻碍和偏执。因为他恰巧拒绝站在任何一边，如同孔子所倡导的“无适也，无莫也”，故他将禁止自己构成另一边（即权力的另一边），进而关闭异议（dissidence）的可能。（156—157/154—155）

为了思索上述引文的论点，本节先讨论“无适也，无莫也”的意义，而由此切入养生与批判的关系。

《论语·里仁》篇第十章的完整内容如下：“子曰：‘君子之于天下也，无适也，无莫也，义之与比。’”此句探讨君子的理想人格，以及他的做事态度。有关君子的界定分别为两个层面。在第一层面呈现于连经常所探讨的非此非彼态度：在君子与任何事物的关系中，没有任何事物可获得无条件的同意或拒绝。这意味着“无可无不可”的状态。在此层面上，君子的确“对这个或另一个可能性同样开放”，并试图依据情境的需求而维持演变，以避免停滞和偏执。问题是，对情境的开放性、避免对任何一边的拒绝，是否仅是对演变过程的被动应变？就“君子之于天下也，无适也，无莫也，义之与比”整句而言，答案是否定的。为了说明这一点，必须考虑到于连未引用的章句部分。朱熹及王夫之的相关注解显示，虚待的非此非彼态度被视为儒释道所共有。在此层面上，三家无根本差别，因而于连的看法显得合理。但就第二层面而言，他对“中国文人”的界定过于简单甚至扭曲，忽略儒释道之间的差别和复杂关系。

站在儒家立场上的注解以锐利的语言分辨道家（老子）、佛家（佛陀）与儒家“圣人之学”，并强调无立场的心或许可应对变化，但违背圣人的理想，因而是“无道”的：“佛老之学，所以自谓心无所住而能应变，而卒得罪于圣人也。”[①]圣人之学则在

① 王夫之《船山全书》，岳麓书社1993年版，第7册，第371页。

“无可无不可之间，有义存焉”。从《论语·里仁》篇及相应的说法可明白，“义”除了合宜情境，另有正义之意。正义感在严格的自我期许中呈现。《里仁》篇第八章表示问道之决心：“朝闻道，夕死可矣。”《里仁》篇第九章强调“士”不得害怕贫穷：“子曰：‘士志于道，而耻恶衣恶食者，未足与议也。’”《里仁》篇第十四章要求君子：“不患无位，患所以立。不患莫己知，求为可知也。”《里仁》篇第十六章凸显义利之辨云：“君子喻于义，小人喻于利。”《述而》篇第十五章又云：“不义而富且贵，于我如浮云。”

就笔者看来，王夫之《里仁》篇第十章的注解如同儒家式否定辩证法的例子。首先，在认识论保持对各种可能性的开放，以及投入权衡的敏锐过程，并非意味着“中立”状态，因为如此便忽视合宜与正义、特殊性与普遍性之间的张力。“义”乃一方面意指在事物无可预测之变易的面前，维持合适的行为；另一方面则指向“一定不易之矩则”，而此矩则在王夫之所使用的宋明儒学词汇中，由衡量的“心”所使用。心乃衡量何时必须作出肯定或否定的抉择：君子穷尽万物的变化，以让“一心之权衡”做决定。在认识论层面上的非此非彼态度与伦理层面上的敏锐权衡构成修养工夫的双重进路。

第二层面涉及儒家修养模式的特殊坚持。于连在《圣人无意》中准确地指出，非此非彼的态度既不是纯粹要顺应情境（因而不是指涉无原则的投机式应变），也不是提举一成不变的普遍原则，而是涉及两者的不二分状态[①]。不过，这种不二分在他看来是“非哲学的”，属智慧的特征。换言之，于连对中国思想和美学的解读总是凸显非此非彼的顺应态度，而漠视逆向而为的部

① 参阅 Jullien，*Un sage est sans idée ou l'autre de la philosophie*（Paris:Seuil，1998），p.104。

分。如此，中国思想中的“哲学”面、批判面和理想面被排除在他对比诠释学的认识框架之外。这不仅窒碍当代欧洲思想与当代汉语思想产生跨文化动态关系的可能，另也将古典中国哲学排除于当代哲学发展。

四、沉闷的和谐？

有关“无适也，无莫也”的讨论，初步描绘了应变态度与君子之道的复杂关系，指出君子被要求在情境的变化与矩则的不变之间维持动态平衡。此例子也让人联想儒家内在超越性的重要意涵：内在性的思想并非被内在性的封闭倾向所奴役。嵇康的例子可说明，他的思想深受道家影响，但也包含许多儒家痕迹，使得儒道发生富有批判涵义的关系。而且，此关系对厘清养生观的政治向度极为重要。于连对此面向的忽略导致对“中国文人”强硬又片面的判断。

就于连而言，文人的平淡美学与政治批判毫无连接的可能。然在笔者看来，嵇康的著作所展现的平淡风骨（Ethos der Fadheit），足以支持他批判性的言论和行为。嵇康串联美学修养与言论勇气，俨然呼应晚期傅柯法兰西学院课程中的关键主题，即生存美学与说真话的关系。两者之间乃形成跨文化与跨时代的历史组构（班雅明所谓historische Konstellation）。然而于连总是强调和谐与异议的对立，文人思想与批判理论是不可能形成这种关系的。

于连对嵇康养生观感到局促别扭，以为嵇康养生论排斥“任何的干扰、任何的质疑、任何的不安”，并“不给予任何敲锁（effraction）的机会，直到窒息（不准予尖叫、大笑、激情、兴奋）”。（155/153）嵇康《养生论》描述，善于养生者“忘欢而后乐足”。于连认为，此观点不仅使“任何对幸福的追求”消弭殆尽，也使得让自律自由的政治观成为可能的乌托邦有所缺席（于连多处标榜乌托邦，傅柯反而试图将政治领域从乌托邦解放出来，区别乌托邦与异托邦）。他主张，养生观排除与自然发生不和谐关系的可能，将自然气化的内在性逻辑绝对化，注重以调气为核心的修养过程。其中个人生命虽然介入，但“一切人格和个性”却被掏空（159/157）。在于连看来，嵇康被处死的情形缺乏抵抗，不具希望，因为他拒绝透过反驳来“建构自己的立场”（158/156）。他由此推论，嵇康“仅是不经意地体现了非顺应主义（non-conformisme），及其所包含且应被思索的危险”（此说法意指历史的讹传：被处死的导火线在于私人恩怨）（158/156）。嵇康无法打破自然过程的内在性，以及整个气化宇宙论的意识形态框架，故被此自然的内在性所包围和吸纳：因为不分自然转化的运行与人间的治理技术、自然的力量关系与人间的权力关系，超越权力的另一边不存在，因此不得不以权力作为最后判准。于连进一步指出，嵇康在被处死之前，“最后一次弹奏《太平引》。实际上，除了再次呼唤和谐，他还能有何出路”（159/157）？

笔者认为，于连的说法包含浓厚的价值评判，甚值得商榷。《世说新语》云：“嵇中散临刑东市，神气不变。索琴弹之，奏《广陵散》。曲终，曰：‘袁孝尼尝请学此散，吾靳固不与，《广陵散》于今绝矣！’”[①]有关著名琴曲《广陵散》的考古研究众说纷纭，但《广陵散》在当时的政治脉络下确实具有多层

① 《世说新语校笺》，中华书局1984年版，第194—195页。《晋书》的记载相似：“康将刑东市，太学生三千人请以为师，弗许。康顾视日影，索琴弹之，曰：‘昔袁孝尼尝从吾学《广陵散》，吾每靳固之，《广陵散》于今绝矣！’”于连对“顾视日影”提出解释，说嵇康回头看自己的影子是否不见，以证明养生术已摆脱物质性（于连在此恐怕有所误解，“顾视日影”从字面的解释而言，是回头看日照的影子，以观察时间的位移），但明显略过引文中所出现的《广陵散》。

面的批判含义[①]。反而于连所采的《太平引》仅出现在刘孝标注解《世说新语》中，相当缺乏文献依据[②]。由此可知，于连对嵇康之死的解读极为片面。

为什么？对此笔者只能提出初步的回答，认为于连对中国思想的解读反映欧洲内部的问题，将欧洲内部的哲学困境投射到欧洲与中国的对比上，并借此将问题的焦点从欧洲思想移转到中国思想。换言之，内在性之绝对化的问题原先是欧洲及其内部的发展逻辑所造成的。在启蒙和世俗化的过程中，一切神圣的超越性、形而上的价值、普遍的规范、非感性的理想或遥远的乌托邦都被解构，使得现代批判的拓展瓦解自己的可能性条件。尤其面对全球资本主义渗透至生活的所有一切之际，如何使得批判资本主义以突破其“封闭的内在性关连”的知识分子哑口无言：资本主义促使生活的经济化，使得管理个人生命资本成为逐渐普及化的要求，让个人生命能量作为既要调节又要增强的工地。就个人领域而言，除管理与累积生命资本之外，所有其他的可能都被边缘化：自我管理的技术停留在内在性的力量关系之中，因而使得当代资本主义强加到我们身上的生命状态“毫无乌托邦价值”。在“生存的去目的化”（161/159）后，除了维持和增加自己的生命资本（包含活力的存养和应变的能力），人似乎毫无其他目标。在此背景下可了解于连为何“投入”养生论的研究：养生论将生命视为必须管理和增加的资源，此与“去基督宗教化”的“今日的欧洲世界”发生值得深思的呼应关系（20/20）。

在自我管理的生存智慧与宗教性的回归之间，于连寻找哲

① 参阅戴明扬《广陵散考》，收录于《嵇康集校注》，人民出版社1962年版，第449页；王德埙《中国乐曲考古学理论与实践》，贵州人民出版社1998年版，第123—137页。

② “于是录康闭狱。临死，而兄弟亲族咸与共别。康颜色不变，问其兄曰：‘向以琴来不邪？’兄曰：‘以来。’康取调之，为《太平引》。曲成，叹曰：‘《太平引》于今绝也！’”《世说新语校笺》，第195页。

学的当今任务：经过其他文明的文化抉择，让“哲学”（即欧洲的、西方的哲学）彻底地反省自己的前提（161—162/159—160）。他以当代艺术交通于文化之间的能力为根除故传旧习而重铸自身的典范。讽刺的是，于连一再主张哲学的根在希腊，并强调欧洲文化与其他文化的对比，因而妨碍哲学在不同文化之间流通。他对养生的研究反映此一困境。僵化的比较框架便封锁养生主题的跨文化潜力，使讨论聚焦于两种对立的态度：一方面，生命的存养（中国），以及相关的能量经济学（包含平淡美学），必定要付出顺应主义和失去自律的代价；另一方面，生命的耗费（欧洲）使得生命在激情的震撼和敲锁之中，英雄式地超脱自身（23/22）[①]。前者是要摆脱气化流通的停滞与阻碍，“让生命恢复它的可活性”（rendre la vie à sa viabilité）（161/159），后者是要在充分活着的强度中耗费自己，进行存在的英雄式建构（131/129）。问题是，顺应主义与英雄主义的对比能触及“我们的未思”吗？或是以强化双方面的刻板和盲目为下场？中国的内在性思想不包含任何能呼应当代问题的批判潜力吗？西方的超越性思想在当代世界的批判方面不是早已失能了吗？

晚期傅柯的生存美学似乎在两者之间徘徊，既探讨自我修养以寻求后虚无主义的可活性，复又使生命一再逼近极限。而嵇康呢？他既提倡养生，又将生命推到不可生活的点上，既要“以大和为至乐”“以恬淡为至味”，又主张“公以尽言为称”，因而与当权者发生致命的冲突。若摆脱精微度与震撼、平淡与越界之间的僵化对立，能否正视嵇康养生观所蕴含的抵抗美学（Ä sthetik

① “敲锁”（破门而入）的概念在于连有关裸体在欧洲及中国的比较研究中扮演关键角色；他并非由“升华”的主题切进艺术中的裸体，而透过“敲锁”的威力在观赏者所产生的侵略效果来界定之；这种敲锁威力在中国文人美学中的缺席乃作为探讨裸体在中国之不可能性的出发点。参阅 François Jullien，*De l'essence ou du nu*（Paris:Seuil，2000），p.7。

des Widerstands）[①]？

五、平淡与言说的勇气

嵇康的形象并不缺乏越界或震撼的面向。竹林七贤好友山涛欲迫使他从政为官，他因而与之绝交，所展现的风骨极具挑衅意味。于连的说词，如养生门徒“无他者与无言”（sans autre et sans parole）（159/157）难以理解，因为依据《与山巨源绝交书》的内容其不仅显现高度重视友谊的生存美学，同时也毫无保留地批判社会和政治现况。《释私论》更理论性地破除于连讨论嵇康的观点，即文人着重“言曲而中”的间接表达。《释私论》讨论公、私的关系，强调“尽言”“值言”“显情无措”或“值心而言”的君子乃代表“公”，而以掩藏自己观点为小人之私：“私以不言为名，公以尽言为称。”《释私论》所云“夫称君子者，心无措乎是非，而行不违乎道者也”与《论语·里仁》篇第十章的双重结构有所相似：避免僵化立场，并培养“虚心无措”的态度被看成“君子之笃行”的条件。如此则能跨出外在的礼仪和律法，能“越名教而任自然”。此处，“自然”显现为嵇康具

① 乐唯（Jean Levi）在2004年（即在于连出版《养生》一书之前）出版了嵇康《养生论》（包含《黄门郎向子期难养生论》及《答难养生论》）的法文翻译。前言表明，从两方面反驳于连对文人思想的诠释模式。乐唯认为：一、《养生论》所呈现的思想，并非以“暗示”（insinuation）或“兴起”（incitation）表达，而是透过对立的学说，进行推理的论辩；二、《养生论》具有政治意义，并蕴含着君主或皇权机制之外的另类可能性（une alternative au régime monarchique ou impérial），尽管此另类可能性是不现实的，而具有乌托邦性质。导论则进一步强调，《养生论》包含权力与社会组织的批判。参阅 Jean Levi, *Éloge de l'anarchie par deux excentriques chinois, Polémiques du troisième siècle traduites et présentés par Jean Levi* (Paris: Éditions de l'encyclopédie des nuisances, 2004), p.9, p.28。“抵抗美学”的说法，也预设着养生论与权力批判的内在关联，但所采取的说明方式与乐唯的观点有所不同。

批判之勇气的来源。

上述的初步描绘已阐明，为何嵇康的社会政治思想值得深入讨论。于连完全忽视《释私论》及其他相关的文献，反而强调嵇康囚狱时撰写的《忧愤诗》，并以此为顺应态度的终极证据（158/157）①。如此明显的偏颇令人质疑：于连为何扭曲嵇康的思想？笔者认为，在修养的认识论向度上，于连对无立场及维持演变的理解相当精确，但他总是轻忽修养的规范向度，因而也忽略对非顺应的坚持与批判性的勇气在第二向度所扮演的关键角色。然而，只有在第二向度上才足以体认，养生经由自然关系的培养，即培养人与自己的自然性质（Naturhaftigkeit）的关系，以及与外部自然的关系，进而构成社会政治批判的标准②。

如同庖丁解牛的寓言所示，“自然”对嵇康而言，并不是养生技术的对立面，而是经由修养功夫才能达成的境界。倘若《庄子》所描写的修养活动，如同徐复观在《中国艺术精神》所强调的，蕴含着影响深远的“艺术精神”，嵇康所探讨的功夫实践深具“美学”意涵：甚至超出“美学”的范围而涉及“觉学”

① 参阅高罗佩（Robert van Gulik）对此解释的质疑：*Hsi K'ang and his Poetical Essay on the Lute* (Tokyo: Sophia University, 1941), p.23。

② 在内在性如何可能产生批判的问题脉络下，“自然”在法兰克福学派批判理论，尤其在阿多诺和马库色的著作中，成为核心的主题：霍克海默和阿多诺的《启蒙的辩证》在《奥德修斯，或神话与启蒙》部分讨论主体性与自然的关系，并提出“体思主体中的自然（Eingedenken der Natur im Subjekt）”；阿多诺在反省康德道德哲学的过程中，一再思考自然、理性和超自然的关系问题（参阅 Adorno, *Negative Dialektik*, Frankfurt am Main: Suhrkamp, 1975, p.285）；在《道德哲学的问题》中，他总结对康德的批评如下：“我说，能超越自然的，就是体任自身的自然。”（Das, was Natur transzendiert, sage ich, ist die ihrer selbst innegewordene Natur.）（Adorno, *Probleme der Moralphilosophie*, Frankfurt am Main: Suhrkamp, 1996, p.155）马库色（Herbert Marcuse）在 *Eros and Civilization*, An Essay on Liberation, “Nature and Revolution”(in Counterrevolution and Revolt)等著作对自然与批判的关系有详细讨论。批判理论的相关反思乃是笔者讨论嵇康的重要参照。

（Aistethik）的概念[①]。尤其《声无哀乐论》的音乐观，以及在《琴赋》中所描写的生命状态与他的养生观紧密相连。美学修养的因素纳入考量后，才能恰当地理解自然调节与和谐的关系。嵇康之例正有助于设想，以“导养神气”为主轴，并包含鲜明自然美学色彩的修养观，如何可能作为批判与抵抗的来源。如同《庄子》一般，嵇康并非仅以无拘无束的自然生活否定文明的规训特质。抵抗权力技术及其规训暴力的能力恰好涉及一种着重自然人性与外在自然之通透关系的修养功夫。

嵇康的《琴赋》呼唤“至人”的理想，经由琴音的无限变化，让自己的生命参与自然气化。相关的修养要求与情欲世界拉开距离，以进入嵇康在《养生论》末段所描写的情境：“善养生者……清虚静泰，少私寡欲。知名位之伤德，故忽而不营，非欲而强禁也。”[②]此功夫并非意味禁欲的强制介入。放下私自的欲望，不等于压抑（“弃而弗顾，非贪而后抑也”）。如此“至物”的微妙世界，即“可以理知，难以目视”[③]的世界便开启。所谓至物并非指绝对的形上世界，而涉及精微转化和分化的领域。此领域不受限于感性直觉（sinnliche Anschauung），而可体任被“躁竞之心”所封锁的超感性直觉（übersinnliche Anschauung）：“若以大和为至乐，则荣华不足顾也；以恬淡为至味，则酒色不足钦也。”[④]自然乃意指“同乎大顺”或“天和”的境界，代表嵇康的生命所向往的内在超越性。

对嵇康而言，在山与水之中居留弹琴，不仅意味着隐退或回避，自然更是凝聚能量、独处修习、专注生命深层转化的

---

① 参阅 Fabian Heubel, “Aistethik oder Transformative Philosophie und Kultur der Fadheit”, in *Polylog, Zeitschrift für interkulturelles Philosophieren*, no.22 (2009), p.35-53。

② 戴明扬《嵇康集校注》，第 156 页。

③ 戴明扬《嵇康集校注》，第 155 页。

④ 戴明扬《嵇康集校注》，第 190 页。

场所。自然乃显现为自由选择的途径，其目标在于“无为自得”“体气和平”，以摆脱对物体的策略性操纵。养生所指的修养模式乃意味气化主体（或说能量主体）将交融形体与精神（形神相亲），以达成自足的和谐状态：既能进入现实的世间，又能退出现实而居于世外。借此，修养才能触及嵇康所谓“公”：具有公共意义的批判性言说和行为。

（原载《哲学与文化》2010年第9期）

嵇康与汉斯立克音乐美学思想比较

◎杜　卫

中西音乐美学史上，两个否定性命题——“声无哀乐”和“情感的表现不是音乐的内容”——把两个相距近一千六百年、分属中西文化区域的人物联系到了一起。嵇康与汉斯立克，“声无哀乐论”与“音乐自律论”似乎结下了不解之缘，愈来愈为人们所关注。本文在《声无哀乐论》与《论音乐的美》的比较研究中，偏重于同中求异，力图在貌似类同的命题和观点背后揭示出两种音乐美学思想的根本差异。

一

《声无哀乐论》是一篇驳难论文。文中“秦客”首先发难，他以《礼记·乐记》为根据，提出相互联系着的两个论点：首先是哀乐之情形象于声音：“夫治乱在政，而音声应之。故哀怨之情，表于金石。安乐之象，形于管弦也。”①其次是闻乐可以观：“仲尼闻韶，识虞舜之德；季札听弦，知众国之风。”文中“秦客”多次发难的这两方面，也是该文重点解决的问题。值得注意的是，嵇康的回答涉及对音乐本体的认识。他说：“音声之

① 戴明扬《嵇康集校注》，人民文学出版社1962年版，第196页，本节未注者皆出于此书。

作，其犹臭味在于天地之间，其善与不善，虽遭遇浊乱，其体自若而不变也，岂以爱憎易操，哀乐改度哉！”他从道家的音乐本体论出发，认为音乐是“自然之道”的体现，声音的和谐即道的和谐的体现，而和谐之道又是不以人的主观好恶为转移的。这样一来，就破了哀乐之情形象于音乐的说法。既然音声之作，本属自然，无关乎人事、人情，那么仲尼、季札通过听音乐而知世之治乱的说法也就站不住脚了。在嵇康看来，人们之所以认为音乐之中有哀乐，是由于把音乐本身与欣赏者的情感态度混淆起来的结果，即所谓“滥于名实”。因此，他花了大量笔墨来论证“声”“心”关系和“名”“实”之分。

嵇康认为，音乐的基本性质是“和”，声音只有“单、复、高、埤、善、恶”的因素，而欣赏者听音乐所产生的哀乐之情，只源于欣赏者自己的内心，与音乐没有必然的因果关系。声音只能感发人情，而不能影响人情的或哀或乐。例如他说：“声音以平和为体，而感物无常；心志以所俟为主，应感而发。然则声之与心，殊途异轨，不相经纬，焉得染太和于欢戚，缀虚名于哀乐哉？”“至夫哀乐自以事会，先遘于心。但因和声，以自显发。”所谓“声之于心，殊途异轨”，就是把声音与欣赏者的情感态度决然分开。味之甘苦，人之贤愚，属于“彼之名”，而喜、怒、爱、憎则属于“我之分”；同样，声音之善恶与情感之哀乐，也有严格的“彼”“我”之分，“名”“实”之别，不可混淆。“声无哀乐”这一命题的主要内容就是作为客体的声音不可能具备作为主体情感态度的“哀”与“乐”。

嵇康对“声无哀乐”的论证是多方面的。除说明音乐本于自然，“声之与心，殊途异轨”之外，他还提出“声音无常”“声音无象”。他指出，不同地方的人，表达哀乐的声音是不同的，即所谓“殊方异俗”“而发万殊之声”。因此，人们无法从千变万化的声音中听出哀乐之情，此所谓“声音无常”。他还说，“文王之功德，与风俗之盛衰”都不能“象之于声音”，此所谓“声音无象”。这两个观点比较正确地道出了音乐不能表现确定情感和音乐的非具象性等美学特征，但同时也出现了一个矛盾，即尽管他否认音乐能表现确定的情感，但他毕竟承认声音可以传达内心情感，这不是与他提出的“声之与心，殊途异轨”矛盾了吗？其实，在嵇康心目中，世界分为两个，一个是永恒不变的“至”的世界，一个是运动变化的“常”的世界①。音乐也分为两种，一种是“至乐”，“无声之乐”；另一种是普遍、现实的音乐，“八音会谐”。前者是“道”本体，无关于人事，人情自然不会对它发生影响；后者则是人工的、现实界的音乐，与人的心情有关系。然而，嵇康把“无声之乐”视为音乐本体，其基本性质是“平和”“自然之和”，它是一切人为的、普通的音乐的范本和灵魂。他说：“无声之乐，民之父母。至八音会谐，人之所悦，亦总谓之乐。”这种思想与老子的“大音希声”的命题是一脉相承的，有声之乐不如“无声之乐”，只有玄妙的“道”，才是音乐之根本。然而，作为理想音乐的“无声之乐”，实已不是一般意义上的音乐艺术，而是一种社会、道德理想，亦即清静无为，顺乎自然。从这种观念出发，他认为人为的、普通的音乐，只有体现“自然之和”的才是好的音乐，因为这有助于把人心、人情引向“平和”。因此，普通的声音虽发乎人情，但又趋于“平和”，那么，哀乐之类有所偏执的情感便自然而然地被排除在音乐之外。他说：“五味万殊，而大同于美；曲变虽众，亦大同于和。美有甘，和有乐；然随曲之情，尽于和域，应美之口，绝于甘境。安得哀乐于其间哉？”由此说来，他虽然承认声音可以传达情感，但由于他又把音乐的基本性质视作“自然之和”，所以与“声之与心，殊途异轨”的观点并不矛盾。

① 参看侯外庐等著《中国思想通史》第三卷，人民文学出版社 1957 年版，第 169 页。

综上所述，嵇康提出“声无哀乐”的命题，重在说明音乐的基本性质是“自然之和”，无关乎人事、人情；把哀乐之情赋予音乐本身，是混淆了音乐的性质和欣赏者情感态度的性质。因此，“声无哀乐”这一否定性命题实包含着一个肯定性命题，即“音声有自然之和”。这两个命题是内在一致的，但在论述中又有所侧重，前者侧重于音乐欣赏中的“声”“心”关系，后者侧重音乐本体论。

二

有趣的是，汉斯立克的《论音乐的美》也是论辩性的。该书的重点是对所谓“情感美学”“内容美学”的批驳。他措辞激烈地说：“表现确定的情感或激情完全不是音乐艺术的职能。”[①] 因为，在他看来，“情感的明确性是与具体的想象和概念分不开的，而后者不属于音乐造型范围之内”；而且，“音乐对情感的影响既不是必然的，也不是音乐所特有的，更不是稳定不变的”。仅就这几句话来说，似乎汉斯立克试图隔绝音乐与情感的联系，否认音乐中的情感价值。然而事实并非如此。他同时指出，“音乐生活的实践中情感的各种明确表现起着非常显著和重要的作用”，“情感在艺术作品完成之前和完成之后，开始在作曲家，后来在听众身上，占有一种不容忽视的重要性”。他甚至承认：“思想感情在端正美好的音乐躯体中好像血管中的血一样流动……它们赋予躯体以生命。”由此可见，汉斯立克并不一概否认音乐与情感的联系，他反对把“情感的表现”作为音乐首要的或唯一的内容，反对“从一般普通的感情的申诉中引出什么音

① ［奥］爱德华·汉斯立克著，杨业治译《论音乐的美》（增订版），人民音乐出版社 1978 年版，第 28 页，本节未注者皆出于此书。

乐的规律来”，反对把音乐能唤起强烈的情感“非科学地用作美学原理的依据”。在他看来“音乐艺术唯一的、永不磨灭的东西是音乐的美”，而音乐与情感的联系是“第二线”的。因此，音乐美学的基点毫无疑问的是音乐独特的美，而不是情感。

《论音乐的美》中，“情感的表现不是音乐的内容”这个否定性命题同样联系着一个肯定性命题：“音乐作品的美是一种为音乐所特有的美”，或者说“音乐的内容就是乐音的运动形式”。汉斯立克关心的首要问题是音乐的美和审美效果的独特性；因此，他竭力反对把一般的情感视为音乐的内容，把一般的情感反应当作音乐的审美效果。他认为，这样做恰恰错过了音乐艺术中最本质、最富特征性的东西——存在于“乐音的运动形式”这种特殊媒介中的特殊内容，即音乐的美。可以说，《论音乐的美》的全部努力是要想使音乐美学成为“特殊美学”，它从音乐艺术“自己特殊的技术条件来认识”，从音乐“本身来解释”，也就是从音乐艺术媒介的特性出发来建立一套不同于其他艺术美学的音乐美学体系。这也正是汉斯立克反对“情感美学”的根本出发点和追求目标。

汉斯立克追求的“特殊的”音乐美学是建立在“纯音乐”的理想之上的，具体地说，就是把音乐从描写性、表情性等一切与外部关联的属性中完全摆脱出来，在单纯的音响运动形式中寻求音乐独立自足的意义，即追求音乐的“自律性”。他写道：“音乐美是一种独特的只为音乐所特有的美。这是一种不依附、不需要外来内容的美，它存在于乐音以及乐音的艺术组合中。”这种“纯粹”的音乐美正是汉斯立克音乐美学思想的逻辑起点。在这里，我们可以清楚地看到德国美学家康德的“纯粹美”（或“自由美”）的影子。有意思的是，康德列举的几种“纯粹美”当中，就包括无标题音乐、器乐和图案花纹[①]，而汉斯立克则把“乐音的运动形式”与阿拉伯图案花纹进行类比。正如康德的“纯粹美”不仅是对象形式，而且还结合着主体心灵的自由活动一样，汉斯立克的“纯粹”音乐美也是灌注了“精神内涵”。在他看来，“美”就是“观念与其形式的统一”（p.27），他还进一步承认“音乐作品是有思想情感的人的精神所创造的，因此作品本身也有充满精神和情感的高度能力”。不过，他接着补充说：“我们要求音乐作品具有这样的精神内涵，但这是存在于乐音结构本身内而不是依赖于别的什么因素。”由此可见，汉斯立克的音乐美学不是那种只讲形式、不要内容的“形式主义”美学，而是要求在特定的形式结构中探索内容，在内容与形式的直接结合中探索音乐美的“形式主义”美学。

三

在分别讨论了《声无哀乐论》和《论音乐的美》的主要音乐美学思想之后，我们就可以对它们的一些重要观点进行比较研究了。

从表面上看，“声无哀乐”和“情感的表现不是音乐的内容”这两个命题似乎都要隔绝声与情的联系，而实质上，“声无哀乐”主要意味着“声之与心，殊途异轨”，作为客体的声音与主体的情感态度了无干涉；汉斯立克并不否认音乐与心灵的内在联系，他不仅认为音乐作品本身贯注着思想感情，而且认为“美的最后价值永远是以情感的直接验证为根据”。他反对的是把一般的情感作为音乐艺术的主要内容，以对音乐情感效果的讨论取代对作品本身的分析。因此他说：“任何真正的艺术作品

① ［德］康德《判断力批判》（上卷），中译本，第68页。

总是会与我们的情感发生某种关系……因此，假如只是一般地通过它对情感的影响来描述音乐，那么关于音乐的美学原则我们一点也没有说出什么决定性的东西来。……问题完全在于音乐如何以它的特殊方式来唤起这种激情。”很显然，汉斯立克并不否认音乐与情感的重要联系，只是要求把音乐的情感价值归属于音乐的乐音结构价值。如果认为汉斯立克完全排除音乐与情感的联系，那是一种误解；同样，如果认为嵇康的“声无哀乐”与汉斯立克的一样，都是“纯音乐”的命题，那也是一种误解。嵇康虽然否认音乐与欣赏者情感的联系，但他还是承认不同的声音能引起人们的情绪反应。他说：“声音之体，尽于舒疾；情之应声，亦止于躁静耳。”由此看来，嵇康把音乐欣赏的情感活动分为两类：情感态度和情感活动方式。情感态度先存于欣赏者内心之中，受“和声”感发而显露，但其性质（或哀或乐）不受音乐的影响。情感活动方式就是“躁静”之类，则是与声音的运动方式（舒疾）有着感应的关系。汉斯立克认为，乐音运动形式不能表现确定的情感，但能表现情感的“力度”，能模仿“快、慢、强、弱、升、降”等物理运动形式。他同嵇康一样，也把情感与情感活动方式分开来，但他重在说明音乐能“表现”情感的活动方式，而嵇康说的是“情之应声”，仍着眼于“声心”关系，即欣赏者对声音的感受。所以不存在声音表现情感和情感运动方式的问题。

嵇康提出“音声有自然之和”的正命题，汉斯立克提出“音乐的内容就是乐音的运动形式”。从表面上看，这两个命题似乎都突出了音乐艺术本身的性质和结构，是为音乐而音乐的思想的体现。然而，事实并非如此。嵇康讲“音声有自然之和”，是把“自然之道”作为音乐的本质，就具体的音乐而言，它只是体现“道”的手段。依道家之说，最高的乐是无声的，是玄妙的“道”本身。嵇康接受了这种思想，把实现社会政治理想的

“自然之和”“无声之乐”作为音乐的最高理想。从这一点上来说，他根本不是把音乐艺术本身作为音乐美学的首要对象，而是把音乐作为“道”的附属。这种思想与汉斯立克要求把音乐美学置于独立自足的音乐美之上，从音乐作品本身去探索音乐的内容和价值的思想是大相径庭的。前者是从属的、他律的音乐美学观，后者是独立的、自律的音乐美学观。嵇康（乃至道家）这种以音乐作品之外的东西（“自然之和”“道”）去解释音乐内容的思想方法，倒是同古希腊的毕达哥拉斯学派从“数的原则”去解释音乐内容的方法有某种程度的相似。由于这两种音乐美学思想都把音乐的本质归结为宇宙或自然的本质（“数”或“道”），所以，音乐作品也被抽象为物理形式上对立因素的和谐统一。然而，汉斯立克认为：“音乐在自然界中没有范本”，“音乐的美跟数学是不相干的”，有一种“自由的、精神的东西”使一首乐曲“超出物理试验的范围”，“成为艺术品”。这样，虽然嵇康与汉斯立克都突出音乐自身的形式，却是两种根本不同的音乐美学观。嵇康强调声音只有大、小、单、复、高、埤、舒、疾等因素，但音乐的本质、意义和价值最终受制于“自然之和”，落实于“道”，而不在音乐作品本身。汉斯立克反复强调音乐的美只存在于乐音的运动形式之中，但又反对仅仅从音响的物理形式来解释音乐的美。事实上，如果音乐的美可以用数学的或物理学的原理来解释的话，那么，它已非音乐艺术所特有，独立的、自律的音乐美学也不能成立。因此，问题主要不在于嵇康和汉斯立克二人都把注意力转向声音本身，而在于他们如何解释音乐的本质、内容和价值。汉斯立克反对在乐音运动形式之外寻求音乐的内容，而嵇康恰好是把音乐之外的“自然之和”作为音乐的根本内容。

音乐的他律论和自律论的差异也明显地体现在音乐功能观方面。嵇康虽然在音乐本源问题上认为音乐起于自然，无关人事，他在音乐功能问题上，却持社会的、政治的、道德的功利观。他一方面否定通过音乐来认识社会政治状况的传统观点，另一方面又十分重视音乐的教化功能。他说“古人知情不可恣，欲不可极，因其所用，每为之节。使哀不至伤，乐不至淫”，他认为，“以平和为体”的音乐对人心、人情均有“宣和”和“感化”的作用，能使人养成中和、适度的性情，自然而然地合乎“自然”。与这种从属于伦理、政治的艺术功能观不同，汉斯立克则突出音乐艺术独特的审美功能。他认为，音乐的美“以自由的形式呈现在我们直观的心灵面前，并且使我们感到美的愉快”。这种审美愉悦是由乐音运动形式引起的特殊的情感体验和精神活动，它不仅不同于生理快感和“道德影响”，而且也不同于一般的艺术效果。这种突出音乐独特审美功能的思想正是汉斯立克强调音乐独特本质的思想的合乎逻辑的推论；而嵇康把音乐功能从属于伦理教化的思想，与他认为的音乐的本质从属于“自然之和”的思想也取得了内在的一致。

四

通过上述几个方面的比较，我们完全有理由说，《声无哀乐论》和《论音乐的美》实质上体现了两种根本不同的音乐美学体系，它们属于不同的民族，不同的时代，有着差异很大的音乐艺术实践基础，它们的思想意义和理论贡献只有在各自所属的美学史中才能进一步认识到。

中国古典美学（包括音乐美学）以“和”为审美理想，而“和”“中和”“平和”“和谐”等概念都是以道德的、政治的因素为核心内容；所以，中国古典美学是以尚伦理化的“和谐”为基本特征的。这种“美”从属于“善”的倾向在儒家美学中体现得比较明显，而在道家美学中就不那么明显了。其实，老庄讲的“自然”不是纯粹的自然界，而是社会化、伦理化的自然界。在他们看来，社会的战乱和道德的败坏都根源于人们的“贪欲”，只要人们清静无为，听任自然，天下也就太平了。因此，道家讲的“自然之和”首先是一种社会、政治的理想，也是人们道德修养的最高境界。因此，从总体上说，儒、道美学在美服从善、情服从理、审美服从教化、艺术服从政治等基本问题上是一致的。嵇康的思想以受道家影响为主，但也含有儒家思想因素，这在其音乐本质观和功能观当中表现得很明显。

嵇康生活在政治斗争激烈的时代。司马氏夺权推行高压政策，利用“名教”来作为政治迫害和思想专制的手段，以达到私欲的目的。嵇康对此十分不满，便以老庄的“自然”来与“名教”对抗，提出“非汤武而薄周孔”“越名教而任自然”[①]的著名观点，并提倡“推类辨物，当先求之自然之理。理已定，然后借古义以明义耳”的思想方法，这对破除迷信、解放思想具有一定的意义。在音乐与社会、政治的关系上，他以社会、政治为根本，反对过分夸大音乐的认识和教化作用的传统观念，他对那些“俗儒妄记”的批驳，关于“名”与“实”的论辩，间接地具有针砭当时现实的意义。从音乐美学思想史的角度来看，嵇康要求把音乐本身的性质与欣赏者的情感反应分开，指出音乐内容的不确定性、无具象性，音乐的运动形式与情感活动之间有感应关系，等等，在一定程度上触及音乐艺术的某些美学规律，这也是他吸取前人思想成果并有所发展所致。例如，《淮南子·齐俗训》曾云：“夫载哀者闻歌声而泣，载乐者见哭者而笑。哀可乐者，笑可哀者，载使然也。”这已经具备了声心两分的思想，而嵇康则进一步明确、概括地提出了“乐之为体，以心为主”的思想。它虽然有全然否认声音对心情影响的缺陷，但也充分肯定

① 分别见嵇康《与山巨源绝交书》《释私论》。

了欣赏者的主观能动性。嵇康对于“仲尼之识微，季札之善听”等等传说的有力批驳，在客观上否定了通过音乐可以明察人的内心情志或社会、政治状况的传统观念，这是一个创举，是中国古代音乐美学思想的一个进步。与前人夸大音乐教化作用和认识作用、渲染音乐与天人鬼神交互感应的传统思想相比，嵇康相对比较重视音乐“可以导养神气，宣和情志”①的心理功能和精神性，在一定程度上接近古典音乐的审美性，这是同自魏晋始，渐渐注重形神统一、情志抒发以及文艺审美特点的美学思想相一致的。然而，嵇康不可能超越时代，提出具有近代意义的“个性解放”思想和追求“纯音乐”的美学思想，这些思想与中国古代讲究“异中求同”的思维方式和要求个人服从社会，艺术服从伦理、政治的思想观念是格格不入的。嵇康虽有一定的反传统倾向，但他对于传统的基本原则并没有任何实质性的背离。正如鲁迅先生指出的那样，嵇康只是“表面上毁坏礼教”，“实则倒是承认礼教，太相信礼教”②。他的音乐美学思想也是如此。如前所述，《声无哀乐论》完全继承了儒道美学中以“和”为美、美服从善和强调音乐的伦理教化功能的基本音乐美学原则。

《论音乐的美》在西方音乐美学史上具有重要意义。它标志着注重观念内容、强调理性因素的“情感美学”“内容音乐”的对立面——形式主义音乐美学的诞生。西方美学史上，康德《判断力批判》中“美的分析”就埋下了形式主义美学的种子。到19世纪，由于自然科学的迅速发展，科学方法对哲学产生重要影响，美学上的形式主义有了进一步发展，出现了德国的“精密美学”（或称“形式美学”）③。这一美学流派已不满足于德国古典哲学的方法，即历史—哲学的方法（音乐中的“情感美

① 嵇康《琴赋》。

② 鲁迅《魏晋风度及文章与药及酒关系》。

③ 参看鲍桑葵《美学史》，第十三章。

学”“内容美学”正采用这种方法），认为“历史—哲学方法总是在我们要求提供最细微的部分的时候给我们以整体，因此，这种方法是一种规避直接的问题的手段”[①]。这个“直接的问题”就是美本身，具体地说就是美的形式。该流派的创始人之一赫巴特提出，要把“纯形式”作为美学研究的对象，从而“反对使用从各种主观情绪中抽绎出来的、在普通的美学中占有一席之地的‘哀情的、高贵的、漂亮的、严肃的’等笼统谓词。……对于各门艺术中的特殊的美和丑，这些谓词什么也不能告诉我们；就音乐来说是这样，因为在音乐中，问题乃是乐音问题……”[②]另一方面，19世纪三四十年代兴起的实证主义，以追求“客观”知识、崇尚“科学”方法而给美学造成了一定的影响。毫无疑问，德国“精密美学”和实证主义哲学的思想观念和方法成为《论音乐的美》的先导。

《论音乐的美》明显体现出音乐美学方法由历史—哲学方法、思辨演绎方法、“自上而下”方法向科学分析、实证、“自下而上”方法的历史转换。汉斯立克虽然反对直接用数学或物理学原理来解释音乐的美，但他在方法论上又深受自然科学的影响。他写道：“假如美学不致全部成为幻觉的话，那么至少必须采用接近于自然科学的方法，至少要试图接触事物本身。”他要求音乐美学“客观地”分析出音乐作品的“每一要素的特征、效果”，并提出“要奠定音乐的哲理基础，就应该首先探索与各个音乐要素必然连接着的精神特点，以及它们之间的相互关系”，从而建立起“像化学或生理学那样的一种‘精确’的音乐科学”。汉斯立克把自己运用的方法称为“审美学”的方法，并以此与“艺术史”方法对抗。他认为这两种方法“必须保持各自

①② 分别见上书，第466页和第474页。

的特质而不任意混淆。……美学探讨不谈作曲家的个人情况和历史背景，它不管这些，它只听见也只相信作品本身的表现”。总之，汉斯立克倾向于把历史的方法从音乐美学领域中排除出去，运用美学的方法，像自然科学那样，客观地、精确地从音乐作品本身的乐音形式中探索音乐的美，建立起音乐美学原则，使音乐美学成为科学的、自律的学科。

《论音乐的美》把音乐美学的主要对象从音乐与社会历史和作曲家的关系转变为音乐作品的内部结构形式，把音乐作品“本文”作为一切音乐内容的首要依据，把音乐美、音乐内容和音乐效果的特征作为音乐美学的核心问题，从而克服了传统音乐美学忽视音乐内部结构研究、忽视音乐艺术独特美学性质探索以及以社会历史内容取代或压倒音乐作品内容的弊病，这无论在观念还是在方法上都是新颖的，是西方音乐美学史上的一次革命。汉斯立克虽偏爱古典乐曲，但他的观念是近、现代的，他的音乐美学思想更多地属于未来[①]，他的“自律的”“纯音乐”的理想可以在斯特拉夕斯基和勋伯格等现代音乐家的作品中找到范例。十二音作品的创作似乎有许多方面展示出“音乐本质上是一种结构艺术”[②]。然而，在音乐美学中全然排斥历史的观点，把音乐的美与社会历史背景分开，又失之片面。音乐作品不仅或明或暗地体现着社会历史的内容，而且它本身也是一种文化产物，是一种社会历史现象。因此，只在乐音形式中分析音乐的意义，追求纯粹的音乐美只能是一种幻想。（近年来西方音乐美学积极吸收人类学、文化学等学科的方法，也证明了单纯美学方法的局限性。）当然，汉斯立克并没有完全抛弃音乐的社会历史内容。他一方面强调音乐的内容就是乐音的运动形式，另一方面却又承认“音乐躯体”的“血管”里流动着“思想情感”

① 详见P.H·朗格《十九世纪音乐文化史》（中译本），第325页。

② 详见R·斯克鲁顿《纯音乐》，译文载《文艺研究》1987年第2期，第141页。

的“血”，而人的思想情感无论如何也不可能不受社会历史的影响。这种矛盾性正是由他作为一个承上启下的历史人物的特定地位所决定的，他实际上并没有彻底抛弃“内容美学”的某些传统，走向形式主义的极端。

（原载《学术月刊》1990年第9期）

嵇康“声无哀乐”思想形成的理论背景

◎刘承华

嵇康的《声无哀乐论》在中国音乐美学史上有着特别的地位，这特别的地位更多的是与它那明确而坚定的“自律论”有关，因为在中国古代，音乐美学似乎一直为他律论所占据，故嵇康的这一理论就显得更为特别。为了解释这一现象，有人还从嵇康的政治态度着眼，认为“其音乐美学思想本质上是他律的，《声无哀乐论》其实是嵇康以和官方音乐美学思想相对立为目的，借以进行的带有某些浪漫气质的反抗而已”①。其实，我们只要仔细地考察一下魏晋以前的音乐美学理论及其发展，就会发现，“声无哀乐”的思想并非绝无仅有，而是有着一个相应的传统。在魏晋之际提出完整的自律论，其实已经具备了较为充分的条件。

一、儒家乐论的不足而产生的反拨

嵇康生于223年，卒于262年。在他出生前的第三年（220），废汉建魏；在他去世后的第三年（265），又废魏建晋。嵇康的一生，几乎与魏朝同步。而在魏前的两汉，为时420

① 胡郁青、刘嘉《嵇康〈声无哀乐论〉及其音乐美学思想探析》，《中国音乐》2000年第1期。

多年，除去汉初奉行黄老之学的70多年时间，从武帝时的独尊儒术，直到东汉末，儒学统治了大约有350年的时间。儒学的350年统治，特别是东汉时期，儒学思想越来越保守、僵化，社会风气也日益败坏，政治危机时常发生，文化和美学趣味也在悄悄转型。到了曹丕废汉建魏后，便形成对汉代意识形态的反思和批评。在这股反思和批评的声浪中，儒家思想首当其冲，成为众矢之的。这种反儒的倾向，早在曹操、孔融以及正始名士那里即已开始，后在竹林名士那里又得到进一步的发展。而在竹林名士中，嵇康又是这方面表现最为激烈的一个。因此，嵇康撰写的《声无哀乐论》，首先是基于儒家乐论中的一些思想激发而来的，是儒家音乐美学从反面激发他进行新的理论思考。

那么，最直接地激发嵇康进行新的理论思考的，主要有哪些内容呢?

首先，儒家乐论中包含了过盛的人文气息。儒家从其诞生时起，就十分强调音乐与政治、道德等方面的紧密联系，强调音乐所承担的种种文化功能。音乐与政治、道德、文化有联系，音乐当中渗透着这方面的文化内涵，这本来没有错。但是，如果将这种联系过分夸大，就会走向自己的反面，变成谬误。在儒家音乐美学中，确实存在过分强调人文内容、夸大音乐的社会功能的现象。这方面较为典型的例子如“乐以知军”“乐以知政”等命题。如“乐以知军”：“楚师伐郑，师旷曰：‘吾骤歌北风，又歌南风。南风不竞，多死声。楚必无功。’”（《左传·襄公十八年》）从歌声中能够预见战争的胜败，在现在说给谁也不会相信的，在当时却被传为佳话。再如“乐以知政”，是说吴国的大夫季札到鲁国，观乐评政，十分准确。他在观《周南》《召南》时说：“始基之矣，犹未也。然勤而不怨矣。”观《邶》《鄘》《卫》时说：“渊乎！忧而不困者也。”观《王》时曰：“思而不惧，其周之东乎？”观《郑》时则是：“其细已甚，民勿堪也，是其先亡乎!”（《左传·襄公二十九年》）对这两个命题和故事，嵇康在《声无哀乐论》中都作了驳斥，指出其荒谬。再如音乐与道德的关系，本来是能够成立的，但儒家乐论往往也将它推向极端，终使人难以置信。如《史记》中说：“故音乐者，所以动荡血脉，通流精神而和正心也。故宫动脾而和正圣，商动肺而和正义，角动肝而和正仁，徵动心而和正礼，羽动肾而和正智。……故闻宫音，使人温舒而广大；闻商音，使人方正而好义；闻角音，使人恻隐而爱人；闻徵音，使人乐善而好施；闻羽音，使人整齐而好礼。”（《乐书》）宫、商、角、徵、羽五音确有不同，但这样与脾、肺、肝、心、肾及圣、义、仁、礼、智一一对应，就显得过于牵强，也过于随意。

其次，儒家乐论还表现出浓重的神秘色彩，最突出地表现在对音乐影响力的描述上。这方面例子很多，最为典型的要数师旷的故事，如师旷鼓琴，六马仰秣，师旷鼓琴，玄鹤列舞之类：师旷奏《清商》，“一奏之，有玄鹤二八，道南方来，集于郎门之垝；再奏之，而列；三奏之，延颈而鸣，舒翼而舞，音中宫商之声，声闻于天”。又奏《清角》，“一奏之，有玄云从西北方起；再奏之，大风至，大雨随之，裂帷幕，破俎豆，隳廊瓦，坐者散走。平公恐惧，伏于廊室之间。晋国大旱，赤地三年。平公之身遂癃病”（《韩非子·十过》）。把琴声的威力说得如此之大，连几乎同时代的韩非子都不能相信，东汉的王充也指出它的虚妄离奇，嵇康就更不用说了。此外，儒家乐论中的神秘化还体现在对乐器内涵的解释上。乐器本来只是用来发出声音、演奏乐曲的工具，儒家乐论却将它与太多非音乐的东西相联系，并赋予许多音乐所难以承担的功能。荀子《乐论》说：“声乐之象：鼓大丽，钟统实，磬廉制，竽笙箫和，管籥发猛，埙篪翁博，瑟易良，琴妇好，歌清尽，舞意天道兼。鼓，其乐之君邪！故鼓似天，钟似地，磬似水，竽笙、箫和、管籥似星辰日月，鞉柷、拊鼍、椌楬似万物。”前面讲各种乐器的风格特性，还勉强能够说得通，后面将一些乐器比附为天地日月星辰等，就基本上没有什么道理了。再看看对琴的解释，神秘色彩就更为浓厚。桓谭《琴道》说：“昔神农氏继宓羲而王天下，上观法于天，下取法于地，近取诸身，远取诸物，于是始削桐为琴，练丝为弦，以通神明之德，合天地之和焉。”这是从琴的起源讲它的文化功能的，其中有着明显的巫术时代的印迹，但总体上还能够理解。但再往后所作的引申，其神秘色彩就更重了。如蔡邕《琴操·序首》对琴的形制的解释：“琴长三尺六寸六分，象三百六十六日也。广六寸，象六合也。文上曰池，下曰岩。池，水也，言其平；下曰滨，滨，宾也，言其服也。前广后狭，象尊卑也；上圆下方，法天地也。五弦，宫也，象五行也。大弦者，君也，宽和而温；小弦者，臣也，清廉而不乱。文王、武王加二弦，合君臣恩也。宫为君，商为臣，角为民，徵为事，羽为物。”其他乐器也不例外，如班固《白虎通·德论》，就对埙、匏、笙、鼓、箫等十余种乐器一一作了神秘化的解释：“埙在十一月，埙之为言熏也，阳气于黄泉之下，熏蒸而萌。匏之为言施也，牙也。在十二月，万物始施而牙。笙者，太簇之气，象万物之生，故曰笙。有七政之节焉，有六合之和焉，天下乐之，故谓之笙。”这股风气在东汉中期以后越刮越猛。根据辩证法的原理，一件事物发展到极端，就意味着即将转向自己的反面。在东汉，即有王充等富有理性精神的思想家开始反拨，而嵇康则是这一反拨的一个延伸，显示了历史的必然性张力。

汉代儒家乐论中的这两种倾向，都源自传统文化中的整体思维。整体思维的特点是，以事物之间存在普遍联系的观念和比附类推的方法进行思考，属于一种比较质朴的内涵逻辑，概念不够清晰，推论缺少中介，结论也就不具必然性。他们把音乐与音乐以外的现象如军事、政治、道德乃至自然事物等进行联系，就带有很大的随意性。

二、古代乐论中另一种声音的启发

由上可见，嵇康的《声无哀乐论》所展示出来的论乐精神，确实与汉代儒学不同，在许多方面还正好相反。这就容易给人一种错觉：嵇康的论乐理路是全新的，在他之前没有先驱，他好像是一位横空出世的天才，划出了一个崭新的时代。实则不然，在嵇康身上所体现出的“新”精神，其实早已有之。

（一）在形态中考察音乐的意义

嵇康论乐的一个重要特点是注重音乐形态的考察，对诸多音乐现象的解释最终也总是从音乐形态本身去寻求解决。当秦客以“平和之人听筝、笛、琵琶，则形躁而志越；闻琴瑟之音，则体静而心闲”发难，欲以证明筝、笛、琵琶和琴、瑟之声当中即有哀乐之别时，嵇康便从两种乐器的不同音响形态进行解释：“琵琶、筝、笛间促而声高，变众而节数，以高声御数节，故使形躁而志越。”“琴瑟之体闲辽而音埤，变希而声清，以埤音御希变，不虚心静听则不尽清和之极，是以体静而心闲也。”“间促”是指弦短，音位距离近，弦振动频率高，故而音调就高，音符密度高，旋律的起伏变化更为频繁，听琵琶、筝、笛的人情绪易为激昂。相反，琴、瑟有效弦长长，音域偏低，音位宽，旋律起伏变化少，不用心就听不出妙处所在，故能使人情绪趋于平和、安静。这样解释是能够令人信服的。

其实，这种从声音形态来解释音乐效果的途径，也并非嵇康首创，而是在他之前很久即已出现。早在春秋时期，晏婴就是以音乐形态上的要素来论述音乐之“和”的，他说：“先王之济五味、和五声也，以平其心，成其政也。声亦如味，一气，二体，三类，四物，五声，六律，七音，八风，九歌，以相成也。清浊，小大，短长，疾徐，哀乐，刚柔，迟速，高下，出入，周疏，以相济也。君子听之，以平其心。心平，德和。”（《左传·昭公二十年》）这段话是解释先王如何以音乐来“平其心，成其政”的，但没有空谈，没有作无谓的比附，而是从音乐的形态入手，指出：要想“成其政”，就必须“德和”；而想“德和”，就必须“心平”；而“心平”则是靠不同音乐形态的对立统一，即“清浊，小大，短长，疾徐，哀乐，刚柔，迟速，高下，出入，周疏，以相济”来实现的。在先秦乐论中，这还不是一个孤立的现象，例如荀子也在其《乐论》中采用过这种方法，他说：“先王恶其乱也，故制雅颂之声以道之，使其声足以乐而不流，使其文足以辨而不諰，使其曲直、繁省、廉肉、节奏足以感动人之善心，使夫邪污之气无由得接焉。”先王以雅颂之声治天下，不是靠那些神秘莫测的因素，而是靠一种特定的音乐形态，一种特定的旋律、节奏以引发人的平和之心，才使邪气无法侵入的。

（二）在自然中寻找音乐的本体

嵇康论乐的另一个特点是他的自然本体论。在汉代，占有统治地位的音乐美学思想是《乐记》。《乐记》在阐述音乐的本原时，采取的是“心”本体论，即将音乐的本原归之于人的方面：“凡音之起，由人心生也。人心之动，物使之然也。感于物而动，故形于声；声相应，故生变；变成方，谓之音。比音而乐之，及干、戚、羽、旄，谓之乐。”又说：“乐者，音之所（由）生也，其本在人心之感于物也。”都是强调音由心生，心是音乐的本原。但嵇康在《声无哀乐论》的一开始就提出一种与之不同的观念：“夫天地合德，万物资生。寒暑代往，五行以成。章为五色，发为五音。音声之作，其犹臭味在于天地之间。其善与不善，虽遭遇浊乱，其体自若而不变也。”这是把音乐当作自然的产物，是天地五行、四时万物运行的结果，它与人的情感无关，与社会文化状况无关。

实际上，这样的思路并不奇怪，中国先秦时即存在这样的自然本体论。早在商周之际，就有《周易》《洪范》等书开始以阴阳五行来解释自然万物，春秋时，又有管仲以“气”为本原解释万物的形成，而稍后的老子又以“道”来统之，提出“道生一，一生二，二生三，三生万物”的宇宙生成论模式。因此，到战国末年，便有人将它运用到音乐当中：“音乐之所由来者远矣，生于度量，本于太一。太一出两仪，两仪出阴阳。阴阳变化，一上一下，合而成章。……万物所出，造于太一，化于阴阳。萌芽始震，凝寒以形；形体有处，莫不有声。声出于和，和出于适。先王定乐，由此而生。……凡乐，天地之和，阴阳之调也。”（《吕氏春秋·大乐》）可见，嵇康音乐观中的自然本体论并非突然出现的，是有着深远传统的。

（三）怀疑精神和理性态度

嵇康《声无哀乐论》给人的一个突出印象是他的怀疑精神和理性态度，我们在他的文章中几乎随处都能看到他对流行看法的质疑。例如师襄奏操而睹文王之容、季札观乐而能知众国之风、师旷吹律而能察楚军必败、羊舌母听闻儿啼而知其丧家、葛卢氏听牛鸣而知三牺之哀等，都是载之史书，人人不假思索就相信的故事，唯嵇康却表示了自己的怀疑，并做出理性的分析，指出此类说法的真实情况可能是什么。这确实是一种了不起的品格，值得我们现在人都好好学习的。但这也不是嵇康才有的精神，而是部分士人的一个传统。即以音乐为例，较著名的就有东汉王充对各种传说的质疑。他针对师旷奏《清角》而风雨暴至的传说，指出：“传书之家，载以为是；世俗观见，信以为然。原省其实，殆虚言也。”他认为：“三尺之木，数弦之声，感动天地，何其神也！”明确地表示不可信。然后他又对此作了猜想性的解释，认为如果真有这回事，那也是一种巧合，是“师旷学《清角》时，风雨当至也”。接着又进一步分析，揭出音乐能够直接引起治乱的虚假：“风雨暴至，是阴阳乱也。乐能乱阴阳，则亦能调阴阳也。王者何须修身正行，扩施善政？使鼓调阴阳之曲，和气自至，太平自立矣。”（《论衡·感虚篇》）

嵇康对音乐感染力问题也持十分理性的态度。首先，他认为音乐不能表现感情，只能够引发感情，在音乐中所体验到的情感也不是音乐本身的，而是听者自己早已存在于内心之中的。这看上去是一个很违反常识的看法，其实也是早已有之。《淮南子》说：“夫载哀者闻歌声而泣，载乐者见哭者而笑。哀可乐者，笑可哀者，载使然也，是故贵虚。”（《齐俗训》）同一乐曲能够引起不同的情感反应，根源在听者的心情，而不在音乐。这与嵇康的观点何其相似！其次，嵇康认为听音乐而能产生某种情感，是因为你的内心中有这种情感，否则你就无法体会到它。因此，音乐的感染力是有条件的。这样的观点也早已出现过。在东汉初年刘向《说苑》和桓谭《新论》中都载有雍门周为孟尝君鼓琴的事迹。当孟尝君问雍门周鼓琴能否使他悲伤时，孟尝君说：“臣何独能令足下悲哉？臣之所能令悲者，有先贵而后贱，先富而后贫者也。”说明当对方饱食无忧，不知何者为悲的情况下，再高超的琴家也不能令其生悲的。但是，经过一番分析，当孟尝君看清自己的境况其实已经危机重重，难逃悲惨的结局时，雍门周只需微动宫商，即已令其泫然泣涕了。这里，以极为冷静的态度和理性的方式对待音乐的感染力，与嵇康的思想也是一致的。

三、自然精神与分析方法的自觉

上述两个方面，儒家乐论是从反面激发其思想的走向，形成一系列的美学命题；其他方面的音乐理论命题则是从正面启发了嵇康，并给他提供了进一步创造的理论素材。这两个方面，观念有异甚至对立，但都是嵇康音乐美学思想得以形成的理论背景。除此而外，还有一个方面的理论背景是不可忽视的，那就是在汉魏之际正在崛起的自然精神和分析方法。

（一）自然精神与分析方法的由来

自然精神和分析方法都有深远的历史，它们早在中华文明的轴心时代即已出现。自然精神源自阴阳家和道家。阴阳学说形成于先秦时的《洪范》《月令》，它是古代巫术和科学的混合，其共同特点是面向自然，体现出尊重自然、探究自然、征服自然的精神。道家亦尊自然为本，主张人要效法自然，即所谓“人法地，地法天，天法道，道法自然”是也。阴阳学说自《洪范》《月令》后，经战国时邹衍等人阐发，经吕不韦的《吕氏春秋》和汉董仲舒、夏侯始昌、刘向等人的进一步诠释，在汉代得到普遍运用，并一直影响着整个古代社会。道家思想在汉初曾一度兴盛，自武帝时独尊儒术之后，一直处于低潮，直到汉末魏初之时才开始逐渐上升为主流。这两股思潮的会合，推动着自然精神恰好在嵇康的时代日益自觉。

如果说，自然精神主要源自阴阳家和道家，那么，分析方法则主要源自名家并体现在稍后的玄学之中。名家形成于战国中期，其特点是对概念本身进行辨析，注重对概念内涵与外延、个别与一般的考察。代表人物有惠施、公孙龙、墨家后学等。惠施注重内涵的变化性和外延的模糊性，揭示出概念的相对性的一面。其代表命题有“日方中方睨，物方生方死”“卵有毛”“今日适越而昔来”等。公孙龙则正好相反，他注重概念内涵的固定性和外延的清晰性，为形式逻辑提供了条件，也为概念的分析提供了材料。代表性命题有“白马非马”“离坚白”“鸡三足”“火不热”“飞鸟之影未尝动”等。墨家后学开始将内涵和外延辩证统一起来考察，着重研究名实关系，提出“明是非”的原则是“名实耦”。“耦”即相符，相符即“当”。具体方法是：“以名举实，以辞抒意，以说出故，以类取，以类予，有诸己不非诸人，无诸己不求诸人。”名家之学到秦汉时长时间中断，中国古代的逻辑学也在此停顿下来。直到汉魏之际，才又得重新阐发，形成以刘劭、钟会为代表的名学思潮，致力“综核名实”的工作。之后，又进一步演变成只管内涵、不问外延的“辩名析理”路向，那已经是玄学了。

（二）在嵇康身上的自觉

嵇康生活在魏晋之际，此时由阴阳五行学说的长期经营和道家思想的勃兴所形成的自然精神以及汉末的新名学思潮所带来的分析方法，都对他产生了重要影响，成为他进行理论思考的思想基础、出发点和工具。

首先，在哲学上，嵇康很早便形成一元论的元气自然观，认为天地万物皆由元气所生：“浩浩太素，阳曜阴凝。二仪陶化，人伦肇兴。”（《太师箴》）又说：“天地合德，万物资生。寒暑代往，五行以成。”（《声无哀乐论》）不仅认为自然事物由元气所生，人的禀性、才情等主体因素也由元气决定：“夫元气陶铄，众生禀焉。赋受有多少，故才性有昏明。唯至人特钟纯美，兼周外内，无不毕备。降此已往，盖阙如也。或明于见物，或勇于决断，人情贪廉，各有所止。譬诸草木，区以别矣。兼之者博于物，偏受者守其分。”（《明胆论》）正是在这样的基础上，他才提出“越名教而任自然”（《释私论》）的主张，推崇一种不以名教束缚人性的“从欲则得自然”（《难自然好学论》）的生活方式；也才会提出音乐上的自然本体论，把音乐看成自然间元气运行、组合的产物，即《声无哀乐论》中所说：“音声之作，其犹臭味在于天地之间。其善与不善，虽遭遇浊乱，其体自若而不变也。”

其次，在认识论上，嵇康提出首先要注重事物的自然之理，反对盲目听信前人之言或道听途说。他说：“夫推类辨物，当先求之自然之理；理已足，然后借古义以明之耳。今未得之于心而多恃前言以为谈证，自此以往，恐巧历不能纪耳。”（《声无哀乐论》）首先是求事物的自然之理，在求得自然之理后，再拿前人之说作为佐证。这个思想是以他的名实观为基础的。他认为儒家的名实观存在名不副实和异名而同实的毛病，所以不能仅凭所谓的“名”来判断实，而是要从“实”的考察出发，再求名之真义，即所谓“因事与名，物有其号”，名乃“非自然之物，五方殊俗，同事异号，趣举一名，以为标识耳”。名只是标识，具有随意性，它不是实在本身。嵇康之所以能够在《声无哀乐论》中大胆质疑那些前人似乎无可置疑的命题，就是因为他是建立在这个坚实的基础之上的。

再次，正因为强调自然的本体地位，认识到事物本身的“理”的第一性，故而也就倾向于从形态分析着手来解决问题。在他看来，研究事物的问题，就是要把握它的“理”；而要把握其“理”，最可靠的途径就是从形态分析出发。他在他的另一篇重要琴论《琴赋》中便批评“历世才士”对音乐的赞颂不得要领，因为他们缺乏对“理”的考察。他说：“然八音之器，歌舞之象，历世才士，并为之赋。颂其体制，风流莫不相袭；称其材干，则以危苦为上；赋其声音，则以悲哀为主；美其感化，则以垂涕为贵。丽则丽矣，然未尽其理也。”这类论乐文字写得十分漂亮（“丽”），但内容空洞，原因就在“未尽其理”。而之所以“未尽其理”，就是因为不懂或者不重视音乐的形态即“音声”。他接着说：“推其所由，似元不解音声；览其旨趣，亦未达礼乐之情也。”因为“不解音声”，所以也就把握不了音乐的情感人文内涵。所以，嵇康在自己的论乐过程中，总是努力从形态特征出发来解决问题。这一点，《声无哀乐论》为我们提供了丰富的例证。其实，在其他文字中，这类论述也不鲜见。例如他在《琴赋》中解释琴的特殊审美功能，便完全不同于汉儒的比附之途，而是选择从形态分析入手：“若论其体势，详其风声，器和故响逸，张急故声清，间辽故音庳，弦长故徽鸣。性洁静以端理，含至德之和平，诚可以感荡心志，而发泄幽情矣。”在这里，琴乐的“响逸”、“声清”、“音庳”（音域低沉浑厚）、“徽鸣”（泛音晶莹剔透），就都是用弦的长短、张弛、比率等形态特征来解释的。

四、余话

我们对嵇康《声无哀乐论》的理论背景的考察，其中很大一部分是寻找它的理论来源，指出嵇康《声无哀乐论》中的一些命题并非首次出现，而是有其理论渊源，这并不降低嵇康这篇乐论的历史价值和理论价值。虽然有一些观点在他之前曾经有人提出，但一方面，这些表述还很零散；另一方面，也没有对它展开充分的论证。嵇康的《声无哀乐论》则将其系统化，并形成一个经过较为充分论证了的自律论音乐美学体系。这一点，对于中国古代音乐美学来说，意义是重大的。至于在这篇乐论中所表现出来的科学精神和音乐寻求独立的意识，则更具有重要的历史意义。

〔原载《中国音乐（季刊）》2009年第4期〕

阮籍、嵇康对经学的继承和批判

◎曾春海

一、前言

《晋书·阮籍传》谓：“籍本有济世志，属魏晋之际，天下多故，名士少有全者，籍由是不与世事，遂酣饮为常。”嵇康的哥哥嵇喜所作的《嵇康传》中曾述及“家世儒学”，史料中载有嵇康对《春秋左氏传音》的经学类著作，可是阮籍对经学出身的道德礼法之士恨之入骨，写下有尖锐性批评的《大人先生传》。嵇康不但在《释私论》中写出“任自然，越名教”近乎与经学决裂的名句，不但自谓“不涉经学”，还撰成《难自然好学论》激烈地抨击六经压抑人性。可是此二人被后世尊称为“竹林七贤”的核心人物。七贤之“贤”意指具儒家美德之人，因此，他们何以年少时期治经学，中年之后对道德礼法之士所尊崇的名教和儒家经学却猛力拒斥呢？纵使如此，为何此二人在历史上犹享有儒家理想人格中“贤”者美名呢？为探索其中深层理由、厘清真相，本文拟由汉魏之际的经学流变脉络、两人早期对经学的肯定和抱负以及两人对经学的严厉批评和扬弃等方面来一究其中所以然之理，最后做成一结论，期能予以公允之评。

二、汉魏之际的经学流变脉络

（一）经学的由来及涵义

汉武帝举贤良文士对策，前后数次，终受董仲舒《天人三策》影响，采取“罢黜百家，独尊儒术”的学术文化政策。独尊儒术系以政治力量干预学术，将帝国思想大一统于儒学，官方以“经”之名尊称儒典，始于汉武帝设立五经博士[①]。儒家的六经被称为“六艺”始于汉人，最早见于贾谊《新书·六艺》所云：“《诗》《书》《易》《春秋》《礼》《乐》，六者之术，谓之六艺。”汉武帝立五经博士后，“经”一辞遂成为正式且普遍化地尊称儒典的名称。“经”字和书名连在一起，则至南宋时才有[②]。汉武帝在独尊儒术下，将《诗》《书》《礼》《易》《春秋》五部儒书法定为“经典”。这五本经典成了规范汉代政治和社会生活观和秩序的准据，从而凝聚了官方的意识形态，即确立了五经的正统和学术权威，从而衍生了研究五经的学术成果，形塑了“经学”[③]。本人曾对经学产生的意涵做界说：“在汉代所谓‘经学’系指儒家之流和官僚集团对朝廷所法定之‘经典’的辟发和论说，由此而累积建构的学问。”[④]

（二）经学的功能及汉魏之际的衰微

汉武帝独尊儒术，其目的是面对六朝存遗的博杂纷扰之多样化思想，拟以尊经尊儒来统合，期能达成政治大一统，以巩固汉帝国政权的目的。为配合政治上安邦定国的大治理想和目的，潜

① 《汉书·武帝本纪》建元五年载：“春，罢三铢钱，行半两钱。置五经博士。”

② 屈万里先生考宋人廖刚所著《诗经讲义》为“诗经”一词最早的使用，此书约成于南宋初年，其后，“易经”“书经”“诗经”等成了普遍的称法。

③ “经学”一词首见于《汉书·兒宽传》，文中谓武帝时，“以宽为掾，举侍御史。见上，语经学。上说（悦）之”。

④ 曾春海《两汉魏晋哲学史》，五南出版社2008年版，第83页。

心治经，享有汉代儒宗盛名的董仲舒借助《公羊春秋》创发一己思想，致力发展成理论，蔚为左右政治思想的时论。他在上疏的条奏和其著作中，常宣示《春秋》之“道”“义”“法”，于是逐渐在经学发展史上形成经义即理论的思潮。同时，他为了实现关心政治及导正政治趋向之目的，特别建立了“通经致用”的学风，他拓展出《公羊春秋治狱》，堪谓汉儒典范，蔚成汉代以《春秋》决狱、以《尚书》的《洪范》篇察变及吸取《禹贡》篇的思想资源来治河。此外，他又以《诗》三百篇当谏书之根据，充分反映了他治经学以通经致用之淑世取向。经学在汉代营造了统摄政治与文化之最高的儒家意识，吸纳战国所留传的百家之学，取得中国文化发展的核心价值及宗主地位，具有维系人心及促进中国文化之连续性和整体性的功能。

汉武帝独尊儒术之“独尊”意指将儒家典籍推尊到经典的权威地位后，只许学者研究、阐扬，不许质疑、批评和悖反。不仅如此，他还采取开治经的利禄之途以资诱因。例如汉公孙弘由于治《春秋》经有成而得以从布衣擢升至天子三公的尊荣地位，被封为平津侯。汉元帝之后，“公卿之位，未有不从经卫进者”[①]。然而，通经致仕之途，所通之经当立为学官之“经”。在西汉时，以董仲舒为代表的用汉代通行之隶书写成的今文经学被立为学官，至于不能立为学官的家学，只能在民间授受传播，如用先秦篆书写成的“古文经”。周予同在为皮锡瑞《经学历史》所写的《序言》中扼要地指出两者间的特色及流弊，他说：

> 今文学以孔子为政治家，以“六经”为孔子致治之说，所以偏重于“微言大义”，其特色为功利的，而其流弊为狂妄；古文学以孔子为史学家，以“六经”为孔子整理古代史

① 皮锡瑞《经学历史》，中华书局1959年版，第101页。

料之书，所以偏重于“名物训诂”，其特色为考证，而其流弊为繁琐。

今文经学家借“经”论政，动辄从经书中摘用可资发挥己意的语句，常流于主观臆解附会，谓为经书中的微言大义。今文经较侧重通经致用，以产生功利性的政治、社会效益为目的，其流弊为荒诞不经，空疏而不着实际。古文经学家视孔子是史学家，在学术研究的取向上较侧重历史文献的考辨、整理和章句训诂，其流弊是繁琐而歧出了所以然之理的探索，缺乏对时代人生与政治困境的启发性意义。由于董仲舒将解经之学的内容掺入了晚周邹衍谈阴阳五行的五德终始说以及先秦天人感应的灾异说，构成一套神秘的天人感应政治学。两汉之际的儒学倾向于方士化的异化，谶纬、符命流行，借着对经学的依附而产生深广的影响力，也给汉代经学戴上了迷信、荒诞的面纱。东汉的王充指出迷信与不理性的尊古是汉代学术发展的两大障碍。

经学的滋长在汉代又衍生了谶、纬。“谶”指图谶或谶记，系“诡为隐语，预决吉凶”的神秘性预言，汉儒为了增加谶言的权威性而利用孔子的圣人地位及儒家经典的神圣性来附会谶言，例如附会于《春秋》经者有《春秋》谶。“纬”指纬书纬学，相较于“经”类比于织布的纵线，“纬”则类比于织布的横线。因此，纬书系附会经书而另编的新书，其内容既有注经者，也有讥刺时弊者，内容复杂，有神化孔子的荒诞言说处。其实纬是经学的支流。汉章帝建初四年（79）召集儒生们聚集于白虎观，这是一场论辩五经同异、统一经义的定调会议。章帝亲临且裁决、做结论，命班固将会议结论编辑，定名为《白虎通义》

或《白虎通》[1]。该书虽兼采古文经说，却以今文经学为主，大量征引谶纬，其人伦道德观系董仲舒与谶纬的合流。《白虎通义》所确立的谶纬经学为东汉的正统儒学。《白虎通义》强化三纲六纪为摄家庭、社会和政治全面伦理罗网，几乎可说是东汉社群伦理的宪法，其功用旨在稳固和永续汉帝国的专制政权，其所确立的三纲六纪成为封闭的伦理意识形态，魏晋政权标榜道德礼法的名教之治所本。所谓三纲大义虽在儒家经典中无明文载述，却见于《礼纬·含文嘉》。《白虎通义·三纲六纪》引之，且进一步阐释为：

> 三纲者何谓也？谓君臣、父子、夫妇。六纪者谓诸父、兄弟、族人、诸舅、师长、朋友也。故《含文嘉》曰："君为臣纲，父为子纲，夫为妻纲。"又曰："敬诸父兄，六纪道行。诸舅有义，族人有序，昆弟有亲，师长有尊，朋友有旧。"何谓纲纪？纲者张也，纪者理也。大者为纲，小者为纪，所以张理上下，整齐人道也。

"纪"由"纲"衍生，较纲低一层。回溯历史，三纲伦理源于先秦《韩非子·忠孝篇》所云："臣事君，子事父，妻事夫，三者顺则天下治，三者逆则天下乱，此天下之常道也。"这是一套由宗法血缘的社会结构所衍生之宗法封建社会下的宗法伦理。"纲"原指提纲的总绳，引申其义为人伦关系中居于主要或支配地位者。质言之，道是君统率臣、父统率子、夫统率妻的宰制性伦理、位差性伦理。董仲舒谓："诸所受命者，其尊皆天也。虽谓受命于天亦可。"[2]盖子受命于父、臣受命于君、妻受

① 该书有不同的名称，《后汉书·班固传》称《白虎通德论》；《隋书》《旧唐书》称《白虎通》；《新唐书》称《白虎通义》。

② 董仲舒《春秋繁露》。

命于夫，受命者为尊，统属者卑，故“尊压卑，固其义也”。而“卑胜尊”则是逆命，逆命者当被克制。因此，董仲舒授法入儒，将儒家伦理法家化，成为封建威权式的规范伦理。在他所改造的三纲伦理下，君、夫、父为强势阶层，拥有统率、宰制臣、妻、子的权威。相对的，居位阶之下的臣、妻、子沦为弱势阶层，失去人格的尊严和道德人格的主体性，成为君、夫、父的依附体，丧失了人天生为人所应有的人权（做人的基本人权）。这套封建性的宗法伦理不但运行于东汉，而且成为魏晋时代豪门士族的权柄，道德礼法之士压迫弱势群体的魔咒。

（三）汉魏之际儒家经学诠释的转向

汉武帝虽采董仲舒的对策，罢黜百家，独尊儒术，然而，当我们考察董仲舒所建构的今文经学诠释学，发现其却是出入百家之学，其中尤以黄老之学、法家、阴阳五行说为甚。因此，汉代经学实质上是兼采诸家，形成以儒、道、法为主要思想结构的阳儒阴杂之经学。其中值得我们特别注意者是东汉末年衔命统合今古文经学的经学大师郑玄和王肃。东汉后期的经学诠释学发展出两个主要趋势，一是渐离弃汉儒既会的注经糟粕，例如章句训诂、谶纬附会之类，改采以传解经，以简驭繁之路向；其二是汲取老庄学说中对现实诸般问题进行辨析理解和诠释的思想资源。经学表述形式及内容的转化，为酝酿魏晋玄学提供了必要的前提，郑玄和王肃是这一转折过程中的关键性人物。

我们从郑玄所注撰的《易纬乾坤凿度》《易纬乾凿度》以及其《论语》注中即可看出其儒道兼综的解经取向，例如他注《易纬乾坤凿度》：“大易始著，太极成。太极成，乾坤行。”时云：“太易，无也。太极，有也。太易从无入有，圣人知太易有理未形，故曰太易。”[①]他诠解“性无生，生复体”这一命题时说：“天地未分之时无生，生与性天道精，还复归本体，亦是从无入有。”[②]这是采取《老子》以无为本体，万物之生成系“从无入有（有生于无）”的宇宙生成论以及“返者，道之动”的形上律动原理。他在诠解“天数一，九，二十五”时说：“一者，无也。用之，为九。数成为用尽二十五。”以“一”为无形无状却又具涵无穷形上属性的本体，系统摄天地万物的绝对体（至一）。“用之，为九”，“九”指天数之最大者，意指本体的作用至大，有无限的可能性。“二十五”是《易·系辞传》所谓五个天数：一、三、五、七、九的总和，表征天道的发用数纪。他在诠解“虚无感动，清净炤哲”这一语句时，鉴于此句系解释《易·系辞传》“寂然不动，感而遂通”之涵义，乃资取《老子》天清地宁，本体的体性是寂然清净的，才能运行万物之思想，提出：“炤，明也。夫惟虚无也，故能感天下之动。唯清净也，故能炤天下之明。”[③]郑玄引《老子》的思想资源来阐释易学研究著作《易纬乾坤凿度》，就某种意义而言，不但启动魏晋时期以《老子》玄解《周易》之趋势，也树立了经学玄学化的操作典范[④]。郑玄的《论语》注虽已亡佚，我们犹可从马国翰辑佚的《论语郑氏注》略见数斑，例如，他注《学而》篇“子曰：为政以德，譬如北辰居其所，而众星拱之”处说：“德者，无为。譬

---

① 参见严灵峰编辑无求备斋《易经集成·一五八》，成文出版社1967年版。郑玄注:《易纬乾坤凿度》卷上《乾凿度》（据清乾隆四十年武英殿聚珍丛书本影印），第8页。

② 同上。

③ 同上，第3页。

④ 金春峰在其所著《汉代思想史》（中国社会科学出版社1987年版）一书中，全面性地归纳出郑玄引《老》注《易》的四项要点：一是自然无为，物性自得；二是本体寂然虚无清静；三是从无入有，有生于无；四是以理释道。详情请阅该书第609—611页。

犹北辰之不移而众星拱之也。”[①]儒家系以德治来感化人民，培养人格自律的德化人格方能“无为”，郑玄则明显地采《老子》“无为而无不为”的玄德来诠解《论语》的“无为”。

汉魏之际，中原局势剧变，唯有荆州政局安定且优礼文士，各地学者群至，形成学术中心而衍生荆州学派。其中宋衷对《周易》及扬雄的《太玄》《法言》皆有研究和著述[②]。虽然宋衷著作大多佚失，但是，我们仍可由李鼎祚《周易集解》一书略窥其易学风格乃是重义理而兼采象数；此外，宋衷解《太玄》已舍弃了扬雄占卜象数、祸福、吉凶之途，亦即他已超越数术而直探宇宙本体与生成变化之理，对玄思有启迪之功。王弼嗣祖父王粲亦属荆州学派，在其《文集》中，也偶见老庄思想，例如寡欲、守静，可能与当时宋衷好言天道有关。王肃曾随宋衷一起读《太玄》[③]，是荆州学派的重要人物之一。他所著的《孔子家语》是留下来的唯一完整作品，此书最大特色就是以道家思想补充论证儒家思想，明显地具有儒道兼综之特色。那微认为《孔子家语》中儒道兼综的突出特色表现在三个要点上：一是《孔子家语》大肆渲染孔子拜老子为师：二是宣称西周是按照儒家的原则来治国安民的；三是《孔子家语》所论述的“道”已含具道家形上思想[④]。

由郑玄及荆州学派学者的著作中可看出，他们已在儒、道相摩相荡的关系中兼综儒道。这一学术趋向，标志汉代儒家经学在汉、魏之际已转化成经学的玄学化，玄学丰富且深化了儒家经

① 见郑玄撰《论语郑氏注》卷一，第300页。收入《玉雨山房辑佚书·四》，江苏广陵古籍刻印社。此则邢昺疏本作包曰；皇侃疏本作郑曰。

② 《全后汉文》卷八十六“宋衷”云：“衷一作忠，字仲子，南阳章陵人。刘表据荆州辟为五业从事，有《周易注》十卷、《太玄经注》九卷、《法言经》十二卷。”

③ 《三国志》卷十三《魏书·王肃传》中云：“（王肃）年十八从宋衷读《太玄》，而更为之解。”鼎文书局1990年版，第414页。

④ 见许抗生等著《魏晋玄学史》第一章《魏晋玄学的产生及其思想的渊源》，陕西师范大学出版社1989年版，第22—25页。

学的内涵，经学则提供了玄学的舞台，提升了玄学之曝光率和传播力度。《论语》与《周易》是儒家哲学的两大支柱，《老子》是原始道家哲学的首要经典。经学的玄学化，正始玄学时期的何晏、王弼颇具建树之功，他们的着力处都在上述三本学术巨作。何晏的相关著作有《周易解》《论语集解》与《道德论》，王弼的相关著作有《周易注》《论语释疑》和《老子注》。两人在道体儒用的诠释原则下，使《周易》《论语》从古文经的训诂谶纬、繁琐僵化的缺点及今文经学奇怪荒诞的流弊中脱胎换骨，从经学的危机中获致转机。学者们已具共识性地认为："玄学经学是玄学的一部分，是玄学家关于儒家经典的注疏说，其特征是用老庄思想解释儒经，并且只把儒经作为一种凭借，重点不在疏通经义，而在发挥注释者自身的见解。"[①]因此，魏晋玄学又在学界被称为"新道家"，其所以区别于先秦原始道家处，就在于兼综儒道。

三、两人对经学的肯定及抱负

竹林玄学时期，无可质疑，阮籍和嵇康是其中的思想精英分子。从他们留下的著作中，不难发现他们少年时代皆企求内圣成德及立志为社会、国家建功立业。他们早年皆受到"建安风骨"的熏陶和深刻影响。盖建安文人承受社会崩解的残酷历史事件，同时，也欣逢长期僵化的社会意识逐渐解放。在这一新旧社会文化衔接的过渡时期，个体意识觉醒，文人的个性和才华得以自由舒展。"慷慨任气"是建安时期知识分子的普遍精神特征，后世称这种精神特征为"建安风骨"乃缘于一方面对人生短暂而无常的哀叹，例如曹操《短歌行》所谓："对酒当歌，人生

① 任继愈编《中国哲学史·魏晋南北朝》，人民出版社1988年版，第627—628页。

几何？譬如朝露，去日（过去）苦多。慨当以慷，忧思难忘。何以解忧，唯有杜康。”另一方面他们有汉代儒家所标榜的《左传》所言立功、立言及立德等人生三不朽的价值理想，心中又胸怀大志，企求建功立业，名留青史，曹操《秋胡行》其二言：“不戚年往，忧世不治。”《龟虽寿》谓：“神龟虽寿，犹有竟时，腾蛇乘雾，终为土灰。”“老骥伏枥，志在千里，烈士暮年，壮心不已。”

（一）阮籍的经学

阮籍父亲阮瑀，文学才华高，傲然独得，任性不羁，系著名的“建安七子”之一，早年曾受学于蔡邕，深受曹操父子所赏识。阮籍虽早年丧父，但是他在才艺、性格、风貌上与其父很神似。

阮籍青少年时期适逢曹魏政权的相对稳定期，颇具建功立业的壮志。《晋书·阮籍传》描述他“尝登广武，观楚汉战处，叹曰：‘时无英雄，使竖子成名！’”此外，《太平御览》中的《魏氏春秋》称赞说：“阮籍幼有奇才异质，八岁能属文。性恬静。”他在十四五岁时，勤读《尚书》《诗经》，慕好儒家先贤颜回、闵子骞，潜修内圣外王的儒学志业[①]。不仅如此，他还勤习剑术，志在他日参军，能在旗阵飘飘、金鼓齐鸣的声势中，伸展自己建功立业的淑世宏愿。当然，他也深情期待能有大好的参政良机，在圣君贤臣的齐心协力下，共创儒家治国、平天下的千秋大业。在残酷的高平陵事件前，阮籍有二篇涉及儒家经学的著作《通易论》《乐论》。陈伯君宣称阮籍“一方面论《易》论乐，一方面‘尤好老庄’，两者显然不是同时并存，而是有时代先后的。他的思想，可以说是由‘儒’入‘道’”[②]。儒家的政

① 见阮籍《咏怀诗》第十九首自述云：“昔年十四五，志尚好书诗，被褐怀珠玉，颜回相与期。”

② 陈伯君《阮籍集校注》，《序文》三，中华书局 1987 年版。

治理论是以德治为主、刑治为辅，重德慎刑。此说可溯源于《论语·为政》孔子曰：“道之以政，齐之以刑，民免而无耻；道之以德，齐之以礼，有耻且格。”德治是培养道德感及美德的德性伦理学倾向，刑治是吓阻人造成社会恶的规范伦理学倾向。荀子主张礼乐教化以导正人们的社会人格，他认为乐教旨在融通人与人的内在情感，使人我在其乐融融的乐教中融洽感通，而无人我的疏离和对立。礼教则承继周代宗法社会结构的社群秩序及群己界限下的道德规范，明分使群，厘清位分和理分，维系男女、老幼、尊卑、贵贱之礼教。阮籍的《乐论》本着儒家乐教的传统，重申儒家“安上治民，莫善于礼；移风易俗，莫善于乐”的德治教化思想。他在《乐论》一文中谓：“疆乐外内也。……尊卑有分，上下有等，谓之礼；人安其生，情意无哀，谓之乐。……礼定其象，乐平其心；礼治其外，乐化其内，礼乐正而天下平。”对阮籍而言，若要治理好国家，则需礼、乐、教、刑四种机制之运用，此四者分别发挥安治社会国家之功能，交互为用，且互补共济于天下的平治。阮籍说：“刑、教一体，礼、乐，外、内也。刑弛则教不独行，礼废则乐无所立。”①

阮籍本着儒家进德修业创制礼乐刑教以人文化天下之立基点来诠释《周易·大象传》中所涉及的君子、大人、先王、后、上者等理想政治人格为典范性的儒家人格。他特别突出具儒家浓厚特色的《大象传》。他依据《系辞下传》“古者庖羲氏之王天下也，仰则观象于天，俯则观法于地，观鸟兽之文，与地之宜，近取诸身，远取诸物，于是始作八卦，以通神明之德，以类万物之情”之八卦源起本义，在其《通易论》中，解说八卦及所衍生之六十四卦的源起本义。他说：

① 陈伯君《阮籍集校注》，《乐论》，第89页。

> 庖牺氏当天地一终，值人物憔悴，利用不存，法制夷昧，神明之德不通，万古之情不类，于是始作八卦，引而申之，触类而长之，分阴阳，序刚柔，积山泽，连水火，杂而一之，变而通之，终于未济。六十四卦尽而不穷。[①]

在文明未昌的原始时代，缺乏法律与制度来厘定社群生活的秩序结构及运行常规，以致人与人、人与万物之间的关系杂乱无序。神明造化之功在缺乏人的参与和辅助时，显得有未通达处。彼时人们处在蒙昧无知的状态，生活困难，生命意义不显。阮籍认为伏羲为走出困境而创制八卦，开创人类的文化与文明，后人再推展为六十四卦。以苍生为念的上古政治精英企图通过这套易卦系统，俾便于天下苍生对于万物存在和变化的所以然之理能深刻地如实了解和配合，实现利用天地自然资料以厚植民生物用之所需。在天生人成的天人和谐互动关系下，天道神明造化之功得以畅达。人的生命之维护，不但可获致天然的庞大资源，且在人文精神自觉下，逐渐创造精神文化，充实人文生命之内涵，提升人类生命的意义和境界。

《周易·系辞下传》云“易穷则变，变则通，通则久”，意指《易经》系知变应变，与时偕行地变通时务，以求长治久安的生存智慧。阮籍深识其所以然之理，点出我们由《易》可学习应时当务的处变智慧。他在《通易论》谓：“道至而返，事极而改。‘反’用应时，‘改’用当务。应时，故天下仰其泽；当务，故万物恃其利。”[②]他所强调的应时当务之学易旨趣，意在穷究阴阳变化的自然法则以及人类历史变迁中所蕴藏的盛衰兴亡之法则，活用在解决人生困境及社会、政治的实务问题上。朱伯昆论究其易学性质说：

① 陈伯君《阮籍集校注》，《通易论》，第105—106页。
② 陈伯君《阮籍集校注》，第116页。

“其（阮籍）易学属于当时的义理派，继承和发挥了古文经学派以《易传》解释《周易》的传统，同管辂的占术是不同的。”[①]因此，阮籍的易学不但充满理性化的认知精神，更重视善用工具理性以应时当务地实现安顿人们生命之价值理性理想。他对《周易》的诠解，显示出他向往于儒家积内圣之美德，务求为人类福祉建功立业的崇高理想。例如他把乾卦中所言的“龙”，喻示为具有崇高美德，刚健不息于经世安邦的政治精英，乾卦上九“亢龙有悔”则被诠解为居君王之权位却德行不足，只顾满足一己的贪婪欲望而漠视民生疾苦的缺德之君，终自食恶果。

他秉持仁智兼备，积极入世，创造全民福祉的儒家哲学，一以贯之于《通易论》中。例如他诠解乾卦爻辞中的“大人”，谓：“‘大人’者何也？龙德潜达，贵贱通明，有位无称，大以行之。”[②]“潜”指九二爻爻中的“潜龙”，“达”指九五爻爻辞中的“飞龙”，“龙德潜达”意指大人本着修德以淑世志节，不论际遇的穷达皆一以贯之。他本着一贯的立场来诠解《易·大象传》中的“先王”[③]这一概念。阮籍说：

> “先王”何也？大人之功也。故“建万国，亲诸侯”，树其义也；“作乐”“荐上帝”，正其命也；“省方”“观民”，施其令也；“明罚敕法”，督其政也；“闭关”“不行”，静乱民也；“茂时育德”，应显其福也；

① 朱伯昆《易学哲学史》（第一册），台湾蓝灯文化事业股份有限公司 1991 年版，第 366 页。

② 陈伯君《阮籍集校注》，《序文》三，中华书局 1987 年版，第 128 页。

③ 吕绍纲主编《易学辞典》说：“后‘为继体守业之君，相对而言，则’先王‘为建国创业之君。”（台北汉艺色研文化事业有限公司 2001 年版，第 39 页）。此外诸卦的《大象传》中，言“大人”者，只有一卦，即离卦，称“上”者亦只剥一卦；言“后”者则有泰与姤二卦；称“先王”者共有七卦，分别是比、豫、观、噬嗑、复、无安、涣；其余五十三卦则均言“君子”。

"享帝立庙"，昭其禄也。称圣王所造，非承平之谓也。

文中所提及的"先王""大人"以及未提及却出现在《大象传》中的"君子""后""上"者，虽其间的词语、涵义有殊别处，皆泛指统治阶级之上层人物。就语境所处的时代文化脉络而言，系周代依血缘关系"建万国，亲诸侯"的政治体制和维系此体制所树立之宗法伦理。其祭祀制度下的正命，或施令、督政、昭命皆属周公所创制的典章制度，连同其所制作的礼乐制度，统称为周文，是孔子的儒家哲学所肯认的制度文化，孔子说："文王既没，文不在兹乎！"[①]"周监于二代，郁郁乎文哉！吾从周。"[②]对孔子而言，周代文化是继承上古历史文化的业绩，系夏、商、周三代文化的集大成。"吾从周"一语源发于其深厚的历史文化意识及浓烈的自许承传之使命感。对彼时有经世之志的阮籍而言，他作《通易论》剖明了他绍承尊经尊孔的汉代儒家传统之心志。就当时而言，经学表征了中国历史文化的慧命和薪火，他自觉自己有责任承传这一民族文化的圣火，因此而有《通易论》之作。

（二）嵇康的经学思想

嵇康的父亲早逝，他是在母亲孙氏及兄嵇喜的养育下，才长大成人。《三国志》注引《嵇氏谱》述及嵇康先世，仅举其父兄，以及其兄嵇喜所作《嵇康传》，文中只约略述及"家世儒学"。可是，我们从他所撰《与山巨源绝交书》中所云"不涉经学"及其所著《管蔡论》《难自然好学论》二文中恣意驳斥六经及反对当时官方所厉行的礼法观，难免有不一致之疑虑，然

① 《论语·子罕》。
② 《论语·八佾》。

而，嵇康在《思亲诗》中流露出情真意切的亲情，他说："恩报德兮邈已绝，感鞠育兮情剥裂。嗟母兄兮永潜藏，想形容兮内摧伤。感阳春兮思慈亲，欲一见兮路无因。望南山兮发哀叹，感几杖兮涕汍澜。"他与哥哥嵇喜的手足情谊从其赠兄以"鸳鸯于飞""双鸾匿景旦"描述其间的形影不离之感情，以及兄从军后，嵇康诗中"独行踽""佳人不存，能不永叹"等词语表露了他对兄弟之情的思念不已。嵇康咏怀亲子之情与兄弟之情的诗作，与《诗经》同类题材的作品，相互契应辉映，他将《诗经》中的伦理亲情在其生活世界中鲜活地再现。儒家经学于他而言是人文价值的信仰、人生的真谛，不能沦为只是通经致仕，求个人荣华富贵的晋身阶而已。因此，他所说的"不涉经学"及其撰《管蔡论》的动机是在批判沦为工具价值的儒家经学及利用周、孔的道德形象来伪装自己，欺世夺权的司马氏集团。

嵇康的家世据推测当与经学曾有段纯正的密切关系。盖魏明帝（曹叡）太和二年（228）下诏："尊儒贵学，王教之本也。……申敕郡国，贡士以经学先。"嵇康时年六岁，处在魏陪都谯郡（今安徽省亳州）的政治特区，当受过儒学的教育和熏陶，曾著《春秋左氏传音》的经学类著作，可惜今已佚失。尽管如此，我们仍可从现存的嵇康诗文中得知，他对儒家《易》《书》《诗》《春秋左传》等经典相当熟悉，常在诗文中取用自如。相传嵇康曾经在太学刻三本石经，其中有《春秋》《尚书》《左传》等三种石经。据嵇康子嵇绍所述，载于《赵至传》云："赵至年十四，入太学观，时先君在学，写石经古文，事讫去，遂随车问先君姓名。先君曰：'年少何以问我？'至曰：'观君风器非常，故问耳。'先君具告之。"[①]嵇康也系一书法名家，唐代书法家张怀瓘《书断》云："叔夜善书，妙于草制，观

① 杨勇《世说新语校笺》卷中《栖逸》篇十八，明伦出版社 1970 年版，第 57 页。

其体势，得之自然，意不在乎笔墨。”韦续《墨薮》云：“嵇康书，如抱琴半醉，酣歌高眠。又若众鸟时翔，群乌乍散。”书法尽意说是魏晋所流行的书法艺术。嵇康的书法造诣被书家评为“观其体势，得之自然”，可得知其笔韵挥洒自如，生动活泼，传神之至，流露出崇尚自然、豪放不拘的生命情调。

本人认为最足彰显嵇康儒家经学思想的嵇康著作，是他临死前一吐真言的《家诫》一文。此外，就其行为而言，最能体现他所尊信的儒家精神价值者，在于他为了司法正义挺身而出为朋友吕安出庭做证而招致死刑。据史载，嵇康好友吕安，其妻被兄吕巽所污，嵇康不忍见吕氏兄弟家庭破裂，乃介入其间的纠纷，调解家事而暂息事端。吕巽、钟会皆是司马氏集团的掌权要人，吕巽为保权位，担心纸包不住火，丑事败露，乃恶人先告状，反诬其弟不孝，冠上莫须有之罪名。刚肠疾恶、见义勇为的嵇康[①]不顾自己的政治风险，毅然挺身而出，在法庭上仗义执言，愿为吕安作证洗冤。钟会见缝插针，挟怨报仇[②]，乘机陷害嵇康，司马昭被谗言所惑，一时间采纳钟会为嵇康所罗织的罪名：“言论放荡”“非毁典谟”“害时乱政”。司马昭认为嵇康是司马氏集团篡权夺位计划的戳破者，也是刚直的反抗者。于是，嵇康惨遭定罪，被判诛杀，成为政治迫害的殉道者。据载云：“康之下狱，太学生数千人请之，于时豪俊皆随康入狱。……康竟与安同诛。”[③]对人生有诸多美丽愿景的嵇康，原对生命有无限的珍爱，撰成魏晋时代受士林瞩目的鸿文《养生论》。他虽懂得遗世

① 嵇康撰《与山巨源绝交书》以“七不堪”与“二不可”的理由拒绝被推荐官职，且文中自述“刚肠疾恶，轻肆直言，遇事便发”为其甚不可之一。

② 据《世说新语·简傲》载：“钟士季精有才理，先不识嵇康，钟要于时贤俊之士俱往寻康。康方大树下锻，向子期为佐鼓排，康扬槌不辍，傍若无人，移时不交一言。钟起去。康曰：‘何所闻而来？何所见而去？’钟曰：‘闻所闻而来，见所见而去。’”盖彼时钟会已投靠司马氏集团，嵇康因此而不齿于他，故意不理他。

③ 《世说新语·雅量》注引王隐《晋书》。

忘俗，明哲保身地自全性命于乱世之理，然而，人生而为人，岂无内在的仁心义性，对司马氏集团为阴谋夺权而不仁不义残害贤良之举，又岂能无动于人性内在的不忍之心与是非之心呢？因此，他难以遏止内心泉涌不已的同情心与正义感，义无反顾地做了正义良知之高贵抉择，知其不可为而为之地为吕安向当权者讨公道，这是生与死一线之间的抉择。此际，对嵇康而言，其《养生论》中的“宝性全真”，虽是保全生命于乱世的明智之见，但是，无条件地实现仁风义举，成全人性的尊严和灵性生命之价值更崇高。嵇康用自己宝贵的生命证成了孔子所未见之人，《论语·季氏》中孔子曰：“‘隐居以求其志，行义以达其道。吾闻其语矣，未见其人也。’”他的凛言义行更是孟子眼中具浩然正气的大丈夫，盖《孟子·告子》云：“生，亦我所欲也；义，亦我所欲也。二者不可得兼，舍生而取义者也。”对孟子而言，能充养浩然之气的大丈夫，其大义应凛然地不为贫贱所移、威武所屈、富贵所淫。嵇康为正义献出他宝贵的生命，堪谓竹林七贤中的第一大丈夫。

《家诫》是嵇康在狱中写给他儿子的家书，也是临死前对儿子真诚的叮咛，属于家训性质。《家诫》的思想属性是儒家经学中的为人处世之要旨，迥异于嵇康先前的作品。《家诫》全篇的论述以“守志”来言“君子”的人格特质。文中开门见山地以“人无志，非人也”来勉励儿子作君子之志，盛赞申胥、夷齐、展季、苏武等人能固守志节。其中的“夷齐”指伯夷和叔齐，殷商末期孤竹国（今河北省卢龙县南）国君的两位儿子。孤竹君拟立叔齐为君位的继承人，叔齐却让位给哥哥伯夷，伯夷不肯，其理由是要顺从父亲的意思，随后就出走了。叔齐也不肯继位，也出走了。武王灭商，建立周王朝，伯夷、叔齐解读其意义是以臣伐君，不仁不义，采取“不若避之，以洁吾行”的回应态度，大义凛然地不食周粟。两兄弟选择隐居在首阳山（今山西省永济市南），以采食野菜山果度日，最后仍难免饿死。五百年后，孔子将伯夷、叔齐推尊为全身自爱、保全志节的典范。《论语·微子》载曰："子曰：'不降其志，不辱其身，伯夷、叔齐与！'"孟子认为最重要的事莫过于"尚志"，他诠解"尚志"，说："仁义而已矣，杀一无罪，非仁也；非其有而取之，非义也。居恶在？仁是也；路恶在，义是也。居仁由义，大人之事备矣。"[①]嵇康《家诫》的"守志"说可证立系本源于儒典中的《论语》《孟子》。嵇康自知"刚肠疾恶，轻肆直言，遇事便发"种下了大祸，他对牵累家人感到亏欠之至，他爱子心切地在《家诫》中恳切告诫嵇绍千万要慎言谨行。他在《家诫》中叮咛说："夫言语，君子之机，机动物应，则是非之形著矣，故不可不慎。若于意不善了，而本意欲言，则当惧有不了之失，且权忍之。"嵇康叮嘱嵇绍"慎言"系出于爱护儿子，要儿子懂得在险恶的人心和世局中能自我保全，千万勿因失言而祸从口出，遭遇不测之灾妄。嵇康《家诫》所云"夫言语，君子之机"其语典出于《易经·系辞上传》第八章："言行，君子之枢机，枢机之发，荣辱之主也。……子曰：'乱之所生也，则言语以为阶。君不密则失臣，臣不密则失身，几事不密则害成，是以君子慎密而不出也。'"可见嵇康对儒家经典的沉潜与造诣。

四、两人对经学的严厉批判和扬弃

在魏晋的政治史中，篡杀更迭，公元220年10月，魏文帝曹丕篡汉称帝，东汉灭亡。公元226年正月，文帝卒，明帝曹叡即位，于公元239年过世。正始元年（240），齐王曹芳即位，依明帝遗嘱，由曹爽与司马懿共同辅政，以这两人为核心的政治集团展开了明争暗斗。司马氏集团经年部署，终于公元249年发动高

① 《孟子·尽心上》。

平陵政变，重创曹爽集团。据《晋书》卷一《宣帝纪》载：“诛曹爽之际，支党皆夷及三族，男女无少长，姑姊妹女子之适人者皆杀之。”所谓“支党”指曹爽、何晏等八族，皆遭灭门式的抄斩。当时由何晏、夏侯玄等人主导的清谈玄论当权者，几乎被杀尽，杀人总数当以万计①。司马氏集团取得专权后，一些忠于王室的人相继被杀，例如忠于魏氏的诸葛诞、王经。同时，贾充、王沈等人不以卖主求荣为耻，为虎作伥，被司马昭擢升，政治伦理荡然无存。司马师于254年胁迫太后以“毁人伦之叙，乱男女之节，恭孝日亏，悖傲滋甚，不可以承天绪，奉宗庙”②这种莫须有之罪名废曹王芳，改立曹丕另一孙子高贵乡公曹髦。司马昭于260年杀曹髦时，也逼迫太后写了一道指责令，谓曹髦“造作丑逆不道之言”诬谤太后。司马氏父子自身不忠不义，却以不孝的罪名加害皇帝，令尚有良知的知识分子实难容忍。

阮籍、嵇康等人皆不齿司马氏集团的篡位、弑君之种种阴谋和恶行。同时，垄断政治、经济特权的豪门世族，挟道德体法的名教机制来宰制、打击与自身利益有冲突的对象。像王祥、何会等人以沽名钓誉的行为获致荣显和厚禄，参加司马氏篡位的阴谋以巩固自己既得的利禄，深为阮籍、嵇康等人所鄙视。对竹林七贤而言，道德礼法有其纯正和庄严的意义，可是落在人面兽心、衣冠禽兽的礼法之士手中，异化为丑陋的政治工具。质言之，汉代营造的庞大礼教体制在魏晋之际，沦为野心政官用以相互吹捧、标榜的工具，目的在于骗取社会的认同和信服，夺取自己的政治特权和经济利益。就另一面向而言，当权派利用礼法机制来营造儒家式忠、孝、廉、洁的封闭型意识形态以束缚百姓，控制社会且打击异议分子，嵇、阮等竹林七贤看透了当权的

① 参考唐修《晋书》《三国志》裴注引的古籍，《三国志》之《三少帝纪》《曹爽传》。
② 见《三国志》卷四《魏书四·三少帝纪第四》，鼎文书局 1979 年版，第 128 页。

豪门世族包藏祸心、凶狠奸诈的恶行，于是不约而同地对滥用和践踏名教的应法之士进行了激烈的批判。

阮籍在《大人先生传》一文中尖锐地批判名教当权者以机制分化人际关系为尊卑贵贱的差等阶级，建构一套权贵宰制下属阶服，造成剥削、压迫等不公不义的道德礼法规范。他针对弱势团体所受的种种歧视、凌辱之痛苦，资借道家哲学来批判不合理的儒家已被异化的名教社会。阮籍极力主张，人类在原始的自然状态中是相互平等的，名教社会中的贵贱之分、尊卑之别是以人类为中心所制造出来的社会属性，并非人天生的本真之性。他对汉代尊经尊儒所营造出来的异化之名教体制及其封闭的意识形态，义愤填膺地狠批，所谓：

> 今汝（礼法之士）造音以乱声，作色以诡形，外易其貌，内隐其情，怀欲以求多，诈伪以要名，君立而虐兴，臣设而贼生，坐制礼法，束缚下民。欺愚诳拙，藏智自神。强者睽眠而凌暴，弱者憔悴而事人。假廉而成贪，内险而外仁。……汝君子之礼法，诚天下残贼、乱危、死亡之术耳，而乃目以为美行不易之道，不亦过乎！

儒家原来纯正的名教尚美誉，实至而名归。以名为教，其目的是劝善兴贤，德化人格，营造善良的社会风气。若以赏罚、利害为手段推行名教，则利欲熏心的人，不自觉地舍本逐末，把手段倒转成目的，于是矫情造作，假仁假义滋生，沽名钓誉，心怀不轨的伪君子层出不穷。阮籍痛斥他所目睹的君臣官僚体系“坐制礼法，束缚下民”，虚伪的君子形象及沦为政治统治的恶的工具化礼教，是造成天下“残贼、乱危、死亡”等祸害的凶手。此外，他还著《弥猴赋》一文，以拟人化的笔法，借人们所熟知的诡诈猕猴来比拟戴着名教面具那的礼法之士，所谓“外察慧而内无度”“巧言而伪真”。阮籍对那帮通经致仕、累世为官的经礼世家、政治权贵颇为不齿，对他们衣冠禽兽的败德行为予以严厉谴责。他在生活上也本着天生的真性实情来驳斥不合情理、违反人之常性的汉魏儒家礼教，例如当时礼教森严，需防止不伦之情发生，设立种种束缚人正当基本往来的禁忌，其中之一是规定常住同一屋檐下的嫂叔不得通问，可说真是苛刻得不近人情了。阮籍于嫂嫂返娘家时，本着平常心和人之常情，趋前致候，有人便讥笑他不懂礼教。阮籍却潇洒自如地说：“礼岂为我辈设也？”盖儒家的礼文化原是发乎情、止乎礼，而不通人情事理的礼教，压抑、悖逆人内在的真切情感，且压迫人勉强遵循，当然会显得虚情伪饰而失去真实感，反而令人感到不自然了。

嵇康对心怀小人之心，又在外貌言行上刻意伪装儒家君子人格者，深恶痛绝。他看多了这种表里不一的伪君子，他无法容忍这些欺世盗名、损人利己的戴道德面具者。因此，他写了篇《释私论》，留下千古名句“越名教而任自然”，直白地来说就是劝世人卸下社会名教的面具，脱掉名教规范的外衣，期待人们能自然地流露出真实的内在自我。“释”是开脱、去离之意，“私”指隐匿个人内心的真感情。嵇康以“唯惧隐之不微，唯患匿之不密”的语句来深刻描述这些虚情假意的藏私者。《释私论》以阐述公私之理，来区分公私与是非在概念理解上是有区别的，他用分析的思辨方法指出一位纵使心存善念良意的人，若一直对人隐埋这一善念良意，则此人仍是有隐匿之情的“私”。同理，一位自私自利的人，若能把内心的意欲坦白地说出来，让人家理解，仍是属于无隐之情的“公”。他分辨出许多人在公的领域中，由于有隐情而不告知于人则“类是而非”。有些人虽然有非善之念，却不隐埋地表白出来。就光明磊落地做人而言，这些人仍是“似非而非非”的。嵇康用辨名析理的方式厘清“公私之理”与“是非之理”是可区隔的，他撰《释私论》的旨意在务求具善意者应表露出心意以尽其善意，如此，善而能公然示意者可无所顾忌而贯彻其意。心存非善念者，若能表白出来让大家来公评，被客观判定为不善之念，则欲行私者无侥幸之心而接受公评而补救其非善之念。嵇康在《释私论》中列举了许多历史人物之范例来剖析深微而曲折之理，痛批隐埋私情的掩饰者。而心不算计对名教规范依从之利害，所谓“夫称君子者，心无措乎是非”，他以论证的方式剖明“夫气静神虚者，心不存于矜尚；体亮心达者，情不系于所欲。矜尚不存乎心，故能越名教而任自然”。他以心不算计对名教规范依达所造成的个人利害结果，才是大公无私的真君子，心怀不可告人的有隐情者，犹巧言令色地虚情矫饰，这是伪君子，是真正的小人。因此，匿情与否？是嵇康公私之辨的最关键判准了。这一判准也尖锐地迂回地狠批了经礼世家中那些心迹不一的儒家礼法之士。

汉代的独尊儒术，就客观面而言，反映了社会发展的条件和需求。儒家经学适合宗法社会的经济结构及血缘伦理。汉代独尊儒术，以政治力强行干预学术，期能收思想大一统于儒学而得巩固政权之效。汉武帝设五经博士，以利禄引诱读书人研究儒术。在其所营造的儒化意识形态中，经典和儒家圣人构成判断是非的唯一标准，此一标准形同国法，在标榜道德礼法之治的威权下，背离此一准据者，常被视为“离经叛道”“非圣无法”的名教罪人。罪轻者被谪官贬职，罪重者杀头，嵇康就是典型的例子。两汉魏晋以集权政治来统一思想，不但可使士人崇拜圣人经典，同时，无形之中也转化成对政治权威的崇拜。因此，尊经尊儒的思想大一统说，在巩固政权、统一国家的形势而言，是有其价值的，然而，对社会、学术、人生观的多元互补性之发展是不利的，那将会限制人的个性发展，压抑个人独特的才智和创造力。许多贪图荣禄的经学家顺着政治风向球而言说，若是，则经学一时之间沦为政治的奴婢，失去其标举公是公非的监督和制衡作用。在魏晋之际，汉代四百年的经学根深蒂固，统治者无一不在官方立场上标榜经学，以经明行修来恩赐利禄，造就了不少经礼世家。例如公孙弘靠着研究《春秋》就由布衣而升入天子三公，封为平津侯。汉元帝以后，公卿的权位几乎都是以通经术为猎取渠道得来的。

章句之学原为今文经学家利禄之阶，其体系庞大，委曲支派，语多附会，一部经典若为经师章句一番，则可繁衍至数十、百万言，例如“若秦延君之注《尧典》十余万言。朱普之解《尚书》三十万言”[①]。刘歆在《移书让太常博士》一文中痛批：“往者缀学之士，不思废绝之阙，苟因陋就寡。分文析字，烦言碎辞，学者罢老，且不能究其一艺，信口说而背传记，是末师而非往古。”刘歆批评经学的章句之烦琐及悖于经义两大弊端，班固在《汉书·艺文志》序的评论，也依据此说。刘勰在《文心雕龙·论说篇》扼要地批评说：“通人恶烦、羞学章句。”这是汉代独尊儒术下的结局。嵇康在魏晋之际对经学的余绪，写下了《难自然好学论》予以尖锐地批判。他在文中指出《老子》所谓仁义及礼教的产生，系因人类失去在“道”的涵融下人与天地物一体和谐的状态，人与人之间为争夺利益而相互对立、分化，在纷扰无序中，需求政治统治者标榜仁义的价值，创制一套礼教规范，外缫于人，期能建立一有方圆规矩的礼序社会，安定社群生活，企求长治久安。嵇康认为这些道德礼法的细密规范不是出自人天生的爱好，而是无中生有，且以外力涵化到人身上来的。他在《难自然好学论》一文中说：

> 夫民之性，好安而恶危，好逸而恶劳。故不扰，则其愿得；不逼，则其志从。洪荒之世，大朴未亏，君无文于上，民

① 刘勰《文心雕龙》卷十八《论说篇》。

无竞于下；物全理顺，莫不自得。……若此，则安知仁义之端，礼律之文？

他认为森严的道德礼法以及理论依据的经学，是人的自我意识觉醒，为追求所算计的自身利益，人我之间相互竞争而产生乱象。统治者为了拨乱反正，才造设仁义规范，讲明规范的所以然之理，于是才有经学的诞生及开通经致仕的荣显仕途。他在该文中说：

大道陵迟，乃始作文墨，以传其意。区别群物，使有类族。造立仁义，以婴其心。制其名分，以检其外，劝学讲文，以神其教。故六经纷错，百家繁炽，开荣利之途，故奔骛而不觉。

他认为积学以明经，积习以践礼规，其为学本质是人向外学习摄取的，不是依着人自然的性向而好学有成的。他说："六经以抑引为主，人性以从欲为欢。抑引则违其愿，从欲则得自然。"依他之见，人天生是好逸恶劳，喜欢自由自在，不愿意受制约拘束的。六经"抑引"，礼律"犯情"，仁义"理伪"，都逆反人的自然性向，按人的天生本性是不会自然爱学六经的。但是两汉以来治经学者多如过江之鲫，也是不可否认的事实。嵇康又如何解释呢？他毫无掩饰地指出，其所以然的诱因在于朝廷开了经学取士的荣显之途、利禄之道。假设，朝廷反其道而行，"以六经为芜秽，以仁义为臭腐"，则此刻正在埋首的经学之士仍然会好学不倦呢，还是会立刻抛弃经学？嵇康对否定经学的深刻分析及批判，确实切中经学的弊端，颇足发人深省。

五、结论

孔子说："道之以政，齐之以刑，民免而无耻；道之以德，齐之以礼，有耻且格。"[①]孟子则更进一步地阐明了其中的深层原理，所谓："由仁义行，非行仁义也。"[②]孔孟的儒学在引导人能探本寻源地返回人所以能践行种种德行的内在生命之根据——仁心、仁性。孔孟教人以内在体证的工夫证成仁义内在，仁性由仁心呈显，当人有先验德性心的实存性体证时，这才是道德生命的自觉自证。据此，人才能确立道德的主体性而自律性地作出人禽之辨、理欲之辨和义利之辨。孔子所谓的"道之以德，齐之以礼，有耻且格"，这是源发于道德自觉而能像孟子所言"由仁义行"的实践道德主体性所创造的道德自觉。南宋心学家陆象山说："学苟知本，六经皆我注脚。"[③]阮籍与嵇康认为，竹林七贤之"贤"就贤在有德性生命的自觉，能自主自觉地由仁义行，充分善用天所赋予人的自由意志，体现了人生而为人的高贵心性和人性尊严。他们所反对、扬弃的经学，是两汉以来以经学为工具，卖弄学问，标榜自己以沽名钓誉，贪求个人利禄而毫无真儒之志气与操守之人口中笔下的经学。司马氏集团以豪门士族的身份，通经致仕，虽为经礼世家，却极度缺乏真儒的内在道德感及外王淑世的宏愿。他们虽儒冠、儒服、儒言、儒行，却包藏祸心、心术不轨。阮籍、嵇康不齿这些把儒家经学这套道德理性价值的生命学问异化成遂行个人私欲的"工具理性"，极度扭曲、践踏了经学的真正内在价值。

（原载《哲学与文化》2009年第9期）

① 《论语·为政》。

② 《孟子·离娄下》。

③ 《陆九渊集》卷三十四《语录上》。

嵇康与《春秋》左氏学

◎郑　伟

嵇康作为“正始玄学”的名家，在魏晋思想史上大放异彩。然而，在其玄学思想不断被凸显的同时，其经学成就时常为学者所忽略，如经学史家周予同先生即认为，嵇康“与经学关系不大”①。嵇康在《与山巨源绝交书》中曾自谓“不涉经学”②，但是《北堂书钞》引王隐《晋书》曰：“晋文王上书，请嵇康为博士。”③汉魏以来太学博士多以儒士充选，入选条件至少精通一经，如果嵇康“不涉经学”，司马昭何以请他为“博士”？其实，嵇康具备良好的经学修养，而且撰有“左氏学”专著《春秋左氏传音》三卷。有鉴于此，本文主要探讨以下问题：嵇康“不涉经学”之说当如何认识？其“左氏学”有没有师承与渊源？《春秋左氏传音》有何治学特点？其学术价值如何定位？嵇康“左氏学”与其玄学思想又有怎样的关系？

① 周予同《中国经学史讲义》，见朱维铮编校《周予同经学史论》，上海人民出版社 2010 年版，第 616 页。

② 本文征引嵇康诗文均据戴明扬《嵇康集校注》，人民文学出版社 1962 年版。

③ 《北堂书钞》卷六十七《上书请嵇康》，明万历二十八年虞山陈禹谟序刻本，第 8 页。

一、“学不师授”说释疑：嵇康“左氏学”的师承与渊源

《春秋》三传中，《公羊传》与《穀梁传》在汉代已立于学官，《左氏传》主要在民间流传，至东汉末期才占据优势地位，即所谓“至魏遂行于世”（《隋书·经籍志》）。沈玉成在《春秋左传学史稿》一书中列举三国时期研究《左氏传》的学者，有王肃、曹髦、嵇康、乐详、董遇、贾洪、隗禧、鱼豢等人[①]，嵇康名列其中，主要因其撰有《春秋左氏传音》。据《隋书·经籍志》，嵇康撰有《春秋左氏传音》三卷，《旧唐书·经籍志》《新唐书·艺文志》已不见载录，可知至晚唐五代时该书已亡佚。清人马国翰据陆德明《经典释文》辑得引文五条，又据司马贞《史记索隐》辑得一条，共辑得引文六条，收入《玉函山房辑佚书》。《春秋左氏传》属于古文经，多古字古言，一般而言，学者应有师承渊源，那么嵇康是否有其师承渊源呢？

有关嵇康游学的传闻间或有之，如北魏卢元明《嵩高山记》载陆浑山有桃树遗址，云：“魏文帝时，嵇叔夜、胡昭在此学，桃树见在。”[②]胡昭生活于汉魏之交，后半生基本上隐居于陆浑山，《三国志》本传谓：“躬耕乐道，以经籍自娱。”如其本传所载，胡昭年长嵇康六十三岁，魏文帝在位期间嵇康尚在幼冲，游学陆浑山的可能性极小，《嵩高山记》之记载恐不可信。又据《神仙传》，嵇康与王烈相亲昵，曾一同入山采药，而王烈本好经学，“少时，本太学书生，学无不览，常与人谈论五经百家之言，无不该博。中散大夫谯国嵇叔夜甚敬爱之，数数就学”[③]。然而，嵇康之所以与王烈投缘，并非以经学为契合点，而

① 沈玉成、刘宁《春秋左传学史稿》，江苏古籍出版社 1992 年版，第 131 页。

② 《太平御览》第四册，中华书局 1960 年影印本，第 4290 页。

③ 《太平广记》第一册，中华书局 1961 年影印本，第 61—62 页。

是在于道术养生之兴趣，所谓“数数就学”，关涉五经传习的可能性亦小。

另有学者根据相关史料进行考索，推测嵇康“左氏学”可能师承于河东乐详学派，此说见于童强先生《嵇康评传》。据《三国志·杜畿传》注引《魏略》：“时杜畿为太守，亦甚好学，署（乐）详文学祭酒，使教后进，于是河东学业大兴。”汉魏之际，在太守杜畿的扶持下，古文学家乐详以《左氏传》教授后进，使河东地区成为“左氏学”的学术重镇。而嵇康曾经避居河东一段时间，大约到甘露三年（258）才回到山阳[①]，故而他在这一时期与当地学术团体有接触机会。童氏据此推论，嵇康极有可能在此期间师从当地学者研习《左氏传》，并撰成了《春秋左氏传音》[②]。

嵇康在河东期间受到当地经学氛围之影响是极有可能的，但是需要指出的是，嵇康自正元二年（255）始往河东[③]，在此之前他对“左氏”经义已十分熟稔。以其早期论说文为例[④]，《释私论》曰：“故里凫显盗，晋文恺悌，勃鞮号罪，忠立身存。”即引僖公二十四年传。《明胆论》曰：“故子家软弱，陷于弑君；左师不断，见逼华臣；皆智及之，而决不行也。”引宣公四年、襄公十七年传。《声无哀乐论》曰：“若葛卢闻牛鸣，知其三子为牺；师旷吹律，知南风不竞，楚师必败；羊舌母听闻儿啼，而知其丧家。”引僖公二十九年、昭公二十年、昭公二十八年传。《左氏传》史例的纯熟驭用，足以说明嵇康早年即曾受习《左氏传》，具备儒学的教育背景。这与嵇喜为乃弟所作之

① 陆侃如《中古文学系年》，人民文学出版社 1985 年版，第 588 页。

② 童强《嵇康评传》，南京大学出版社 2006 年版，第 154 页。

③ 《中古文学系年》，第 577 页。

④ 以下三例均为嵇康早年论说文，相关考证参见庄万寿《嵇康研究及年谱》，学生书局 1990 年版，第 135 页、149 页、96 页。

《传》恰相印合："家世儒学，少有俊才，旷迈不群，高亮任性，不修名誉，宽简有大量。学不师授，博洽多闻，长而好老、庄之业，恬静无欲。"（《三国志·王粲传》注引）嵇喜"家世儒学"之说当非虚辞。史料显示，他与乃父嵇昭均具备相当程度的儒学素养。嵇喜举秀才出身，自应具备较高的经学修养。嵇康之父嵇昭曾任"督军粮治书侍御史"（《三国志·王粲传》注引《嵇氏谱》），而据《晋书·职官志》，汉魏以来治书侍御史之职"掌律令"，掌管文牍律令者，亦应受过正规的儒学教育。由此而论，嵇康少年时期当是浸润于"家世儒学"的文化氛围之中。

如史家所论，在玄风笼罩的魏晋时期，儒学依然是教育的主要内容，在私人讲学中，五经亦为传习的核心典籍[①]。在此时代背景之外，或许还有政治环境的影响。嵇康的出生地为谯郡，是为魏国的陪都，具有特殊的政治地位，受到魏氏朝廷的影响比较直接。嵇康少年时代，魏氏朝廷正处于尊儒重经的时期，魏明帝太和二年（228）即曾下诏："尊儒贵学，王教之本也。……申敕郡国，贡士以经学为先。"（《三国志·明帝纪》）这种政治氛围与其经学教育之间或有一段"纯正的密切关系"[②]，嵇康受过较好的经学教育应在情理之中，《春秋左氏传》应属受习经典之一种。

嵇喜在嵇康之《传》中指出乃弟的治学特点是"学不师授""博洽多闻"，嵇康在狱中作《幽愤诗》，诗中有自评之语曰"不训不师"，与嵇喜之说两相印合，可见"学不师授"当是嵇康治学的典型特点。由此而言，嵇康早年受习《左氏传》可能仅仅为家学教育，并没有明确的师承关系。他在避地河东时期可能会受到乐详一系古文学风气之影响，但是应该并未师从某位经

① 参见林登顺《魏晋南北朝儒学流变之省察》，文津出版社 1996 年版，第 50 页。

② 曾春海《阮籍、嵇康对经学的继承和批判》，见蔡方鹿主编《经学与中国哲学》，华东师范大学出版社 2009 年版，第 249 页。

师，认为嵇康师承于河东经学恐怕言过其实。笔者认为，嵇康在河东时期撰作《春秋左氏传音》条件尚未成熟，《嵇氏音》应完成于稍后的洛阳写经时期。

嵇康回到山阳不久即赴洛阳太学抄写石经，《世说新语·言语》篇刘孝标注引嵇绍《赵至叙》曰：“（赵至）年十四，入太学观，时先君在学，写石经古文。”所谓“石经”，即魏三体石经，据《隋志》及两《唐志》记载，经文包括《左氏传》在内[①]，这与《春秋左氏传音》之成书不无关系。至于“写石经”是指为石经“书丹”还是抄录摹写，曾经引发学界的热议，目前较为一致的看法是摹写石经[②]。嵇康写经的着眼点不仅在于古文字的字体，还包括石经异文，《太平御览》卷六百一十四“赵至”条引文曰：“嵇康于学写石经古文异事。”[③]“古文异事”即指古文之异文。

洛阳写经对于嵇康来说，是一种良好的文字学训练。嵇康古文字学养之深厚，在相关史料中有所呈现。如《神仙传》云：“（王烈）少时本太学书生，学无不览，常以人谈论五经百家之言，无不该博。……烈入河东抱犊山中，见一石室，室中白石架，架上有素书两卷。烈取读，莫识其文字，不敢取去，却着架上，暗书得数十字形体，以示康。康尽识其字，烈喜，乃与康共往读之。”[④]本则传说虚实难明，其历史底蕴却端端可寻：王烈其人学无不览、无不该博，石室素书却不能解读，嵇康能够一一辨识，从中足以见出其古文字学养之深厚。在经书“训故之学”中，字音、字形与字义往往相辅而成，“古文”之摹写与辨读，应是嵇康撰作《嵇氏音》的一个重要基础。

① 参见王国维《魏石经考二》，载《观堂集林》，河北教育出版社 2001 年标点本，第 476 页。

② 参见赵立伟《魏三体石经古文辑证》，社会科学文献出版社 2007 年版，第 19—25 页。

③ 《太平御览》第二册，第 2760 页。

④ 《太平广记》第一册，第 61—62 页。

《左传》之“训故”在汉代已在相沿传习，如《汉书·刘歆传》载：“歆校秘书，见古文《春秋左氏传》，歆大好之……初《左氏传》多古字古言，学者传训故而已。”至魏晋时期，晋人杜预《春秋经传集解序》对前人“左氏学”予以总结：“古今言《左氏春秋》者多矣，今其遗文可见者十数家，大体转相祖述，进不成为错综经文，以尽其变，退不守丘明之传。”[①]当时“遗文可见者十数家”，可见汉魏时期旧注之繁多。在此，杜预指出了前人的一个学风特点：“大体转相祖述。”杜预的批评对象应该包括嵇康的《春秋左氏传音》。体味杜预的批评，更可以佐证嵇康《春秋左氏传音》应是祖述先儒，抄录旧注以广见闻，间或有所发明。这符合嵇康“学不师授”的治学特点，同时也表明嵇康应该没有具体的师学传承关系。

综上所述，嵇康《春秋左氏传音》具备三方面的撰作机缘：一是家世儒学之熏陶，一是河东学术之影响，一是摹写石经之训练。洛阳写经时期的古文字学之训练，与古音韵学密切相关，当是嵇康撰作《春秋左氏传音》的一个学术基础，《春秋左氏传音》理应完成于洛阳写经时期。

二、“间采《公羊》”说考辨：《春秋左氏传音》的治学特点与学术价值

嵇康《春秋左氏传音》佚文不繁，兹将马国翰《玉函山房辑佚书》辑本逐录于此：

> 《桓公九年传》“以战而北”，北音胸背。（陆德明《释文》）

① 程元敏《春秋左氏经传集解序疏证》，学生书局1991年版，第55—56页。

《成公十三年传》“相好勠力同心”，勠，力幽反，（《释文》）音留。（宋庠《国语补音》卷二）

《文公十四年传》“有星孛入于北斗”，孛音渤海字。《公羊传》曰：“孛者何，彗星也。”彗，似岁反，一音虽遂反。

《襄公九年》“齐位而姣”，姣音效。（《释文》）

《昭公二十一年传》“乃徇曰扬徽者公图也”，徽，帜也，帜音式。（《史记·高祖本纪》司马贞《索隐》）

《昭公二十五年传》“有鸜鹆来巢”，鸜音权。（《释文》引嵇康音）①

从辑本的引文中可以看出，嵇康的标音方式是“直音”与“反语”并用。“直音”即以他字代本字之音，如“北音胸背”“孛音渤海字”之类，这是传统的标音方式。以“反语”（反切）标音则是一种新的学术趋向。《颜氏家训·音辞》篇云：“孙叔然创《尔雅音义》，是汉末人独知反语。至于魏世，此事大行，高贵乡公不解反语，以为怪异。”②“反语”是否由孙叔然所创，学界尚有异议③，但在汉末三国时期“反语”标音已经成为一种学术新潮则无可争议。王国维云：“汉魏之间，字指之学大兴。”④所谓“字指之学”，即探究字音、字义、字形之学问。高贵乡公曹髦撰有《春秋左氏传音》三卷，但对于“反语”尚未能解，嵇康《春秋左氏传音》已运用自如，如“勠，力幽反”“彗，似岁反”等例，足见其博洽多闻、参预潮

① 马国翰《玉函山房辑佚书》第二册，广陵书社2004年影印本，第1377—1378页，1378页。

② 王利器《颜氏家训集解》，中华书局1993年版，第538页。

③ 傅定淼《反切起源旧说质疑》，见《反切起源考》，上海古籍出版社2003年版，第5—21页。

④ 王国维《魏石经考三》，载《观堂集林》，第479页。

流的学术精神。

嵇氏音的标音范围并不限于《左传》之经文，汉儒旧注抑或有所注解。如前举“文公十四年传”条即是嵇康字音旧注，另如“昭公二十一年传”条马国翰按语：〔“考《左氏传》不见‘帜’字，惟‘扬徽’杜预注：‘徽，识也。’《释文》云：‘“识”本又作“帜”，申志反，一音式。’后音正与嵇合，嵇在杜前，不应为杜注作音。案杜注称《集解》，则此必用贾、服诸儒旧说，嵇自音旧注耳。”①〕将“徽”注为“识”，当是杜预引据贾逵、服虔之旧说，清人皮锡瑞谓：“杜预《左传集解》多据前人说解，而没其名。”②此处当是隐没了前人之姓名。至于“帜音式”，则应是嵇康对先儒注文的标音。

马国翰在《嵇氏音》辑本中论及嵇康音注的一个特点，即“间采《公羊》之说”。《序录》曰：“如㔯音留，鹳音权，从《公羊》作鹳。”马氏在引文按语中一再重申这一观点，如“昭公二十五年传”条按语云：“《释文》又云：《公羊传》作鹳，音懽。是嵇从《公羊》读也。”又如“文公十四年传”条按语云：“《公羊传》曰：‘孛者何，彗星也。’彗，似岁反，一音虽遂反。”近人张寿林《续修四库全书总目提要·春秋左氏传音》承袭此说，并扩展为“间采二传之说”，将马国翰的提法加以强化，使之成为嵇康《春秋左氏传音》的一个突出特点，曰：“惟其书虽传《左氏》，亦间采二传之说，如鹳从《公羊》作鹳之类，是其证也。”③需要说明的是，自东汉以来，古文经学与今文经学的分野逐渐模糊，古文学家多兼通古今，至魏晋时期，经师解经更为通脱，即所谓“魏晋儒说经，不拘守一师，故义多别

① 《玉函山房辑佚书》第二册，第1377—1378页。

② 皮锡瑞《经学历史》，中华书局1959年标点本，第163页。

③ 中国科学院图书馆《续修四库全书总目提要·经部》，中华书局1993年标点本，第672页。

陈"[①]。义多别陈、兼通古今成为魏晋时期的治经风尚，"左氏学"之学风同样如是，这可以从晋人杜预对于左氏学风的批评中窥其端绪。《春秋经传集解序》批评先儒，以为研治《左氏传》"肤引《公羊》《穀梁》音义，适足自乱"[②]。又《三国志·杜恕传》注引《杜氏新书》杜预语："说《左氏》未究丘明意，而横以二传乱之。"由此反观，可知"间采二传之说"恰是魏晋时期"左氏学"的通行风尚。因此，嵇康《春秋左氏传音》"间采《公羊》之说"或"间采二传之说"固然可以成立，但不应作为一种治学特点过分强调。

需要特别指出的是，马国翰于《续修四库全书总目提要》检证《春秋左氏传音》"间采《公羊》之说"的论据存在问题。其论据有二：其一为"文公十有四年传"条，戴明扬对马国翰"采《公羊》"之说进行了驳论："《春秋经》：'文公十有四年，秋七月，有星孛入于北斗。'杜预注：'孛，彗也。'此处《左氏传》亦不见'彗'字，叔夜亦当字音旧注，非为《公羊》作音也。"[③]检视《左传》与《公羊传》经文，戴氏所论为是，嵇康当为旧注作音，与《公羊》之音无关。其二为另外一条引文，马国翰在《序录》和按语中反复申说，张寿林《提要》更撷取为主要证据加以论述，即"昭公二十有五年传"条："《公羊传》作鹳，音懽。是嵇从《公羊》读也。"此条清代学者已颇为留意，对此陈寿祺与皮锡瑞曾有争论。陈寿祺之《五经异义疏证》认为"鸜"与"鹳"只是版本异文的问题，《左传》"古本亦皆作鹳，音权"，至于或有版本作"鸜"，乃"误

① 简博贤《今存三国两晋经学遗籍考》，三民书局1986年版，第176页。
② 程元敏《春秋左氏经传集解序疏证》，第56页。
③ 戴明扬《嵇康集校注》，第430页。

由近刻”[①]。皮锡瑞《驳五经异义疏证》则认为“鸖”与“鹳”不过是今古文字问题，并非《左氏传》与《公羊传》经义之区别，谓：“作鹳者，今文也；作鸖者，古文也；三传文字不同，说解亦异，不必强合为一。”[②]无论其字是本应作“鸖”还是当作“鹳”，无论其成因是版本异文问题还是今古文字问题，总之，以此作为嵇康《春秋左氏传音》“间采二传之说”之证据是难以成立的。

马国翰在辑本《序录》中揭示嵇康《春秋左氏传音》之学术价值云：“如戮音留，鸖音权，从《公羊》作鹳。今虽不用，而古调独弹，比于《广陵散》云。”[③]所谓“古调独弹”，意在强调嵇康音注的独创之处。然而，尽管嵇康音注在旧注基础上间或有所发明，但是如前所论，以“鸖音权，从《公羊》作鹳”为例则不足取。继马国翰之后，近人张寿林进一步阐发《春秋左氏传音》之学术价值：

> 虽吉光片羽，已非完璧，然治《左氏》音者，得此亦足以推其大略矣。是编在先儒传《左氏》音诸书中为最早，尤为治《左氏》音重要之资料，其中如戮音留、鸖音权之类，今虽不用，然古调独弹。治古音者，实可资为巨助。[④]

在隋唐以前，诸儒传习《左氏传》音义之著作，据《经典释文叙录》《旧唐书·经籍志》《新唐书·艺文志》载，有服虔音一卷，杜预音三卷，魏高贵乡公《春秋左氏传音》三卷，曹耽

① 陈寿祺《五经异义疏证》卷三，载《皇清经解》第7册，上海书店1988年影印本，第194页。

② 皮锡瑞《驳五经异义疏证》卷八，载《续修四库全书·经部》第171册，上海古籍出版社2002年版，第231页。

③ 马国翰《玉函山房辑佚书》第二册，第1377页。

④ 中国科学院图书馆《续修四库全书总目提要·经部》，第672页。

音、尚书左人郎荀讷等音四卷，李轨《左氏传音》三卷，徐邈《春秋左氏传音》三卷。但是后来仅有嵇康音和徐邈音今存辑本，除此之外的其他诸本均已失传。早期为《左氏传》标音的专著均已亡失殆尽，嵇康《春秋左氏传音》却能辑得六条佚文，从而成为今存最早的《春秋左氏传音》著作。尽管嵇康《春秋左氏传音》已难窥见全貌，但是今存佚文作为中古时期《左传》音注的原始资料，依然弥足珍贵，它对于古音韵学之研究具有重要的学术价值。

三、“不涉经学”说疏解：嵇康的经学批判与其玄学思想之关系

东汉以来，古文学家往往兼具今文经学之修养，古文“家法”渐次不明[①]。如《后汉书》卷三十六《郑兴传》记载，河南郑兴“好古学”，“世言《左氏》者多祖于兴”。然而，作为古文经学的代表人物，其治学经历是“少学《公羊春秋》，晚善《左氏传》”，可知其古文学素养本以今文经学为基础。正如钱穆先生所论，东汉经学已无今文、古文之分，真正的分野乃是“今学”与“古学”之不同[②]。所谓“今学”乃指章句之学，汉代立于学官的各家博士均有师说之学，一般而言，“今学”多遵“师法”，也即严守某家章句。所谓“古学”即“古义”，“古学”不治章句，传习训故而已。治“古学”者往往崇尚兼通，贵在守真求实，多鄙弃章句之学，不齿于“今学”趋时干禄之风尚。

就“今学”与“古学”之分野而言，嵇康治经的路数应属“古学”。如前所论，嵇康《春秋左氏传音》间采汉儒旧注，不

① 王葆玹《今古文经学新论》，中国社会科学出版社 1997 年版，第 162 页。
② 钱穆《汉经学今古文平议》，商务印书馆 2001 年版，第 235 页。

避《公羊》《穀梁》二传，可见其治学态度博学融通。此外，由其论说文亦能见出“古学”之治学精神，如《声无哀乐论》曰：“若葛卢闻牛鸣，知其三子为牺；师旷吹律，知南风不竞，楚师必败；羊舌母听闻儿啼，而知其丧家。”葛卢、师旷、羊舌母三事分别见于僖公二十九年、昭公二十年、昭公二十八年传，嵇康以为“此皆俗儒妄记”，追究其目的无非“欲神其事而追为耳”。嵇康敢于非议经传，指责其荒谬之处，可见其治学态度务实守真。再者，嵇康在《难自然好学论》中对于趋时干禄的经学风气亦予以严厉批判，谓：“及至人不存，大道陵迟……故六经纷错，百家繁炽，开荣利之途，故奔骛而不觉。”时人为求名干禄而治经从学，即所谓“学以致荣，计而后学”，这恰是“今学”流弊之所在。如其《卜疑》所云：“文明在中，见素抱朴，内不愧心，外不负俗，交不为利，仕不谋禄。”嵇康抱持一种超越世俗、素心自守的价值理念与人文情怀，与为利禄奔骛的“今学”风尚背道而驰，不相为谋。结合汉魏“古学”精神之认识，嵇康在《与山巨源绝交书》中自云“不涉经学”，当是愤激之语，在某种程度上体现了他对“今学”风尚的批判态度。

嵇康对于“经学”之认识与其玄学思想亦有所关合。《难自然好学论》开篇立论曰：“六经以抑引为主，人性以从欲为欢。抑引则违其愿，从欲则得自然。”在嵇康看来，儒家所尊崇的六经压抑人之本性，有违于“自然”之道，这与其玄学思想颇为抵触。人之本性乃顺从天生之欲求，而六经却违背人的意愿，压抑人的天性，这正是嵇康痛心疾首之处。其他诸如“以六经为芜秽，以仁义为臭腐”之类的激烈言辞，也当是从这一批判立场出发的。“自然”之道乃是嵇康玄学思想的核心理念，而经学却违背了“自然”之道，这应是嵇康愤而自述“不涉经学”的另一触发点。

综上，嵇康“不涉经学”之说实有两层思想义涵：一则尽管嵇康自身具备较好的经学修养，但他秉持“古学”的治学理念，崇尚兼通，务实守真，鄙弃趋时干禄的“今学”风尚。另则嵇康以批判性的眼光看待“抑引人性”之经学，追求一种任心自适的超越境界，这与他以“自然”为本的玄学思想潜通暗接。由此而论，嵇康的经学理念与其玄学思想互为作用、交相影响。

魏晋时期是玄风昌炽的时代，然而，玄学家的玄心妙解并非突如其来，而是取资融会了多样的文化资源。玄学家的思想在思辨流脉的传承体系之外，往往与其经学观念紧密相连，两者之间的交互关系理应得到充分的揭示与阐发。本文以嵇康为例，考察其经学修养，阐发其《春秋》左氏学之成就，并揭示其治学特点及与玄学思想之关系，即是这方面的一种探索与尝试。

（原载《孔子研究》2012年第3期）

“竹林七贤”考

◎王晓毅

关于嵇康、阮籍、山涛、向秀、阮咸、王戎、刘伶七贤同游竹林的记载，自东晋初期见著于史传后，一千多年间几乎没有人对其真实性提出疑问。近代学术巨子陈寅恪先生首发新论，认为“竹林七贤”系东晋士人受佛教“格义”学风影响，取释迦牟尼说法的“竹林精舍”之名，附会《论语》“作者七人”之事数而成，并非历史实录①。此论石破天惊，影响了当代学术界的研究思路。一些学者沿着这条思路继续发展，对“竹林七贤”说进一步“证伪”，认为竹林七贤之间的年龄差异和居地距离，使其不可能同时聚会于山阳，而且考证出造假者可能是东晋谢安②。然而，笔者通过对“竹林之游”遗址的实地考察③，并梳理了与竹林七贤有关的文献资料后感到：尽管大师与时贤的观点推动了竹林七贤研究的深化，但智者千虑，难免有失。

---

① 参见陈寅恪《陶渊明之思想与清谈之关系》，《金明馆丛稿初编》，上海古籍出版社 1982 年版，第 181 页；《三国志曹冲华佗传与佛教故事》，《寒柳堂集》，上海古籍出版社 1980 年版，第 161 页。

② 参见周凤章《“竹林七贤”称名始于东晋谢安说》，《学术研究》1996 年第 6 期；范子烨《“竹林七贤”之名目探源》，《学习与探索》1997 年第 2 期。

③ 1996 年 10 月下旬至 11 月上旬，以方志资料为线索，作者与业师郑佩欣、丁冠之教授赴河南太行山南麓焦作、辉县地区的有关竹林之游遗址——山阳城遗址、竹林泉、嵇山、禅陵、苏门山等进行了实地考察，为重新解释有关文献提供了地理佐证。

一

关于东晋初史家受“格义”风尚影响，附会佛经而创造“竹林七贤”说法如果成立，其必要条件是：此前所译佛经中的“竹林”译名已经普遍存在。那么，史实又是如何呢？为解决这个问题，笔者据《大藏经索引》对《大正藏》中关于释迦牟尼在王舍城迦兰陀讲经园林“Venu vanan”（梵文）或“Veluvana”（巴利文）翻译情况进行了统计[①]，发现该园林存在着三种译名：“竹园”“竹林”或“竹林园”。有的译为“竹园”，有的译为“竹林”，有的则同时译为“竹园”“竹林”或“竹林园”几种不同名称。为清晰地揭示这一译名演变的规律，现将检索结果按东汉至西晋、东晋十六国、南北朝、隋唐、宋元明清五个时代分别列表，表中译名顺序按“竹园”“竹林”“竹林园”三个条目排列；“竹园”“竹林”“竹林园”三译名中有两种以上在同一经典中出现的，均归于“竹林园”条目下；每一条目内则按该经典在《大正藏》中出现的次序排列：

表1 《大正藏》汉至西晋时期“竹林”译名

译名	册数	页数	经典名称	译者与时代	译名	册数	页数	经典名称	译者与时代
1.竹园	1	837A	阿那率八念经	支曜/后汉	2.迦兰陀竹园	1	842B	受岁经	竺法护/西晋
3.迦兰陀竹园	3	79C	生经	法炬/西晋	4.竹园	3	533B	普曜经	竺法护/西晋
5.罗阅祇竹园	4	154A	中本起经	昙果、康孟详/后汉	6.竹园	4	164A	佛说兴本起经	康孟详/后汉
7.王舍国多鸟竹园	4	179A	义足经	支谦/吴	8.迦邻竹园	13	897C	般舟三昧经	支娄迦谶/后汉

① 《大藏经索引》系日本学者集体编纂，吉林文史出版社1987年版。

续表

译名	册数	页数	经典名称	译者与时代	译名	册数	页数	经典名称	译者与时代
9.罗阅祇竹园	13	920	拔陂菩萨经	安世高/后汉	10.迦邻竹园	14	625A	持人菩萨经	竺法护/西晋
11.罗阅祇竹园	14	809A	长者音悦经	支谦/吴	12.王舍国竹园	14	809C	私诃三昧经	支谦/吴
13.迦邻竹园	15	1A	持心梵天所问经	竺法护/西晋	14.罗阅祇竹园	15	507B	无极宝三昧经	竺法护/西晋
15.迦兰陀竹园	17	553B	鬼问目连经	安世高/后汉	16.迦兰陀竹园精舍	24	910A	犯戒罪报轻重经	安世高/西晋
17.迦兰陀竹林	4	203A	撰集百缘经	支谦/吴	18.罗阅祇竹园竹林	4 4	575C 576A	法句譬喻经 法句譬喻经	法炬、法立/西晋 法炬、法立/西晋
19.王舍城鹊封竹园 迦兰陀竹林园	17 17	738B 739A	时非时经 时非时经	若罗严/西晋【注】 若罗严/西晋	20.竹林迦兰檀园	28	56B	频毗娑罗王诣佛供养经	法炬/西晋
21.迦兰陀竹林竹林	50 50	99A 115A	阿育王传 阿育王传	安法钦/西晋 安法钦/西晋					

【注】《大正藏》收录了两种未注明出处的不同译本，前本译为“王舍城鹊封竹园”，后本译为“迦兰陀竹林园”。《中华大藏经》（中华书局1989年版）36册收录了该经两种有出处译本：高丽本与《大正藏》前本同，清藏本与《大正藏》后本同。

表2 《大正藏》东晋十六国时期“竹林”译名

译名	册数	页数	经典名称	译者与时代	译名	册数	页数	经典名称	译者与时代
1.竹园	1	12A	长阿含经	竺佛念/先秦	2.竹园	2	640B	增壹阿含经	瞿昙僧伽提婆/东晋
3.竹园	4	147A	十二游经	迦留陀伽/东晋	4.迦兰陀竹园	4	619A	出曜经	竺佛念/后秦
5.迦兰陀竹园	11	528C	大宝积经	后秦鸠摩罗什/后秦	6.迦兰陀竹园	14	642A	持世经	后秦鸠摩罗什/后秦
7.迦兰陀竹园	15	242C	禅秘要经法	后秦鸠摩罗什/后秦	8.罗阅祇竹园	15	518B	宝如来三昧经	祇多蜜/东晋
9.迦兰陀竹园	16	127A	华手经	鸠摩罗什/后秦	10.迦兰陀竹园	22	264A	摩诃僧祇律	佛陀跋陀罗、法显/东晋
11.迦兰陀竹园	22	605C	四分律	佛陀耶舍、竺佛念/后秦	12.迦兰陀竹园	24	867B	鼻奈耶	竺佛念/后秦
13.耶离竹林	15	509B	中阿含经	瞿昙僧伽提婆/东晋	14.竹林	43	329B	大庄严论经	鸠摩罗什/后秦
15.迦兰陀竹林	15	33A	思益梵天所问经	鸠摩罗什/后秦	16.竹林	16	355B	金光明经	昙无谶/北凉
17.竹林精舍	17	552A	除恐灾患经	圣坚/西秦	18.竹林精舍	21	521A	灌顶经	帛尸梨蜜多罗/东晋
19.竹林	38	340A	注维摩诘经	僧肇/后秦	20.竹园竹林	43 43	33B 33A	佛所行赞 佛所行赞	昙无谶/北凉 昙无谶/北凉
21.竹园竹林	23 23	31C 243A	十诵律 十诵律	弗若多罗、罗什/后秦 弗若多罗、罗什/后秦	22.竹园竹林	25 25	77C 206C		鸠摩罗什/后秦 鸠摩罗什/后秦

表3　统计结果[①]

时代	总数	竹园	竹林	竹林园
东汉至西晋	21例，100%	16例，76%	1例，5%	4例，19%
东晋十六国	22例，100%	12例，55%	7例，32%	3例，13%
南北朝	16例，100%	5例，31%	7例，44%	4例，25%
隋唐	49例，100%	9例，18%	18例，37%	22例，45%
宋元明清	21例，100%	3例，14%	11例，53%	7例，33%

以上统计结果无法支持“竹林七贤”是东晋史家附会佛教典故而成的观点，理由如下：

首先，“竹林七贤”说形成于东晋初期，而在此之前东汉三国西晋时期佛教译经的21例中，“竹园”16例，占76%；“竹林”仅1例，占5%；“竹林园”4例，占19%。释迦牟尼说法处，大多数被译为“竹园”，而不是“竹林”。原因很简单，“竹园”的译法，符合汉晋时期中国社会的思想观念和语言习惯。这时期的贵族园林多以“园”命名，如“沁园”“金谷园”等。如果东晋初期的史家以这类佛经附会道家的七贤，应创造出“竹园七贤”更合逻辑。按史学界通行的规则，对古代史籍中有明确记载的事件，如果今人要证其不实，应拿出更有力的证据。可见，尽管东汉三国西晋所译佛经有少数“竹林”译名，但是面对大多数被译为“竹园”的事实，要推翻东晋初期史家的文献记载，显然证据不足。

其次，自东晋初期“竹林七贤”说流行后，佛经翻译才开始了由“竹园”向“竹林”的缓慢转变[②]。东晋十六国、南北朝、隋唐、宋元明清四个时期，“竹园”译名逐渐下降，“竹林”译名

① 由于篇幅关系，南北朝、隋唐、宋元明清三表略去。

② 表2所列东晋十六国时期的佛经，翻译时间均在“竹林七贤”说形成之后。

逐渐上升，“竹林园”的译名也逐渐上升，统计结果详见表3。如何解释这个变化呢？如果还未找到更好的理由，那么，“竹林七贤”历史典故的广为流传，可能就是影响佛教译名变化的原因。换句话说，不是佛经的“竹林说法”典故影响了“竹林七贤”称号的产生，可能是“竹林七贤”的典故影响了佛经翻译。

两晋之际“以经中事数，拟配外书”的佛教格义[①]，是以中国的名词概念和学术思想去附和解释佛经，而不是相反。况且格义的最重要规则是解释者与被解释者之间存在着可类比的共同性质。因此即使双方出现互动，士人以佛经典故比附中国历史文化现象，也应遵循格义规则，在类似事物之间建立联系。然而，中国的“竹林之游”与印度的“竹林说法”性质不同。首先，前者是几个朋友相聚，清谈饮酒的平等交流；后者则是教主向信徒布道，听众动辄千万，如竺法护译《无极宝三昧经》载“一时佛在罗阅祇竹园中，与千二百五十比丘俱”；《持心梵天所问经》载“一时佛在王舍城迦邻竹园中与大比丘众俱，比丘六万四千，菩萨七万二千”[②]。再者，汉晋之际的观念中，圣人不可学不可至，贤人与圣人有着不可逾越的鸿沟，不可同日而语。竹林七贤属于贤人，与佛教中高僧地位相当，故孙绰作《道贤论》“以天竺七僧方竹林七贤”[③]。佛祖则与圣人同，孙绰《喻道论》说“周孔即佛，佛即周孔，盖外内名耳”[④]，故他没有以七贤去“方”诸佛，因为两者不能类比“格义”。

太行山以南的北方地区，自古便生长竹子，甚至作为经济作物被大面积人工种植。《史记·货殖列传》：“渭川千亩竹……此其人皆与千户侯等。”汉晋之际随着庄园经济的发展，北方的士大

① 慧皎《高僧传》卷四《竺法雅传》，中华书局 1992 年版，第 152 页。

② 出处见表 1。

③ 慧皎《高僧传》卷一《竺法护传》，中华书局 1992 年版，第 24 页。

④ 《弘明集》卷三，《四部丛刊》本。

夫在修建风景秀丽、自给自足的庄园时，一般要种植竹子。汉末仲长统是山阳高平（今山东济宁）人，青年时代活动足迹在北方地区，“年二十余，游学青、徐、并、冀之间”，后参曹操军事，长期生活在邺。而他在《昌言》中这样描写理想中的庄园：“使居有良田广宅，背山临流，沟池环匝，竹木周布。”[①]西晋潘岳的庄园则位于洛阳南郊的洛水之滨，《晋书》卷五十五《潘岳传》载其《闲居赋》：“爰定我居，筑室穿池……竹木蓊蔼，灵果参差。”由此可见，河内山阳嵇康的庄园中有竹林是完全可能的，而历史文献记载和实地考察证明，“竹林之游”的两处遗址——即嵇康的两个故居：山阳园宅和嵇山别墅，竹林并非虚构。

第一，山阳园宅。《水经注》卷九《清水》：“又径七贤祠东，左右筠篁列植，冬夏不变贞萋。魏步兵校尉陈留阮籍，中散大夫谯国嵇康，晋司徒河内山涛，司徒琅邪王戎，黄门郎河内向秀，建威参军沛国刘伶，始平太守阮咸等，同居山阳，结自得之游，时人号之为竹林七贤。向子期所谓山阳旧居也，后人立庙于其处。庙南又有一泉，东南流，注于长泉水。郭缘生《述征记》所云：‘白鹿山东南二十五里，有嵇公故居，以居时有遗竹焉。’盖谓此也。”郭缘生《述征记》关于竹林遗址的记载，又见于多种类书征引，其中《太平御览》卷六十四《居处部四·宅舍》所引更为详细：“山阳县城东北二十里，魏中散大夫嵇康园宅，今悉为田墟。而父老犹谓嵇公竹林地。以时有遗竹也。”郭缘生生平事迹不详，《隋书·经籍二·史部·地理类》记载：“《述征记》二卷，郭缘生撰。”该志《史部·杂传类》又载：“《武昌先贤传》，宋天门太守郭缘生撰。”可见，郭缘生是南朝刘宋时期人，《述征记》是记载山阳嵇康园宅遗址生长竹林的最早文献资料。《水经注》中的“七贤祠”，元末改为佛教庙宇

① 《后汉书》卷四十九《仲长统传》。

“竹林寺”，但寺内有“七贤堂”，供奉竹林七贤。庙南“七贤泉”，后名“竹林泉”。此庙此泉见诸历代文献，如《太平寰宇记》、《明一统志》、《河南通志》、《大清一统志》、乾隆《获嘉县志》、《辉县志》、道光《修武县志》以及今修《修武县志》等①。竹林寺（七贤祠）遗址与竹林泉相邻，位于今河南辉县鲁庄与山阳村之间。如今竹林寺已荡然无存，而竹林泉却流淌不息，汇成清澈的小溪，绕竹林遗址东流，岸边有大片翠绿的竹林。访问村民得知，他们不知“竹林七贤”典故，种竹不是为了纪念先贤，而是当地重要副业。但是对我们这些竹林七贤寻踪者来说，清凉的泉水和茂密的竹林则有了特殊的意义。

第二，嵇山别墅。魏晋士人除了经常性居住和经营的园宅，还在依山傍水处修建游乐性的别墅，史书中称为“山墅”。嵇康也不例外，他在距竹林泉庄园西北25里左右的嵇山便拥有别墅。嵇康在与郭氏兄弟互赠的诗中，透露了这一信息：“昔蒙父兄祚，少得离负荷。因疏遂成懒，寝迹北山阿。”“亮无佐世才，时俗所不量。归我北山阿，逍遥以相佯。”②其中的“北山阿”，不是表达理想憧憬的文学描写，而是坐落在嵇山的别墅，竹林之游的第二个处所。当笔者沿着漫长而曲折的进山古道，到达群山环抱的山坳——天门山百家岩下的嵇山时，理解了“北山阿”一词的含义。《修武县志》还附有古代地图，与考察结果相同。以上文献中出现的白鹿山、天门山、嵇山，实际上是对同一座山几个山峰的不同称谓。该山位于太行山南部、修武县北境，山势极雄伟。百家岩是天门山南坡下一个约高170米、宽

① 七贤祠参见《太平寰宇记》卷五十三《河北道二·怀州获嘉县》、《大清一统志》卷一百五十八《卫辉府》，雍正《河南通志》卷五《寺·卫辉府》、乾隆《辉县志》、道光《修武县志》卷三《舆地志·古迹》等。竹林泉参见戴明扬《嵇康集校注·附录》引顺治《河南通志》、雍正《河南通志》卷七《山川·卫辉府》、乾隆《辉县志》等。

② 戴明扬《嵇康集校注》卷一《答二郭三首》《郭遐周赠三首》，人民文学出版社1962年版，第61页、55页。

500米的巨大峭壁，峭壁下一低矮的小山丘便是嵇山。峭壁与嵇山之间有一处约宽30米、长百米的平缓地，可供百家人居住（故名“百家岩”），有清泉、山溪，风景秀丽，嵇康的山墅即建在此处，后被佛教庙宇百岩寺取代。竹林之游的古迹，集中在这一带，如刘伶醒酒台，孙登长啸台，阮氏竹林，嵇康锻灶、淬剑池等。对此处的自然与人文地理，《元和郡县志》《太平寰宇记》《明一统志》《大清一统志》、道光《修武县志》等做了详细的记载①。

二

“竹林”的存在已得到了证明，那么，“七贤”故里之间的距离，是否能成为他们聚会“竹林”的障碍呢？曹魏前期，士人多离本土，集中到首都洛阳和京畿地区居住，以致选官制度改变了传统的乡里选举，改用九品中正制。竹林七贤的实际居地与籍贯并无关系，他们多数居河内郡，少数居洛阳，相距不太远。

汉末长期战乱造成中国北部人口锐减，出现了大量的无主荒田，这种现象在主战场首都洛阳附近的河南、河内郡更为明显，故曹操迁汉都于许昌，而定魏都为邺。黄初元年迁都洛阳，时地广人稀，官员们多在京畿地区占田建宅，连原籍冯翊的半退职官员杨沛，也在洛阳西郊“占夕阳亭部荒田二顷，起瓜牛

① 《元和郡县志》卷二十《卫州共城县》曰：“白鹿山在县西五十四里。天门山在县西五十里。”同卷《怀州修武县》曰：“天门山，今谓之百家岩，在县西北三十七里。以岩下可容百家，因名。上有精舍，又有锻灶处所，即嵇康所居也。”《太平寰宇记》卷五十三《河北道二·怀州修武县》曰：“天门山，今谓之百家岩，在县西北三十七里。以岩下可容百家，因名。上有精舍，又有锻灶处所，云即嵇康所居。《图经》云：‘山岩有刘伶醒酒台、孙登长啸台、阮氏竹林、嵇康淬剑池，并在寺之左右。’山阳城北有狄山，即嵇康之园宅也。”另可参见《明一统志》卷二十八《怀庆府》，《大清一统志》卷一百六十《怀庆府》，道光《修武县志》卷二《舆地志·山川》、卷三《舆地志·古迹》等。

庐，居止其中”[①]。需要指出的是，由于对南方孙吴用兵，从皖北寿春到洛水以南被划为屯田区，故官员占田主要在洛水以北。因此位于洛阳北部的河内郡成了战略后方，地位相当于东晋的会稽。河内郡位于太行山南麓，土地肥沃，多泉水瀑布河流，遍布达官贵人的庄园水碓，其中“有公主水碓三十余区”[②]。嵇康原籍为谯郡人，其父为曹魏督军粮侍御史，本人则与长乐亭公主结婚，山阳的庄园既可能由其父所建，也可能来自其妻的陪嫁。竹林七贤之一王戎，原籍琅琊，可能也是魏初由其父王浑在山阳置下园宅，成为嵇康长期的邻居，“戎自言与康居山阳二十年”[③]。山涛与向秀原籍分别为河内郡怀县（山阳南邻，今武陟县）的小虹桥村和尚村。即使山涛、向秀仍住在故里，与嵇康园宅相距亦不过70多里[④]，在“自由”占田的时代，可能住地更近。向秀《思旧赋》说“余与嵇康、吕安居止接近”。“居止”不是指住行，而是指居住，上文杨沛“居止”草庐中，是其证。沛人刘伶同样不在原籍居住，史书所见其活动范围不出洛阳与河内一带。此人行踪不定，“常乘鹿车，携一壶酒，使人荷锸随之云：‘死便掘地以埋。’”[⑤]与山阳、怀县相邻的河内获嘉县有刘伶墓，距嵇康竹林园几十里，比山涛、向秀故里更近[⑥]。

---

① 《三国志·魏书十五·贾逵传》注引《魏略》。

② 《太平御览》卷七百六十一《器物部七·碓》引王隐《晋书》。

③ 《晋书》卷四十九《嵇康传》。

④ 各种史书仅称山涛、向秀为“河内怀人”，未明村里。雍正《河南通志》卷四十九《陵墓·怀庆府》：“晋山涛墓，在武陟县城西虹桥村。”1931年《武陟县志》载向秀墓“在尚村，相传尚村原名向村，即向秀故里”。两村与辉县鲁庄的直线距离，据地图比例尺推算出。本文其他不注明出处的距离，方法同此。

⑤ 余嘉锡《世说新语笺疏·文学》刘孝标注引《名士传》，中华书局1983年版，第250页。

⑥ 民国二十四年《河南获嘉县志》卷四《冢墓》：“刘伶墓，在县南三十五里郭堤东北二里许……传为刘伶葬于此村。”另，《大清一统志》卷一百三十《兖州府》和清《山东通志》卷三十二《墓·峄县》又载刘伶墓在山东峄县东北二十里刘曜村。但是沛国地区未见刘伶墓的文字记载。

阮籍住在洛阳城外谷水转曲而东流处，该地因此得名“阮曲”[①]。阮咸随其叔阮籍同居此地，“阮仲容、步兵居道南，诸阮居道北”[②]。虽然洛阳与山阳相距较远，约250里，但并不能阻碍阮氏叔侄去参加竹林游宴清谈。当时长住洛阳的达官贵人，最喜欢北上河内，到太行山南麓的青山绿水间渔猎，在山墅中饮酒清谈。应璩的《与从弟君苗、君胄书》透露了有关曹魏士大夫“山阳情结”的宝贵信息。应璩是建安七子应玚之弟，在洛阳上层交际甚广，历任散骑常侍、侍中，大将军长史等要职，嘉平四年逝世。从信的内容看，原籍汝南的应氏家族如今已在河内山阳落户，拥有土地园宅。应璩在信中劝说在山阳务农的两位从弟千万不要入仕，而要致力扩大庄园的经营规模，“追踪丈人，畜鸡种黍。潜精坟籍，立身扬名，斯为可矣……郊牧之田，宜以为意，广开土宇”。自己混迹官场，是不得已而为之。最高兴的活动，是越芒山、渡黄河，北上河内山阳，“闲者北游，喜欢无量。登芒济河，旷若发矇，风伯扫途，雨师洒道。案辔清路，周望山野。亦既至止，酌彼春酒。接武茅茨，凉过大夏；扶寸肴修，味逾方丈。逍遥陂塘之上，吟咏菀柳之下。结春芳以崇佩，折若华以翳日。弋下高云之鸟，饵出深渊之鱼……何其乐哉！”最理想的生活是退出政界归隐，“吾方欲秉耒耜于山阳，沉钩缗于丹水”。这不是文学意象，而是有确切地理位置的庄园。丹水出太行山东南流，经山阳境内的邓城，后与沁水汇合[③]。

能满足魏晋士族“隐居”享乐的河内山阳，不是经济落后

① 《水经注》卷十六《谷水》：“谷水又东南转屈而东注，谓之阮曲，云阮嗣宗之故居也。”《太平寰宇记》卷三《河南道三·河南府洛阳县》曰：“阮曲，《水经注》云：‘谷水又东南转曲而东注，谓之阮曲，盖嗣宗所居之地。”

② 余嘉锡《世说新语笺疏·任诞》，中华书局1983年版，第732页。

③ 《水经注》卷九《沁水》：“丹水自源东北流……又东南出山，径邓城西……司马彪《郡国志》曰：‘山阳有邓城。’……东南流，注于沁水，谓之丹口。”

的穷乡僻壤，也不是简单的旅游胜地，软禁汉献帝的浊鹿城就在此地。曹魏在浊鹿城驻重兵，设督军监控，西晋泰始二年才撤销，“罢山阳国督军，除其禁制”[①]。大量军人的消费，有利于该城的经济繁荣。另外，曹魏后期，邺城软禁着大量的曹魏王公，而山阳恰恰位于洛阳与邺中间。这些因素，使浊鹿城成为从洛阳至邺交通要道上的重镇，嵇康的园宅位于浊鹿城东北郊，相距数里[②]。如向秀《思旧赋》描述他从洛阳出发北上赴嵇康故居的路线为：“济黄河以泛舟兮，经山阳之旧居。瞻旷野之萧条兮，息余驾乎城隅。”[③]文中所言停放马车的“城隅”，便是浊鹿城。从该城到洛阳的路上，有宣阳城，是古代的驿站，称为“宣阳驿”[④]。可见，从洛阳到山阳，有便利的交通和居住的传舍。为名士的游乐交流提供了条件。这里物质既不匮乏，又无文化寂寞，因此也就成了名士“隐居”胜地，魏晋之际的“箕山”[⑤]。在洛阳名士心中，是他们暂时获得精神超越的理想乐土，故史书中留下了阮籍、阮咸、阮侃等阮氏家族成员在山阳流连忘返的记载；在洛阳当局眼里，则是一个政治敏感的地区，尤其当隐士云集之时。故钟会带大批随行，“乘肥衣轻，宾从如云”[⑥]，浩浩荡荡赴嵇康园宅“拜访”，最终导致了竹林之游的悲剧结局。

在竹林七贤的形成过程中，山涛起了重要作用。《晋书·山涛传》说山涛“与嵇康、吕安善，后遇阮籍，便为竹林

① 《晋书》卷三《武帝纪》。

② 浊鹿城的位置，历代史籍均有明确记载，道光《修武县志》卷二《舆地·故城考》对浊鹿城考证甚详。该城遗址位于现在的修武县城东北五里源乡李固村南。

③ 《晋书》卷四十九《向秀传》。

④ 戴明扬《嵇康集校注》卷一《阮德如答二首》：“早发温泉庐，夕宿宣阳城。”（人民文学出版社 1962 年版，第 68 页）道光《修武县志》卷二《舆地·故城考》：“今县东南十八里宣阳驿，尚有废城址。”

⑤ 《晋书》卷四十九《向秀传》：“康既被诛，秀应本郡计入洛。文帝问曰：‘闻有箕山之志，何以在此？’”

⑥ 《三国志·魏书二十一·王粲传》注引《魏氏春秋》。

之交”。所谓“竹林之交”，是指约定时间游于竹林。这条史料透露的信息是：正始五年（244），39岁的山涛出任河内郡功曹，作为负责选拔人才的官员，结交了寓居本郡的才子嵇康、吕安，后将新识的阮籍介绍给嵇康，前期竹林之游的核心由此形成。据《世说新语·贤媛》记载：“山公与嵇、阮一面，契若金兰。山妻韩氏，觉公与二人异于常交。”应韩氏要求，山涛邀请二子来家中做客并留宿，韩氏夜晚从窗洞中窥视山、嵇、阮三人清谈，“达旦忘返”。山涛家的这次小聚会，实际上是竹林之游的序曲。他们介绍各自的好友加入，是顺理成章之事。向秀与山涛故里相近，“少为山涛所知”，自然由山涛介绍；阮咸、王戎是通过阮籍；刘伶则因同气相求，“与阮籍、嵇康相遇，欣然神解，携手入林”。当时山涛“家贫”，嵇康的园宅成了活动中心。正始后期，山涛、阮籍、嵇康曾到首都洛阳任职，并参加了正在蓬勃发展的玄学清谈。但是，到正始八年，面对曹爽与司马懿两大政治集团矛盾激化，他们像许多不愿卷入其中的士人一样，相继从政界退出，回乡隐居。关于山涛与阮籍的隐退过程，史书有明确记载。正始八年，任河南从事一职的山涛因洛阳的政治形势而焦虑得夜不能寐，“投传而去。未二年，果有曹爽之事，遂隐身不交世务”。阮籍的情况大同小异，正始九年，“及曹爽辅政，召为参军。籍因以疾辞，屏于田里。岁余而爽诛，时人服其远识”[①]。

从正始八年前后山涛逃出洛阳回到河内，到景元三年（262）嵇康被杀，竹林之游持续了15年左右。以嵇康甘露元年至四年（256—259）离家赴河东学道三年为界，竹林之游可划为前期（247—256）和后期（259—262）。前期的核心人物是嵇康、阮

① 分见《晋书》卷四十九《向秀传》《刘伶传》，卷四十三《山涛传》，卷四十九《阮籍传》。

籍、山涛，特点是避开洛阳的政治旋涡；后期的核心人物是嵇康、吕安、向秀，特点是消极抵制司马氏的“名教之治”。这个问题笔者在拙作《嵇康评传》中做了分析[1]，故不赘述。需要论证的是，无论前期还是后期，参加竹林之游的名士都不存在严密的组织，仅是个松散的文人群体。参加者也不局限于七人，史册留名的还有吕安、阮侃、赵至、郭遐周、郭遐叔等。但是“竹林七贤”的传说也非凭空而生，可能以某次七人的竹林聚会为原型，时间发生在前期正始九年（248）的可能性最大，因为该年七贤均无官职，有可能同在山阳。而高平陵政变之后，阮籍自嘉平元年即被司马懿辟为从事中郎，此后七贤很难全部相聚于竹林。

不能否认，竹林七贤的年龄存在着很大的差异，正始九年，山涛43岁，阮籍38岁，嵇康25岁，而王戎仅14岁，年龄太小，似乎不可能参加成人的清谈。然而，没有年龄与资格限制的学术平等，恰恰是正始清谈的特点。《晋书·王戎传》载，王戎从6岁开始就以超常的聪明才智名扬天下，“戎幼而颖悟，神彩秀彻。视日不眩，裴楷见而目之曰：‘戎眼烂烂，如岩下电。’年六七岁，于宣武场观戏，猛兽在槛中虓吼震地，众皆奔走，戎独立不动，神色自若。魏明帝于阁上见而奇之。又尝与群儿嬉于道侧，见李树多实，等辈竞趣之，戎独不往。或问其故，戎曰：‘树在道边而多子，必苦李也。’取之信然”。王戎14岁时，得到年长20多岁的阮籍的赏识。阮籍与王戎清谈的兴趣远远大于与其父王浑之交谈：“阮籍与浑为友。戎年十五，随浑在郎舍。戎少籍二十岁，而籍与之交。籍每适浑，俄顷辄去，过视戎，良久然后出。谓浑曰：‘濬冲清赏，非卿伦也。共卿言，不如共阿戎谈。’”同时，王戎又家住山阳，故作为特殊情况，阮籍携“神童”王戎参加竹林之游是完全可能的。

---

① 《嵇康评传》，广西教育出版社 1994 年版。

三

“竹林七贤”为什么不见诸魏晋之际的文献呢？这个现象与当时严酷的政治背景有关。

高平陵政变之后，中国历史走上了长达16年的魏晋禅代之路，《晋书》卷四十九《阮籍传》称：“魏晋之际，天下多故，名士少有全者。”寥寥几笔，勾勒出了那个血腥的时代。以反抗司马氏名教之治为主题的竹林清谈最终以嵇康被杀而消亡。在政治恐怖的环境中，士大夫已失去了秉笔直书为这些持不同政见者树碑立传的勇气，即使嵇康的好友向秀也是如此。大约在嵇康和吕安被害的第二年——景元四年（263）元月，在强大的政治暴力面前，向秀不得不结束“隐士”生活，以本郡计吏身份赴洛阳，被任命为散骑侍郎，成为最后一个向政治强权妥协投降的竹林名士。在回家准备赴任的途中，向秀有意绕道去了嵇康故居，创作了千古绝唱《思旧赋》，仅给后人透露了有关他与嵇康、吕安友谊的点滴信息。在那躲躲闪闪的文字后面，可以感到魏末凛冽的政治严寒与向秀近乎心死的悲哀。

西晋王朝建立后，随着当年支持司马懿发动高平陵政变的老一代礼法之士退出历史舞台，而正始、竹林名士及追随者们地位逐渐上升，思想环境相对宽松的文化时代开始了。司马炎在其执政期间，积极解决魏晋禅代中遗留的历史问题，善待那些葬身于禅代之路上的玄学名流的后代[①]。但是，司马炎并没有为魏末的政治反对派公开平反，否定自己上台的合理性。例如在泰始八年的“党争”中，河南尹庾纯在一次酒会上质问贾充：“高贵乡公何在？”[②]不仅揭了贾充的伤疤，而且对晋王朝不敬，致使司

① 参见拙作《司马炎与西晋玄、儒的升降》，《史学月刊》1997年第3期。

② 《晋书》卷五十《庾纯传》。

马炎下诏免其官职，并交司法部门论处。又如嵇康之子嵇绍，因是政府要犯的儿子，直到太康二年（281），才在山涛的荐举下入仕。“时以绍父康被法，选官不敢举。年二十八，山涛启用之，世祖发诏，以为秘书丞”[①]。在这种政治环境中，山涛、王戎等人是不可能公开标榜竹林之游的，更何况产生于司马炎时代的《魏书》《三国志》等史书呢！不过，从山涛、阮咸、刘伶、向秀、王戎入晋后在政治舞台上互相呼应、互相支持的表现，可以证明他们之间有着深厚的历史渊源，如山涛、向秀都卷入了泰始七至八年玄学派名士企图将贾充赶出朝廷的活动。又如，咸宁四年，吏部郎这个重要职位出现空缺，山涛极力推荐阮咸，以致与晋武帝发生冲突。这些现象，很可能与“竹林”时期结成的友谊有关。

以晋武帝的逝世为标志，西晋王朝进入了元康时期，魏晋玄学清谈也在这个时期出现了继正始之音后的第二个高潮。这时，除王戎尚存外，无论是竹林名士还是魏末迫害竹林名士的礼法派官员，都已离开人世，魏末血案已与在位的当权派无关。竹林名士不得已而反礼法的过激言行，符合新一代的玄学青年“元康放达派”的胃口，而王戎的政治与学术地位，则对“竹林之游”在两晋之际的流传起了直接作用。元康时期，王戎以尚书仆射领吏部，后迁司徒，长期主管选举，一手扶植了以其从弟王衍为代表的中朝名士上台，堪称元康玄学的后台元老。而王衍提拔的族弟王导、王敦，后来按其部署，辅佐司马睿创建了东晋王朝。王敦、王导元康时期曾追随王戎、王衍等前辈参加清谈的经历，是他们在东晋时经常炫耀的文化资本。但是，王衍有清谈误国和媚敌求生的劣迹，在东晋初期的士人社会中名声不

① 余嘉锡《世说新语笺疏·政事》刘孝标注引王隐《晋书》，中华书局1983年版，第171页。

佳，因此以王导为代表的东晋琅琊王氏家族，选择了王戎为家族先贤。嵇康、阮籍在两晋之际的威望与日俱增，宣扬“竹林之游”，对提高王戎以至该家族在士族清流社会中的地位，有着重要意义，于是王戎重游竹林的故事在东晋初期广为流传。如果这个传说可靠，“竹林之游”一词最早出处应来自王戎之口。《世说新语·伤逝》载：“王濬冲为尚书令，着公服，乘轺车，经黄公酒垆下过，顾谓后车客：‘吾昔与嵇叔夜、阮嗣宗共酣饮于此垆，竹林之游，亦预其末。自嵇生夭、阮公亡以来，便为时所羁绁。今日视此虽近，邈若山河。’”刘孝标注引《竹林七贤论》：“俗传若此。颍川庾爰之尝以问其伯文康，文康云：‘中朝所不闻，江左忽有此论，皆好事者为之也。’”文中的文康是庾亮（289—340），少年时代在西晋上层度过，对东晋初期流传的关于王戎重游竹林的说法持否定态度，认为是“好事者”造出来的。那么，是谁如此好事呢？毫无疑问，只能是这个传闻的受益者，即东晋第一名门望族——琅琊王氏家族。王导主持的清谈场，是东晋初期竹林七贤热的发源地。《世说新语·文学》云：“旧云：王丞相过江左，止道《声无哀乐》《养生》《言尽意》三理而已。”这三理中的前两理，系嵇康发明。“取乐竹林，尚想蒙庄”，出自王导丞相掾李充的《吊嵇中散》，是东晋最早将嵇康与“竹林”联系在一起的散文。庾亮极力否认王戎重游竹林之事，意在抵制其政敌琅琊王氏家族的政治影响，是颍川庾氏与琅琊王氏的“江州之争”所致[①]。但庾亮只是否认王戎到竹林旧地重游的传说，或许暗示王戎未曾参加过竹林之游，而绝非否认竹林之游本身的存在。当时东晋政界的要员即所谓“中兴名士”，实际上多由西晋中朝名士南渡组成，凭空编造王戎与竹林七贤的故事是不近情理的，也不可能得到广大中朝——中兴名士

① 详见田余庆《东晋门阀政治》，北京大学出版社1989年版，第105—129页。

的认可。况且，现存史书中最早明确记载“竹林七贤”者，便是庾亮的亲信幕僚孙盛。

据张可礼先生考证，孙盛西晋永嘉三年（309）10岁时渡江南下[①]，到东晋建立的建武元年（317）已是18岁青年，属第一代东晋名士，比在江左出生的第二代东晋名士谢安（320—385）年长20岁。由此可见，有些学者提出的“竹林七贤”起于谢安说很难成立。咸和六年（331），孙盛入仕，“举秀才，起家著作郎”；自咸和九年（334）起，任征西将军庾亮主簿，后转参军，长期在武昌。此时，殷浩任庾亮记室参军，孙、殷二人均为著名的大清谈家，不仅在武昌论战，而且时常“下都”到首都建康，作为著名辩手，参加王导、司马昱等人举办的清谈会。《世说新语·文学》多有记载，如：“孙安国往殷中军许共论，往反精苦，客主无间。左右进食，冷而复暖者数四。彼我奋掷麈尾，悉脱落，满餐饭中。宾主遂至莫忘食。”孙安国即孙盛。史书虽然未留下孙盛与王导交往的记载，但从其在王、庾争斗中对王导的友好态度[②]，可以推测他很可能与王导有过交往，或参加过王导主持的清谈。通过孙盛、殷浩等在东晋上层清谈中的活动，可以看出他们与南渡的西晋中朝名士（即中兴名士）有密切交往。显然，在这种文化环境中，孙盛是不可能凭空杜撰关于竹林七贤活动的细节的。

合理的解释是，中兴名士中流传的关于“竹林七贤”的故事，被孙盛所收集整理，最后熔铸在其撰写的曹魏断代史《魏氏春秋》中：“康寓居河内之山阳县，与之游者，未尝见其喜愠之色。与陈留阮籍、河内山涛、河南向秀、籍兄子咸、琅邪王

① 张可礼《东晋文艺系年》，山东教育出版社 1992 年版，第 30 页。以下有关孙盛的任职时间均出自该书。

② 《晋书》卷八十二《孙盛传》：“时丞相王导执政，亮以元舅居外、南蛮校尉陶称谗构其间，导、亮颇怀疑贰。盛密谏亮曰：‘王公神情朗达，常有世外之怀，岂肯为凡人事邪！此必佞邪之徒间内外耳。’亮纳之。”

戎、沛人刘伶相与友善，游于竹林，号为七贤。”[1]

虽然七贤共聚竹林的时间短暂，远不如嵇康与向秀、吕安的灌园锻铁持久，也不如嵇康与郭氏兄弟的交往实在，它只是竹林之游中的一景，然而由于特殊的时代因缘，通过孙盛之笔，作为魏末清流名士的象征，在历史的记忆中定格。

（原载《历史研究》2001年第5期）

① 《三国志·魏书二十一·王粲传》注引《魏氏春秋》。

《文选》编选与嵇康形象

◎袁济喜

嵇康是魏晋名士的重要代表人物。魏晋士人追求人格理想的内外兼修，因而形成中国历史上士人特定的形象之美。两晋南北朝时期，嵇康不断被文士评价与议论，江淹、沈约、颜延之、颜之推等著名文士均通过诗文表达看法，并成为中国文学史上的名篇，其中渗透着纷繁错综的人生观与审美观。而梁代萧统编选的《文选》则采用选本的方式，对嵇康及竹林名士的形象进行了重新演绎，通过接受与传播，对嵇康形象再度塑造。萧统在《文选序》中慨叹：

> 余监抚余闲，居多暇日。历观文囿，泛览辞林，未尝不心游目想，移晷忘倦。自姬汉以来，眇焉悠邈。时更七代，数逾千祀。词人才子，则名溢于缥囊；飞文染翰，则卷盈乎缃帙。自非略其芜秽，集其清英，盖欲兼功太半，难矣！①

萧统这一慨叹，与曾经做过他文学侍从的刘勰在《文心雕龙·知音篇》中发出的“知音其难”的怅叹，可以互相印证。在今本《文选》六十卷涉及的几十位作者中，对于难度最大的嵇康作品的遴选，是最能体现《文选》编修者的慧眼及水平的。这种

① 萧统编，李善注《文选》，中华书局1979年版，第2页。

通过编选重现的嵇康形象，不仅是《文选》“事出于沉思，义归乎翰藻”的文学批评衡鉴结果，而且浸润着深挚的人文思想。唐代之后，嵇康形象也一直聚讼纷纭，尤其是近现代以来，对于嵇康的人格与作品研究可谓众制纷呈，以鲁迅、刘师培、陈寅恪等为代表的前辈学者留下了丰硕的成果。而随着魏晋南北朝文学与美学在20世纪80年代成为研究的热门，对于嵇康人格精神与文学作品的研究不断推陈出新，涌现出李泽厚、刘纲纪与罗宗强等先生的代表论著，启发我们通过多维视野去探讨。但是迄今从《文选》编选与嵇康形象方面去研究的成果尚有欠缺[①]，因此，本文拟通过《文选》编修过程中对嵇康作品的遴选，以及与“竹林七贤”其他人物的比对，来观察通过《文选》所选以呈现出的嵇康形象，进而分析《文选》编选中的批评精神与方法。

一、梁前嵇康形象的纷纭与《文选》编选难题

萧统编选《文选》时，毫无疑问，嵇康是必然要面对的重要对象。在现存东晋顾恺之的画论批评中，以及刘宋时代刘义庆编著、梁代刘孝标作注的《世说新语》中，我们都可以见到大量关于嵇康形象与作品的评价。即使是在《文心雕龙》与《诗品》中，嵇康作品也是他们进行批评的重要内容。嵇康（223—262），作为正始之音的代表人物，其生前与死后影响之大，并非偶然。嵇康所处的正始年代风云变幻，其本为曹魏宗室，痛魏之将倾，疾司马氏之无道，而当时思潮的变迁、世风的衰败，加之他个人精神气质与性格的另类，都使其对于传统与现实的思考达到前所未有的深度，表现出鲜明的个性，并清晰地反映在他的诗文作品中。同时，嵇康

① 目前有张铁慧、刘雁《试论萧统诗歌观在〈昭明文选〉嵇康诗中的体现》（《吉林教育学院学报》2009 年第 11 期）等论文。

性格的刚烈偏激、思想认识的不同凡响、内心世界的矛盾依违，造成他形象的多面性，在他生前与死后，可谓爱之者爱煞，恶之者恨死，对他的褒贬不一也是很自然的。

嵇康生前因为从精神世界到风度仪容、行为方式的不拘于俗，被称为“方中之美范，人伦之胜业”[①]，已经出现了偶像化的倾向。《世说新语·容止》记载：“嵇康身长七尺八寸，风姿特秀。见者叹曰：‘萧萧肃肃，爽朗清举。’或云：‘肃肃如松下风，高而徐引。’山公曰：‘嵇叔夜之为人也，岩岩若孤松之独立；其醉也，傀俄若玉山之将崩。’”刘孝标注引《嵇康别传》曰：“康长七尺八寸，伟容色，土木形骸，不加饰厉，而龙章风姿，天质自然。正尔在群形之中，便自知非常之器。”[②]这些描写，显然具有夸饰的色彩。嵇康死于非命，死后遭到各种传说的仙化与神化。今传《文选》卷二十一诗乙“咏史类”选录颜延之《五君咏》中有嵇康。李善注引《嵇康别传》曰：“康美音气，好容色。龙章风姿，天质自然。”[③]从这些记载来看，当时人就将嵇康视为神仙中人。嵇康被司马昭冤杀，死前弹奏一曲《广陵散》，成为流传千古的故事，《文选》卷十六赋辛“哀伤类”选录刘宋时江淹的《恨赋》，描写了嵇康死前的悲壮情形：“及夫中散下狱，神气激扬。浊醪夕引，素琴晨张。秋日萧索，浮云无光。郁青霞之奇意，入修夜之不旸。”[④]江淹因当时也曾遭受冤案，深深同情嵇康，因此，对于嵇康含冤下狱，临刑前弹奏《广陵散》的情形写得特别动人，其中糅进天人感应的情景，增加了其中的悲剧色彩。

嵇康尸解的传说在他死后不久即形成。李善注颜延之《五

① 余嘉锡《世说新语笺疏》，中华书局2007年版，第22页。
② 《世说新语笺疏》，第716页。
③ 《文选》，第303页。
④ 《文选》，第235页。

君咏》中关于嵇康“形解验默仙，吐论知凝神”两句时，就引证了此类说法：“顾凯（恺）之《嵇康赞》曰：南海太守鲍靓，通灵士也。东海徐宁师之，宁夜闻靓室有琴声，怪其妙而问焉。靓曰：嵇叔夜。宁曰：嵇临命东市，何得在兹？靓曰：叔夜迹示终，而实尸解。《桓子新论》曰：圣人皆形解仙去。言死，示民有终。”[①]魏晋时代，是儒学衰落的年代，各种神仙志怪小说得到演绎与流布，造成了以《搜神记》为代表的志怪小说的流行，即令志人类的笔记《世说新语》中也不乏这类传说。因此，关于嵇康的这类鬼怪编造也不断被推出。《艺文类聚》卷四十四引《语林》曰：“嵇中散夜灯火下弹琴，有一人，面甚小，斯须转大，遂长丈余，黑单衣草带，嵇视之既熟，乃吹火灭，曰：耻与魑魅争光。”[②]《文选》中，也或多或少地染上了这类痕迹。卷二十一就收有“游仙”类，收入何敬宗游仙诗一首、郭景纯游仙诗七首。

嵇康的作品在他被杀后受到追捧。《三国志·魏书二十一·王粲传》裴松之注引《魏氏春秋》曰：“康所著诸文论六七万言，皆为世所玩咏。”[③]可知嵇康作品在他死后受到世人的喜好。鲁迅在《嵇康集序》中指出：“魏中散大夫《嵇康集》，在梁有十五卷，录一卷。至隋佚二卷，唐世复出，而失其录。”[④]我们可以推想，萧统等人在编录嵇康作品时，肯定见到不止一种的嵇康集。它们虽然与我们今天见到的有所不同，但基本作品应是大量存在的，因此，如何进行编选是一件很见功夫的事情。

这首先并不是文学作品赏鉴的事情，而是讨论人生价值观念的过程。两汉时期围绕以屈原《离骚》为代表的楚辞评论时，发生

① 《文选》，第303页。
② 欧阳询撰《艺文类聚》，上海古籍出版社1965年版，第782页。
③ 《三国志·魏书·二十一》，中华书局1959年版，第606页。
④ 戴明扬《嵇康集校注》附，人民文学出版社1962年版，第346页。

过激烈的争议。以淮南王刘安、司马迁与王逸为代表的人物肯定屈原的为人与作品价值，而以扬雄、班固为代表的儒学中人则否定屈原作品的人格精神与作品的审美精神。可见，作品编选，无论是集部中的楚辞类、别集类，还是总集类，都充满人生价值观的立场与作用。嵇康的作品生前与死后都引起过不同的争议，生前如他的《养生论》就引来向秀的批评，嵇康为此写了《答难养生论》，死后他的为人与作品自然也引起不同的争议。肯定与赞美的居多，如《文选》所选录的颜延之《五君咏》，江淹《恨赋》《杂体诗》，还有李充、孙绰等人的评论。不仅是文士，还有东晋名臣王导在过江后也以嵇康的《养生论》《声无哀乐论》作为清谈与施政的旨归。《世说新语·文学》记载："旧云：王丞相过江左，止道《声无哀乐》《养生》《言尽意》三理而已，然宛转关生，无所不入。"[①]可见嵇康的思想对于东晋名臣王导的人生与思想产生了直接的影响。刘宋时期的颜延之所作《五君咏》，为《文选》收录，也可视为萧统对于嵇康为人与为文的一种首肯。《文选》卷二十一收录的《五君咏》李善题解曰："沈约《宋书》曰：颜延年领步兵，好酒疏诞，不能斟酌当时。刘湛言于彭城王义康，出为永嘉太守。延年甚怨愤，乃作《五君咏》，以述竹林七贤。山涛、王戎以贵显被黜。咏嵇康曰：鸾翮有时铩，龙性谁能驯。咏阮籍曰：物故不可论，途穷能无恸。咏阮咸曰：屡荐不入官，一麾乃出守。咏刘伶曰：韬精日沉饮，谁知非荒宴。此四句盖自序也。"[②]李善的注指出颜延年借七贤之酒杯，浇自己之块垒的心态。显然，颜延年对于嵇康的个性与人格是钦佩的。梁代文坛重要人物沈约著《七贤论》曰："嵇生是上智之人，值无妄之日，神才高杰，故为世道所莫容，风邈挺特，荫映于天下，言理吐论，一时所

① 《世说新语笺疏》，第249页。

② 《文选》，第303页。

莫能参，属马氏执国，欲以智计倾皇祚，诛锄胜己，靡或有遗，玄伯、太初之徒，并出嵇生之流，咸已就戮。嵇审于此时，非自免之运，若登朝进仕，映迈当时，则受祸之速，过于旋踵。自非霓裳羽带，无用自全，故始以饵术黄精，终于假途托化。”[①]沈约分析了正始年代险恶的政治局势对于嵇康诗文的影响作用。这些评价，对于我们分析嵇康的思想行为与言论文章，有一定的借鉴作用。

当然，嵇康生前与死后也受到不少人的非议。其中尤以由南入北的颜之推的批评最为典型。颜之推出身儒家，其祖父颜见远是齐代高士，“博学有志行”，曾反对梁武帝代齐，为之殉身，受到梁武帝的讽刺[②]。颜之推从明哲保身的角度出发，指责：“嵇叔夜排俗取祸，岂和光同尘之流也；郭子玄以倾动专势，宁后身外己之风也;阮嗣宗沉酒荒迷，乖畏途相诫之譬也；谢幼舆赃贿黜削，违弃其余鱼之旨也：彼诸人者，并其领袖，玄宗所归。”[③]颜之推将嵇康与阮籍、王弼诸人归入玄宗一类，认为他们的行为违背了儒学道德，招致祸殃与非议，告诫自己的儿子不要学他们。由此出发，颜之推对于嵇康的养生哲学更是加以讥刺：“夫养生者先须虑祸，全身保性，有此生然后养之，勿徒养其无生也。单豹养于内而丧外，张毅养于外而丧内，前贤所戒也。嵇康著《养生》之论，而以傲物受刑；石崇冀服饵之征，而以贪溺取祸，往世之所迷也。”[④]很显然，这种看法并没有真正读懂嵇康的养生论。嵇康的养生论重在倡导一种清虚自守、不同流俗的高尚人生理想，而不是保全肉身的养生哲学。颜之推的批评，代表了由南入北的正统儒学人物对嵇康思想行为的否定。

① 严可均校辑《全上古三代秦汉三国六朝文》第三册，中华书局1958年版，第3117页。

② 《南史》卷七十二《文学传》：“初，齐和帝镇荆州，以为录事参军；及即位，兼御史中丞。梁武帝受禅，见远不食，发愤数日而卒。帝闻之，曰：‘我自应天从人，何豫天下士大夫事？而颜见远乃至于此！’”

③ 王利器《颜氏家训集解》，中华书局1993年版，第187页。

④ 《颜氏家训集解》，第361页。

萧统的弟弟萧绎，也即后来的梁元帝，在《金楼子》卷十三《杂记篇》中，站在专制统治者的立场上，指责嵇康如同历史上的佞人一类，理应受戮："成汤诛独木，管仲诛史符，吕望诛任卨，魏操诛文举，孙策诛高岱，黄祖诛祢衡，晋相诛嵇康，汉宣诛杨恽，此岂关大盗者，深防政术，腹诽心谤，不可全也。"[①]综上所述，可知萧统编选《文选》辑录嵇康的作品时，不仅是选文的美学标准，而且也涉及根本的人生价值观念。他对于嵇康作品的态度，可以说是融伦理与审美为一体的评价体系，《文选序》中提出的"事出于沉思，义归乎翰藻"，并非仅仅一种选文的美学标准，而且有着深沉的人文蕴涵。联系《文选》中对于嵇康这一类影响极大又争议颇大的思想文化巨擘的接受与评价，我们可知萧统编选《文选》时的用心深长、襟怀正大、智慧亮达。如果不能正确对待与评价嵇康的为人与为文，站在萧绎这类统治者立场来选文，或者像颜之推那样用儒学观念来评价嵇康的人格与文章，势必遗弃不选，或者明珠暗投，留下遗恨，影响《文选》编选的价值。

二、从《文选》所选作品还原嵇康形象

从今本《文选》六十卷来看，竹林七贤中，嵇康的作品最受青睐，选录最多，计有《琴赋》（卷十八）、《幽愤诗》（卷二十三）、《赠秀才入军》五首（卷二十四）、《杂诗》（卷二十九）、《与山巨源绝交书》（卷四十三）、《养生论》（卷五十三）。《文选》所收嵇康的作品，全面地呈现出嵇康的真实面目，深入到主人公的内心世界，通过这些代表作品，还原出嵇康生动而鲜明的形象，廓清了对嵇康生前与死后的曲解与误

① 萧绎撰，许逸民校笺《金楼子校笺》下册，中华书局 2011 年版，第 1219 页。

读。我们依据这些精选的嵇康作品，联系现在所知道嵇康的各种文献资料，本着孟子所说“以意逆志”与“知人论世”相结合的方法，尝试还原嵇康的完整形象与内心世界。

（一）嵇康高远情趣的真实写照

这一类诗作主要体现在《赠秀才入军》五首与《杂诗》一首中。《晋书》卷四十九《嵇康传》记载嵇康：“常修养性服食之事，弹琴咏诗，自足于怀。……康善谈理，又能属文，其高情远趣，率然玄远。”[①]《文选》共收录嵇康的诗7首，分别为：哀伤类一首，为《幽愤诗》；赠答类五首，为《赠秀才入军》；杂诗类1首。按现存《嵇康集》统计，嵇康现存诗62首，四言、五言、六言、骚体、乐府等各种体裁皆有，其中四言诗最多，共30首，五言诗11首，六言诗10首，乐府诗7首，骚体诗1首，其他诗体3首。嵇康与阮籍相比，以四言诗见长，最能体现出他的诗风，是其高情远趣的写照。《文心雕龙·明诗篇》中评论道：“乃正始明道，诗杂仙心……唯嵇志清峻，阮旨遥深，故能标焉。”[②]嵇康的四言诗为其诗作中的精华，而《文选》卷二十四中选录的五首《赠秀才入军》四言诗，是他现存的30多首四言诗中的精华。李善注《赠秀才入军》曰：“《集》云：兄秀才公穆入军赠诗。刘义庆《集林》曰：嵇熹（喜），字公穆，举秀才。”[③]嵇康对其兄嵇喜从军进入官场是不赞同的。阮籍更是对嵇喜加以

① 《晋书》卷四十九，中华书局1974年版，第1369—1374页。

② 范文澜《文心雕龙注》，人民文学出版社1958年版，第67页。下引《文心雕龙》篇章皆出此书，只注篇名。

③ 《文选》，第342页。

白眼，鄙视他的为人。但嵇康毕竟珍惜手足之情[①]，所以想象嵇喜在从军入伍途中的英姿。此诗的妙处在于弦外之音，即假托嵇喜来抒发自己的高情远趣。通过这一组四言诗，我们可以清晰地体会到一位高士的情趣与境界："息徒兰圃，秣马华山。流磻平皋，垂纶长川。目送归鸿，手挥五弦。俯仰自得，游心泰玄。嘉彼钓叟，得鱼忘筌。郢人逝矣，谁与尽言？"李善注"俯仰自得，游心泰玄"两句诗曰："泰玄，谓道也。《淮南子》曰：自得者，全其身者也。全其身，则与道为一矣。"注"嘉彼钓叟，得鱼忘筌"两句曰："《庄子》曰：庄子钓于濮水之上。又曰：筌者，所以得鱼也，得鱼而忘筌。蹄者，所以在兔也，得兔而忘蹄。言者，所以在意也，得意而忘言。吾焉得夫忘言之人，而与之言哉。"[②]从嵇康的这几首四言诗，以及李善的注释中，我们可以看到，诗中巧妙地想象嵇喜从军途中的情形，而融入自己的审美世界，其中通过借用《庄子》中的典故，写出了自己内心的孤独无俦，唯因孤独，才寄情山水，服膺庄玄，与道合一。这些四言诗是最早将玄学趣味与诗歌境界融为一体的作品，也是魏晋玄言诗的发端。

《文选》卷二十九还匠心独运地选录一首嵇康的《杂诗》，更是写出了嵇康将玄学与诗境融为一体的人生境界。诗中写道："微风清扇，云气四除。皎皎亮月，丽于高隅。兴命公子，携手同车。龙骥翼翼，扬镳踟蹰。肃肃宵征，造我友庐。光灯吐辉，华幔兴舒。鸾觞酌醴，神鼎烹鱼。弦超子野，叹过绵驹。流咏太素，俯赞玄虚。孰克英贤，与尔剖符。"这首诗显然

① 《世说新语·雅量》注引《文士传》记载嵇康临死前，"而兄弟亲族咸与共别。康颜色不变，问其兄曰：'向以琴来不邪？'兄曰：'以来。'康取调之，为《太平引》，曲成，叹曰：'《太平引》于今绝也！'"嵇康死前与嵇喜诀别，嵇康从嵇喜那里索琴弹奏《广陵散》。嵇喜在嵇康死后作《嵇康别传》深悼之，可见他们兄弟之间的感情是很深的。

② 《文选》，第 342 页。

玄学味道更为浓厚。李善注释“流咏太素，俯赞玄虚”两句曰：“《列子》曰：太初，形之始。太素，质之始。《老子》曰：玄之又玄，众妙之门。《管子》曰：虚无无形，谓之道。《史记》：太史公曰：老子所贵道，虚无应用，变化无方。”[①]这首诗描写嵇康用虚拟的人物形象“公子”与己携手同车品味太素、体道畅玄的境界，传达出他作为正始之音的代表人物那种擅长思辨、追求玄藻的人生趣味。《文选》选录这首并无华采的玄言诗，显然是为了彰显嵇康独特的高士形象。

（二）嵇康生活哲学的坦荡宣明

《文选》卷五十三录有嵇康《养生论》，李善注曰：“嵇喜为康传曰：康性好服食，常采御上药，以为神仙禀之自然。非积学所致，至于导养得理，以尽性命。若安期、彭祖之伦，可以善求而得也。著养生篇。”[②] 嵇康所著《养生论》，并非一般意义上的养生，而是关于人生价值观念与生活方式的一篇宣言，具有现实针对性。当时，曹魏政权中一些中枢人物生活腐化，司马氏集团中的一些人物如钟会等人，趋炎附势，图谋不轨。嵇康与“竹林七贤”中的山涛等人也产生了分化，现实的诱惑与胁迫如此之大，嵇康的内心充满矛盾。我们看嵇康《卜疑》《家诫》等文章，便可以明白这一切。但是嵇康没有放弃自己的信念。他写《养生论》，强调养生在于通过养形达到养神，养神则是不为外界的声色物欲所诱惑，坚守自己的人生信念，需要长期的毅力与耐心方能臻于此境。《养生论》提出：“是以君子知形恃神以立，神须形以存，悟生理之易失，知一过之害生。故修性以保神，安心以全身，爱憎不栖于情，忧喜不留于意，泊然无感而体气和平。又呼吸吐纳，服食养

① 《文选》，第417页。

② 《文选》，第727页。

身，使形神相亲，表里俱济也。”[①]李善注引颜延之《五君咏》引东晋名士孙绰《嵇中散传》曰：“嵇康作《养生论》。入洛，京师谓之神人。向子期难之，不得屈。”[②]今传向秀作有《难养生论》，嵇康又作《答难养生论》回复。可见，《养生论》引发的不仅是关于养生本身的讨论，而且是关乎整个人生意义的辩论，其意义涉及整个中国文化价值观念。向秀与嵇康关于《养生论》的讨论，《文选》碍于选本的篇幅，没有选录，但仅此一篇，也足以彰显嵇康作为“神人”的形象魅力所在。

（三）嵇康刚肠疾恶性格的表白

嵇康的形象，充满着矛盾。《三国志·魏书二十一·王粲传》记载：“时又有谯郡嵇康，文辞壮丽，好言老、庄，而尚奇任侠。至景元中，坐事诛。”[③]《三国志》一方面说嵇康“尚奇任侠”，另一方面又说他喜怒不形于色。《三国志·魏书二十一·王粲传》注引《魏氏春秋》曰：“康寓居河内之山阳县，与之游者，未尝见其喜愠之色。与陈留阮籍、河内山涛、河南向秀、籍兄子咸、琅邪王戎、沛人刘伶相与友善，游于竹林，号为七贤。”[④]侯外庐主编《中国思想通史》第三卷评论道：“这就把嵇康写成一个涵养到家的世故老人了。”[⑤]其实，魏晋时代的人物充满着性格与思想的矛盾是不足为奇的。《文选》卷四十三录嵇康《与山巨源绝交书》就是嵇康刚肠疾恶性格的表白。李善注引《魏氏春秋》曰：“山涛为选曹郎，举康自代，康答书拒绝。因自说不堪流俗，而非薄汤、武，大将军闻而恶

① 《文选》，第728页。

② 《文选》，第303页。

③ 《三国志·魏书二十一》，中华书局1959年版，第605页。

④ 《三国志·魏书二十一》，第606页。

⑤ 侯外庐等编著《中国思想通史》第三卷，人民出版社1957年版，第153页。

焉。”[①]这篇书信与其他诗文相比，彰显了嵇康的刚烈性格。嵇康在这封信中，自称“有必不堪者七，甚不可者二”，除了坦陈自己不能为官的“七不堪”，又直言：“又每非汤、武而薄周、孔，在人间不止，此事会显，世教所不容，此甚不可一也；刚肠疾恶，轻肆直言，遇事便发，此甚不可二也。”[②]书中剖析自己的性格特点，检讨自己的过失，看似悔过，实则凌傲，充分展示出嵇康性格中的复杂之处。从萧统现存作品来看，其文学观念遵循的是中和之美，对于过分激烈的作品一般是不取的，但唯独对嵇康这篇充满火药味的书信加以选录，可见他的选文标准是相当开放而包容的。嵇康因为这篇书信，在《文选》中展现出他性格的另一方面，可以和他清雅玄澹的诗歌作品中的人物形象相比对，体现出“和而不同”之美。

（四）《幽愤诗》展现嵇康内心世界的另一面

《文选》在卷二十三诗丙“哀伤类”中选录了嵇康《幽愤诗》。李善注引《魏氏春秋》曰：“康及吕安事，为诗自责。吕安事，已见《思旧赋》。班固、史迁述曰：幽而发愤，乃思乃精。”[③]嵇康因为吕安的冤案而受到牵连，实质上是司马昭借故诛杀异己。嵇康也明白这一点，在狱中，他性格中谨慎惧怕的另一面暴露出来，可以与《与山巨源绝交书》中的刚肠疾恶、无所顾忌之另一面相补充。嵇康诗中首先回顾了自己的人生历程，包括早孤失怙，母兄见骄，“爰及冠带，凭宠自放。抗心希古，任其所尚。托好庄老，贱物贵身。志在守朴，养素全真”[④]。检讨了自己平时性格中容易得罪人的地方，却感到悲凉，“欲寡其过，谤

① 《文选》，第600页。
② 《文选》，第602页。
③ 《文选》，第327页。
④ 《文选》，第327页。

议沸腾。性不伤物，频致怨憎”，他设想自己如能出狱后，“采薇山阿，散发岩岫。永啸长吟，颐性养寿”。但确如侯外庐先生所云：“表现出在入狱后，生活上遭受司马氏严重的打击，但在思想上，并未因此有什么改变。”[①]唯因如此，他能在临刑东市前，从容弹奏一曲《广陵散》而就义。

（五）《琴赋》是嵇康音乐人生与审美理想的绝佳抒写

《文选》卷十八赋壬“音乐类”选录嵇康《琴赋》，实乃慧眼独具。嵇康生前有两篇在中国音乐史上堪称绝响的作品，即《声无哀乐论》与《琴赋》。《声无哀乐论》对传统的音乐以哀乐之情从事乐教的观点进行辩驳，从老子的“大音希声”音乐观出发，论证“和声无象，而哀心有主”。此论条理清晰而玄学意味浓厚，受到《文心雕龙·论说篇》的赞扬，称之为“师心独见，锋颖精密”，但不属于情采并茂的文章，故而《文选》不选也是无足为奇的。而《琴赋》属于赋体文学，《文选》将其与马融《长笛赋》、王褒《洞箫赋》列入音乐一类。《琴赋》有极深的音乐人生的意蕴。透过此赋，可以感受到嵇康临刑前弹奏《广陵散》、慨叹《广陵散》于今绝矣的缘由。此赋从某种意义上说，是《广陵散》的美学基础。嵇康《琴赋序》云：“余少好音声，长而玩之。以为物有盛衰，而此无变；滋味有厌，而此不倦。可以导养神气，宣和情志，处穷独而不闷者，莫近于音声也。”[②]赋序说明琴乐是嵇康精神之寄托。向秀《思赋》中慨叹“悼嵇生之永辞兮，顾日影而弹琴。托运遇于领会兮，寄余命于寸阴”，正可以说明嵇康《琴赋序》中宣明的音乐观念。嵇康《琴赋》深深感叹琴乐的境界：“然非夫旷远者，不能与之

---

① 《中国思想通史》第三卷，第 151 页。

② 《文选》，第 254 页。

嬉游；非夫渊静者，不能与之闲止；非夫放达者，不能与之无吝；非夫至精者，不能与之析理也。”赋的总乱慨叹：“愔愔琴德，不可测兮。体清心远，邈难极兮。良质美手，遇今世兮。纷纶翕响，冠众艺兮。识音者希，孰能珍兮？能尽雅琴，唯至人兮！”[①]在嵇康之前，东汉蔡邕等人也作过《琴赋》这类作品，但像嵇康这样写出深沉的人生感受与审美自由的韵致，还未曾有过。李善注“识音者希，孰能珍兮”两句引曰：“古诗曰：不惜歌者苦，但伤知音希。”可见，嵇康将琴乐作为整个灵魂世界的审美寄托。他嗜爱《广陵散》，临刑前弹奏一曲，从容就义，慨叹：《广陵散》于今绝矣，正可以在《琴赋》中获得印证。

通过对《文选》这六篇诗文作品的分析，可以鲜明而生动地还原出一个嵇康形象。有意思的是，我们将《文选》所选这六篇作品，与《晋书·嵇康传》所提到嵇康的代表作品进行比对，发现有许多相通之处。同时，与《晋书》差不多同时，由唐太宗另一重臣魏徵率人编修的《隋书·经籍志》总集类，记载有“《文选》三十卷，梁昭明太子撰”，则可知，房玄龄等人应当看过《文选》，并受到其影响。房玄龄等人所编修的《晋书·嵇康传》，主要采自魏晋以来关于嵇康的各种传记与集子，现摘其梗概，与《文选》所选的嵇康作品进行比对：

> 1.康早孤，有奇才，远迈不群。身长七尺八寸，美词气，有风仪，而土木形骸，不自藻饰，人以为龙章凤姿，天质自然。恬静寡欲，含垢匿瑕，宽简有大量。学不师受，博览无不该通，长好《老》《庄》。与魏宗室婚，拜中散大夫。常修养性服食之事，弹琴咏诗，自足于怀。以为神仙禀之自然，非积学所得，至于导养得理，则安期、彭祖之伦可

① 《文选》，第327页。

及，乃著《养生论》。又以为君子无私，其论曰："夫称君子者，心不措乎是非，而行不违乎道者也。"

2.山涛将去选官，举康自代。康乃与涛书告绝。

3.东平吕安服康高致，每一相思，辄千里命驾，康友而善之。后安为兄所枉诉，以事系狱，辞相证引，遂复收康。康性慎言行，一旦缧绁，乃作《幽愤诗》。

4.康将刑东市，太学生三千人请以为师，弗许。康顾视日影，索琴弹之，曰："昔袁孝尼尝从吾学《广陵散》，吾每靳固之，《广陵散》于今绝矣！"时年四十。海内之士，莫不痛之。帝寻悟而恨焉。

5.康善谈理，又能属文，其高情远趣，率然玄远。撰上古以来高士为之传赞，欲友其人于千载也。又作《太师箴》，亦足以明帝王之道焉。复作《声无哀乐论》，甚有条理。子绍，别有传。[①]

我们发现这五条主要记载，在第一条中提到了《养生论》及弹琴咏诗，自足于怀，可以通过《琴赋》找到依据。第二条记载嵇康因为拒绝山涛任吏部尚书郎而写下《与山巨源绝交书》，与《文选》所选完全一致。第三条记载了嵇康因吕安事而下狱，狱中作《幽愤诗》，也与《文选》所选同名诗一致。第四条写嵇康将刑东市，顾视日影而作《广陵散》，怅叹"《广陵散》于今绝矣"，可以采用《琴赋》作为背景性作品来解读之。第五条记载嵇康尝作《高士传》《太师箴》《声无哀乐论》这些以"立意为宗"的文章，与《文选》重视情辞并茂的选文标准不合，没有收录也是可以理解的。通过唐初房玄龄等史学家所编的《晋书·嵇康传》与《文选》选录的嵇康作品的比较，可以得出结论：唐人

① 《晋书》卷四十九《嵇康传》，第1369—1374页。

心目中的嵇康形象，与萧统所编《文选》中的嵇康形象是比较接近的。通过《文选》至《晋书·嵇康传》的演变，嵇康的形象得以丰富而清晰，从而奠定了嵇康在中国历史上的独特地位。

《文选》对于嵇康形象的塑造，我们还可通过与“竹林七贤”其他人物的比较来认识。《文选》对“竹林七贤”其他人作品的收录，计有：卷二十三选录阮籍《咏怀》17首，卷四十选录阮籍《为郑冲劝晋王笺》、阮籍《诣蒋公》2篇，卷十六选录向秀《思旧赋》1篇，卷四十七收录有刘伶《酒德颂》1篇。山涛、王戎则未加收录。一方面他们的作品不符合萧统的选文标准，另一方面，联系颜延年在《五君咏》将此两人排除出去的看法，萧统不选此两人的作品，大约也与不屑于他们人品的观念相关。但从上面的目录中，我们可以看出，在“竹林七贤”中，除了阮籍，其他人的作品均无法与嵇康相比。而阮籍，《文选》只选取了他的十七首《咏怀诗》与两篇文章，文体比较单一，不像嵇康作品具有那样的广度与深度。《三国志·魏书二十一·王粲传》记载：“瑀子籍，才藻艳逸，而倜傥放荡，行己寡欲，以庄周为模则。官至步兵校尉。”[①]出现在西晋陈寿《三国志》中的阮籍是一位倜傥放荡的魏晋风度人物。而萧统《文选》卷二十三诗丙“咏怀类”中选了阮籍的五言《咏怀十七首》。关于这些诗的主旨，李善注引颜延之曰：“说者阮籍在晋文代，常虑祸患，故发此咏耳。”《文选》通过所选的这17首五言诗，还原了阮籍身处乱世、咏怀兴寄的真实心境。但另一方面，《文选》卷四十“笺”类又选录了阮籍《为郑冲劝晋王笺》。关于这篇书笺，李善注引臧荣绪《晋书》曰：“郑冲，字文和，荥阳人也。位至太傅。又曰：魏帝封晋太祖为晋公，太原等十郡为邑，进位相国，备礼九锡。太祖让不受，公卿将校皆诣府劝进，阮籍为其

① 《三国志·魏书二十一》，第604页。

辞。魏帝，高贵乡公也。太祖，晋文帝也。”[①]《晋书》卷四十九《阮籍传》记载：“会帝让九锡，公卿将劝进，使籍为其辞。籍沉醉忘作，临诣府，使取之，见籍方据案醉眠。使者以告，籍便书案，使写之，无所改窜。辞甚清壮，为时所重。”[②]不管怎样，这篇书笺与嵇康《与山巨源绝交书》中彰显的人格与气节相比，是阮籍为后世所诟病的一篇作品。《文选》虽然从文辞清壮的角度加以选入，但对比嵇康，阮籍的形象多少相形见绌。《文选》卷四十“奏记”类还选了阮籍《奏记诣蒋公》一文。关于此文，李善注引臧荣绪《晋书》曰：“太尉蒋济，闻籍有才隽而辟之。籍诣都亭奏记。初，济恐籍不至，得记欣然，遣吏卒迎之。而籍已去，济大怒，于是乡亲共喻之，籍乃就吏。后谢病归，复为尚书郎。籍本有济世志，属魏晋之际，天下多故。遂酣饮为常。文帝初欲为武帝求婚于籍，籍醉六十日，不得言而已。”[③]这篇书笺反映出阮籍的人生智慧与政治识见，与嵇康的刚肠疾恶明显不同。

《文选》中的嵇康形象，还可以从卷十六“志”类下的向秀《思旧赋》中得到还原。此赋系向秀在嵇康遇害后悼念亡友所作。赋序中感叹：“余与嵇康、吕安居止接近，其人并有不羁之才。然嵇志远而疏，吕心旷而放，其后各以事见法。……余逝将西迈，经其旧庐。于时日薄虞渊，寒冰凄然。邻人有吹笛者，发声寥亮。追思曩昔游宴之好，感音而叹，故作赋云。”[④]此赋通过表达哀伤与悼念，写出了嵇康的远大志向与不羁之才，同时也哀叹自己的命运险恶，令人同情。此外，《文选》对于嵇康形象的描写，还可以从颜延之《五君咏》，江淹《恨赋》《杂拟诗》等

---

① 《文选》，第 567 页。

② 《晋书》卷四十九《嵇康传》，第 1360—1361 页。

③ 《文选》，第 572 页。

④ 《文选》，第 229 页。

作品得到印证。这些作品，从侧面折射出嵇康形象的丰富性。

当然，萧统《文选》对于嵇康作品的把握与编选，最根本的还是应从嵇康作品中得到对照。我们不妨从整个《嵇康集》来比较《文选》所收嵇康作品，进而讨论萧统心目中的嵇康形象以及其选录标准。嵇康的集子早在西晋年代就有流传[①]，在明代以前，多有手抄《嵇中散集》流传。今见最早的《嵇康集》是明吴宽丛书堂藏抄校本，自明嘉靖年间以后，翻刻本不少。1938年出版的《鲁迅全集》中收录了鲁迅的《嵇康集》校本。1962年人民文学出版社首次出版学者戴明扬的《嵇康集校注》，这是目前使用最普遍的本子。《嵇康集校注》共10卷，其中第一卷为诗66首；第二卷是《琴赋》《与山巨源绝交书》《与吕长悌绝交书》；第三卷是《卜疑集》《稽荀录》《养生论》；第四卷为《黄门侍郎向子期难养生论》及《答难养生论》；第五卷是《声无哀乐论》；第六卷是《释私论》《管蔡论》《明胆论》；第七卷是《张辽叔自然好学论》及《难自然好学论》；第八卷是《宅无吉凶摄生论》《难宅无吉凶摄生论》；第九卷为《释难宅无吉凶摄生论》及《答释难宅无吉凶摄生论》；第十卷是《太师箴》《家诫》。其佚著还有《圣贤高士传赞》《春秋左氏传音》等，但未收辑在《嵇康集校注》中。从上述所列《嵇康集》的篇目来看，萧统所见嵇康作品，与今天我们所见到的嵇康集中的作品应无大的差异。

首先，萧统对于嵇康的个性与思想学说并不完全赞同，尤其是他非汤武、薄周孔的文化观，以及一些激烈反儒的篇章，萧统肯定是不能接受的。《文选序》尽管说过不选孔孟圣人的文章，也不选诸子的文章，对于辩士的文章更不关注，注重“事出于沉思，义归乎翰藻”的篇什，但是萧统对于孔孟之道是深

① 参见崔富章《嵇康的生平事迹及〈嵇康集〉的传播源流》，《浙江大学学报（人文社会科学版）》1999年第4期。

信不疑的。《梁书·昭明太子传》记载："太子生而聪睿，三岁受《孝经》《论语》，五岁遍读五经，悉能讽诵。五年六月庚戌，始出居东宫。太子性仁孝。"[①]梁武帝时，南朝的儒学得到重倡，一度甚为繁兴，《陈书·儒林传》评曰："自两汉登贤，咸资经术。魏、晋浮荡，儒教沦歇，公卿士庶，罕通经业矣。宋、齐之间，国学时复开置。梁武帝开五馆，建国学，总以五经教授，经各置助教云。武帝或纡銮驾，临幸庠序，释奠先师，躬亲试胄，申之宴语，劳之束帛，济济焉斯盖一代之盛矣。"[②]萧梁皇室与刘宋及萧齐皇室相比，受儒学的影响更大一些。对于像《卜疑集》《太师箴》《难自然好学论》《明胆论》《管蔡论》《释私论》这类文章，尽管有些富有文采，但是萧统也不会选录。鲁迅先生指出："嵇康的论文，比阮籍更好，思想新颖，往往与古时旧说反对。"[③]对于离经叛道，主张越名教而任自然的嵇康思想，萧统与刘勰是持保留态度的。因此，《文选》所选录的嵇康文章中所展现出来的嵇康形象，总体说来还是比较温和的，与当时嵇康集子与现存的嵇康集子展现出来的嵇康面貌，肯定会有所不同。当然，萧统与萧纲、萧绎相比，无论是为人还是为文，都要宽和敦厚得多；对于活着的文士与死去的文人，萧统总是努力去理解他们，渴望充当他们的知音。《梁书·昭明太子传》中记载："性宽和容众，喜愠不形于色。引纳才学之士，赏爱无倦。恒自讨论篇籍，或与学士商榷古今；闲则继以文章著述，率以为常。于时东宫有书几三万卷，名才并集，文学之盛，晋、宋以来未之有也。"[④]从这里可以看出，萧

① 《梁书》卷八《昭明太子传》，中华书局 1973 年版，第 165 页。

② 《陈书》卷三十三《儒林传》，中华书局 1972 年版，第 433—434 页。

③ 《魏晋风度及文章与药及酒之关系》，《鲁迅全集》第 3 卷，人民文学出版社 1991 年版，第 511 页。

④ 《梁书》卷八《昭明太子传》，第 167 页。

统的仁爱宽和，也体现在他对于文士的“和而不同”的风度上面，其主编的《文选》成为中国文学史上的总集类不祧之作，并非偶然。

其次，萧统对于嵇康的解读与理解，我们可以从刘勰《文心雕龙》中得到印证。《梁书》卷五十《刘勰传》记载：“昭明太子好文学，深爱接之。初，勰撰《文心雕龙》五十篇，论古今文体，引而次之。”[①]刘勰在《文心雕龙·知音篇》慨叹：“夫缀文者情动而辞发，观文者披文以入情，沿波讨源，虽幽必显。世远莫见其面，觇文辄见其心。岂成篇之足深，患识照之自浅耳。”刘勰对于嵇康的理解就体现出这种知音观念。他在《文心雕龙》的许多篇章中，都对嵇康加以评论。《论说篇》中提出：“魏之初霸，术兼名法；傅嘏、王粲，校练名理。迄至正始，务欲守文；何晏之徒，始盛玄论。于是聃周当路，与尼父争途矣。详观兰石之《才性》，仲宣之《去代》，叔夜之《辨声》，太初之《本玄》，辅嗣之《两例》，平叔之二论，并师心独见，锋颖精密，盖人伦之英也。”刘勰认为嵇康的《声无哀乐论》与王弼、何晏等人的玄学一样，师心独见，不拘成理，为人伦之英。这也可见他对于玄学持有较为客观的评价。《书记篇》中赞扬：“嵇康《绝交》，实志高而文伟矣。”《才略篇》中赞扬：“嵇康师心以遣论，阮籍使气以命诗，殊声而合响，异翮而同飞。”《明诗篇》中评价嵇康的四言诗：“若夫四言正体，则雅润为本；五言流调，则清丽居宗，华实异用，惟才所安。故平子得其雅，叔夜含其润，茂先凝其清，景阳振其丽，兼善则子建仲宣，偏美则太冲公幹。”刘勰认为四言诗中，唯有嵇康等人得其雅润之本。《明诗篇》中提出：“乃正始明道，诗杂仙心；何晏之徒，率多浮浅。唯嵇志清峻，阮旨遥深，故能标焉。”《时序

① 《梁书》卷五十《刘勰传》，第710页。

篇》中提出："于时正始余风，篇体轻澹，而嵇阮应缪，并驰文路矣。"从这些引证的文献来看，刘勰在各方面对于嵇康都赞赏有加，肯定居多。

萧统的文学观念，以及对于许多作家的看法与刘勰都是较为接近的。现有的萧统作品中，虽然没有直接对嵇康进行评价的文章，但是从《文选》所选嵇康作品来看，萧统对于嵇康的为人、为文都是很赞赏的，我们从刘勰对嵇康的评价与赞赏中，也可以推断萧统对嵇康的态度。此外，我们还可以从萧统对陶渊明的评价中，推论他对嵇康的态度。嵇康与陶渊明有着相似之处，比如他们对于高情雅趣的追求，对于隐逸之志的推崇。今本《嵇康集》录有嵇康所作《高士传》的佚文，足证嵇康对于高士的推崇。高士是隐士中的杰出者，嵇康对于高士的倾心，与陶渊明的隐逸志向是相通的，他们琴诗自乐、向往自然的美学趣味，营造了魏晋风度的精神境界。嵇康与陶渊明都喜欢玄学与清谈，在玄学的自我意识中确立自我，逍遥游放。至于陶渊明的诗文风格不像嵇康诗文有时那么激烈，鲁迅先生对此分析道："到东晋，社会思想平静得多，各处都夹入了佛教的思想。再至晋末，乱也看惯了，篡也看惯了，文章便更平和。代表平和的文章的人有陶潜。"但鲁迅先生又指出："但《陶集》里有《述酒》一篇，是说当时政治的。这样看来，可见他对于世事也并没有遗忘和冷淡。"[①]因此，嵇康与陶渊明是最能代表魏晋风度的人物，只不过是时代不同罢了。

萧统作有《陶渊明传》与《陶渊明集序》两文，《文选》中选录了陶渊明的许多诗文，他对于陶渊明的推崇，如同对于嵇康的推崇一样，并非着眼于后人所说的魏晋风度，主要致力陶潜的风教蕴涵。在《陶渊明集序》中，萧统指出："含德之至，莫逾于

① 《魏晋风度及文章与药及酒之关系》，《鲁迅全集》第3卷，第516页。

道；亲己之切，无重于身。故道存而身安，道亡而身害。”[①]这里的“道”即儒家传统的立身之道。萧统将其抬高到关系个人生死存亡的大道的地位，可见他对儒家修身的重视。从这种儒家的生命价值观念出发，他指出：“有疑陶渊明诗，篇篇有酒。吾观其意不在酒，亦寄酒为迹者也。其文章不群，辞彩精拔，跌宕昭章，独超众类，抑扬爽朗，莫之与京。横素波而傍流，干青云而直上。语时事则指而可想，论怀抱则旷而且真。加以贞志不休，安道苦节，不以躬耕为耻，不以无财为病。自非大贤笃志，与道污隆，孰能如此乎？余素爱其文，不能释手。尚想其德，恨不同时，故加搜校，粗为区目。白璧微瑕，惟在《闲情》一赋。扬雄所谓劝百而讽一者，卒无讽谏，何足摇其笔端？惜哉，亡是可也。并粗点定其传，编之于录。尝谓有能观渊明之文者，驰竞之情遣，鄙吝之意祛，贪夫可以廉，懦夫可以立，岂止仁义可蹈，抑乃爵禄可辞，不必傍游泰华，远求柱史，此亦有助于风教也。”[②]萧统通过对于陶渊明的感受与解读，肯定了老庄自然之道对于时流的净化与抵御意义。萧统所作《陶渊明传》也是突出陶渊明的这些为人处世之道。陶渊明当时并未被大多数人所接受，钟嵘《诗品》中也只是将他列入中品，称之为“古今隐逸诗人之宗”，而萧统则开掘出其中浓厚的人文精神，他自称不仅“素爱其文，不能释手”，而且“尚想其德，恨不同时”。由此可以推导出他对于嵇康精神人格与诗文作品是处于同一维度的真善美融为一体的评价。

萧统等人在编选嵇康作品时，通过对大量嵇康作品的考量与遴选，完成了对嵇康作品的接受，同时也是嵇康作品与《文选》经典化的过程。黑格尔《美学》中论古典艺术形象之美的构成时说过：“外在形象正像它所表现的精神内容一样，必须摆脱外在定性

① 《全上古三代秦汉三国六朝文》第三册，第 3067 页。
② 《全上古三代秦汉三国六朝文》第三册，第 3067 页。

中的一切偶然性，一切对自然的依存和一切病态，必须把一切有限性，一切可消逝的暂时性的东西以及一切事务性的东西都看作纯然性因素，必须使它（形象）的和神的明确的精神性格紧密联系的那种定性得到净化，使它（定性）和人的形体的普遍形式能自由合拍。”[①]唐初编修的《晋书》受魏晋风流影响较大，在编修时多采《世说新语》的记载，因而对于嵇康与竹林名士的肯定较多，保留了嵇康形象的原初面貌，与《文选》编选中塑造的嵇康形象较为接近，显示出唐初对于晋风的赏识，以至于清代纪昀等在《四库全书总目提要》卷四十五史部类批评《晋书》：“其所载者大抵弘奖风流，以资谈柄。取刘义庆《世说新语》与刘孝标所注一一互勘，几乎全部收入。是直稗官之体，安得目曰史传乎？”而到了盛唐与中唐时代的许多诗人，如杜甫、王维、白居易、刘禹锡等人，则对嵇康的养生观、离经叛道，蔑视世俗的思想行为不以为然，甚至加以指斥[②]。在这些著名诗人笔下的嵇康形象，是一个狂傲不谙世情，妄言养生而不知保护自己，慵懒无为，徒有虚名的人物，已经不是萧统《文选》中那位魏晋名士的代表人物。这说明，嵇康形象的接受历经波折，见仁见智在所难免，一直到现当代的学者中间，这些评价也是差异甚大的[③]。例如，鲁迅先生认为嵇康更能代表魏晋风度，而李泽厚在《美的历程》中则以阮籍与陶渊明作为魏晋风度的代表，这都关涉嵇康形象的定位。嵇康形象在历代的变迁，已经成为中国文化演变的标志之一。

〔原载《复旦学报（社会科学版）》2014年第6期〕

---

① 黑格尔《美学》第二卷，商务印书馆 1979 年版，第 228 页。

② 参见林阳华《论唐代诗人对嵇康的否定》，《陇东学院学报》2008 年第 6 期。

③ 参见袁济喜、高丹《〈嵇康传笺证〉附历代关于嵇康的评价》，《郑州大学学报（哲学社会科学版）》2014 年第 2 期。

嵇康集成书及明本系统考论

◎刘　明

嵇康集是现存六朝人集中有明确记载成书时间较早的文人集，编定于西晋，依据是荀勖所撰《文章叙录》载有嵇康集的叙录（即《康集目录》）。嵇康集的原本面貌可分为六朝古本和唐宋旧本两个层次，嵇康集所载《目录》和《集序》均形成于六朝，至宋代传本尚存，是考察六朝文人集编辑面貌的重要资料。唐初类书引有署名嵇康的他人作品，印证唐本嵇康集的编选存在窜乱的现象。现存嵇康集的版本均属明本，包括黄省曾本和丛书堂抄本两种文本系统。黄省曾本据宋本再行编刻，经与《六朝诗集》本嵇康集相校推断源出同一种宋本，同时参校他本嵇康集。明抄本和程荣本均据自黄省曾本，而又各经校订而存在文字差异。丛书堂抄本的篇目、诗题和正文文字均与黄省曾本系统各本有差异，当据抄自另一种宋本。以校勘各本《与山巨源绝交书》为例，表明黄省曾所据之宋本此篇乃辑自李善注本《文选》，而丛书堂抄本该篇保留的则是原本嵇康集之貌。印证黄省曾本系统源出之宋本嵇康集属宋人重编本，形成了今所传嵇康集的文本内容，而丛书堂抄本保留的则是唐本甚至六朝古本嵇康集的面貌。

一、嵇康集的流传和原本面貌

《晋书》本传称嵇康“善谈理，又能属文。其高情远趣，率然玄远”，撰有《高士传赞》（《隋志》题《圣贤高士传赞》）、《太师箴》和《声无哀乐论》等[①]，不言有本集之编。“嵇康集”之称始见于《三国志·魏书·邴原传》裴松之注引荀绰《冀州记》，云：“巨鹿张貔，字邵虎。祖父泰，字伯阳，有名于魏。父邈，字叔辽，辽东太守。著名《自然好学论》，在《嵇康集》。”[②]按荀绰《冀州记》未见史志著录，《三国志·魏书·袁涣传》裴松之注引有荀绰《九州记》，《杜恕传》又引荀绰《兖州记》，则《冀州记》《兖州记》均属《九州记》中的两篇。据《十六国春秋》，荀绰乃颍川人，西晋亡任后赵从事中郎，推断东晋初（十六国时期）北方已有《嵇康集》的流传。崔富章先生称：“距嵇康被杀仅六十年左右，距张叔辽之死才二十几年，是我们今天所能见到的著录《嵇康集》之最早的文献资料。”[③]该集收有张邈撰《自然好学论》，自当有嵇康关于此篇的答难（即《难自然好学论》），故其集至迟应编在西晋末年。

《冀州记》的记载，还佐证嵇康集西晋已结撰成书，且即题“嵇康集”。按《三国志·魏书·嵇康传》裴松之注引《康集目录》云：“登字公和，不知何许人，无家属，于汲县北山土窟中得之……每所止家，辄给其衣服食饮，得无辞让。”又《太平御览》卷一百九十六引《嵇康集目录》云：“孙登字公和，于汲郡北山中为土窟，夏则编草为裳，冬则以发自覆。”两者略有字句之别，但基本断定《康集目录》即《嵇康集目

① 参见房玄龄等《晋书》，中华书局 1974 年版，第 1374 页。

② 陈寿《三国志》，中华书局 1982 年版，第 354 页。

③ 崔富章《嵇康的生平事迹及嵇康集的传播源流》，载《浙江大学学报（人文社会科学版）》1999 年第 4 期，第 13—14 页。

录》。“目录”本身即含有叙录之义（目录包括标题的“目”和叙录的“录”），证以《礼记》孔颖达正义云：“按郑《目录》云：‘名曰《月令》者，以其记十二月政之所行也。本《吕氏春秋·十二月纪》之首章也。’”[①]又云：“按郑《目录》云：名曰《乐记》者，以其记乐之义。此于《别录》属《乐记》，盖十一篇合为一篇，谓有《乐本》，有《乐论》……今虽合此，略有分焉。”[②]“郑《目录》”即郑玄所撰《礼记》篇目及其旨要的叙录。再者，《文选》王康琚《反招隐诗》李善注引《列子目录》云：“至于《力命篇》，一推分命。”今本《列子》载《列子书录》，则《目录》即主要指《书录》，推断《康集目录》实即《嵇康集》的叙录部分。

按《隋志》史部目录类著录的魏晋人文集叙录类著述，有荀勖《杂撰文章家集叙》和挚虞《文章志》两部。其中《杂撰文章家集叙》（《旧唐书·经籍志》题《新撰文章家集》，而《新唐书·艺文志》则题《新撰文章家集叙》），张政烺先生称其“久佚不传，《三国志》注、《世说新语》注等书征引，皆简称《文章叙录》”[③]。撰写叙录是秘阁藏书整理中的一项主要内容，《文章叙录》即属荀勖整理编撰《晋中经簿》产生的成果。以嵇康而言，尽管遭祸于司马氏之手，但考虑其身份和地位，西晋初秘阁中应有嵇康集之编。秘阁人员撰写的嵇康集的叙录，也是首先载于集子中的。恰如吴光兴所称：“《文章叙录》所辑录的诸家文集叙录，原本首先是附在文集本身的。”[④]而荀勖正是辑各家集子的叙录而纂为此书（属“丁部”书中文人集部分。《三国志·蜀

① 参见《礼记注疏》，中华书局影印阮元刊刻《十三经注疏》本，中华书局1980年版，第1352页。

② 同上，第1527页。

③ 张政烺《王逸集牙签考证》，载《文史丛考》，中华书局2012年版，第182页。

④ 吴光兴《荀勖文章叙录·诸家文章志考》，载莫砺锋编《周勋初先生八十寿辰纪念文集》，中华书局2008年版，第202页。

书·诸葛亮传》所附《诸葛氏集》相关内容亦当源自该集的叙录，推测甲乙丙丁四部典籍均有叙录，今唯存“丁部”书的《文章叙录》），王重民即称其“是以别集的叙录做基础的”[①]。故笔者倾向于认为裴注所引嵇康集叙录，源自秘阁藏本嵇康集而非《文章志》，《文章叙录》中亦载有此条叙录。故裴注所引正援据南朝宋裴松之时流传的嵇康集，当然也不排除直接引自《文章叙录》的可能性。

东晋以降，嵇康诗文便以“集”本的形态流传。按《晋书·文苑·顾恺之传》云：“恺之每重嵇康四言诗，因为之图，恒云：‘手挥五弦易，目送归鸿难。’”[②]

又《三国志·魏书·王粲传》裴松之注引孙盛《魏氏春秋》云：“康所著诸文论六七万言，皆为世所玩咏。”知当时所传嵇康“集”本为“六七万言”（应仅就嵇康自身作品而言，今明黄省曾本存嵇康作品两万五千余言，佚去约三分之二）。《直斋书录解题》称“所著文论六七万言”即本诸此。《隋志》小注称嵇康集“梁十五卷、录一卷”，即南朝梁本（阮孝绪《七录》著录之本）面貌，所谓“录一卷”指“目录”而非《康集目录》。《诗品》称“嵇中散诗颇似魏文”，又《文心雕龙·明诗》称“嵇志清峻”，皆据梁本嵇康集立论。

《世说新语》刘孝标注还引及嵇康《集序（或作叙）》（附《太平御览》所引以与之比较），如：

《世说新语·德行》注引《康集叙》称：“康字叔夜，谯国铚人。”

《世说新语·栖逸》注引《康集序》称：“孙登者，不知何许人，无家，于汲郡北山土窟住，夏则编草为裳，冬则被发自

① 王重民《中国目录学史论丛》，中华书局1984年版，第69页。

② 《晋书》，第2405页。

覆。好读《易》，鼓一弦琴，见者皆亲乐之。”

《太平御览》卷二十七引《嵇康集序》云：“孙登于汲郡北山土窟中住，夏则编草为裳，冬则被发自覆。”

《太平御览》卷九百九十九引《嵇康集序》云：“孙登夏尝编蒲为裳，冬被发自覆。”

按《经史图书纲目》著录有《嵇康集》，则北宋秘阁藏本载《集序》一篇（所引略有差异，可能缘于编者截取节引的不同所致，也可能是秘阁藏嵇康集与刘孝标所引者非一本），即源自南朝梁本嵇康集。“孙登”本事大抵撮自《康集目录》，按《晋书》本传称嵇康“至汲郡山中见孙登，康遂从之游。登沉默自守，无所言说。康临去，登曰：‘君性烈而才隽，其能免乎！’”[①]与嵇康集之《目录》《集序》相较无相关描述个人的文字。据《三国志·魏书·王粲传》裴松之注引《嵇康别传》云：“孙登谓康曰：‘君性烈而才俊，其能免乎？’”推知《晋书》本自《嵇康别传》。而《水经注》“清水”条引袁宏《竹林名士传》（《晋书·文苑传》称“宏撰《竹林名士传》三卷”，袁宏为东晋时人，曾任谢安参军）云：“嵇叔夜尝采药山泽，遇之于山，冬以被发自覆，夏则编草为裳，弹一弦琴而五声和。”增益嵇康集《目录》并无的“弹一弦琴”情节，而此恰见于《集序》中，推断《竹林名士传》“孙登”条本于《目录》，而《集序》又基于《竹林名士传》所述复稍加铺衍，佐证《集序》至早形成于东晋，而极有可能出自南朝时编者之手。

《隋志》著录魏中散大夫《嵇康集》十三卷，按道家类小注称“梁有《养生论》三卷”，《隋志》未再单独著录，则当已编入十三卷本中。推测唐初本嵇康集本为十卷，相较于十五卷梁本

① 《晋书》，第1370页。

佚去五卷，或称“《嵇康集》佚两卷并录一卷”[①]，恐非其实。至两《唐志》复为十五卷本（《新唐志》乃照抄《旧唐志》，并非指北宋有十五卷本嵇康集），姚振宗认为：“案此十五卷或并《左传音》《圣贤高士传》《嵇荀录》及他家赠答诗文合为一编者。”[②]又陆心源称：“新、旧《唐志》并作十五卷，疑非其实。”[③]鲁迅则称：“康集最初盖十五卷，录一卷。隋缺二卷，及录。至唐复完，而失其录。”[④]或开元间经搜访、献书而复得十五卷本嵇康集。梁本的“录一卷”指《目录》一卷，史志间或著录，不宜称为“失其录”。

唐代的类书、《文选》注等引及嵇康作品，可据此略窥唐本嵇康集的面貌，如《北堂书钞》卷一百引《嵇康集》云：“康著《游山九吟》，魏明帝异其文词，问左右曰：‘斯人安在？吾欲擢之。’遂起家为浔阳长。”叶渭清《嵇康集校记》云：“按此疑亦《目录》佚文，集下脱目录、序等字，故附载此。康为浔阳长不见他书，可补《晋书》本传之阙。”[⑤]清末民国间丛书堂抄本《嵇康集》补遗引张阆僧语云：“此篇疑是《圣贤高士传》中文。”[⑥]而戴明扬则认为：“此条艺海楼钞本《大唐类要》作《李康集》，是也。”[⑦]按戴说是，《游山九吟》为李康之作，《文选》卷五十三李萧远《运命论》李善注引《集林》云：“李康，字萧远，中山人也。性介立，不能和俗。著《游山九吟》。魏明帝异其文，遂起家为寻阳长，政有美绩。病卒。”

① 《嵇康的生平事迹及嵇康集的传播源流》，第 14 页。

② 姚振宗《隋书经籍志考证》，二十五史补编本，中华书局 1955 年版，第 5719 页。

③ 陆心源《皕宋楼藏书志》，《宋元明清书目题跋丛刊》本清代卷第 2 册，中华书局 2006 年版，第 754 页。

④ 鲁迅《嵇康集考》，载《历史研究》1954 年第 2 期，第 97 页。

⑤ 叶渭清《嵇康集校记》稿本，国家图书馆藏普通古籍，第 133 页 a 面。

⑥ 参见清末民国间丛书堂抄本《嵇康集》补遗，国家图书馆藏普通古籍，第 2 页 a 面。

⑦ 戴明扬《嵇康集校注》，人民文学出版社 2015 年版，第 513 页。

《北堂书钞》当即本自《集林》而讹为嵇康。又《艺文类聚》卷八十一引嵇康《槐香赋》，鲁迅称："《太平御览》九百八十三引嵇含《槐香赋》，文与此同：《类聚》以为康作，非也。"[①]推断唐本嵇康集，有他人作品混入其中（也不排除类书编纂中征引有误）。又《北堂书钞》卷一百四十八引嵇康《酒赋》、卷一百九引《琴赞》，《文选》谢惠连《秋怀诗》李善注引有嵇康《白首赋》，均为明本所未载。值得注意的是，《文选》嵇康《与山巨源绝交书》注引《嵇康文集录》注云："河内山嵚守颍川，山公族父。""阿都、吕仲悌，东平人也"。此处的"文集录"即裴注和《太平御览》所引的嵇康集《目录》，即叙录。所谓"注"，即叙录自身的小注，为叙录撰者的随文附注（或流传过程中附入）。

总体而言，唐宋类书中征引嵇康诗文并不多见，可能既反映嵇康集较为孤罕的流传面貌，也与嵇康诗文长于说理有关，鲁迅称："康文长于言理，藻艳盖非所措意；唐宋类书，因亦尠予征引。"[②]

北宋《崇文总目》著录十卷本嵇康集，《经史图书纲目》著录之秘阁本《嵇康集》当即《崇文总目》本。按《太平御览》卷八百十四引嵇康《蚕赋》，即据自秘阁本。南宋王楙《野客丛书》提及北宋贺铸藏有一部写本《嵇康集》，云："仆得毗陵贺方回家所藏缮写《嵇康集》十卷，有诗六十八首（当含有嵇康本人诗和他人赠诗），今《文选》所载康诗才三数首。《选》惟载康《与山巨源绝交书》一首，不知有《与吕长悌绝交》一书。《选》惟载《养生论》一篇，不知又有《与向子期论养生难答》一篇，四千余言，辩论甚悉。集又有《宅无吉凶摄生论难》

① 《嵇康集考》，第102页。
② 《嵇康集考》，第103页。

上中下三篇、《难张叔辽自然好学论》一首、《管蔡论》、《释私论》、《明胆论》等文……《崇文总目》谓《嵇康集》十卷，正此本尔。唐《艺文志》谓《嵇康集》十五卷，不知五卷谓何。”[①]王楙称该本亦即《崇文总目》本。按今明本嵇康集均载诗六十七首（嵇康本人诗和他人赠诗），与贺铸本相差一首。《太平广记》卷四百引《续齐谐记》有嵇康《游仙诗》云：“翩翩凤翮，逢此网罗。”所差者或即此首。而贺铸藏本嵇康文篇目均见于今明本中。贺铸本称《养生论》及《与向子期论养生难答》“四千余言”。以明黄省曾本为据，三篇合计约四千一百一十三字，恰相符契，印证就篇目而言明本基本属北宋贺铸本之貌。

《郡斋读书志》著录《嵇康集》为十卷本，《遂初堂书目》也著录一部，不题卷数。《直斋书录解题》亦为十卷本，题“嵇中散集”。鲁迅认为：“陈氏书久佚，清人从《永乐大典》辑出，因用后来所称之名，原书盖不如此。”[②]崔富章以《文献通考·经籍考》引《直斋书录解题》作“嵇康集”，证原本作“嵇康集”而非“嵇中散集”，进而称：“自西晋至元朝，嵇康的诗文集一直题作《嵇康集》。”“明以后，始改题作《嵇中散集》。”[③]实则宋人也称“嵇中散集”，如明嘉靖刻《六朝诗集》本（该本系翻刻宋本，保留旧貌）。《直斋书录解题》称：“所著文论六七万言，今存于世者，仅如此，《唐志》犹有十五卷。”[④]至《文献通考·经籍考》《宋史·艺文志》著录的嵇康集均为十卷本。疑十五卷本嵇康集唐末散佚，宋代所传十卷本乃重编本（指黄省曾本所据之宋十卷本，丛书堂抄本所据宋本

① 王楙撰，王文锦点校《野客丛书》，中华书局1987年版，第91页。

② 《嵇康集考》，第98页。

③ 《嵇康的生平事迹及嵇康集的传播源流》，第16页。

④ 陈振孙撰，徐小蛮、顾美华点校《直斋书录解题》，上海古籍出版社1987年版，第463页。

属保留唐本甚至六朝古本面貌的残本而非重编本，详见下文所述）。《四库全书总目》称：“宋时已无全本矣。”[①]又陆心源称：“《宋志》及晁、陈两家并十卷，则所佚又多矣。”[②]这些论述符合源自重编之宋本嵇康集的黄省曾本系统。

《文渊阁书目》《秘阁书目》及《内阁藏书目录》均著录有嵇康集，不题卷数。《行人司重刻书目》著录一部《嵇中散集》，明代内府不仅藏有此集，且有官本刊刻行世。私家所藏著录为十卷本者，如《世善堂藏书目录》《澹生堂藏书目》；著录为六卷本者，如《徐氏家藏书目》（当即《七十二家集》本《嵇中散集》）；著录为一卷本者，如《澹生堂藏书目》（当即《汉魏六朝百三名家集》本《嵇中散集》）。特别是《百川书志》著录《嵇中散集》十卷，称有“诗四十七，赋三，文十五，附四”。今明本嵇康集收嵇康诗为四十七首（其中《重作四言诗》，目录作“一首”，正文诗题作“七首”，按后者实为五十三首），而仅载《琴赋》一篇。按《文选》谢惠连《秋怀诗》李善注引有嵇康《白首赋》，《北堂书钞》卷一百四十八引有嵇康《酒赋》，《太平御览》卷八百十四引有嵇康《蚕赋》，《琴赋》之外的两首赋作不详。“文”十五篇指含有目无辞的《嵇荀录》一篇，不计《黄门郎向子期难养生论》《张辽叔自然好学论》《宅无吉凶摄生论》和《释难宅无吉凶摄生论》四篇（即集内的非嵇康作品），而此四篇即《百川书志》所称的“附四”诸篇。或称：“比黄辑多出附四篇、赋两篇及文一篇。”[③]实则仅多出赋两篇。《百川书志》著录之本可能是最接近宋本的本子，可惜篇目并未完全反映或保留在明本中。

现存嵇康集单行本有四种，其中明刻两种即明嘉靖四年

① 永瑢等《四库全书总目》，中华书局1965年版，第1273页。

② 《皕宋楼藏书志》，第754页。

③ 何跞《嵇康集黄刻本及据黄钞刻本考》，载《图书馆学刊》2014年第8期，第127页。

（1525）黄省曾南星精舍刻本（以下简称“明黄省曾本”）和明程荣刻本《嵇中散集》十卷（明汪士贤编《汉魏六朝二十一名家集》本和《汉魏六朝诸家文集》本嵇康集卷端均题“明新安程荣校”，属同版摹印。推测程荣本曾单行，又据以重印入六朝人集丛编中。以下简称“明程荣本”）；明抄两种即明抄本《嵇中散集》和明吴宽家丛书堂抄本《嵇康集》（以下简称“明丛书堂抄本”）。本文即以上述四种版本为主，梳理嵇康集的明本系统问题。

二、嵇康集的明黄省曾本系统

嵇康集迄未见有宋元时期刊刻或宋元本存世的记载，鲁迅称：“至于椠刻，宋元者未尝闻。”[①]现存明本嵇康集主要分为两种系统，即源自宋本的黄省曾本系统和明丛书堂抄本系统，前者包括明抄本、黄省曾本、程荣本和衍自黄省曾本的明刻丛编本嵇康集等。现所知宋本嵇康集，有南宋王楙所见的贺铸藏本、晁公武《郡斋》本、陈振孙《直斋》本和《六朝诗集》本嵇康集所据之宋本。前三种亡佚不传，晁、陈两家著录之本篇目不详。黄省曾本与贺铸本相较差诗一首，而与《六朝诗集》本嵇康集中诗篇数相合。而《六朝诗集》乃明嘉靖间翻刻宋本，所载诸家集即从宋代传本中选出。推断黄省曾本即源自《六朝诗集》本嵇康集所据之宋本。兹详列黄省曾本系统各本如下：

（一）明抄本

此本行款版式为八行二十二字，黑口、四周单边，对黑鱼尾。卷端题“嵇中散集卷第一”。卷一第一页a面有朱笔题记“五

① 鲁迅《校本嵇康集序》，参见《嵇康集校注》，第533页。

月廿六日较，公远”，卷十末朱笔题云：“崇祯己巳五月弟夏为僧弥世兄较。时避暑云东净室，骤雨初过，北窗凉气如秋中，啜茗两杯，抚笔记此。”据版式为大黑口，似属嘉靖前抄本。该本与黄省曾本的篇目相同，尤可注意之处是收诗亦为黄省曾本所载的六十七首，推断极有可能抄自黄省曾本。兹以该本与黄省曾本、程荣本和丛书堂抄本相校，也存在差异，如：

《兄秀才公穆入军赠诗十九首》其十一“南陵长阜”，黄本、程本和丛书堂本“陵”均作“凌”。

《兄秀才公穆入军赠诗十九首》其十二“乘流远遯”，黄本、程本和丛书堂本“遯”均作“遁”。

《兄秀才公穆入军赠诗十九首》其十六“旨酒盈樽”，黄本“樽”作“尊”，程本同，丛书堂本同明抄本。

《兄秀才公穆入军赠诗十九首》其十八“含道独居”，黄本、程本和丛书堂本“居”均作“往”。

《兄秀才公穆入军赠诗十九首》其十九“弃之八成”，程本“八成”作“无成”，丛书堂本作“八戎”，黄本同明抄本。

《秀才答四首》其二“当流则义行”，程本“义”作“蚁”，丛书堂本同，黄本同明抄本。

《六言十首》其六“位高世重祸基”，程本“世”作“势”，丛书堂本同，黄本同明抄本。

《重作四言诗七首》其四“莫不早殂”，黄本、程本和丛书堂本“殂”均作“徂”。

《重作四言诗七首》其四“自令不辜”，黄本“自令”作“今自”，程本同，丛书堂本同明抄本。

《重作四言诗七首》其六“忽以万亿”，黄本、程本和丛书堂本“以”均作“行”。

《思亲诗一首》“感几杖兮涕泛烂”，黄本、程本和丛书堂抄本“几”均作“机”。

《郭遐周赠三首》其二“愁焉如渴饥”，黄本“愁”作“惄”，“渴”作“调”，程本同，丛书堂本“调”作“朝”。

《郭遐周赠三首》其三“何忧此不知”，黄本“知”作“如”，程本同，丛书堂本“此不知”作“不此如”。

《郭遐叔赠四首》其四“我言愿结”，程本“言”作“心”，黄本、丛书堂本同明抄本。

推断明抄本又据他本嵇康集校订。异文中有与丛书堂抄本相同者，且有未见上述诸本之异文，印证所据抄（或校）之本颇为可贵。而且该帙明抄本，属戴明扬《嵇康集校注》未参校之本，更显其文献价值。当然也并未尽善，书中抄有误字、倒文等。误字者如《兄秀才公穆入军赠诗十九首》其九“徙倚彷徨”句，“徙”误抄为“徒”；同诗其十一“盘于游畋”句，“盘”误抄为“监”；《秀才答四首》其二“君子体变通”，“通”误抄为“适”；同诗其四“青鸟群嬉”，“群”误抄为“郡”；《郭遐周赠三首》其二“言别在斯须”，“斯”误抄为“思”等。倒文者如《述志诗二首》其一“夙驾咸驰驱”，“驰驱”当作“驱驰”；其二“神龟安归所”，“归所”当作“所归”；《郭遐周赠三首》其一“翻然将翔高”，“翔高”当作“高翔”等。

（二）明黄省曾本

此本行款版式为十一行二十字，白口、左右双边，单黑鱼尾。版心中镌“嵇集”和卷次、叶次，版心下镌“南星精舍”字样。卷端题“嵇中散集卷第一”。卷首有嘉靖乙酉（1525）黄省曾《嵇中散文集叙》。

黄序云：“故乃校次瑶篇，汇为十卷，刻之斋中，俾高士芳规，得流耀于来嗣耳。”并未交代所据底本的情况。孙星衍据黄省曾本中诗篇数语王楙所见本（即北宋贺铸藏本）同（实际相差一首），称“即从宋本翻雕”[①]。又洪颐煊称：“今本亦有此篇（指《自然好学论》），又诗六十六首（《郭遐叔赠四首》，目录和正文诗题均作‘四首’，实则为五首，即四言诗四首、五言诗一首，故应为六十七首），与王楙《野客丛书》本同，是从宋本翻雕。”[②]朱学勤《结一庐书目》即著录为“黄氏仿宋刊本”。鲁迅亦称：“黄刻最先，清藏书家皆以为出于宋本，最善。”[③]从篇目而言，《百川书志》著录的嵇康集尚有赋三篇，而此本仅载《琴赋》，佐证并非尽属宋本旧貌。国家图书馆藏有明嘉靖刻本《六朝诗集》，傅增湘称其“行格与书棚本同，雕镌雅饬，尚存古式”[④]，“方知此集实宋末坊本，嘉靖时从而复刊耳”[⑤]。其中有《嵇中散集》，自内容而言可视为宋本。以之与黄省曾本比对，所收诗目、诗题均相同，赋亦仅收《琴赋》一篇。按照《六朝诗集》仅收诗赋二体的体例，似可证宋本嵇康集有仅存《琴赋》一篇者，与包括黄省曾本在内的今明本同。《百川书志》本或为他本嵇康集，亦据类书辑补赋作残文两篇而非全文。

黄省曾本中的脱文（作墨钉状）与《六朝诗集》本嵇康集相同，如《郭遐叔赠五首》其三“□不同贯”，黄本同；《酒会诗七首》其四“□□兰池”，黄本同，印证黄省曾本与宋本嵇康集的文本存在继承关系。但也略有差异，如：

《琴赋》“广厦闲房”，黄本“厦”作“夏”。

《琴赋》“嘅远慕而长思”，黄本“嘅”作“慨”。

《兄秀才公穆入军赠诗十九首》其六“奕奕素波”，黄本“奕奕”作“弈弈”。

---

① 孙星衍著，焦桂美标点《平津馆鉴藏记书籍》，上海古籍出版社2008年版，第81页。

② 洪颐煊《读书丛录》，广文书局1977年版，第907页。

③ 《嵇康集考》，第99页。

④ 傅增湘《藏园群书题记》，上海古籍出版社1989年版，第885页。

⑤ 同上，第886页。

《兄秀才公穆入军赠诗十九首》其六“寔钟所亲”，黄本“寔”作“实”。

《思亲诗一首》“慈母没兮谁与骄”，黄本“与”作“予”。

推断黄省曾本源自《六朝诗集》本嵇康集所据之宋本，但重刻中据他本又稍作订正。故书中保留有校语，如卷三《养生论》“犹君昏于上，国乱于下也”句，“国”字小注称“一作臣”；卷六《释私论》“情忍之形”句，小注称“情一作猜”等。而《四库全书总目》称：“此本凡诗四十七篇，赋一篇，杂著二篇，论九篇，箴一篇，《家诫》一篇，而杂著中《嵇荀录》一篇有目无书，实共诗文六十二篇，又非宋本之旧，盖明嘉靖乙酉吴县黄省曾重辑也。”[①]四库馆臣并未经见宋本嵇康集，何以称黄省曾本“非宋本之旧”。从黄省曾本和《六朝诗集》本嵇康集的密切关系，还是将黄省曾本视为非明人重编本为宜（下文以《与山巨源绝交书》为例另有详述）。或称：“高儒所录十卷本《嵇中散集》可能也是他本人搜录辑佚而成，其事与黄省曾的辑录举动相似。因两人大致同时，所见文献因而也大致相同，所以两人辑录出的诗文篇数也大致相合，而且以至于诗歌篇数完全相同。”[②]又称：“吴抄本和黄刻本很可能出自同一祖本。那么高黄的这个‘辑录’过程很可能就是根据一个主要的祖本而进行的，而这个祖本应当就是吴宽丛书堂所据的那个‘宋本’，即《解题》本。”[③]明丛书堂抄本与黄省曾本所据并非同一宋本（详下文所述），而且丛书堂抄本抄有他本未见的嵇康四言诗四首和五言诗三首（此数首溢出之诗出自补抄），推测明代中期尚有不同于黄省曾据刻之宋本的其他宋本存世。

① 《四库全书总目》，第1273页。

② 《嵇康集黄刻本及据黄钞刻本考》，第127页。

③ 同上。

综上，黄省曾本与《六朝诗集》本嵇康集源自同一宋本，可基本视为据宋本的重刻本[①]，重刻过程中又校以其他本嵇康集，而非明人据他书辑出嵇康诗文的重编本。

（三）明程荣本

此本行款版式为九行二十字，白口、左右双边，单黑鱼尾。版心上镌“嵇中散集”，中镌卷次和页次。卷端题“嵇中散集卷第一”，次行、第三行均低十格分别题“晋谯国嵇康著”“明新安程荣校”。卷首有嘉靖乙酉黄省曾《嵇中散集叙》，次《嵇康传》《嵇中散集目录》。程荣本载黄序及篇目与黄省曾本同，印证程荣本据黄省曾本而刻，戴明扬即称以“据黄省曾本校刻”[②]。而鲁迅则称：“惟程荣刻十卷本，较多异文，所据似别一本，然大略仍与他本不甚远。”[③]校勘表明鲁迅此说有误，程荣本乃以黄省曾本为底本而重刻，又稍加订正，出现不同于黄省曾本的异文，如：

《兄秀才公穆入军赠诗十九首》其八“以济不朽”，程荣本“济”作“跻”。

《兄秀才公穆入军赠诗十九首》其十九“弃之八成”，程荣本“八”作“无”。

《秀才答四首》其二“当流则义行”，程荣本“义”作“蚁”，从书堂抄本同。

《六言十首》其六“位高世重祸基”，程荣本“世”作“势”，从书堂抄本同。

《答二郭三首》其一“三子赠嘉诗”，程荣本“三”作

① 按黄省曾本各卷先列本卷篇目，次逐一篇目和正文，与明陆元大据宋本重刻二陆集相同，此似属宋本特征的保留。

② 《嵇康集校注》，第682页。

③ 《校本嵇康集序》，见《嵇康集校注》，第533页。

“一”。

《答二郭三首》其二“羲农邈已远”，程荣本“农”作“皇”，丛书堂抄本同。

《酒会诗七首》其七“丽蕊浓繁”，程荣本“浓”作“秾”，丛书堂抄本同。

程荣本中部分异文与丛书堂抄本同，印证程荣本的校订似有本可据，不宜一概视为妄改。且有补充黄省曾本脱文者，如《酒会诗七首》其四“□□兰池”，程荣本补作“流咏”（丛书堂本作“藻汜”）等。当然也存在误刻字，如《琴赋》“狄牙丧味”句，程荣本“狄”误刻为“狄”；《酒会诗七首》其五“寔惟龙化”句，程荣本“惟”误刻为“椎”；《琴赋》“周旋永望”句，“周”误刻为“同”等。

其他衍自黄省曾本的各本嵇康集，如张燮本，篇目增益《怀香赋》一篇（实为晋嵇含所撰）和《原宪赞》《黄帝游襄城赞》两篇，十卷易为六卷，鲁迅称以“更变乱次第，弥失其旧”[①]。值得称道者，如黄省曾本《重作四言诗七首》，小注称“一作《秋胡行》”，张燮本直接题《秋胡行七首》。而鲁迅认为黄省曾本作此诗题“甚谬”，称：“盖六言诗亡三首，《代秋胡行》则仅存篇题，不得云‘一作’。”[②]按丛书堂抄本作《重作六言诗十首代秋胡歌诗七首》，戴明扬过录鲁迅校语称：“案‘六言诗十首’盖已佚，仅存其题，今所有者，‘代秋胡行’也，旧校甚误。”[③]与《嵇康集考》所称有异。戴明扬校称“原钞（即丛书堂抄本的原钞面貌）‘六言诗十首’五字，乃涉上而衍”[④]，实际作《代秋胡歌诗七首》，张燮所改甚是。至于张溥本，大抵据张燮

① 《校本嵇康集序》，见《嵇康集校注》，第533页。

② 《嵇康集考》，第100页。

③ 《嵇康集校注》，第68页。

④ 同上。

本重加编次，陆心源称："脱误并甚，几不可读。"[①]兹不赘论。

三、明丛书堂抄本系统及与嵇康集成书的关系

严格而言，明丛书堂抄本作为一帙单行本不宜称为"系统"，但它既透露出所据底本（当即某一宋本）的面貌，自身保留的文献信息又揭示出所抄嵇康集存在异本的情况。恰如叶渭清所云："是本元（即'原'字）抄不言所自，余疑抄者别是一本。观其分卷序篇，间与所校参差。又文义字句，特多歧异，固有抄不误而校反误者，有义可通而校不取者，有抄合他书征引而校不合者，甚且有全首为他本所无者。此为出于异本，已可推知。"[②]也就是说，其本身即体现出几个不同文本的嵇康集，故以"丛书堂抄本系统"称之。同时该本还侧面印证嵇康集宋代重编成书的细节性问题，极具版本及文献价值。

此本行款版式为十行二十字，白口、四周单边，无鱼尾，版心题"丛书堂"字样。卷端题"嵇康集第一卷"。卷首有《嵇康集目录》，嵇康文篇目同黄省曾本，而诗的篇目及诗题均不同于黄省曾本系统各本。该本原系国立北平图书馆旧藏，现藏台北故宫博物院，版本著录为"明丛书堂抄本"。书中卷十末有清初人先著跋称："吴匏庵先生家抄本，卷中讹误之字皆先生亲手改定。"又黄丕烈跋称："丛书堂钞本，且匏庵手自雠校。"知该本出于明吴宽家丛书堂所抄，据跋所云又经吴宽亲手校改。鲁迅称："经朱墨校后，则又渐近黄刻。所幸校不甚密，故留遗佳字尚复不少。中散遗文，世间已无更善于此者矣。"[③]吴宽卒于弘治

① 《皕宋楼藏书志》，第754—755页。

② 叶渭清《嵇康集校记》，载南江涛主编《文选学研究》下，国家图书馆出版社2010年版，第57页。

③ 鲁迅《校本嵇康集跋》，参见《嵇康集校注》，第535页。

十七年（1504），不可能参校黄省曾本，校本或是与黄省曾本之底本相接近的本子。总之，此帙抄本至少呈现出原抄和吴氏改抄两个层次（可能还有其他抄者的加入），故考察与其他各本嵇康集的版本关系以原抄为主。兹校以黄本、明抄本和程荣本及《六朝诗集》本嵇康集，如：

《五言古意一首》“抗首嗽朝露”，黄本、明抄本和程本“嗽”均作“漱”，《六朝诗集》本同。

《五言古意一首》“虞人来我维”，小注“维一作仪”，黄本、明抄本和程本“维”均作“疑”，《六朝诗集》本同。

《五言古意一首》“单雄翩独逝”，黄本、明抄本和程本“翩独”均作“翻孤”，《六朝诗集》本同。

《五言古意一首》“谋极身必危”，“极”，小注称“一作损”。黄本、明抄本和程本“必”均作“心”，《六朝诗集》本同。

《五言古意一首》“携手相追随”，“相追随”，小注称“一作长相随”，黄本、明抄本和程本均同小注，《六朝诗集》本同。

《四言十八首赠秀才入军》其八“隔兹山梁”，黄本、明抄本和程本“梁”均作“冈”，《六朝诗集》本同。

《四言十八首赠秀才入军》其十一“虽有朱颜”，黄本、明抄本和程本“朱”均作“姝”，《六朝诗集》本同。

《四言十八首赠秀才入军》其十二“顾畴弄音”，黄本、明抄本和程本“畴”均作“俦”，《六朝诗集》本同。

《四言十八首赠秀才入军》其十三“驾言游之”，黄本、明抄本和程本“游之”均作“出游”，《六朝诗集》本同。

《四言十八首赠秀才入军》其十六“结好松乔”，黄本、明抄本和程本“结”均作“托”，《六朝诗集》本同。

《四言十八首赠秀才入军》其十七“琴诗可乐”，黄本、明抄本和程本“可”均作“自”，《六朝诗集》本同。

《四言十八首赠秀才入军》其十八“流代难悟”，黄本、明抄本和程本“代”均作“俗”，《六朝诗集》本同。

《四言十八首赠秀才入军》其十八“弃之八戎”，黄本“八戎”作“八成”，明抄本同，程本作“无成”，《六朝诗集》本同。

《述志诗二首》其二“仰笑鸾凤飞”，黄本、明抄本和程本“鸾”均作“神”，《六朝诗集》本同。

《述志诗二首》其二“舒愤启幽微”，黄本、明抄本和程本“幽”均作“其”，《六朝诗集》本同。

《游仙诗一首》“结交家梧桐”，黄本、明抄本和程本均作“结友家板桐”，《六朝诗集》本同。

除存在异文外，丛书堂抄本的篇目，如《酒会诗七首》后溢出四言诗四首、《秀才答四首》中另抄五言诗三首，均属他本未见。以及诗题也与黄省曾本系统有异，如：

《五言古意一首》《四言十八首赠秀才入军》，黄本、明抄本、程本、《六朝诗集》本均作“兄秀才公穆入军赠诗十九首”。

《重作六言诗十首代秋胡歌诗七首》，黄本、程本作“重作四言诗七首一作秋胡行”，《六朝诗集》本同。明抄本作“重作四言”。

《诗三首郭遐周赠》，黄本、程本作“郭遐周赠三首”，《六朝诗集》本同。明抄本作“五言三首郭遐周赠”。

《诗五首郭遐叔赠》，黄本、程本作“郭遐叔赠四首”，《六朝诗集》本作“郭遐叔赠五首”（作“五首”为是）。明抄本作“四言四首郭遐叔赠”。

通过上述校勘，佐证丛书堂抄本确与黄省曾本系统不同，意味着据抄的“底本”与黄省曾本据刻之宋本并非同种版本。按该本中异文有胜义者，如作“单雄翩独逝”“隔兹山梁”“弃之八戎”等。黄丕烈跋即称：“是本胜于黄刻多矣。”又陆心源称："余以明刊本校之，知明本脱落甚多……书贵旧抄，良有以也。"[①]且据保留的校语，知尚校以他本嵇康集。该"底本"，前人多视为宋本，如陆心源称"明吴匏庵丛书堂抄宋本"[②]，又钱泰吉称："余昔有明初抄本，即《解题》所载本，多诗文数首，此或即明黄省曾所集之本欤？"[③]钱氏所藏者当即此丛书堂抄本。鲁迅亦称："不特佳字甚多，可补刻本脱误，曰'嵇康集'亦合唐宋旧称，盖最不失原来体式者。"[④]鲁迅似亦倾向于认为属唐宋旧本的抄本。丛书堂抄本的篇目，特别是编次与黄省曾本系统各本不同，确印证其"底本"出自旧本应即宋本（保留唐本甚至六朝古本的面貌）当无疑义。主要表现在：

其一，不见于他本嵇康集的诗篇。如卷一溢出四言诗四首和五言诗三首，既未见他本嵇康集有载，也未检得唐宋类书等典籍有引。

其二，抄本中涂改前的编次，更是透露作为底本的宋本旧貌。如卷二，抄本虽与黄省曾等本均录三篇即《琴赋》《与山巨源绝交书》《与吕长悌绝交书》，但抄本的涂改似表明底本有阙佚，遂自《文选》录《琴赋》以补阙。鲁迅即称："此卷似原缺上半，因从《文选》录《琴赋》以足之。"[⑤]疑所阙佚者为嵇康《琴赞》，即《北堂书钞》卷一百九所引者。卷三均录《卜疑集》、《嵇荀录》（有目无辞）和《养生论》，鲁迅称："此卷似原缺后半，《嵇荀录》仅存篇题，后人因从《文选》抄《养生论》以足之。"[⑥]此说甚是，底本该卷应仅存《卜疑集》一篇，为防止失去卷第上的平衡，而将卷四中的《养生论》

① 《皕宋楼藏书志》，第755页。
② 同上。
③ 钱泰吉《曝书杂记》，《丛书集成初编》本，中华书局1985年版，第68页。
④ 《嵇康集考》，第99页。
⑤ 同上，第101页。
⑥ 同上。

上移至此篇。卷四本来录《与向子期论养生难答》一篇，移出其中的嵇康《养生论》部分，为防止形成卷四新的不平衡，而将剩余的正文析为两篇，即《黄门郎向子期难养生论》和《答难养生论》。根据是王楙提及的贺铸藏本，称“又有《与向子期论养生难答》一篇，四千余言”，而以黄省曾本为据，《向秀难》（45×19+18=873）、《嵇康答》（99×20+8=1988）和《养生论》（62×20+2=1242）相合恰好为四千余字（1242+2861=4113）。鲁迅称抄《养生论》以足之似未确。贺铸本的《养生论》和《难》《答》合为一篇，属唐本旧貌，鲁迅证以《文选》江文通《杂体诗》李善注引“养生有五难”等十一句是嵇康语而称之以《向秀难嵇康养生论》。据《隋志》小注称梁本《养生论》为三卷，疑梁本属分篇之貌，即以一篇对应一卷。

卷五录《声无哀乐论》，共计五千六百余字（25×11×20+8×20=5660），完全可以单篇独立成卷，至少宋本应即此貌。卷六所抄底本录《释私论》《管蔡论》《明胆论》《自然好学论》和《难自然好学论》五篇，而抄者将后两篇涂改为属第七卷。印证宋本第七卷至第九卷有阙佚，甚至有可能某一卷的整卷佚去，遂移植篇目以凑卷数。而将原抄卷七的《宅无吉凶摄生论》和《难摄生论》（即《难宅无吉凶摄生论》）改为卷八，卷八的《释难宅吉凶摄生论》改为卷九，同时与本属卷九的《答释难宅无吉凶摄生论》合为同卷。按王楙称贺铸本“《集》又有《宅无吉凶摄生论难》上中下三篇”，即抄本原抄之次序，以一篇（《宅无吉凶摄生论》与《难宅无吉凶摄生论》似视为一篇）对应一卷。鲁迅称：“今本《嵇康集》虽亦十卷，与宋时者合，然第二卷缺前，第三卷缺后，第十卷亦不完，第六第七本一卷，实只残缺者三卷，具足者六卷而已。”[①]又称：“盖较王

① 《嵇康集考》，第102页。

楙所见之缮写十卷本，卷数无异，而实佚其一卷及两半卷矣。”[①]

推断丛书堂抄本所据抄之宋本，虽与黄省曾据刻的宋本并非同一宋本，但篇目则基本相同，说明据抄的宋本是残本。而且巧合的是残留的篇目居然基本等同于黄省曾据刻的宋本。故鲁迅或据此而称：“细审此本，似与黄省曾所刻同出一祖，惟黄刻帅意妄改，此本遂得稍稍胜之。”[②]实则尽管是残本，但此宋本似乎具有文本上的渊源性。兹校以黄省曾本，及南宋尤袤本（校记中简称“尤本”）和南宋明州本（校记中简称“明州本”）《文选》中的《与山巨源绝交书》，如：

“性复疎懒”，黄本“疎懒”作“嬾”，尤本同，明州本作“踈懒”，小注称“善本作疏”。

“愈思长林”，黄本“愈”作“逾”，尤本同，明州本同丛书堂本，小注称“善本作逾字”。

“暗于机宜”，黄本“暗”作“闇”，尤本同，明州本同丛书堂本，小注称“善本作闇字”。

“千变万数”，黄本“万数”作“百伎”，尤本同，明州本作“百技”，小注称“善本作伎”。

“真相知也”，黄本“知”后有“者”字，尤本同，明州本同丛书堂本，小注称“善本有者字”。

“曲木不以为桷”，黄本作“曲者不可以为桷”，尤本同，明州本作“曲者必不可以为桷”，小注称“善本无必”。

“此似足下度内耳”，黄本无“似”字，尤本同，明州本同丛书堂本，小注称“善本无似”。

“自嗜臭腐”，黄本“自”作“己”，尤本同，明州本作“自以”，小注称“善本无自已，有己字”。

① 《校本嵇康集序》，见《嵇康集校注》，第535页。

② 鲁迅《校本嵇康集跋》，见《嵇康集校注》，第535页。

“必不能堪其所不乐”，黄本无“必”字，尤本同，明州本同丛书堂本，小注称“善本无必字”。

推断黄省曾本所据之宋本，有篇目辑自李善注本《文选》者，留下了属宋代重编本的证据，鲁迅即称：“刻本并据《选》以改《与山巨源绝交书》，抄本未改，故字句与今本《文选》多异。”[①]再次佐证馆臣所称黄省曾本乃“重辑”本之误。而丛书堂抄本所据抄之宋本，非宋人重编本，而应保留了唐本甚至六朝古本嵇康集的旧貌，意味着整理嵇康集要充分重视丛书堂抄本的版本及文献价值。

四、结语

通过本文的梳理，主要得出下述四条结论：（一）嵇康集编定于西晋，六朝传本附有《康集目录》与《集序》，反映了唐前文人集完整的编辑体例。（二）唐人类书引有署名嵇康的他人作品，印证唐本嵇康集混入了非嵇康之作，编次存在窜乱。（三）明本嵇康集可分为黄省曾本和丛书堂抄本两种文本系统，前者源自《六朝诗集》本嵇康集所据之宋本，明抄本、程荣本均属该系统。黄省曾本属据宋人重编本嵇康集传刻，而非明人重编本，重刻中又参校他本。（四）丛书堂抄本的篇目、诗题和正文文字均与黄省曾本系统各本有差异，当据抄自不同于黄省曾据刻之宋本的另一种宋本。该宋本并非宋人重编本，依据是所录嵇康文并非辑自《文选》，从而保留了唐本甚至六朝古本嵇康集的旧貌。

（原载《国学学刊》2018年第2期）

① 《嵇康集考》，第101页。

论文（论著）索引

1.刘师培《中国中古文学史讲义·嵇阮之文》（1917），载陈引驰编校《刘师培中古文学论集》，中国社会科学出版社1997年版，第37页。

2.鲁迅《魏晋风度及文章与药及酒之关系》（1927），《而已集》，《鲁迅全集》第三卷，人民文学出版2005年版，第501—529页。

3.容肇祖《嵇康的思想》（1928），《魏晋的自然主义》东方出版社1996年版，第43—53页。

4.汤用彤《贵无之学——阮籍与嵇康》（1938—1947），载《魏晋玄学论稿》，上海古籍出版社2001年版，第146—153页。

5.贺昌群《清谈思想初论》（1944），载《魏晋清谈思想初论》，商务印书馆1999年版，第58—113页。

6.侯外庐等《嵇康在政争中所扮演的角色及其身世性格》，载《中国思想通史》第三册，人民出版社1957年版，第144—161页。

7.冯友兰《嵇康论精神境界》（标题为编者所加）（内容选录《中国哲学史新编》第四册第三十九章，第二节《嵇康论精神境界的第一层次——越名教而任自然》、第三节《嵇康论精神境界的第二层次——心不违乎道》），《中国哲学史新编》人民出版社1986年版，第77—86页。

8.丁冠之《论嵇康的哲学思想》，《哲学研究》1980年第4期，第63—68页。

9.余敦康《阮籍、嵇康玄学思想的演变》，《文史哲》1987年第3期，第3—11页。

10.杨杰《嵇康玄理的内在理路与魏晋玄学主题、分期说反思》，《文史哲》2020年第6期，第121—127页。

11.罗宗强《嵇康的心态及其人生悲剧》，《中国社会科学》1991年第2期，第147—159页。

12.徐公持《嵇康》，徐公持编著《魏晋文学史·第九章嵇康》，人民文学出版社1999年版，第198—218页。

13.葛晓音《嵇康和四言体》1985，载《八代诗史》，中华书局2007年版，第79—82页。

14.童强《一个文本的文体史与思想史解读：嵇康〈太师箴〉研究》，《文学评论丛刊》第10卷第1期，南京大学出版社2008年版。

15.叶当前《屈原〈卜居〉与嵇康〈卜疑〉的互文性解读》，《武陵学刊》2015年第4期，第108—113页。

16.李昌舒《嵇康、阮籍的人生理想及其美学意蕴》，《现代哲学》2007年第5期，第70—77页。

17.［德］何乏笔（Fabian Heubel）《平淡的勇气：嵇康与文人美学的批判性》，《哲学与文化》，2010年第37卷，第9期，第141—153页。

18.杜卫《嵇康与汉斯立克音乐美学思想比较》，《学术月刊》1990年第9期，第55—61页。

19.刘承华《嵇康“声无哀乐”思想形成的理论背景》，《中国音乐》2009年第4期，第45—48页。

20.曾春海《阮籍、嵇康对经学的继承和批判》，《哲学与文化》，2009年第36卷第9期，第141—160页。

21.郑伟《嵇康与〈春秋〉左氏学》，《孔子研究》，2012年第3期，第12—19页。

22.王晓毅《“竹林七贤”考》，《历史研究》2001年第5期。

23.袁济喜《〈文选〉编选与嵇康形象》，《复旦学报（社会科学版）》2014年第6期，第45—51页。

24.刘明《嵇康集成书及明本系统考论》，《国学学刊》2018年第2期，第113—122+144页。